I0022249

Zwischen zwei Weltkriegen?

Die Krise der Weltwirtschaft, der Demokratie
und des Sozialismus

~

OTTO BAUER

Otto Bauer · Ausgewählte Schriften · Band 2

HERAUSGEGEBEN VON THOMAS GIMESI

© THOMAS GIMESI · 2017

ISBN 978-3-9504454-1-1 · PAPERBACK

Bibliografische Informationen dieser Publikation verzeichnet die
Österreichische Nationalbibliothek unter www.onb.ac.at

Informationen zum Projekt und zu weiteren Publikationen
finden Sie unter www.ottobauer.works

Verwendete Texte Otto Bauers sind gemeinfrei und wurden sorgfältig per Hand
vom angegebenen Original transkribiert. Irrtümer und Druckfehler vorbehalten.

ZUGRUNDELIEGENDES ORIGINAL: Bauer, Otto. *Zwischen zwei Weltkriegen? Die Krise der
Weltwirtschaft, der Demokratie und des Sozialismus*. Prager-Verlag, Bratislava 1936.
UMSCHLAGGESTALTUNG & SATZ: Thomas Gimesi
UMSCHLAGGRAFIK: iStockphoto.com

Inhaltsverzeichnis

‿

Vorwort des Herausgebers

~

NACH EINEM JAHRZEHNT der Illegalität, der politischen Verfolgung und des Krieges trafen am 14. April 1945 im Roten Salon des Wiener Rathauses die Vertreter der Sozialdemokraten und der Revolutionären Sozialisten zusammen, um die Sozialistische Partei Österreichs (SPÖ) zu gründen. Das Parteiprogramm des Jahres 1926 wurde wieder in Kraft gesetzt und der Klassenkampf erneut beschworen: Enteignungen der „Kapitalistenklasse" waren genauso vorgesehen wie die Verstaatlichung der Produktionsmittel, und eine Koalition mit den bürgerlichen Parteien sollte nur von vorübergehender Natur sein.

Doch im Laufe der folgenden Jahrzehnte änderten sich, von weltpolitischen Ereignissen und nicht zuletzt von der de facto in Stein gemeißelten Koalition mit dem bürgerlich-konservativen Lager beeinflusst, die Rhetorik sowie die Prioritäten der Sozialdemokratie. Zwar folgte die Wirtschaftspolitik noch bis in die 1970er Jahre der Vorgabe, die Industrie in öffentlicher Hand zu halten und die Verstaatlichung voranzutreiben, jedoch nahm der Einfluss „linker" Positionen stetig ab — und dies nicht nur in ökonomischen Fragen. Während unter Bruno Kreisky gesellschaftspolitische Maßnahmen wie beispielsweise eine Bildungsoffensive oder die Legalisierung von Abtreibung als eindeutige Merkmale sozialdemokratischer Politik aufscheinen, rückte die SPÖ seit Mitte der 1980er Jahre kontinuierlich nach rechts. So wurden beispielsweise die Verstaatlichungen gestoppt, der Einfluss der öffentlichen Hand auf die Wirtschaft zurückgefahren und Privatisierungen von Staatsbetrieben abgewickelt — mit teilweise fragwürdigem Erfolg und bisweilen auch juristischem Nachspiel. Man näherte sich der Europäischen Union, der man aufgrund der Neutralität Österreichs bislang skeptisch gegenüberstand, und stimmte, durch das Erstarken des rechten Lagers unter Jörg Haiders Freiheitlicher Partei Österreichs (FPÖ) in die Defensive gedrängt, ebenfalls für eine „Law & Order"-Politik, die in schärferem Fremden- und Asylrecht ihren Niederschlag fand. Selbst der Name der Partei blieb nicht verschont — das „sozialistisch" wurde nach dem Zusammenbruch des Ostblocks in „sozialdemokratisch" umbenannt.

Sogar die Vereinbarkeit von Sozialdemokratie und Kapitalismus schien kein Widerspruch mehr zu sein, als Viktor Klima Ende der 1990er Jahre, wie zuvor Gerhard Schröder in Deutschland und Tony Blair in Großbritannien, einen politischen Pfad einschlug, der danach trachtete, eine rechte Wirtschaftspolitik mit einer linken Sozialpolitik zu vereinen. Selbst der Sprachgebrauch hatte sich dem wirtschaftsliberalen Diskurs angepasst, als Alfred Gusenbauer am Anfang des neuen Jahrtausends eine „solidarische Hochleistungsgesellschaft" propagierte.

Ein derart dialektisches Verhältnis der SPÖ, zwischen historisch-ideologischem Pathos inklusive kämpferischer Rhetorik einerseits und pragmatischer Realpolitik andererseits, ist rückblickend betrachtet jedoch kein neues Phänomen. Dies hatte sich bereits seit den ersten Erfolgen der österreichischen reformistischen Linken abgezeichnet. Verglichen mit anderen zeitgenössischen Sozialisten waren die Austromarxisten des frühen 20. Jahrhunderts Meister darin, Gegensätze zu synthetisieren: sie blieben stets fest in jener gesellschaftlichen Wirklichkeit verankert, welche sie in ihren Schriften und Ansprachen emphatisch bekämpften.

Die Bilanz jener Zeit fällt eindeutig aus: mehr als 70.000 ehrenamtlich tätige FunktionärInnen kümmerten sich um die Belange der 700.000 Parteimitglieder, 90 Prozent der Vertrauensleute in den Betrieben bekannten sich zur Sozialdemokratie, unzählige Vereine und Verbandsorganisationen bildeten ein geschlossenes System, das die Arbeiterbewegung politisch, wirtschaftlich und kulturell umfasste — von der sprichwörtlichen Wiege (den Kinderbetreuungsstätten der „Kinderfreunde") bis zur Bahre (zum parteinahen Beerdigungsverein „die Flamme"), von verschiedenen Arbeiter-Sportvereinen (deren Dachverband im Jahre 1910 nicht weniger als 70.000 Mitglieder zählte) bis zum kommunalen Wohnbau des „Roten Wien" mit seinen Gemeindebauten, Krankenhäusern und Freibädern. Trotz des Niedergangs des Austromarxismus, der sich bereits seit dem Ende der „österreichischen Revolution", welche dem Ersten Weltkrieg gefolgt war, abzeichnete und im Jahre 1934 mit der Niederschlagung des Aufstands besiegelt wurde, der gegen die Etablierung eines faschistischen Regimes in Österreich gerichtet war, bestehen die Errungenschaften von damals auch heute noch, gut ein Jahrhundert später. Dies gilt auch für viele Konfliktlinien mit den Konservativen, wie etwa in der Bildungspolitik.

Unzweifelhaft hatte das Denken Otto Bauers den Austromarxismus geprägt. Seine Schriften gestatten nicht nur einen Einblick in die Geisteswelt ihres Autors, sondern spiegeln auch das Bild einer Epoche wider, welches von Erfolgen der Arbeiterbewegung, jedoch auch von Fall, Verfall und Zerfall gekennzeichnet, und wohl auch auf tragische Weise, gleichsam einem schlechten Omen, symbolisch im Wappen der Sozialdemokratischen Arbeiterpartei (SDAP) — drei nach links unten weisende Pfeile — verewigt ist: dem Aufstieg der Sozialdemokratie unter den Vorzeichen einer dem Untergang geweihten Monarchie; einer dem Austromarxismus spezifischen Form von Nationalitätenpolitik; den Erfolgen der Arbeiterbewegung hinsichtlich Lohnerhöhungen, Arbeitszeitverkürzung, Gesundheitsversorgung, Arbeitslosenversicherung, Bildung und politischer Partizipation; der „gebremsten Revolution" von 1918/19 und dem folgenden Dasein als Oppositionspartei; dem Hunger und Elend der Nachkriegszeit; den Restriktionen der Siegermächte; den Auswirkungen der Weltwirtschaftskrise; der Bewaffnung der Arbeiterschaft; dem Aufstieg des Faschismus und des Bolschewismus; der Niederlage im Bürgerkrieg des Jahres 1934 und dem folgenden Verbot der Partei; der Machtübernahme der Nationalsozialisten — um nur einige Themen zu nennen.

Otto Bauer selbst scheint, als Personifikation der österreichischen Arbeiterbewegung, geradezu schicksalshaft mit deren Geschichte und jähem Ende verknüpft zu sein.

* * *

Otto Bauer erblickte am 5. September 1881 als Sohn von Philipp, einem erfolgreichen jüdischen Textilfabrikanten, und Katharina Bauer, geb. Gerber, in Wien das Licht der Welt. Wenngleich natürlich keine Gewißheit darüber herrscht, ob seine Streifzüge als Kind in der väterlichen Fabrik dazu beigetragen haben, sein Interesse schon früh für kapitalistische Produktionsprozesse sowie die Lebensbedingungen der Arbeiterschaft zu wecken, so ist der Gedanke verlockend, dass gerade durch jene Erfahrungen die Ideen des Sozialismus eine verstärkte Anziehungskraft auf ihn ausgeübt haben. Bereits als Jugendlicher hatte sich Bauer derart in die Schriften Marx' vertieft und war davon mit Begeisterung beseelt, dass er im Freundeskreis Vorträge hielt und im Alter von 19 Jahren schließlich Mitglied der Sozialdemokratischen Arbeiterpartei (SDAP) wurde. Nach kurzem Militärdienst in einem Infanterieregiment immatrikulierte Otto Bauer im Jahre 1903 an der Universität Wien und begann Nationalökonomie, Geschichte, Soziologie, Philosophie, Sprachen und — auf Wunsch seines Vaters — Rechtswissenschaften zu studieren, wobei er letzteres im Jahre 1906 mit Doktorwürden abschloss.

Seine intensiven Studien hinderten ihn jedoch nicht daran, sich politisch zu engagieren. Während seiner Studienzeit trat Bauer der „Freien Vereinigung sozialistischer Studenten" und dem „Sozialwissenschaftlichen Bildungsverein" bei, wo er die Bekanntschaft mit Persönlichkeiten schloss, die noch eine große Rolle in der Geschichte der österreichischen Sozialdemokratie spielen sollten: Karl Renner, Max Adler, Friedrich Adler und Rudolf Hilferding, mit denen er gemeinsam den Verein „Zukunft", eine Schule für Arbeiter, gründete. Auch seine publizistische Tätigkeit gewann in dieser Zeit an Schwung, als Karl Kautsky — vom jungen Otto Bauer wegen einer möglichen Veröffentlichung eines Artikels kontaktiert — ihn im Jahre 1904 zur Mitarbeit in der „Neuen Zeit", der wichtigsten Theoriezeitschrift der deutschen Sozialdemokratie, gewinnen konnte. In der Folge erschienen dort mehrere Texte Bauers, in denen er sich mit unterschiedlichsten

Themen wie etwa dem Verhältnis von Marxismus und Ethik oder dem Imperialismus auseinandersetzte. Im Jahre 1907, im Alter von nur 26 Jahren, wurde Bauers erstes großes Werk veröffentlicht, dessen kontroverse Thesen ihn schlagartig berühmt machten: „Die Nationalitätenfrage und die Sozialdemokratie".

Auch in politischer Hinsicht erwies sich das Jahr 1907 als äußerst erfolgreich. Als die österreichische Sozialdemokratie zweitstärkste Fraktion nach den Christlichsozialen aus den Wahlen hervorging und mit 87 von 516 Mandaten in den Reichstag einzog, erhielt Bauer von Victor Adler den Auftrag, das Klubsekretariat aufzubauen und wurde mit dessen Führung betraut. Des Weiteren trat er der Redaktion der „Arbeiter-Zeitung" bei und gründete gemeinsam mit Karl Renner und Adolf Braun die Monatsschrift „Der Kampf", dessen redaktionelle Leitung er übernahm.

Bauers politische Funktion bewahrte ihn jedoch nicht davor, bei Ausbruch des Ersten Weltkrieges zum Militärdienst einberufen zu werden. Als Leutnant des Infanterie-Regiments Nr. 75 wurde er an der Ostfront eingesetzt, geriet bereits früh in Kriegsgefangenschaft und verbrachte fast drei Jahre in einem Lager in Sibirien. Nach seiner Rückkehr als „Austauschgefangener", den die Oktoberrevolution aus seiner Internierung befreite, wurde Bauer im September 1917 dazu verpflichtet, im Kriegsministerium weiter seinen Dienst zu versehen. In jener Zeit intensivierte sich auch die Zusammenarbeit mit Victor Adler, dem Vorsitzenden der SDAP, und Otto Bauer wurde zu einem seiner engsten Vertrauten.

Im Gegensatz zu Karl Renner und der unter dessen Einfluss stehenden Parlamentsmehrheit, welche die Rettung Österreichs darin suchten, die Monarchie durch Reformen zu retten, erachtete Bauer derartige Bestrebungen bereits als aussichtslos. Die Auswirkungen des Krieges sowie die Revolution in Russland hätten den Wunsch der slawischen Völker nach Unabhängigkeit derart befeuert, dass nach einem Sieg der Entente diese nichts davon abhalte, sich vom Habsburgerreich loszulösen. Der Sozialdemokratie könne deshalb nur die Aufgabe zufallen, Vorbereitungen für die bevorstehende Revolution zu treffen. Je lauter die Rufe nach Autonomie innerhalb der Monarchie wurden, umso mehr erstarkte auch die Überzeugung Otto Bauers und jener, die seinen Standpunkt teilten. Zu Beginn des Jahres 1918 wurde das „Nationalitätenprogramm der Linken" verlesen, in der gefordert wurde, konstituierende Nationalversammlungen der einzelnen Nationen Österreiches einzuberufen. Trotz der sich weiter verschärfenden politischen Situation lehnte indes die Mehrheit des Parteitages einen derartigen Vorstoß ab. Als Ende 1918 die Donaumonarchie endgültig zerbrach und Victor Adler, der designierte Außenminister des neuen Staates, am 11. November, dem Vorabend der Ausrufung der Republik, unerwartet verstarb, übernahm Bauer die Leitung des Außenamtes. Damals schien — für sämtliche Parteien — der Anschluss an Deutschland als einzig gangbarer Weg, um Österreich nach dem Abfall der nicht-deutschen Nationen vom ehemaligen Habsburgerreich das Überleben zu sichern. Es herrschte die Überzeugung, dass das kleine, übriggebliebene „Rest-Österreich", auf sich alleine gestellt wirtschaftlich nicht überlebensfähig sei.

Nach nur wenigen Monaten im Amt, nachdem Initiativen für den Anschluss an Deutschland durch die Siegermächte abgewiesen und letztlich mit dem Vertrag von St. Germain zu Grabe getragen worden waren, trat Otto Bauer im Juli 1919 zurück. Bauer übernahm nun die Führungsfunktion der Partei und blieb ihr auch nach seinem Ausscheiden aus der Regierung als brillianter Rhetoriker und Publizist erhalten. Ebenfalls zu dieser Zeit setzte sich Bauer für die Wiener Arbeitsgemeinschaft Sozialistischer Parteien (auch bekannt unter der Bezeichnung „Internationale Zweieinhalb") ein, die einerseits aus der II. Internationale wegen dem gehaltenen „Burgfrieden" — dem Zurückstellen innenpolitischer und wirtschaftlicher Konflikte während des Krieges — ausgetreten waren, jedoch andererseits davon Abstand nahmen, Teil der Kommunistischen Internationale zu werden, da sie nicht gewillt waren, die dominante Rolle der Bolschewiki zu akzeptieren.

Am 3. November 1926 beschloss die SDAP ein wegweisendes Parteiprogramm, das „Linzer Programm", welches unter der Federführung von Otto Bauer entstanden war. Die darin enthaltene kämpferische Rhetorik, besonders jener Abschnitt zur „Diktatur der Arbeiterklasse", welche u.a. dann angewendet werden sollte, wenn sich die Bourgeoisie mithilfe ausländischer Kräfte der Revolution zu widersetzen beabsichtigte, führten schließlich dazu, dass sich die politischen Fronten innerhalb der Ersten Republik noch weiter verhärteten.

Trotz seines Ansehens geriet Bauer in den folgenden Jahren zusehends ins Kreuzfeuer der Kritik. Insbesondere nach der Ausschaltung des Parlaments im Jahre 1933 und der Errichtung des austrofaschistischen Ständestaats bot sein übervorsichtiges Verhalten Kritikern eine große Angriffsfläche: kein Generalstreik wurde nach der Ausschaltung des Parlaments ausgerufen; selbst als der sozialdemokratische Schutzbund verboten wurde, zögerte Bauer mit seinen Entscheidungen; wenn Taten gesetzt wurden, erfolgten diese zu spät, um noch etwas ausrichten zu können.

Nachdem der Schutzbund in den Februaraufständen 1934 durch das autoritäre Dollfuß-Regime in mehrtägigen Kämpfen niedergerungen worden war, flüchtete Bauer auf Anraten von Parteigenossen in die damalige Tschechoslowakei nach Brno (Brünn). Von dort setzte er seine politische Arbeit fort, etablierte das Auslandsbüro der österreichischen Sozialdemokraten (ALÖS) und publizierte weiterhin für die Monatsschrift „Der Kampf" sowie die „Arbeiter-Zeitung", welche trotz Verbots in Österreich unter der Hand Verbreitung fanden.

Im März 1938 traf Otto Bauer in Brüssel mit Friedrich Adler und Joseph Buttinger zusammen, um die Zusammenlegung des ALÖS und des Parteipräsidiums der Revolutionären Sozialisten, deren Vorsitzender Buttinger war, zu besprechen. Am 4. Juli 1938, nur wenige Monate nach dem Anschluss Österreichs an Hitler-Deutschland und vor Beginn des Zweiten Weltkrieges, den er in seinem letzten zu Lebzeiten erschienenen Werk „Zwischen zwei Weltkriegen?" vorhersah, verstarb Otto Bauer in Paris an einem

Herzinfarkt und wurde auf dem Pariser Friedhof „Père Lachaise",
gegenüber dem Denkmal für die Kämpfer der Pariser Kommune,
beigesetzt. Im Jahre 1948 wurde die Urne Otto Bauers nach Wien
überstellt und schließlich am 12. November 1959 in ein Ehrengrab
am Wiener Zentralfriedhof umgebettet.

✳ ✳ ✳

Worin besteht die Faszination, welche nach Jahrzehnten weitge-
hender Vergessenheit von Bauers Schriften ausgeht? Im Gegensatz zu den meisten reformistischen Politikern waren die Austromarxisten keine reinen Pragmatiker, sondern darauf bedacht,
ihre Politik theoretisch zu untermauern und die „marxistische
Mitte", zu der sie sich zugehörig fühlten, gegen rechte (reformistische) sowie linke (bolschewistische) Strömungen abzusichern.
Gerade das Bestreben, einen „Dritten Weg" zwischen Reform
und Revolution zu suchen, und eine gemeinsame Basis der zer-
splitterten Linken, zwischen sozialdemokratischen und anderen
linken Parteien zu finden, ist damals wie heute so verlockend wie
dringend notwendig.

Nicht zuletzt ist es Otto Bauers Scharfsinn und Talent zu ver-
danken, Probleme der Tagespolitik im Detail zu analysieren, diese
dann in einen größeren Zusammenhang einzubetten und komple-
xe Sachverhalte in einer verständlichen Sprache zu behandeln,
dass selbst nach so vielen Jahren seine Schriften nichts an ihrer
Wirkkraft eingebüßt haben.

Interessierten LeserInnen standen bislang nur wenige Möglichkeiten offen, sich mit Otto Bauers Schriften zu befassen. Einige
Originalexemplare finden sich noch in Bibliotheken, doch selbst
die käuflich zu erwerbenden Exemplare der Werkausgabe, welche
erst im Jahre 1975 — knapp 40 Jahre nach seinem Tod — erschienen ist, sind lediglich über Antiquariate und zum Teil nur unter
beträchtlichen Kosten zu beziehen. Diesem Umstand Rechnung
tragend, habe ich mich dazu entschlossen, ausgewählte Schriften
Otto Bauers in modern aufbereiteter Form und als erschwingliche
Paperback-Ausgaben zu veröffentlichen.

Die Orthographie des jeweiligen Originals wurde unverändert übernommen, korrigierend wurde nur dort eingegriffen, wo im Drucksatz der damaligen Produktion offensichtliche Fehler oder eingeschränkte Möglichkeiten, z.B. bei großgeschriebenen Umlauten, vorliegen. Fußnoten wurden vereinheitlicht, gesperrte Wörter kursiv gesetzt sowie bei manchen Werken umfangreichere Literaturangaben an das Ende des Buches gesetzt. Zur besseren Orientierung und um das Zitieren gemäß den Originaltexten zu ermöglichen, wurde das Ende einer Seite im Original in Randnoten vermerkt — so kennzeichnet beispielsweise die Ziffer 32 den Umbruch von Seite 32 auf Seite 33 in der zugrundeliegenden Ausgabe. Sämtliche Texte wurden manuell transkribiert und mehrfach mit dem Original verglichen. Sollten sich dennoch Fehler eingeschlichen haben, trage ich hierfür die alleinige Verantwortung.

Thomas Gimesi
WIEN, 3. SEPTEMBER 2017

VERWENDETE QUELLEN & WEITERFÜHRENDE LITERATUR

- Albers, Detlev; Heimann, Horst; Saage, Richard (Hrsg.): Otto Bauer – Theorie und Politik. Argument Verlag, Berlin 1985.
- Das Rote Wien: Weblexikon der Wiener Sozialdemokratie. *http://www.dasrotewien.at/bauer-otto.html*
- Deutsch, Julius: Otto Bauer (Kurzbiographie). In: Neue Österreichische Biographie, Band 10, S. 209–218. Amalthea Verlag, Zürich–Leipzig–Wien 1957.
- Hanisch, Ernst: Der große Illusionist: Otto Bauer (1881–1938). Böhlau, Wien 2011.
- Leichter, Otto: Otto Bauer. Tragödie oder Triumph. Europa Verlag, Wien 1970.
- Leser, Otto: Zwischen Reformismus und Bolschewismus. Der Austromarxismus als Theorie und Praxis. Europa Verlag, Wien 1968.
- Löw, Raimund; Mattl, Siegfried; Pfabigan, Alfred (Hrsg.): Der Austromarxismus – Eine Autopsie. isp-Verlag, Frankfurt am Main 1986.
- Maderthaner, Wolfgang: Der große Theoretiker der Sozialdemokratie. In: Österreich-Magazin, 3/2011. *http://www.dasrotewien.at/bilder/d278/Oemag_03_2011_ansicht_15.pdf*
- SPÖ/Renner Institut: Rot Bewegt – Geschichte der österreichischen Sozialdemokratie. *https://rotbewegt.at/#/epoche/1889-1918/artikel/austromarxismus*
- Wien Geschichte Wiki: Otto Bauer. *https://www.wien.gv.at/wiki/index.php/Otto_Bauer*

Vorwort

◡

ICH HABE IM FRÜHJAHR 1931 den ersten Band eines Werkes, das die Entwicklung des Kapitalismus und des Sozialismus nach dem Weltkrieg darstellen sollte, veröffentlicht.[1] Meine Arbeit am zweiten Bande dieses Werkes näherte sich dem Abschluß, als die Reaktion im Deutschen Reich die Macht Hitler übergab und die Reaktion in Österreich mit dem Staatsstreich Dollfuß' am 7. März 1933 die Demokratie zerschlug, der österreichischen Sozialdemokratie ihren letzten großen Kampf gegen den Faschismus aufzwang. Dieser Kampf ließ mir keine Zeit, die Arbeit an dem zweiten Bande des Werkes fortzusetzen. In den Tagen des Aufstandes der österreichischen Schutzbündler im Februar 1934 hat die Wiener Polizei dann mit meinen übrigen Schriften auch 15 dicke Hefte mit Exzerpten und Entwürfen zu dem Werke beschlagnahmt. Sie hat mir damit das Ergebnis umfangreicher Vorarbeiten zu dem Werke, das Produkt der Arbeit vieler Jahre, geraubt. Ich habe daher keine Hoffnung mehr, das Werk jemals in der Gestalt, in der ich es geplant hatte, vollenden zu können.

Ich habe mich darum entschlossen, das Wichtigste von dem, was ich in dem geplanten Werke darstellen wollte, in gedrängterer Form, in einem einzigen Bande darzulegen. Das soll in diesem Buche geschehen. Dabei kam mir ein glücklicher Zufall zu Hilfe. Es ist nämlich gelungen, das Manuskript des zweiten, von der Weltwirtschaftskrise handelnden Bandes, soweit er im | Jänner 1933 schon geschrieben war, dem Zugriff der Wiener Polizei zu entziehen. Ich konnte es bei der Arbeit an diesem Buche verwerten. Das Buch, das ich hiemit der Öffentlichkeit übergebe, soll also an die Stelle der geplanten Bände des größer und umfangreicher gedachten Werkes treten.

─────────────

[1] Otto Bauer, Kapitalismus und Sozialismus nach dem Weltkrieg. I. Band: Rationalisierung – Fehlrationalisierung. Wien 1931, Wiener Volksbuchhandlung.

Dabei habe ich freilich unter dem Eindruck der Erlebnisse der letzten Jahre meine Ansichten über viele Fragen zwar nicht grundsätzlich geändert, aber doch weiterentwickelt. Im Jahre 1931 schloß ich mein Buch über die Rationalisierung mit den Worten:

> „Aber ob und wann, auf welchen Wegen und mit welchen Mitteln die Arbeiterklasse die Rationalisierung der Gesellschaftsordnung durchzuführen vermögen wird, wird abhängen einerseits von dem Gelingen des sozialistischen Aufbaus in der Sowjetunion, andererseits von der Behauptung der Demokratie in Europa."

Seither hat die Geschichte ihre Entscheidung gefällt. Der sozialistische Aufbau in der Sowjetunion ist vollkommener, als ich es im Jahre 1931 erwartet habe, gelungen. Die Demokratie ist in Mitteleuropa dem Faschismus erlegen. Wir müßten blind sein für weltgeschichtliche Tatsachen, wenn diese beiden großen Erlebnisse unsere Ansichten über den Weg zum Sozialismus nicht beeinflußten.

Ich habe mich bemüht, gemeinverständlich zu schreiben. Ein einziges Kapitel des Buches kann dem an theoretische Untersuchungen nicht gewöhnten Leser Schwierigkeiten bereiten; es ist das Kapitel „Diagnose der Krise". Auch die Lektüre dieses Kapitels habe ich zu erleichtern versucht, indem ich die Deduktionen, die am kürzesten und am präzisesten in der Sprache der Mathematik dargestellt werden können, aus dem Kapitel ausgeschieden und in einen Anhang verwiesen habe. Wem trotzdem dieses Kapitel Schwierigkeiten bereitet, der möge es ruhig überschlagen! Seine Lektüre ist für das Verständnis der folgenden Kapitel nicht unerläßlich.

Ich habe in diesem Buche of die klassischen Schriften des wis-
8 senschaftlichen Sozialismus zitiert. Selbstver- | ständlich können Marx- und Engels-Zitate das selbstständige Studium unserer Zeit nicht ersetzen. Aber in einer Zeit, in der die Barbaren, die

Deutschland, und die Böotier, die Österreich regieren, den Marxismus vernichtet zu haben glauben, weil sie die Arbeiterklasse unterdrücken, schien es mir nützlich, zu zeigen, wie unendlich viel die Erkenntnisse, die Marx und Engels aus den Erfahrungen ihres Jahrhunderts geschöpft haben, zur Erhellung der Ereignisse unserer Zeit beitragen können.

Ich widme dieses Buch meinen jungen Freunden, den „Revolutionären Sozialisten" in Österreich. Denen von ihnen, die der österreichische Faschismus in seinen Kerkern, Polizeigefängnissen und Konzentrationslagern gefangen hält, und denen, die, Tag für Tag und Stunde für Stunde von den Schergen des österreichischen Faschismus gesucht, verfolgt, gehetzt, den heroischen illegalen Kampf gegen die faschistische Despotie führen. Dieses Buch handelt nicht von österreichischen Problemen; es handelt von den Problemen des internationalen Sozialismus. Aber es will auch den österreichischen „Revolutionären Sozialisten" etwas sagen. Aber was es ihnen sagen will, das will ich nicht in diesem Vorwort, ich kann es besser auf Grund der in diesem Buche zu entwickelnden Erkenntnisse in einem Nachwort zu diesem Buche darlegen.

Brünn, 11. Februar 1936.
Otto Bauer. | 9

Die Krise der Weltwirtschaft

1.1 Prosperität und Krise nach dem Weltkrieg

WENIGE MONATE NACH der Beendigung des Weltkrieges setzte in der ganzen kapitalistischen Weltwirtschaft eine starke Belebung der Produktion und des Handels ein. Ein außerordentlich starker Bedarf heischte Befriedigung. Die aus den Schützengräben heimgekehrten Massen brauchten Kleidung, Wäsche, Wohnungseinrichtung. Die Kaufleute mußten ihre während des Krieges gelichteten Warenlager auffüllen. Die zerstörten Kriegsgebiete mußten wieder aufgebaut, die versenkten Handelsschiffe durch neue ersetzt werden. Die durch die Blockade ausgehungerten mitteleuropäischen Völker mußten mit dem Notwendigsten versorgt werden. Die überseeischen Agrarländer, deren Bedarf während des Krieges die Industriestaaten nicht befriedigen konnten, tauchten wieder als Käufer auf. Die Umstellung der Industrie von der Kriegs- auf die Friedensproduktion, die Wiederherstellung der Eisenbahnen nach dem Raubbau der Kriegszeit, die Ausdehnung des Bergbaus zur Stillung des Kohlenhungers vergrößerten den Bedarf an Produktionsmitteln. Die Inflation, nach dem Kriege fortgesetzt, zerstörte Kapitalien, aber sie vergrößerte die Massenkaufkraft.

Die Arbeiterklasse konnte diese Retablierungskonjunktur ausnützen. Die aus den Schützengräben heimgekehrten und die aus der Kriegsindustrie hinausgeschleuderten Massen fanden bald wieder Arbeit. Der Krieg hatte | die Arbeitermassen revolutioniert; die Furcht vor der proletarischen Revolution schwächte den Widerstand der besitzenden Klassen. Die Löhne stiegen schnell. 11

Der Achtstundentag wurde überall, die Arbeitslosenversicherung, die Betriebsräte, die Arbeiterurlaube wurden in vielen Ländern durchgesetzt. Die Macht der Arbeiter im Betrieb und im Staat wuchs. Die Gewerkschaften und die Arbeiterparteien schwollen gewaltig an. Es war die Zeit der größten Erfolge des demokratisch-reformistischen Sozialismus. Der schnelle Rückgang der Arbeitslosigkeit und die im Kampf um die Erhöhung der Löhne und um den Ausbau der sozialen Gesetzgebung errungenen Erfolge befriedeten die Arbeiterklasse; die revolutionäre Flut, die der Krieg hervorgerufen hatte, ebbte schnell ab. Wie (nach Marx) die schnelle Überwindung der Wirtschaftskrise von 1847 die Revolution von 1848 beendet, der großartige wirtschaftliche Aufschwung, der den kalifornischen und australischen Goldfunden folgte, die Befestigung der Konterrevolution nach 1848 ermöglicht hat, so hat die Retablierungskonjunktur von 1919–20 den revolutionären Bewegungen von 1918 ihre Grenze gesetzt.

Aber sobald der drängende außerordentliche Bedarf der Retablierungszeit nach dem Kriege befriedigt war, kam die Krise. Sie setzte im März 1920 in Japan ein und dehnte sich schnell über Amerika und Europa aus. Schon diese erste Krise der Nachkriegszeit war besonders schwer; die Produktion, der Welthandel und die Warenpreise sanken bedeutend schneller und stärker als in den Krisenjahren der Vorkriegszeit. Unter dem Druck der Krise setzte schon die soziale Reaktion ein. Eine kriegerische Offensive der amerikanischen Unternehmer gegen die Gewerkschaften begann. Die Löhne wurden empfindlich gesenkt, Streiks niedergeworfen, Verträge mit den Gewerkschaften nicht mehr abgeschlossen, die Beschäftigung gewerkschaftlich organisierter Arbeiter wurde abgelehnt; gelbe Werkvereine (company unions) und Betriebsräte (work councils) ersetzten die Gewerkschaften. Auch in Europa erlitt die Arbeiterklasse in den Krisenjahren 1920 bis 1923 eine Reihe schwerer Niederlagen. Im September | 1920 scheiterte die italienische Fabriksbesetzung; der Faschismus, seither schnell aufsteigend, eroberte 1922 Italien und erkämpfte damit seinen ersten folgenschweren Sieg.

Diese erste Krise der Nachkriegszeit war allerdings nicht allgemein. Diejenigen Länder Europas, in denen die Inflation noch in schnellem Gange fortgesetzt wurde, wurden von dieser Krise nicht oder nur in eingeschränktem Maße erfaßt. Aber die Inflation kann nicht unbeschränkt fortgesetzt werden. Auf ihrem Höhepunkt, wenn der Geldwert von Stunde zu Stunde rapid sinkt, wenn das Geld aufhört, eine verläßliche Maßeinheit des Wertes, „individuelle Inkarnation" eines bestimmten Quantums gesellschaftlicher Arbeit (Marx) zu sein, stürzt die Inflation die Gesellschaft in die schwersten wirtschaftlichen und sozialen Erschütterungen. Solche Erschütterungen erlebte Deutschland 1923, als im Gefolge des Ruhrkrieges die Mark auf ein Billionstel ihres Wertes sank. Die Erschütterungen riefen im Reich eine revolutionäre Krisis hervor; sie wurde überwunden, sobald die Mark stabilisiert wurde.

Waren einzelne europäische Länder durch die Inflation zunächst von der allgemeinen Weltkrise, die 1920 ausgebrochen war, bewahrt, so wurden auch sie erfaßt, sobald sie die Inflation einstellten, ihren Geldwert stabilisierten. Dies geschah 1922 in Österreich, 1923 in Deutschland, 1925 in Großbritannien, 1926 in Frankreich. Jeder Einstellung der Inflation folgte eine Stabilisierungskrise. Sobald sie eintrat, erstarkte auch in diesen Ländern die soziale Reaktion. Auch hier setzte die Gegenoffensive der besitzenden Klassen gegen die Löhne und gegen die soziale Gesetzgebung ein. Auch hier erlitt die Arbeiterklasse schwere gewerkschaftliche Niederlagen. Den Höhepunkt der Klassenkämpfe dieser Phase bildete der englische Generalstreik im Mai des Jahres 1926.

Aber noch einmal wurde die Krise überwunden. In den Vereinigten Staaten von Amerika zeigten sich schon 1922 die ersten Anzeichen der Erholung. 1925 trat die amerikanische Wirtschaft in die Phase der Prosperität ein. Im Jahre 1927 vorübergehend abgeschwächt, steigerte sie sich dann zu einer stürmischen Hochkonjunktur. Die | amerikanische Kapitalistenklasse hatte in der 13 Kriegszeit riesenhafte Überprofite akkumuliert. Die Hälfte des

Goldes der Welt war in die Vereinigten Staaten geströmt. Die akkumulierten Kapitalien suchten Verwertung. Auf der Basis des riesenhaften Goldschatzes konnte ein hohes Kreditgebäude aufgetürmt werden. Jede Aktienemission wurde zu hohen Kursen aufgenommen. Jeder Unternehmung stand wohlfeiler Kredit zur Verfügung. Eine Welle überschwänglichen Optimismus ergoß sich über die Vereinigten Staaten. Der Sechsdollar-Taglohn der Ford-Arbeiter, die Kleinautos der amerikanischen Arbeiter, ihre großen Ersparnisse galten als Anzeichen, daß der hochrationalisierte amerikanische Kapitalismus die Armut für immer ausrotten könne. Professor Carver erzählte den amerikanischen Arbeitern, daß sie durch Kauf von Aktien selbst zu Herren der Unternehmungen, in denen sie arbeiteten, werden könnten. Seines anschwellenden Reichtums froh, rühmte sich Amerika, „God's own country", Gottes eigenes Land zu sein.

Auch in Europa wurden die Krisen, die der Stabilisierung des Geldwertes gefolgt waren, überwunden. Die europäische Industrie war in den Kriegsjahren von der amerikanischen Produktionstechnik, Arbeitsorganisation und Betriebsorganisation weit überholt worden. Sie suchte nun den Vorsprung Amerikas wieder einzuholen. Die große Rationalisierungskonjunktur setzte ein: die Rationalisierung erzeugte einen stürmischen Bedarf nach neuen Produktionsmitteln; die glänzende Beschäftigung der Produktionsmittelindustrien sicherte auch den Konsumgüterindustrien vergrößerten Absatz. Abermals konnten die Arbeiter die Prosperität ausnützen, Lohnerhöhungen und den Ausbau ihrer sozialen Errungenschaften erkämpfen; wieder wuchsen die Gewerkschaften und die sozialdemokratischen Parteien.

In Deutschland war infolge einer Inflation von unerhörten Dimensionen der Kurs der Mark noch weit schneller gesunken als ihre Kaufkraft im Inlande. Daher lag das deutsche Preisniveau, in Gold berechnet, im Augenblicke der Stabilisierung der Mark tief
14   unter dem internationalen | Preisniveau. Setzen wir den Index der Großhandelspreise in Gold im Jahre 1913 mit 100, so betrug er im Jahre 1922 in Deutschland 82. In demselben Jahre stand der Index

der Großhandelspreise in Großbritannien auf 140,4, in den Vereinigten Staaten auf 138,5. Die Stabilisierung der Mark folgte eine schnelle Anpassung der deutschen Warenpreise an das internationale Niveau; der Index der deutschen Großhandelspreise stieg von 95,1 im Jahre 1923 auf 140,0 im Jahre 1928. Die große Spannung zwischen dem deutschen und dem internationalen Preisniveau vervielfachte die Exportkraft Deutschlands. Das schnelle Steigen des deutschen Preisniveaus vervielfachte die Profite der deutschen Unternehmer. Ein überschwänglicher Wirtschaftsoptimismus breitete sich in den deutschen Unternehmerklassen aus. Er verlockte zur Aufnahme riesenhafter Auslandskredite und zur gewaltigen Vergrößerung und Rationalisierung des deutschen Produktionsapparates. Die Arbeiterklasse konnte diese glänzende Konjunktur ausnützen, um ihre Löhne, die in der Inflation auf das furchtbarste Hungerniveau gesunken waren, schnell zu erhöhen. Die Sozialdemokratie und die Gewerkschaften konnten große Erfolge erringen. Die Demokratie befestigte sich; die nationalsozialistische und die kommunistische Flut, in der Zeit der Inflation angeschwollen, liefen ab. Deutschland folgte willig der „Verständigungspolitik" Stresemanns.

Die Prosperität war allerdings nicht allgemein. Großbritannien hatte unter dem Druck seiner Hochfinanz und seiner Rentnerklasse das Pfund Sterling 1925 auf dem Vorkriegsniveau stabilisiert. Infolgedessen lag sein Preisniveau nach der Stabilisierung über dem der anderen Länder. Das hohe Preisniveau erschwerte den britischen Export und die Schuldenlast der britischen Industrie. Daher hatte Großbritannien an der Prosperität nur geringen Anteil. Noch schlimmer war es dort, wo die Zerlegung alter Staatsgebiete die wirtschaftlichen Grundlagen der Industrie zerstört hatte. Österreich hatte mit dem Zerfall der Donaumonarchie sechs Siebentel seines alten zollgeschützten Absatzgebietes verloren. Seine Industrie | schrumpfte seit der Einstellung der 15 Inflation hoffnungslos zusammen. Auch die internationale Prosperität konnte diesen Schrumpfungsprozeß nur vorübergehend verlangsamen.

Aber am 24. Oktober 1929 setzte der Börsenkrach in New York der Prosperität ihr Ende. Damit stürzte die kapitalistische Weltwirtschaft in eine Krise von unerhörter Ausdehnung und Schwere, von beispiellos dramatischem Verlauf. Schon in den ersten anderthalb Jahren der Krise sanken die Produktion, der Welthandel, die Großhandelspreise in einem ganz unerhörten Tempo. Aber das war nur das Vorspiel.

Im Mai 1931 brach die österreichische Creditanstalt zusammen. Im Juli mußten die deutschen Banken ihre Schalter schließen. Wenige Wochen später geriet Großbritannien in die schwerste Krise. Die Arbeiterregierung wurde gestürzt. Die von der „nationalen Regierung" verfügte Kürzung der Bezüge der Staatsangestellten rief eine Meuterei der britischen Kriegsflotte hervor. Die Bank von England mußte die Goldwährung fallen lassen. Unter dem Druck der internationalen Kreditkrise schrumpften Produktion und Handel furchtbar zusammen. Die Arbeitslosigkeit wuchs beispiellos an. Eine wahre Weltuntergangsstimmung bemächtigte sich der kapitalistischen Welt. Keynes warnte: Wenn nicht bald eine Wendung erzwungen wird, dann werde „unser gegenwärtiges Regime des kapitalistischen Individualismus unzweifelhaft durch einen weit reichenden Sozialismus ersetzt werden".[2] Eine Gruppe großer Finanziers schloß ihren Bericht an die Golddelegation des Völkerbundes mit den Worten, es sei „zweifelhaft, ob unsere gegenwärtige Zivilisation diese Krise überleben kann".[3] Und Toynbee, der Berichterstatter des britischen königlichen Institutes für internationale Angelegenheiten, meinte, seit 1683, seit der Belagerung Wiens durch die Türken, habe sich die „westliche Zivilisation" von keiner solchen Gefahr bedroht gefühlt wie 16 in dem „schreck-|lichen Jahre" der internationalen Kreditkrise.[4] Es versteht sich, daß die „westliche Zivilisation", von der hier die Rede ist, die „Zivilisation" des Kapitalismus ist — dieselbe, die eben damals 25 Millionen Arbeiter und Angestellte in das Elend der Arbeitslosigkeit gestürzt hatte!

---

[2] Keynes, A. Treatise on money. London 1930. II, p. 386.

[3] League of Nations: Report of the Gold Delegation. Geneva 1932, p. 73.

[4] Survey of international affairs. Ed. by Toynbee. London 1932, p. 4.

Aber die „Zivilisation" des Kapitalismus hat diese schwere Erschütterung überlebt. Die Arbeiterklasse war durch die Krise selbst, durch die zermürbende Arbeitslosigkeit, durch die Angst jedes einzelnen Arbeiters um die Arbeitsstelle geschwächt, entmutigt, in die Defensive gedrängt. Als 1929 die Krise hereinbrach, regierte in England die Arbeiterpartei, in Deutschland eine von der Sozialdemokratie geführte Koalition. Sozialistische Parteien trugen die Verantwortung für den Staat; aber die Wirtschaft war beherrscht von den Naturgesetzen des Kapitalismus. Die von den Sozialisten geführten Regierungen konnten die Krise nicht verhüten und ihre stürmische Steigerung bis zur Kreditkrise von 1931 nicht aufhalten. Die Enttäuschung der Volksmassen wandte sich gegen den Sozialismus. In England wurde die Arbeiterregierung gestürzt; ihre Führer selbst liefen zur Kapitalistenklasse über. In Deutschland machten große durch die Krise verelendete Massen die republikanische Demokratie für die Krise verantwortlich und wandten sich der nationalfaschistischen Bewegung zu; ihr stürmischer Aufstieg führte 1932–33 die faschistische Gegenrevolution zum Sieg. Dem Siege des Nationalfaschismus in Deutschland folgten die Aufrichtung konterrevolutionärer Diktaturen in Österreich, Bulgarien, Lettland und Estland und das Erstarken faschistischer Bewegungen in den anderen Ländern, besonders in Frankreich.

Die Bourgeoisie atmete auf. Hatte sie die furchtbare Erschütterung, die durch die Kreditkrise von 1931 hervorgerufen war, überlebt, so schien ihr die größte Gefahr überwunden zu sein. Da kam ein neuer Schlag. Wie im Jahre 1931 in Europa, so brach im Jahre 1933 in Amerika das Kreditsystem zusammen. Am 6. März sperrte Roose- | velt die Banken der Vereinigten Staaten. Am 17 20. April gingen die Vereinigten Staaten von der Goldwährung ab. Der Dollar, nach dem Krieg das feste Maß aller Werte, stürzte. Roosevelts New Deal rang mit der Krise!

Aber auch dieser Schrecken wurde überwunden. Die Weltproduktion hatte 1932 ihren Tiefstand erreicht. 1933 und 1934 wurden Anzeichen langsamer wirtschaftlicher Erholung der Welt

unverkennbar. Aber in diese Phase bricht verschärfte Kriegsgefahr herein. Der deutsche Faschismus, der auf der Basis der Krise
seit 1929 aufgestiegen war, 1933 das Reich erobert, seitdem planmäßig aufgerüstet hatte, zerreißt am 16. März 1935 den Vertrag
von Versailles, indem er offen proklamiert, daß er sich an die
militärischen Bestimmungen des Vertrages nicht mehr gebunden
fühlt. Die militärischen Kräfteverhältnisse, die der Vertrag von
Versailles begründet hatte, sind völlig umgewälzt. Alle Staaten
verstärken fieberhaft ihre Rüstungen. Der italienische Faschismus greift Abessinien an; der Völkerbund antwortet mit den
Sanktionen. Japan besetzt eine Provinz Chinas nach der anderen. Die Rüstungen geben den Kriegsindustrien starken Auftrieb.
Aber die Furcht vor dem Kriege schreckt vor Kapitalsinvestitio-
nen ab, sie jagt die überschüssigen Kapitalien Europas abermals
nach Amerika hinüber, sie stört tausendfach den wirtschaftlichen
Erholungsprozeß nach der Krise.

Fassen wir zusammen! 1918, — schwere Wirtschaftserschütterung durch den Krieg, in ihrem Gefolge die Revolutionen in Mittel-
und Osteuropa. 1919 bis 1920 die Retablierungskonjunktur, mit
ihr Abebben der revolutionären Flut, aber große Erfolge der Arbeiterklasse im gewerkschaftlichen Kampf, im Kampf um sozialen
Schutz innerhalb der kapitalistischen Gesellschaft, Aufstieg des
demokratisch-reformistischen Sozialismus. 1920 Weltwirtschaftskrise, die aber auf die Inflationsländer erst nach der Stabilisierung des Geldwertes übergreift, — in ihrem Gefolge Gegenoffensive des Kapitals, Niederlagen der Arbeiterklasse, der erste Sieg
des Faschismus. Nach 1923 Erholung, von 1925 an Rationalisie-
rungsprosperität, — Rückfluten sowohl der konterrevolutionär-
18   faschistischen | wie der revolutionär-kommunistischen Bewegun-
gen, neuer Aufstieg des demokratisch-reformistischen Sozialismus, neue Erfolge der Arbeiterklasse innerhalb der kapitalistischen Gesellschaft. 1929 Weltwirtschaftskrise, abermals schwerer
Rückgang der Arbeiterbewegung, abermals Gegenoffensive des
Kapitals, Sieg des Faschismus in Mitteleuropa, Kriegsgefahr. Die
Beherrschung der sozialen und politischen Entwicklung durch
die ökonomischen Konjunkturschwankungen ist augenfällig.

Die Krise von 1929 ist, ebenso wie alle Krisen der Vorkriegszeit, eine Periode massenhafter Erneuerung, Vergrößerung und
technischer Umgestaltung des gesellschaftlichen Produktionsapparates vorausgegangen. Die Wendung ist, ebenso wie in allen
Krisen der Vorkriegszeit, mit dem Börsenkrach eingetreten, der
immer in dem Augenblick eintreten muß, in dem die Spekulation
gewahr wird, daß die gesellschaftliche Profitrate wieder zu sinken begonnen hat. Der Börsenkrise sind auch diesmal, wie in allen
Krisen der Vorkriegszeit, Jahre industrieller und kommerzieller
Depression gefolgt. Die Zahlungsunfähigkeit vieler industrieller
und kommerzieller Unternehmer, eine Folge der Depression, hat
auch diesmal, wie in vielen Krisen der Vorkriegszeit, das Kreditsystem erschüttert. Auch die Dauer des industriellen Zyklus von
der Krise 1920 bis zur Krise 1929 entspricht durchaus den Erfahrungen der Vorkriegszeit. Die Krise von 1929 ist also offenbar als
eine jener zyklischen, periodischen Krisen eingetreten, in denen
auch in der Vorkriegszeit in jedem Jahrzehnt einmal die inneren
Widersprüche der kapitalistischen Produktionsweise zu erupti-
vem Ausbruch gekommen sind. Aber diese zyklische Krise ist in
ihrem Verlaufe weit hinaus gewachsen über die Dimension selbst
der schwersten zyklischen Krisen der Vorkriegszeit. Es ist hier
nicht unsere Aufgabe, die Ursachen der zyklischen Krisen des
Kapitalismus darzulegen, die seit den Anfängen des modernen
Fabriksystems immer wieder, — zwischen dem Ende der Napoleonischen Kriege und dem Anfang des Weltkrieges elfmal, — die
kapitalistische Welt erschüttern. Wohl aber müssen wir einen
Blick auf die besonderen Ur- | sachen werfen, die die Krise 1929 19
zu einer so ganz außerordentlichen, alle früheren Krisen weit
übertreffenden Weltkatastrophe haben werden lassen. Denn die
Erkenntnis dieser besonderen Ursachen muß uns zur Diagnose der gegenwärtigen Erschütterung der kapitalistischen Welt
und damit auch zur Erkenntnis der Entwicklungstendenzen der
Kampfbedingungen der Arbeiterklasse führen.

1.2 Revolution und Konterrevolution der Warenpreise

DER KRIEG HAT DIE Produktion gedrosselt. Der Krieg hat andererseits einen unelastischen, um jeden Preis Befriedigung heischenden Riesenbedarf nach Waffen, Kriegsgerät und Lebensmitteln für die kämpfenden Heere, nach Rohstoffen für die Kriegsindustrien hervorgerufen. So mußten in der Kriegszeit die Warenpreise stürmisch steigen. Setzt man den Index der Großhandelspreise im Jahre 1913 mit 100, so betrug er am Ausgang des Krieges in Großbritannien 221,2, in den Vereinigten Staaten 188,1. In der Retablierungskonjunktur, die dem Kriege folgte, stiegen die Preise weiter. Der Index stieg in Großbritannien auf 221,8, in den Vereinigten Staaten auf 221,2. Eine ungeheure Preisrevolution hatte sich von 1913 bis 1920 vollzogen.

Aber das Preisniveau konnte nicht dauernd auf dieser Höhe bleiben. Wie das Verhältnis, zu dem eine Ware gegen andere Waren ausgetauscht wird, durch ihre Produktionskosten, „in letzter Instanz" durch die zu ihrer Herstellung gesellschaftlich notwendige Arbeitszeit bestimmt ist, so ist auch das Austauschverhältnis zwischen dem Golde und den Waren, also das allgemeine Preisniveau durch die Produktionskosten des Goldes, „in letzter Instanz" durch die Produktion einer Unze Goldes gesellschaftlich notwendige Arbeitszeit bestimmt. Wo dieses „natürliche", d.h.: den Gesetzen des kapitalistischen Warenaustausches entsprechende Verhältnis aufgehoben wird, stellt es sich durch schwere krisenhafte Erschütterungen | wieder her. Der Preisrevolution der Kriegszeit mußte also die Konterrevolution der Preise folgen. Sie ist zur allgemeinen wirtschaftlichen und politischen Konterrevolution geworden.

20

Schon in der Krise von 1920 stürzten die Warenpreise jäh hinab. Der Index der Großhandelspreise sank 1920 bis 1922 in Großbritannien von 221,8 auf 140,4, in den Vereinigten Staaten von 221,2 auf 138,5. Immerhin lagen die Weltmarktpreise am Ausgang dieser Krise noch um rund 40 Perzent über dem Niveau von 1913. Die nun einsetzende Prosperität unterbrach den Preissturz. Aber sobald 1929 die Krise hereinbrach, schritt er abermals in schnel-

lem Tempo fort. Von 1929 bis 1932, dem Jahr des Tiefpunktes der
Krise, stürzte der Index der Großhandelspreise in den Vereinigten Staaten von 137 auf 93, — erst im Verlaufe dieser schweren
Krise ist der Index unter das Niveau von 1913 gesunken, die Preisrevolution der Kriegszeit rückgängig gemacht worden. Daß das
„natürliche Austauschverhältnis" zwischen den Waren und dem
Golde damit wieder hergestellt ist, zeigt die Bewegung der Goldproduktion. Sie war nach dem Kriege infolge der Unterwertung
des Goldes zusammengeschrumpft; sie steigt jetzt seit dem Jahre 1930 wieder an. Es hat zweier Krisen von außerordentlicher
Schwere, es hat der Arbeitslosigkeit von 25 Millionen Menschen,
der Verelendung der Arbeiter, der Angestellten, der Kleinbürger
und Bauern der ganzen Welt bedurft, um das „natürliche" Austauschverhältnis zwischen Ware und Gold wieder herzustellen.
Nicht anders als mittels schwerer Krisen, mittels Produktionsdrosselung, Arbeitslosigkeit und Massenverelendung setzen sich
die Gesetze des Kapitalismus durch.

Hat die Arbeiterklasse die Erschütterung des Kapitalismus
durch den Weltkrieg nicht zu seinem Sturze auszunützen vermocht, so setzten sich jetzt die Naturgesetze der kapitalistischen
Produktionsweise mittels der ungeheuerlichsten Verelendung
der Arbeitermassen durch.

Auch in der Zeit der Napoleonischen Kriege war das allgemei-
ne Preisniveau bedeutend gestiegen. Auch ihnen | folgte eine 21
Zeit schweren Drucks auf die Warenpreise bei gleichzeitigem
Schrumpfen der Silber- und Goldproduktion. Zwar stiegen die
Warenpreise in jeder Prosperität, um in der folgenden Depression wieder zu sinken. Aber das durchschnittliche Preisniveau
sank von der Krise von 1815 bis zur Krise von 1847 immer tiefer;
die Warenpreise sanken in jeder der Krisen von 1825, 1836, 1847
immer tiefer, als sie in der vorausgegangenen Krise gesunken
waren. Auch damals war diese Zeit des Druckes auf die Warenpreise eine Zeit besonders heftiger Krisen, besonders schwerer
und lang dauernde Depressionen. Erst als mit den großen Goldfunden in Kalifornien und in Australien der Wert des Goldes zu

sinken, das allgemeine Preisniveau von einer Prosperitätsphase zur andern zu steigen begann, erfreute sich die Weltwirtschaft von 1850 bis 1873 langer glänzender Prosperitäten, die nur durch verhältnismäßig leichte und kurze Krisen (1857, 1864) unterbrochen wurden. Als aber die Periode der Kriege (1859, 1864, 1866, 1870/71 in Europa, Bürgerkrieg in Amerika) vorüber war, trat abermals eine Periode schweren Drucks auf die Warenpreise, sinkender Goldproduktion, besonders heftiger Krisen (1873, 1882, 1890) ein, denen besonders lange und schwere Depressionen folgten. Als schließlich in den Neunzigerjahren die Goldproduktion infolge der Erschließung der Lagerstätten in Südafrika, der später die Entdeckung der Fundstätten von Klondyke folgte, wieder schnell stieg, der Wert des Goldes wieder sank, geriet die kapitalistische Welt wieder in einen Zustand starken Auftriebs der Preise und damit in eine Zustand glänzender Prosperität, der nur von kurzen, verhältnismäßig leichten Krisen (1900, 1907) unterbrochen wurde. Die geschichtliche Erfahrung bestätigt also: nur in Perioden steigender Goldproduktion, sinkenden Goldwertes, steigenden Preisniveaus erfreut sich der Kapitalismus glänzender Prosperitäten und leichter Krisen. Jede Kriegsperiode überhöht die Warenpreise. Ihr folgt daher immer eine Periode, in der das „natürliche" Austauschverhältnis zwischen Waren und Gold gewaltsam wiederhergestellt werden muß durch Einschränkung der Goldproduktion, durch schweren Preisdruck, durch be- | sonders heftige Krisen, durch besonders lange und schwere Depressionen. Es ist eben dies, was wir nach dem Weltkrieg erleben. So viel gewaltiger aber der Weltkrieg war als alle Kriege vor ihm, soviel schwerer sind auch die wirtschaftlichen Wirkungen, die der Preisrevolution des Weltkrieges folgen mußten.

Die primären wirtschaftlichen Wirkungen des Weltkrieges lagen in der Produktionssphäre. Das hohe Preisniveau, das der Weltkrieg zurückließ, war der Ausdruck des Mißverhältnisses zwischen dem durch den Krieg gesteigerten Warenbedarf und der durch den Krieg gedrosselten Produktion. Dieses Mißverhältnis gab nach dem Kriege den Antrieb zu sprunghafter Steigerung der Produktion, zu sprunghafter Vergrößerung und Rationalisierung des Produktionsapparates. Infolgedessen mußte wenige Jahre nach dem Kriege die Produktion dem Bedarf ebensoweit vorauseilen, wie sie während des Krieges hinter ihm zurückgeblieben war. Unter dem Druck dieser Umkehrung des Mißverhältnisses zwischen der Produktion und dem Bedarf mußten die Preise sinken, mußte dem Preisauftrieb der Kriegszeit der Preisdruck der Nachkriegszeit folgen. Diese primären Wirkungen des Krieges, seine Wirkungen auf das Entwicklungstempo und die Entwicklungsdimensionen der landwirtschaftlichen und der industriellen Produktion der Nachkriegszeit werden wir gesondert darstellen müssen.

Der Krieg hat aber auch sekundäre Wirkungen gezeitigt, die den Verlauf der Produktionsentwicklung der Nachkriegszeit und den durch diese Produktionsentwicklung hervorgerufenen Druck auf die Warenpreise mannigfach modifiziert haben. Diese sekundären Wirkungen lagen in der Sphäre des Geld- und Kreditwesens. Wir wollen zunächst auf sie einen Blick werfen.

Der Bedarf der Gesellschaft an Zirkulationsmitteln hängt von der Menge und den Preisen der umzusetzenden Waren ab. Je höher das Preisniveau ist, desto größer ist der Bedarf an Zirkulationsmitteln. Infolge der Preisrevolution der Kriegszeit war daher nach dem Kriege der Bedarf and Zirkulationsmitteln ungleich größer als vor | ihm. Im Jahre 1913 waren in der Welt Gold im 23 Betrage von 3.374 Millionen Dollar und Banknoten im Betrage von 7.841 Millionen Dollar im Umlauf. Im Jahre 1928 dagegen Gold, infolge der Einschränkung des Umlaufs von Goldmünzen, nur im Betrage von 750 Millionen Dollar, dagegen Banknoten im Betrage von 16.226 Millionen Dollar. Der Banknotenumlauf war also viel schneller gestiegen, als die Goldzirkulation gesunken war. Noch schneller aber stiegen die Bankguthaben, über die im Überweisungs- und Scheckverkehr zu Zahlungszwecken verfügt werden konnte. Die Giroverbindlichkeiten der Notenbanken, die im Jahre 1913 1.222 Millionen Dollar betragen hatten, betrugen im Jahre 1928 5.426 Millionen, die täglich fälligen Depositen der

Kommerzbanken im Jahre 1913 19.415 Millionen, im Jahre 1928 45.311 Millionen Dollar. Die gesamten umlaufenden Zahlungsmittel wuchsen also von 1913 bis 1928 von 31.852 auf 67.713 Millionen Dollar, also auf weit mehr als das Doppelte an, während der Gesamtvorrat an monetärem Gold in der Welt in derselben Zeit nur von 8.773 auf 19.949 Millionen Dollar wuchs. Es wurde also über einer ungleich langsamer vergrößerten Goldbasis ein doppelt so hohes Kreditgebäude aufgetürmt.

Diese gewaltige Expansion des Zirkulationskredits ist durch die neuen Währungssysteme der Nachkriegszeit ermöglicht worden. Als die Inflation eingestellt wurde, die Währungen stabilisiert wurden, ist man nicht zu der alten klassischen Goldwährung zurückgekehrt, sondern hat den neuen „gold exchange standard", die Goldkernwährung geschaffen. Die Staaten setzten nicht wieder Goldmünzen in Umlauf; sie ließen das Gold in den Schatzkammern der Notenbanken konzentriert. Die Notenbanken wurden nicht wieder verpflichtet, ihre Banknoten auf Verlangen gegen Goldmünzen einzutauschen, sondern nur, sie auf Verlangen gegen Goldbarren oder Devisen einzutauschen. Da die Notenbanken berechtigt sind, ein gesetzlich bestimmtes Vielfaches ihres Goldschatzes in Banknoten auszugeben, können sie einen zweieinhalb- bis dreimal größeren Bedarf an Zahlungsmitteln befriedigen, wenn das Gold in ihren Kassen konzentriert bleibt, als sie befriedigen könnten, | wenn das Gold in der Gestalt von Münzen in Umlauf gesetzt würde. Vor allem aber wurden die Notenbanken ermächtigt, ihre Devisen in ihren Goldschatz einzurechnen. Die europäischen Notenbanken hielten ständig Guthaben in London und in New-York, sie rechneten diese Guthaben in ihren Goldschatz ein und gaben auf Grund ihrer Banknoten aus; das Gold aber lag in den Kellern der Banken von London und New-York und diente dort gleichfalls als Basis für die Ausgabe von Banknoten. Dasselbe Gold diente also zweimal als Banknotendeckung: einmal in England oder Amerika, wo es lag, das anderemal in den europäischen Ländern, deren Notenbanken kurzfristige Forderungen auf dieses Gold erworben hatten und sie in ihre Banknotendeckung einzurechnen berechtigt waren.

Auf diese Weise wurde, um den infolge des überhöhten Preisniveaus verdoppelten Bedarf an Zirkulationskredit zu befriedigen, ein überaus krisenempfindliches Währungssystem geschaffen. Sobald die zyklische Krise hereinbrach, sobald den europäischen und südamerikanischen Banken große Kredite gekündigt wurden, mußten die Notenbanken dieser Länder ihre Guthaben aus London abberufen. Die Bank von England geriet dadurch unter jenen schweren Druck, der sie schließlich im Jahre 1931 zwang, die Auswechslung ihrer Banknoten gegen Gold oder Devisen einzustellen, den Kurs des Pfund Sterlings fallen zu lassen. Hatte es als die große Errungenschaft der neuen Währungssysteme gegolten, daß die Devise dem Golde gleichgehalten wurde, so erfuhren die Notenbanken nunmehr in den schweren Verlusten, die sie an ihren Pfunddevisen erlitten, daß die Devise eben nicht dem Golde gleich war.

Das neue Währungssystem hatte erfordert, daß die kapitalsärmeren Länder in den kapitalsreicheren ständige Guthaben als Währungsreserven hielten, die kapitalsärmeren Länder also den kapitalsreicheren Kredit gewährten. Andere Umwälzungen aber, die der Krieg hervorgerufen hatte, hatten gleichzeitig einen weit stärkeren Kapitalsstrom in entgegengesetzter Richtung, aus den kapitalsreichen Ländern in die kapitalsarmen zur Folge. | 25

Die Krieg führenden europäischen Länder hatten in der Kriegszeit und in den ersten Nachkriegsjahren die Inflation durchgemacht. In den besiegten Staaten, vor allem in Deutschland, war die Geldentwertung am weitesten fortgeschritten. Infolge der Inflation schrumpfte das zirkulierende Kapital des Handels und der Industrie schnell zusammen. Der Kaufmann, der eine Menge Waren verkauft hatte, konnte mit dem Erlös nicht mehr dieselbe Warenmenge neu anschaffen. Am Ende der Inflation verfügten Handel und Industrie nicht mehr über das zirkulierende Kapital, das sie zum Betrieb ihrer Unternehmungen brauchten. Andererseits hatten sich die Vereinigten Staaten von Amerika und die neutralen Länder Europas in der Kriegszeit und in der Retablierungskonjunktur an Lieferungen von Kriegsgerät, Rohstoffen und

Lebensmitteln an die am Kriege beteiligten Staaten gewaltig bereichert; dort war die Akkumulation von Kapital überaus schnell fortgeschritten. Am Ausgang der Inflationszeit war der Zinsfuß in diesen Ländern viel niedriger als in den durch die Inflation verarmten Ländern; die Zinsfußdifferenz lockte die Kapitalisten der am Kriege bereicherten Länder dazu, ihre überschüssigen Kapitalien den im Verlaufe der Inflation verarmten, nach der Wiederausstattung ihrer Unternehmungen mit dem notwendigen zirkulierenden Kapital hungernden Ländern zur Verfügung zu stellen. Der Wirtschaftsoptimismus, der in Deutschland in den Jahren der Angleichung des deutschen an das internationale Preisniveau herrschte, verstärkte in den Vereinigten Staaten und in den neutralen Ländern die Neigung zur Gewährung großer Kredite an die deutschen Banken und Industrieunternehmungen. Von 1924 bis 1928 nahm Deutschland Auslandskredite im Betrage von 13.6 Milliarden Mark auf. Dabei wurde mehr als die Hälfte dieser Kredite nur kurzfristig gewährt und aufgenommen. Der kurzfristige Kredit veränderte seine Funktion; hatte er vor dem Kriege vornehmlich nur der Ausgleichung vorübergehender Passivsaldi der Zahlungsbilanz gedient, so diente er jetzt der Versorgung ganzer großer Volkswirtschaften mit dem erforder-
26 lichen zirkulierenden Kapital, zum Teil sogar der | Beschaffung der Mittel für die Vergrößerung und technische Erneuerung des fixen Kapitals.

Sobald aber die zyklische Krise hereinbrach, das Vertrauen zur Zahlungsfähigkeit der verschuldeten Unternehmungen erschüttert wurde und daher die kurzfristig gewährten Kredite abberufen wurden, mußte dieses ganze Wirtschaftssystem in eine besonders schwere Erschütterung geraten.

Dieses ganze System internationaler Kredite wurde schließlich noch kompliziert durch die Schuldverpflichtungen der Staaten. Der Vertrag von Versailles hatte Deutschland mit den Reparationsschulden belastet. Die europäischen Siegermächte hatten ihrerseits ihre Kriegsschulden an die Vereinigten Staaten abzutragen. Internationale Zahlungen unerhörter Höhe waren zu leisten.

Die Zahlungsmittel waren nur durch internationale Kredite zu beschaffen. Die amerikanischen Kapitalisten gewährten deutschen
Banken Kredite. Die deutschen Banken verkauften die geliehenen
Dollardevisen dem Reich gegen Mark und verwendeten die auf
diese Weise erlangten Markbeträge zur Gewährung von Krediten an die deutsche Industrie und an den deutschen Handel. Das
Reich verwendete die auf diese Weise erworbenen Dollardevisen zur Bezahlung seiner Reparationsschulden. Die europäischen
Siegermächte, die diese Zahlungen empfingen, verwendeten sie
ihrerseits zur Zahlung ihrer Kriegsschulden and die Vereinigten Staaten. Auf diese Weise wurden durch die Kredite, die die
amerikanischen Kapitalisten den deutschen Banken gewährten,
gleichzeitig die deutsche Wirtschaft mit dem notwendigen zirkulierenden Kapital ausgestattet, die deutsche Rationalisierungskonjunktur finanziert, die Zahlung der Reparationen und der
Kriegsschulden ermöglicht. Sobald aber mit dem Einbruch der
zyklischen Krise das Vertrauen der amerikanischen Kapitalisten
zu dem deutschen Banksystem erschüttert wurde, sobald neue
Kredite nicht mehr nach Deutschland strömten und die alten abberufen wurden, mußte nicht nur die durch die Auslandskredite
ermöglichte Prosperität ein jähes Ende finden, sondern es muß-
te auch die Zahlung | der Reparationen und der Kriegsschulden   27
unmöglich werden.

So war in den Jahren, die der Stabilisierung der Währungen
folgten, auf der brüchigen Basis eines überhöhten, auf die Dauer unhaltbaren Preisniveaus ein ungeheuerliches, überaus krisenempfindliches Kreditsystem aufgerichtet worden. Es mußte
zusammenbrechen, sobald die zyklische Krise hereinbrach. Als
der Absatz stockte, die Warenpreise stürzten, wurden die Schuldverpflichtungen, die die Privatunternehmungen, die Banken, die
Staaten auf sich genommen hatten, unerfüllbar. Das Vertrauen zu
den Banken, die die weiterverliehenen Kapitalien von ihren zahlungsunfähig gewordenen Schuldnern nicht mehr einzutreiben
vermochten, wurde erschüttert. Die kurzfristigen Kredite wurden
den Banken gekündigt; in dem Jahre der großen europäischen

Kreditkrise mußten kurzfristige Kredite im Betrage von 30 Milliarden Schweizer Franken flüssig gemacht wurden. Die Banken, unfähig, die Gelder, deren Rückzahlung ihre Gläubiger forderten, von ihren Schuldnern einzutreiben, wurden zahlungsunfähig. Das ganze gewaltige Kreditsystem, das die Kapitalistenklasse in der Nachkriegszeit aufgebaut hatte, stürzte zusammen. Die Zahlung von Reparationen und von Kriegsschulden wurde eingestellt. In der Form von Stillhalteabkommen, Devisenvorschriften und „Transfermoratorien" stellten die Staaten die Rückzahlung kurzfristiger Kredite und die Zahlung der Zinsen und der Tilgungsraten für langfristige öffentliche, zum Teil auch für private Auslandsschulden ein. Die internationale Hochfinanz wurde von ihren Auslandsschuldnern exppropriiert.

Die Krise ist nicht von der Kreditsphäre ausgegangen. Ihre Ursache lag vielmehr, wie wir noch sehen werden, darin, daß der Warenhunger der Kriegszeit und der Zeit der Retablierungskonjunktur nach dem Kriege die Kapitalisten dazu verleitet hatte, die Produktion weit über die durch die Massenkaufkraft gezogenen Grenzen auszudehnen. Der Zusammenbruch des Kreditsystems war nicht die Ursache, sondern die Wirkung der Krise. Aber sein Zusammenbruch hat den Verlauf der Krise dramatisch ge- | staltet, die Krise wesentlich verschärft, den Druck auf die Preise verstärkt.

Das Mißverhältnis zwischen der schnell anwachsenden Produktion und der zurückbleibenden Massenkaufkraft klaffte schon in der Krise von 1920 in allen Ländern auf, in denen es nicht damals noch durch die künstliche Steigerung der Massenkaufkraft mittels der Inflation überwunden wurde. Damals schon setzte mit der Krise die Konterrevolution der Preise ein. Aber diese erste Krise der Nachkriegszeit wurde nach der Stabilisierung der Währungen überwunden mittels der Auftürmung jenes gewaltigen internationalen Kreditsystems, das ein paar Jahre lang die Befriedigung des Zahlungsmittelbedarfs bei überhöhtem Preisniveau, die Versorgung der verarmten Volkswirtschaften mit geborgtem Kapital und die Zahlung der Reparationen und der Kriegsschul-

den ermöglicht hat. Diese ungeheure Kreditexpansion allein hat
die Erholung von der Krise von 1920, die Überwindung der europäischen Stabilisierungskrisen, die Prosperität von 1925 bis 1929
ermöglicht. Aber gerade die Auftürmung eines so abnormalen,
so außerordentlich krisenempfindlichen Kreditsystems hat zur
Folge gehabt, daß die folgende zyklische Krise, die von 1929, ganz
unerhörte Dimensionen annehmen, ganz unerhörten Preisdruck
herbeiführen mußte.

Die kurzfristig kreditierten Kapitalien wurden heimberufen,
ohne in ihrem Heimatland Verwendung finden zu können. Alle
Banken, durch die Erschütterung des Kredits gefährdet, mußten
außerordentlich große Kassenreserven halten. War die Erschütterung des internationalen Kreditsystems eine Folge des Sturzes der
Warenpreise, so wurde ihr Sturz durch diese massenhafte Brachlegung von Kaufkraft beschleunigt. Aber über diese unmittelbare
Wirkung hinaus hat der Zusammenbruch des internationalen
Kreditsystems weitere, in die Zukunft wirkende Folgen. In der
kapitalistischen Weltwirtschaft hat sich das internationale Kreditsystem mit dem Welthandel entwickelt; der Mechanismus des
internationalen Kreditsystems ist zu einer unerläßlichen Voraussetzung des internationalen Warenaustausches und damit
auch der internatio- | nalen Arbeitsteilung geworden. In der Vor- 29
kriegszeit wurde mittels kurzfristiger Kredite der Welthandel
finanziert und die jeweiligen Passiven der Zahlungsbilanz aus-
geglichen; mittels langfristiger Kredite machte das Kapital der
kapitalsreichen Staaten die kapitalsarmen Länder kaufkräftiger
und sicherte dadurch seinen Industrieprodukten den Absatz in
ihnen. Der Kapitalsexport war die Basis des Warenexportes, vor
allem des Exports von Produktions- und Verkehrsmitteln. Dieser
ganze Mechanismus wird nicht so bald wiederherzustellen sein.
Die internationale Hochfinanz hat erfahren, daß Auslandsforde-
rungen in Krisenzeiten nicht einzutreiben sind; sie wird nicht so
bald wieder Auslandskredite in dem gewohnten Ausmaß gewähren. Der Wiederaufbau des Welthandels wird dadurch lange Zeit
behindert bleiben.

Der Sturz der Warenpreise hat das Verhältnis zwischen Kapital und Arbeit umgewälzt. Bleibt der Geldlohn des Arbeiters unverändert, während die Warenpreise stürzen, so steigt der Reallohn des Arbeiters; es steigt der Anteil der Arbeiterklasse am Produkt ihrer Arbeit, es sinkt die Mehrwertrate, der Grad der Ausbeutung der Arbeitskraft. Die Kapitalistenklasse, an ihren Profiten bedroht, sucht die Löhne zu drücken. Sie stößt dabei auf den Widerstand der Gewerkschaften. Sie will und muß ihn brechen. Zwei Wege zu diesem Ziele stehen ihr offen. Der eine Weg ist der der Devaluation. Der Wert des nationalen Geldes wird gesenkt. Bleibt der Nominallohn des Arbeiters unverändert, so sinkt doch sein Reallohn und sinkt schneller noch als der Reallohn sein Anteil an dem Produkt seiner Arbeit. Der andere Weg ist der der Deflation. Der Staat und die Notenbank greifen ein, um die Senkung aller Löhne, Gehalte, Sozialrenten zu erzwingen.

Gegen die Devaluation kann sich die Arbeiterklasse nicht wehren; ist die Abwertung des nationalen Geldes einmal dekretiert, so steigert sie selbsttätig, ohne daß dagegen ein Widerstand möglich wäre, den Grad der Ausbeutung der Arbeitskraft. Gegen die Deflation, gegen die Senkung der Löhne, Gehalte, Sozialrenten setzt die Arbeiterklasse ihre politische und gewerkschaftliche Macht

30 ein. | Die Kapitalistenklasse, entschlossen, die Wiederherstellung ihrer Profite zu erzwingen, wirft sich, wenn sie den Widerstand der Arbeiter auf dem Boden der Demokratie nicht zu brechen vermag, dem Faschismus in die Arme, damit er die gewerkschaftlichen und die politischen Widerstandszentren der Arbeiterklasse gewaltsam zerschlage und dadurch jeden Widerstand gegen die Deflation zerbreche.

Welchen der beiden Wege die Kapitalistenklasse einschlägt, hängt zunächst von den Machtverhältnissen zwischen den verschiedenen Schichten der besitzenden Klassen ab. Der Sturz der Warenpreise reißt die schärfsten Gegensätze zwischen Gläubigern und Schuldnern auf. Sinken infolge des Sturzes der Warenpreise die Einnahmen der Industriellen und Landwirte, so können sie die Schuldzinsen und Schuldannuitäten nicht mehr bezahlen.

Sinken die Warenpreise um ein Drittel, so muß der Landwirt, der
Industrielle, den Erlös einer um die Hälfte größeren Warenmenge
zur Bezahlung seiner Schulden verwenden. Die verschuldeten
Industriellen und die Landwirte ziehen daher den Weg der Devaluation vor. Mit der Devaluation treffen sie sowohl die von ihnen
ausgebeuteten Arbeiter also auch ihre Gläubiger; sie erhöhen ihre
Unternehmergewinne, indem sie sowohl den Anteil der Arbeiter
als auch den Anteil ihrer Gläubiger am Wertprodukt ihrer Betriebe herabsetzen. Die Devaluation schützt sie aber zugleich auch
gegen ihre ausländische Konkurrenz; sie verteuert den Import,
sie prämiiert den Export. Aber gegen die Devaluation wehren sich
diejenigen Schichten der Kapitalistenklasse, die ihr Kapital in
Staatsschuldverschreibungen, Industrieobligationen, Hypothe-
ken angelegt haben. Wo diese Gläubigermassen am mächtigsten
sind, wo sie sich auf eine breite Masse „kleiner Sparer" stützen
können, dort verhindern sie die Devaluation. Gerade diese Rent-
nerklassen sind in der Regel nicht faschistisch; sie fürchten die
politischen Unruhen, die der Kampf des Faschismus um die Macht
erfordert. Aber indem sie die Devaluation verhindern, drängen
sie die Industriellen und die Landwirte auf den Weg der Deflation und werfen sie damit dem Faschismus in die Arme, damit
er den Widerstand der | Arbeiter gegen die Deflation zerbreche. 31
Übrigens verschmähen die Kapitalisten auch die Kombination
beider Methoden nicht. Die österreichische Kapitalistenklasse
hat die Arbeiter zuerst im Jahre 1931 mit der Devaluation, dann
im Jahre 1934 mit dem Faschismus, der die gewaltsame Senkung
der Löhne, Gehalte und Sozialrenten ermöglicht hat, getroffen.

Indessen waren die Staaten in ihrer Entscheidung zwischen
Deflation und Devaluation keineswegs frei. Denn die Kreditkrise
zwang in vielen Fällen der Währungspolitik die Richtung auf.

Seitdem Großbritannien das Pfund Sterling auf dem Vorkriegs-
niveau stabilisiert hatte, war sein Preisniveau zu hoch, daher
seine Zahlungsbilanz knapp. Die Bank von England konnte sie
nur ausgleichen, indem sie große Kredite im Ausland aufnahm.
Vor der Stabilisierung der europäischen Währungen waren ihr

große Fluchtkapitalien zugeströmt. Bei der Stabilisierung der
Währungen bewog die Bank von England die kontinentalen Notenbanken einen großen Teil ihrer Währungsreserven in London
zu halten; Guthaben bei der Bank von England wurden in den
Goldschatz der kontinentalen Banken eingerechnet. Die französischen Kapitalisten hielten ständig große Kapitalsüberschüsse als
Guthaben in London. Aber schon 1928 geriet dieses ganze System
ins Wanken. Frankreich hat den Franken zu einem niedrigen Kurse stabilisiert. Der Stabilisierung folgte daher ein allmähliches
Ansteigen des französischen Preisniveaus. Der Geldbedarf der
französischen Volkswirtschaft wuchs. Die Guthaben, die Frankreich in London gehalten hatte, wurden zurückgezogen. Als dann
die Krise kam, begann auch das Vertrauen zu den englischen Banken zu wanken. Die überseeischen Agrarländer waren infolge des
jähen Preissturzes bankrott geworden. Die englischen Banken verloren dort große Beträge. Englische Bankiers hatten deutschen
Banken, Industriellen, Handelshäusern große Kredite gewährt.
Sie waren „eingefroren". Die internationale Hochfinanz begann,
ihre Guthaben aus London zurückzuziehen. Der Goldschatz der
32 Bank von England schrumpfte zusammen. | Die Bank von England
stellte die Einlösung ihrer Noten in Gold ein. Sie gab die Goldwährung auf. Nun war der Bann gebrochen. Ein Staat nach dem
anderen löste seine Währung vom Golde los und ließ den Kurs
seines nationalen Geldes fallen. Hatte man wenige Jahre vorher
mit schweren Opfern den Geldwert stabilisiert, so setzte nun die
Geldentwertung von neuem ein.

In Deutschland war, als 1929 die Krise hereinbrach, die Geldentwertung von 1923 noch unvergessen. Man hatte Grund, zu
fürchten, daß jede neue Geldentwertung in den Volksmassen eine
Panik hervorrufen, daß sie daher nicht zu meistern, nicht zu beschränken sein werde. Darum entschloß sich die Reichsregierung
vorerst nicht zur Devaluation, sondern zur Deflation. Die Notver-
ordnungen Brünings dekretierten die Kürzung der Löhne, der
Gehalte, der Sozialrenten. Sie verelendeten die Arbeiterklasse.
Sie minderten ihre Kaufkraft und trafen dadurch auch Kleinbür-

ger und Bauern schwer. Der Zorn der verelendeten Volksmassen
wendete sich gegen die „Systemparteien", die Brüning stützen.
Zugleich war mit dem Preissturz sowohl die Inlandsverschuldung
der deutschen Bauern und Kleinbürger als auch die Bürde der Reparationen, die Deutschland zu zahlen hatte, untragbar geworden.
Hitler konnte die durch die Deflationspolitik verelendeten Volksmassen zum Kampf gegen die „Zinsknechtschaft" und gegen die
„Tribute von Versailles" aufbieten. Die Weltuntergangsstimmung,
die der Zusammenbruch der deutschen Banken im Jahre 1931
hervorrief, ließ das „System" erst recht unhaltbar erscheinen
und stärkte dadurch den faschistischen Angriff. Die industriellen
und die landwirtschaftlichen Unternehmer konnten sich dieser
Massenbewegung bedienen, um durch die faschistischen Banden
die Organisationen der Arbeiter zerschlagen zu lassen und damit
alle Widerstände gegen weitere Senkung der Löhne zu brechen.

Zur Macht gelangt, hat Hitler die Methoden der Geldentwertung und der Lohnsenkung kombiniert. Er hat durch Zerstörung
der Arbeiterorganisationen den Unternehmern freie Hand gege-
ben, die Löhne weiter zu drücken, | mit inflationistischen Mitteln 33
eine großzügige Aufrüstung und die Arbeitsbeschaffung finanziert. Die Inflation senkte die Kaufkraft der Mark im Inlande;
die Rate der Ausbeutung der deutschen Arbeitskraft wurde so
durch die Senkung des Geldlohns und Senkung der Kaufkraft
des Geldes zugleich erhöht. Aber die Beschränkungen des Zahlungsverkehrs mit dem Ausland ermöglichten es trotzdem, den
Kurs der Mark zu halten. Das Mißverhältnis zwischen der sinkenden Kaufkraft der Mark im Inland und ihrem unveränderten
Kurs im Ausland mußten freilich den deutschen Export gefährden. Aber Deutschland hatte die Bezahlung der Auslandsschulden
eingestellt. Die Markbeträge, die die deutschen Schuldner zur
Abdeckung ihrer Schuld an ihre ausländischen Gläubiger hinter-
legt hatten, durften in das Ausland nicht überwiesen werden.
Der Kurs dieser „Sperrmark" sank tief. Schacht gab den ausländischen Gläubigern die „Sperrmark" zur Bezahlung von Importen
aus Deutschland frei. So wurden die Importe aus Deutschland mit

der entwerteten „Sperrmark" bezahlt; auf diese Weise konnte der deutsche Export dank einer Exportprämie, die die Gläubiger Deutschlands bezahlen mußten, aufrechterhalten werden. Aber dieses Mittel erschöpft sich; trotz der Exportfinanzierung auf Kosten der ausländischen Gläubiger hat Deutschland das Mißverhältnis zwischen der durch die Inflation gesenkten Kaufkraft der Mark im Inlande und dem manipulierten Kurs im Auslande mit dem Verlust eines großen Teiles seines Goldschatzes und mit der Einbuße eines großen Teiles seines Exportes gebüßt. So sucht es denn jetzt seinen Export durch direkte Exportprämien zu forcieren, die, vom Volk im Inland getragen, die Kaufkraft der Mark im Inlande erst recht senken müssen. Das Mißverhältnis zwischen Binnen- und Außenwert der Mark stellt den deutschen Faschismus vor die Wahl, entweder die Inflation einzustellen und damit in eine Stabilisierungskrise mit vermehrter Arbeitslosigkeit zu stürzen oder den manipulierten Markkurs schließlich doch fallen zu lassen, ihn der tief gesenkten Kaufkraft der Mark anzupassen. |

34   Die meisten anderen Staaten sind gerade umgekehrt verfahren. Sie haben den Kurs ihres nationalen Geldes fallen lassen. Seine Kaufkraft im Inlande sank langsamer als sein Kurs. Die Differenz wirkte als Exportprämie. Die internationalen Konkurrenzverhältnisse wurden daher durch den Grad der Entwertung der einzelnen Währungen entscheidend bestimmt. Ein förmlicher Wettbewerb in der Geldentwertung entwickelte sich. So antwortete Großbritannien auf jeden Kurssturz des Dollars mit einer Senkung des Pfunds, so antworteten die Vereinigten Staaten auf jeden Kurssturz des Pfunds mit einer Senkung des Dollars. Auch in den wenigen Ländern, die bei der Goldwährung ausharrten — Frankreich, Holland, der Schweiz —, forderten starke Fraktionen der Kapitalistenklasse die Devaluation; die ständige Erörterung der Vor- und Nachteile der Devaluation rief auch dort immer wieder Währungspaniken hervor. Andererseits sperrten alle Staaten ihre Märkte mit protektionistischen und überprotektionistischen Maßnahmen gegen die Dumpingexporte der Länder, die ihren Geldwert gesenkt hatten, ab. Suchte jeder Staat auf diese Weise

seinen Anteil am Welthandel zu vergrößern, so schrumpfte der Welthandel in seiner Gesamtheit immer schneller zusammen.

Mittels der Krise ist das „natürliche" Austauschverhältnis zwischen dem Golde und den Waren wiederhergestellt worden. Aber indessen lösten sich die meisten und wichtigsten Währungen vom Golde los. Ihre Schwankungen beraubten den Welthandel der sicheren Kalkulationsbasis. Bald gab es ja keine Währung mehr, deren Wertbeständigkeit unbezweifelt war, die daher als sichere Kalkulationsbasis und als verläßlicher Wertmaßstab in internationalen Verträgen verwendet werden konnte. Die Kapitalisten, keiner Währung mehr trauend, zogen ihr Guthaben aus den Banken zurück und verwandelten sie in bares Gold; massenhafte Goldhortung legte neuerlich Kaufkraft brach und senkte damit wiederum die Warenumsätze. Da die Kaufkraft des entwerteten nationalen Geldes schneller sank als sein Austauschverhältnis gegen Gold, sanken die Goldpreise der Waren weiter. So blieben | trotz der Wiederherstellung des „natürlichen" Austauschverhältnisses zwischen Ware und Gold die Weltmarktpreise unter schwerem Druck. Zeitweilige Preiserhöhungen infolge schlechter Ernten und infolge außerordentlichen Kriegsbedarfs können den allgemeinen Druck auf die Preise nicht dauernd unwirksam machen. Die Warenpreise können von dem auf ihnen lastenden Druck nur befreit werden, wenn die Währungen wieder stabilisiert werden. Aber ihre Stabilisierung scheitert vorerst daran, daß, da die Stabilisierungsparitäten die internationalen Konkurrenzverhältnisse bestimmen werden, jeder Staat die für ihn günstigsten, für seine Konkurrenten ungünstigsten Stabilisierungsbedingungen abwartet. Indessen werden immer mehr, immer neue Währungen in den Strudel der Entwertung hineingerissen. Aber ohne eine Stabilisierung aller wichtigen Währungen ist der Druck auf die Warenpreise, ist daher auch die Krise nicht zu überwinden.

35

1.3 Die Krise der Landwirtschaft

DER WELTKRIEG ENTZOG der europäischen Landwirtschaft die
Arbeitskräfte. Die Requisitionen für den Bedarf der Heere
lichteten die Viehbestände. Die Versorgung mit Dünger und mit
Kraftfuttermitteln stockte. Die Zufuhr aus Südamerika wurde
infolge des Mangels an Schiffsraum unmöglich. Mitteleuropa
hungerte. Westeuropa deckte seinen Bedarf durch Zufuhren aus
den Vereinigten Staaten und aus Canada. Dort wurde, durch sehr
hohe Preise gefördert, der Getreidebau bedeutend ausgedehnt.

Nach dem Kriege tauchte das südamerikanische Getreide in
den europäischen Häfen wieder auf. Die europäische Landwirtschaft wurde allmählich wieder aufgebaut. Das Angebot stieg.
Die Nachfrage war gering, weil die Inflation die Kaufkraft großer
europäischer Einfuhrländer senkte. Seit 1920 sanken die Getreidepreise.

Aber sobald die Inflation eingestellt wurde, sobald die industrielle Prosperität einsetzte, sobald große Kredite nach Mittel-
36 europa strömten, stieg die Kaufkraft der euro- | päischen Ein-
fuhrgebiete. Nun wurde fühlbar, daß die Mehrproduktion der
überseeischen Länder den Ausfall der europäischen Produktion
noch nicht aufzuwiegen vermochte. Europa erntete im Durchschnitt der Jahre 1921–23 immer noch um 14.6 Millionen Tonnen
Weizen jährlich weniger als im Jahresdurchschnitt 1909–13, Ost-
asien und Indien um 7.4 Millionen Tonnen weniger, während
Nordamerika, Argentinien und Australien nur um 10.9 Millionen
Tonnen mehr ernteten. In den Jahren 1924–27 stiegen daher die
Getreidepreise wieder.

Diese günstigen Jahre geben den Anstoß zu weiterer Ausdehnung des überseeischen Getreidebaues. Die großen Ebenen west-
lich der Rocky Mountains, vor dem Kriege nur zu extensiver
Viehzucht benützt, wurden dem Getreidebau erschlossen. Die
australische Methode des Dry Farming ermöglichte es, in diesen an Niederschlägen armen Gebieten Getreide zu bauen: man
schiebt jedes zweite Jahr eine Vollbrache ein, um die Niederschlä-
ge zweier Jahre für eine Ernte zu verwenden, und hält den Boden

sorgfältig locker, um das Verdampfen des Wassers zu verhüten. Besonders dürrefeste und frostharte Weizensorten werden angebaut. Traktor und Mähdrescher, auf diesen ebenen und steinfreien Böden mit ihrem trockenen Erntewetter, ihren kurzen, nicht lagernden Halme gut verwendbar, senken die Produktionskosten. Die Kombination neuer Methoden der Bodenbearbeitung, neuer Weizensorten und neuer Erntemaschinen ermöglichte es, die Weizenanbaufläche der Vereinigten Staaten in den Jahren 1925–29 um 3.6 Millionen Hektar auszudehnen. In denselben Jahren hat aber auch die europäische Landwirtschaft ihre Vorkriegsproduktion wieder erreicht und überschritten.

Mit dieser Entwicklung des Getreidebaues hielt aber die Entwicklung des Bedarfs nicht mehr gleichen Schritt. Seit dem Krieg wächst die Bevölkerung der Zuschußländer, die Getreide einführen, viel langsamer als früher. Noch langsamer aber wächst ihr Getreidebedarf.

Die Maschine nimmt dem Industriearbeiter schwere körperliche Arbeit ab; dagegen stellt die rationalisierte | Arbeit an der 37 Maschine erhöhte Anforderungen an sein Nervensystem: an seine Aufmerksamkeit, Schnelligkeit, Gewandtheit. Wer schwere Muskelarbeit leistet, muß seinem Körper viel Kalorien zuführen; er bevorzugt daher Kohlehydrate und Fette. Wer weniger Muskelarbeit leistet, braucht weniger Kalorien, er nimmt an Gewicht weniger Nahrung zu sich, aber eben deshalb braucht er Nahrung mit stärkerem Eiweißgehalt, um seinen Bedarf an Stickstoff zu decken. Er zieht daher Fleisch vor. Mit der Verschiebung der Bevölkerung vom Lande in die Stadt und mit der Entwicklung der Maschinerie geht darum eine Verschiebung von der Brot- und Kartoffelnahrung zur Fleischnahrung vor sich. Damit sinkt der Brotverbrauch je Kopf der Bevölkerung.

Zugleich sinkt aber auch der Bedarf an Futtergetreide. Einmal infolge der Verdrängung des Pferdes durch das Auto und den Traktor. In den Vereinigten Staaten haben Kraftwagen und Kraftschlepper 9 Millionen Pferde ersetzt und dadurch 10 bis 12 Millionen Hektar Boden freigesetzt, die früher zur Produktion

von Pferdefutter gebraucht wurden. Zweitens aber auch, weil es
gelungen ist, bei gleichem Futteraufwand viel größere Leistungen an Fleisch, Fett und Milch zu erzielen, die Produktion von
Fleisch, Fett und Milch je Futtereinheit bedeutend zu steigern.

Von 1926–28 wuchs die Bevölkerung Europas (ohne die Sowjetunion) um 2.4 Perzent. Der Getreidebedarf wuchs unzweifelhaft
noch langsamer. In denselben Jahren ist aber die Weltproduktion
an Getreide weit schneller gestiegen. So begannen denn nach
der guten Getreideernte des Jahres 1928 die Getreidepreise zu
sinken. Damit setzte die Agrarkrise ein. Als 1929 die industrielle Krise hereinbrach, sank die Nachfrage der Volksmassen nach
Lebensmitteln infolge des Sinkens der Löhne und infolge der Arbeitslosigkeit sehr schnell, der Bedarf der Industrie an Rohstoffen
noch viel schneller. Die Landwirtschaft aber war nicht imstande,
ihre Produktion in gleichem Maße einzuschränken. Daher wurde
das Mißverhältnis zwischen Angebot und Nachfrage von Jahr
zu Jahr größer. Vom | Januar 1929 bis zum Januar 1934 sank der
38 Welthandelspreis von Weizen um nicht weniger als 68 Perzent!

Infolge des Sturzes der Preise des Brotgetreides wurde der An-
bau von Futtermitteln auf Kosten des Weizenbaues ausgedehnt
und ein wachsender Teil der Roggenernte verfüttert. Daher eilte
bald auch die Vieh-, Milch- und Butterproduktion der Entwicklung des Bedarfes voraus.

Auch die tropische Landwirtschaft hatte infolge der hohen
Preise der Kriegs- und der ersten Nachkriegszeit ihre Produktion
weit schneller vergrößert, als der Bedarf an ihren Erzeugnissen
stieg. So stürzte auch die Produktion von Zuckerrohr, Kautschuk,
Kaffee, Baumwolle seit 1928 in eine schwere Krise.

Durch die Krise der Landwirtschaft wurde die industrielle Krise, die 1929 hereinbrach, wesentlich verschärft. Die Kaufkraft des
Landvolkes sank; damit sank der Absatz von Industrieprodukten
in allen Agrargebieten. Die landwirtschaftliche Investitions- und
Meliorationstätigkeit wurde eingestellt; damit sank der Absatz
von Baumaterialien und Produktionsmitteln. Die Landwirte konnten ihre Hypothekenschulden, die Agrarstaaten ihre Staatsschul-

den nicht mehr bezahlen; damit wurde die Kreditkrise verschärft. Andererseits aber ist die Agrarkrise durch die gleichzeitig hereingebrochene Industriekrise verschärft worden; der sprunghafte Rückgang der Kaufkraft der industriellen Volksmassen verschärfte das Mißverhältnis zwischen der Agrarproduktion und dem Bedarf an Agrarprodukten, er drückte die Preise der Agrarprodukte immer tiefer herab.

Es ist eine geschichtliche Erfahrung, daß die zyklischen industriellen Krisen besonders heftig, die ihnen folgenden industriellen Depressionen besonders lang und besonders schwer sind, wenn sie in die Zeit von Agrarkrisen fallen. So war es nach den Napoleonischen Kriegen in der Zeit von 1816 bis 1840. Ebenso war es, als seit den Siebzigerjahren das große amerikanische Getreideangebot die Getreidepreise in Europa drückte, in der Zeit zwischen 1873 und 1895. Auch diesmal wieder erklärt der Zusammenfall der industriellen Krise mit der Agrarkrise zum | Teil die ₃₉ außerordentliche Schwere und Dauer der industriellen Krise.

Die Wirkungen der Agrarkrise waren umso schwerer, da die Preise die Agrarprodukte viel schneller sanken als die der Industrieprodukte. Die Nachfrage nach unentbehrlichen Nahrungsmitteln ist weit weniger elastisch als die Nachfrage nach Industrieprodukten; die Preise der Agrarprodukte müssen daher viel stärker als die der Industrieprodukte sinken, um den Bedarf vergrößertem Angebot anzupassen. Andererseits ist die Landwirtschaft viel weniger als die Industrie fähig, ihre Produktion einzuschränken, um sie geringerem Bedarf anzupassen. So öffnete sich denn die „Preisschere". Die Einnahmen des Bauern sanken viel schneller als die Preise der Industrieprodukte, die er kauft. Die bäuerlichen Massen der ganzen Welt wurden verelendet.

Fast alle Agrarländer machen schwere politische Erschütterungen durch. Die Hypothekenlasten sind infolge des Sturzes der Preise der Agrarprodukte untragbar geworden. Die verschärfte Ausbeutung durch das Hypothekenkapital erfüllt den Bauern mit antikapitalistischen Stimmungen. Der Bauer sucht Rettung in einem Hochprotektionismus, der ihm trotz der Krise höhere Prei-

se verbürgen soll. Wo sich die Arbeiterklasse, deren Geldlöhne
infolge der Krise schwer gedrückt sind, gegen die Erhöhung der
Lebensmittelpreise zur Wehr setzt, wendet sich der Bauer haßer-
füllt gegen die Arbeiter. In den skandinavischen Ländern gelingt
es den Arbeitern, die Bauern als Bundesgenossen gegen die kapitalistischen Mächte zu gewinnen; in Deutschland und Österreich
gelingt es dem Faschismus, die Bauern gegen die Arbeiterklasse aufzubieten. Der verelendete, rebellierende Bauer wird zum
Schiedsrichter zwischen der Demokratie und dem Faschismus. In
den Vereinigten Staaten stützen die Farmer den New Deal, der
mittels der Entwertung des Dollars ihre Schuldenlast erleichtert,
durch die auf Kosten der Gesamtheit subventionierte Drosselung
der Produktion den Markt der Agrarprodukte entlastet und mit-
40   tels seiner Codes als | Schiedsrichter zwischen Kapital und Arbeit
zu treten versucht.

Die europäischen Einfuhrgebiete suchen ihre Landwirtschaft
vor dem zerstörenden Druck der schnell sinkenden Preise zu
schützen. Die Schutzzölle wurden erhöht. Wo dies nicht genügte, wurde die Einfuhr noch empfindlicher durch Einfuhrverbote,
Einfuhrkontingente, Einfuhrmonopole beschränkt. Dieser Protektionismus hält die Preise der Agrarprodukte in den europäischen Industriestaaten hoch. Unter dem Schutz dieser hohen
Preise wächst die Agrarproduktion. Während in vielen Agrarländern, vor allem in den Vereinigten Staaten, die Agrarproduktion
unter dem Druck der Krise eingeschränkt wird, wird sie in den
Industriestaaten vergrößert. Während sich in den Speichern der
Agrarländer unabsetzbare Vorräte häufen, dehnen große Industriestaaten, vor allem das Deutsche Reich, ihre Agrarproduktion
dermaßen aus, daß sie der Einfuhr aus den Agrarländern immer
weniger bedürfen. Dadurch wird die Krise in den Agrarländern
verschärft, die Anpassung der Weltproduktion an den Weltbedarf
überaus erschwert.

In den Jahren 1934 und 1935 wurde der Druck auf die Preise der
Agrarprodukte allerdings schwächer. Dies war die Folge einerseits zweier schlechter Ernten, anderseits starker Produktions-

und Ausfuhrdrosselungen in den wichtigsten Produktionsgebieten (subventionierte Einschränkung des Anbaues von Getreide und Baumwolle in den Vereinigten Staaten, Produktions- und Ausfuhrdrosselung in den Kautschuk produzierenden Ländern u.s.w.). Aber vorübergehendes Ansteigen der Preise der Agrarprodukte kann die Agrarkrise nicht beheben. Sobald die Preise steigen, wird die Produktion wieder vergrößert. Wo der Staat die Verkleinerung der Anbauflächen vorschreibt oder durch Subventionen fördert, wird sie durch Intensivierung der Produktion teilweise wettgemacht. Eine gute Ernte genügt, den Preisdruck abermals zu verschärfen. Dauernd überwunden werden kann die Agrarkrise, von Kriegszeiten abgesehen, erst dann, wenn der Bedarf an Agrarprodukten so bedeutend wächst, daß sein Wachstum | die ihm vorausgeeilte Entwicklung des Leistungsvermögens 41 der Agrarproduktion wieder einholt. Da der Bedarf an den wichtigsten Nahrungsmitteln unelastisch ist, erfordert dies, wie die geschichtliche Entwicklung lehrt, längere Zeiträume; die Agrarkrise, die den Napoleonischen Kriegen gefolgt ist, hat 24 Jahre, die Agrarkrise, die mit den amerikanischen Getreideimporten nach Europa begann, wenigstens 17 Jahre gedauert. Solange aber die Agrarkrise andauert, bleiben auch die industriellen Konjunkturen unter ihrem Druck.

1.4 Die Krise der Industrie

DER WELTKRIEG HAT einen ungeheuren Bedarf an Waffen, Munition, Kriegsgerät aller Art, Fahrzeugen hervorgerufen. Die Eisen- und Stahlproduktion, alle Eisen und Stahl verarbeitenden Industrien, die chemische Industrie wurden während des Weltkrieges sowohl in den Krieg führenden als auch in den neutralen Ländern gewaltig vergrößert. Ihr Leistungsvermögen war am Ende des Weltkrieges ungleich größer als vor Kriegsbeginn. Trotzdem wurden diese Industrien nach dem Kriege neuerlich vergrößert.

Die Vereinigten Staaten hatten die Produktion ihrer Schwerindustrie in den Kriegsjahren beinahe verdoppelt. Diese gewaltige

Produktionssteigerung erfolgte in einer Zeit, in der der Zustrom
von Einwanderern aufgehört hatte, daher bei Mangel an Arbeits-
kräften; sie konnte daher nur bei stärkster Verwendung Arbeit
sparender Maschinerie, bei schnellstem Fortschritt der Technik
erfolgen. Nach Beendigung des Krieges zwang die internationale Konkurrenz die europäischen Industrien dazu, sich die Errungenschaften der neuen amerikanischen Produktionstechnik
anzueignen. Die Eisen- und Stahlwerke in Frankreich und Belgien wurden nach dem Kriege wieder aufgebaut; da man aber
die neuen Errungenschaften der Technik ausnützen wollte, ist
das Leistungsvermögen der neuerrichteten Werke viel größer als
42 das der alten, an de-| ren Stelle sie getreten sind. In Deutschland
errichteten die großen Konzerne in Rheinland-Westfalen nach
dem Kriege große Ersatzbauten zum Ersatz der Betriebe in Loth-
ringen und Luxemburg, die der Vertrag von Versailles aus dem
deutschen Zollgebiet ausgeschlossen hatte; dabei errichtete man
die neuen Hochöfen und Stahlwerke, um tunlichste Wirtschaft-
lichkeit innerhalb des Gesamtwerkes zu erreichen, in wesentlich
vergrößerten Dimensionen. Der Rationalisierungsprozeß, der
massenhafte Um- und Neubau der Werke vergrößerte zunächst
den Bedarf an Eisen und Stahl und schuf so den neuerstehen-
den Werken Absatz. Von 1925 bis 1929 stieg die Stahlproduktion
in Nordamerika um 20,4 Perzent, in Europa um 42,1 Perzent, in
Asien um 52,2 Perzent. Sobald aber die neuen Werke ausgebaut
waren, mußte es sich zeigen, daß man um der höchstmöglichen
Rationalität willen das Leistungsvermögen weit über den Bedarf
hinaus vergrößert hatte.

Die Kohlen- und Erzgewinnung war am Ende des Krieges infolge des Raubbaues der Kriegsjahre in allen Krieg führenden
europäischen Ländern tief gesunken. Kohlennot und hohe Koh-
lenpreise drängten dazu, einerseits die Verwendung der Kohle
zur Energiegewinnung durch den Ausbau der Wasserkräfte und
durch die Verwendung des Öls zu ersetzen, andererseits durch
Verbesserung der Heizungsmethoden, des Wirkungsgrades der
Kraftmaschinen, der Wärmewirtschaft den Nutzeffekt der Koh-

lenverbrennung zu steigern, an Kohle zu sparen. Ohne Rücksicht
darauf wurde aber nach dem Raubbau des Krieges der Kohlenbergbau wiederhergestellt; die Bergwerksbesitzer glaubten, an
den hohen Preisen profitieren zu können, wenn sie ihre Produktion wieder auf das alte Ausmaß und über das alte Ausmaß hinaus
hoben. Als aber die neuen Kohlenschächte abbaufähig wurden,
zeigte es sich, daß die Kohlenförderung nun weit über den durch
die neue Technik der Energiegewinnung gesenkten Kohlenbedarf
hinausging.

Nicht anders erging es vielen anderen Industrien. Der über-
schwängliche Wirtschaftsoptimismus, der in den Jahre 1925–29
in den Vereinigten Staaten auf der Basis | ihrer riesenhaften   43
Kriegsgewinne, in Deutschland auf der Basis des schnellen Steigens der Warenpreise, das der Inflation gefolgt ist, herrschte,
verleitete hier wie dort zu überaus schneller Vergrößerung des
Leistungsvermögens der Industrie. In Osteuropa bewogen andere Gründe zu industriellen Neugründungen. Der Krieg hatte
die österreichisch-ungarische Monarchie zerstört und die Rand-
staaten von Rußland losgerissen. Der Krieg hatte aber auch die
Bedeutung einer eigenen Industrie für die Kriegführung gezeigt
und dadurch die protektionistischen Tendenzen verstärkt. Die
neuen Staaten suchten unter dem Schutz hoher Zölle die für
die Kriegführung wichtigen Industrien in ihren Gebieten zu entwickeln.

Dieses schnelle Wachstum der industriellen Produktion Europas und der Vereinigten Staaten von Amerika mußte um so früher
auf eine Schranke stoßen, da der Krieg die Industrialisierung der
überseeischen Agrarländer beschleunigt hatte.

Die überseeischen Länder, die vor dem Weltkrieg von der europäischen Industrie mit ihren Erzeugnissen versorgt worden waren, konnten sich die europäischen Industrieprodukte während
des Krieges infolge Warenmangels in den Krieg führenden Ländern und infolge des Mangels and Schiffsraum nicht beschaffen.
Daher beschleunigten sie die Entwicklung ihrer eigenen Industrie.
Indien, China, Chile, Brasilien, die Südafrikanische Union und Au-

stralien haben in den Kriegsjahren neue Textilindustrien, Konfek-
tionsindustrien, einige von diesen Ländern auch neue Eisen- und
Stahlindustrien und Lederindustrien entwickelt. In Kanada, das
zu den großen Kriegslieferungen für die Westmächte herangezo-
gen wurde, wurden in der Kriegszeit der Bergbau, die Eisen- und
Stahlproduktion, die Fahrzeugindustrie, die Fleischkonserven-
und die Papierindustrie schnell entwickelt. Noch viel schneller
vollzog sich in den Kriegsjahren die Industrialisierung Japans.
Von Ende 1914 bis Ende 1919 stieg in Japan die Zahl der Fabriksar-
beiter von 1,187.000 auf 2,024.000, die in den Fabriken installierte
Kraft von 1,3 auf 2,3 Millionen Pferdekräfte, die Kohlenförderung
44 | von 20,3 auf 31,3 Millionen Tonnen, die Eisenproduktion von
302.000 auf 585.000 Tonnen, die Stahlgewinnung von 283.000
auf 553.000 Tonnen, der Baumwollverbrauch von 1.588 auf 2.229
Millionen Ballen.

Die Industrie der Vereinigten Staaten hatte ihre Gesamtproduktion in den Kriegs- und Retablierungsjahren um 65 Perzent
vergrößert. Europa hatte in derselben Zeit das Leistungsvermögen der für den Kriegsbedarf arbeitenden Industrien bedeutend
gesteigert. Jenseits des Ozeans waren in denselben Jahren neue
mächtige Industrien entstanden. Trotzdem haben Europa und
die Vereinigten Staaten in den Jahren 1925–29 ihren industriellen
Apparat neuerlich gewaltig vergrößert. Umso schwerer mußte
die Absatzstockung werden, als die zyklische Industriekrise hereinbrach. Setzt man die industrielle Produktion im Durchschnitt
der Jahre 1925 bis 29 mit 100, so sank sie (nach Berechnungen
des wirtschaftlichen Forschungsdienstes des Völkerbundes) bis
zum Jahre 1932, dem Jahre des Tiefstandes der Krise, in Europa
(ohne die Sowjetunion) auf 77, in Nordamerika auf 59.

Am schwersten wurden die Industriezweige getroffen, die Produktionsmittel erzeugen. Sie waren in der Kriegszeit und in der
Zeit der Rationalisierungskonjunktur am stärksten vergrößert
worden. Als nun seit dem Einbruch der Krise die Investitionstätigkeit, die Erneuerung und Vergrößerung der Betriebe zum
Stillstande kam, wurden sie von der schwersten Absatzkrise befal-

len. Setzt man die Produktion der Maschinenindustrie im Durchschnitt der Jahre 1925–29 mit 100, so fiel sie von 1929–32 in Großbritannien von 108 auf 79, in Deutschland von 122 auf 46, in den
Vereinigten Staaten gar von 145 auf 18. Je stärker die Produktion im Jahre 1929 über den Durchschnitt der Prosperitätsjahre
gewachsen war, desto tiefer war der Sturz in der Krise. Überall
aber konnten die Produktionsmittelindustrien nur noch einen
kleinen Teil ihres Leistungsvermögens ausnützen.

Je weiter die technische Entwicklung fortschreitet, ein desto
größerer Teil der gesellschaftlichen Gesamtproduktion entfällt
auf die Industrien, die Produktionsmittel | erzeugen. Ihre Kon- 45
junktur beherrscht die Konjunktur der Gesamtwirtschaft. Zeiten
der Prosperität sind immer Zeiten massenhafter Erneuerung, Vergrößerung und technischer Vervollkommnung des gesellschaftlichen Produktionsapparates. Nur wenn infolge massenhafter
Erneuerung, Vergrößerung, Vervollkommnung der Maschinen
und Apparatur der Bedarf an Produktionsmitteln sprunghaft
wächst, nur wenn daher die Industriezweige, die Produktionsmittel erzeugen, gut beschäftigt sind, tritt eine Prosperität ein.
Die starke Belebung der Produktionsmittelindustrien sichert in
solchen Zeiten auch den Industriezweigen, die Konsumgüter erzeugen, starken Absatz. Nur wenn der starke Bedarf an Produktionsmitteln über das Leistungsvermögen der Industriezweige,
die Produktionsmittel hervorbringen, hinaussteigt, sodaß auch
diese Produktionszweige ihren Produktionsapparat vergrößern
müssen und dadurch sich selbst zur größten und kaufkräftigsten
Kundschaft werden, steigert sich die Prosperität zur Hochkonjunktur. Dürfen wir in absehbarer Zeit eine solche Entwicklung
erwarten?

Gewiß, der Bedarf an Produktionsmitteln hat wieder zu steigen
begonnen. Von den Maschinen, die in den Jahren 1925–29 aufgestellt worden sind, ist durch die Krise ein großer Teil stillgelegt
worden; diejenigen aber, die im Gange sind, müssen 10 bis 12
Jahre nach ihrer Aufstellung durch neue ersetzt werden. Die technische Entwicklung steht nicht still; da und dort zwingt sie zur

Aufstellung neuer Maschinen und Apparaturen. All das kann sicherlich eine gewisse Belebung der Produktionsmittelindustrien herbeiführen und hat sie in den letzten Jahren in bescheidenem Ausmaß schon herbeigeführt. Aber dadurch wird nur ein kleiner Teil des Leistungsvermögens der Produktionsmittelindustrien ausgenützt. Die Belebung des Bedarfes an Produktionsmitteln kann noch sehr weit fortschreiten, ohne daß die Produktionsmittelindustrien gezwungen wären, selbst ihre Betriebe, ihr Leistungsvermögen zu vergrößern. Diese Tatsache setzt jeder künftigen Belebung des Produktionsmittelabsatzes | und damit auch jeder neuen Prosperitätsentwicklung eine Schranke.

Aber es gibt ein Mittel, diese Schranke zu überwinden. Die Industrien, die Produktionsmittel erzeugen, sind dieselben, die Kriegsgerät produzieren, durch Kriegsrüstungen beschäftigt werden. Reicht der Bedarf an Produktionsmitteln nicht zu, das allzu hoch gesteigerte Leistungsvermögen der Produktionsmittelindustrien auszunützen, so kann doch der unausgenützte Teil ihres Produktionsapparates durch große Rüstungsaufträge in Gang gebracht werden. Können die Produktionsmittelindustrien nicht durch die Größe des Produktionsmittelbedarfes gezwungen werden, ihren Produktionsapparat zu vergrößern, so können große Rüstungsaufträge sie dazu zwingen. In der Tat sehen wir 1934 und 1935, daß in einer Reihe von Ländern, insbesondere in Deutschland, eine Erholung der Wirtschaft von der Krise, ganz ähnlich wie in den Erholungsphasen nach früheren Krisen, von den Produktionsmittelindustrien aus eingesetzt hat, daß aber ganz im Gegensatz zu den Erholungsperioden nach früheren Krisen, die Belebung der Produktionsmittelindustrien nicht dadurch hervorgerufen wurde, daß der Prozeß der Erneuerung, der Vergrößerung und der technischen Vervollkommnung des industriellen Betriebsapparates in schnelleren Gang geriet, sondern vorwiegend dadurch, daß die Produktionsmittelindustrien große Staatsaufträge für die Zwecke der Aufrüstung zu Lande, zur See und in der Luft erhielten. Diese Verschiebung der Funktion zu Produktionsmittelindustrien von der Herstellung von Produktionsmitteln zur Erzeugung von Kriegsgerät verstärkt die Macht des Staates über die industrielle Konjunktur. Sie erweitert den Kreis der Industrien, deren Konjunktur nicht mehr von der kapitalistischen Investitionstätigkeit, sondern von der Rüstungstätigkeit des Staates abhängig ist. Sie erweitert den Kreis der Industrien, die unmittelbar an der Kriegsrüstung interessiert sind. Sie verbreitert und verstärkt die rüstungsfreundliche, kriegerische Fraktion der Kapitalistenklasse, die die „Ehre der Nation" in der Zahl ihrer schweren Geschütze, ihrer Tanks, ihrer Bom- | ber sieht. Wir werden noch sehen, daß 47 gerade diese Fraktion der Kapitalistenklasse zur stärksten Stütze und eigentlichen Trägerin der faschistischen Diktaturen wird.

Wie die verschiedenen Industrien so sind auch die verschiedenen Länder von der Krise in ungleichem Maße getroffen. Während die industrielle Weltproduktion furchtbar zusammenschrumpfte, konnten einzelne Länder ihre industrielle Erzeugung bedeutend vergrößern. Die Sowjetunion wurde von der Weltkrise des Kapitalismus überhaupt nicht betroffen. In denselben Jahren, in denen die Industrie der kapitalistischen Länder darniederlag, konnte die Sowjetunion in unerhört schnellem Tempo eine neue gigantische Industrie aufbauen. Aber auch einzelne kapitalistische Länder konnten in den Krisenjahren große Zweige ihrer industriellen Produktion vergrößern. Vor allem hat Japan in den Krisenjahren die Hungerlöhne seiner Arbeiter und die starke Entwertung seines Geldes zur Eroberung neuer Märkte ausnützen können. Setzt man die Produktion der Baumwollspinnereien im Durchschnitt der Jahre 1925–29 mit 100, so stieg sie bis 1932 in Japan auf 110, in China auf 112, in Indien auf 134, während sie in Großbritannien auf 76 sank. Die jungen asiatischen Textilindustrien haben Lancashire einen großen Teil seiner asiatischen Absatzgebiete entrissen. Die Agrarländer Südosteuropas, Vorderasiens, Südamerikas haben in den Krisenjahren neue Industriezweige auf ihrem Boden angesiedelt. Haben sich die europäischen Industriestaaten gegen die Zufuhr ausländischen Getreides abgesperrt, um ihre Landwirtschaft gegen den Preisdruck der Agrarkrise zu schützen, so können die Agrarstaaten nicht mehr

ihre Agrarprodukte gegen ausländische Industrieprodukte aus-
tauschen; sie gehen dazu über, die Industrieprodukte, die sie aus
dem Auslande bezogen haben, selbst zu erzeugen. Wie die Krise
der Landwirtschaft in den Agrarländern dadurch verschärft und
verlängert wird, daß die europäischen Industriestaaten mitten
während der internationalen Agrarkrise ihre Agrarproduktion
vergrößern, so wird die Industriekrise in den Industriestaaten da-
48 durch verschärft und verlängert, daß viele Agrarländer | mitten
während der Industriekrise ihren industriellen Produktionsapparat schnell ausbauen.

Im 19. Jahrhundert hat sich die Industrie in den an Kohle reichen Ländern angesiedelt. Aber die Entwicklung der Technik hat
in den letzten Jahrzehnten die industrielle Energiegewinnung
von der Kohle unabhängig gemacht. Die Kohlenfeuerung kann
durch die Verwertung der Wasserkräfte und durch die Ölfeuerung
ersetzt werden. Die moderne Hochspannungstechnik ermöglicht
es, den in großen Wasserkraftwerken gewonnenen Strom mit geringen Leitungsverlusten über ganze Länder zu verteilen. Damit
ist das Industriemonopol der kohlenreichen Länder gebrochen.
Auch Länder, die an Kohle arm sind, können jetzt große Industri-
en aufbauen. Damit werden die Standorte der großen Weltindu-
strien verschoben. Im 19. Jahrhundert haben die kohlenreichen
Länder Europas die Welt mit Industrieprodukten versorgt und
für sie das Getreide der kohlenarmen Länder eingetauscht. Jetzt
beginnen auch die kohlenarmen Länder ihre eigenen Industrien
aufzubauen. Die alten Industriestaaten verlieren ihren industriellen Absatz in den sich schnell industrialisierenden Agrarländern.
Da sie das Getreide, dessen sie zur Ernährung ihrer Volksmassen
bedürfen, nicht mehr gegen ihre Industrieprodukte eintauschen
können, vergrößern sie ihre Agrarproduktion. Dadurch verliert
die Landwirtschaft der Agrarländer ihren Absatz in den alten
Industriestaaten; da sie die Industrieprodukte, deren sie bedarf,
nicht mehr gegen ihr Getreide eintauschen kann, gehen diese
Agrarländer zu eigener Erzeugung der Industrieprodukte über.
Was sich da vollzieht, ist eine Anpassung der internationalen

Arbeitsteilung an die neuen technischen Umwälzungen, die die industrielle Produktion von der Kohlenbasis unabhängig machen. aber solche Anpassungsprozesse vollziehen sich in der kapitalistischen Wirtschaft nur mittels Krisen und Katastrophen. Der Krieg hat diesen Prozeß beschleunigt, indem er den überseeischen Agrarländern die Zufuhr europäischer Industrieprodukte unmöglich gemacht hat. Die Krise hat den Prozeß weiter getrieben, indem sie die internationale Konkurrenz auf | das äußerste 49 verschärft, die Geldentwertung zum Mittel des internationalen Konkurrenzkampf festgemacht, die Ausgleichung passiver Zahlungsbilanzen durch internationale Kredite unmöglich gemacht und durch all das allen hochprotektionistischen, zur „Autarkie" drängenden Bestrebungen unerhörte Kraft verliehen hat.

Die Industrialisierung der Agrarländer geht aber in einer Zeit vor sich, in der das internationale Kreditsystem völlig zerrüttet ist. Die Agrarländer können sich die zu ihrer Industrialisierung erforderlichen Kapitalien nicht aus Krediten kapitalsreicher Länder beschaffen, sie müssen sie selbst akkumulieren. Dies setzt aber eine hohe Mehrwertrate, verschärfte Ausbeutung der Arbeitskraft, besonders niedrige Löhne voraus. Wird in den Agrarländern die Industrialisierung mit verschärftem Massenelend bezahlt, so vergrößert andererseits ihre Industrialisierung das Massenelend in den alten Industriestaaten. West- und Mitteleuropa werden nie wieder in gleichem Maße wie früher den russischen Markt mit Industrieprodukten versorgen. Lancashire hat für immer einen großen Teil seiner überseeischen Absatzmärkte verloren. Viele österreichische und tschechoslowakische Industrien werden nie den Absatz in den Nachfolgestaaten wiedererlangen, die sich ihre eigenen Industrien aufgebaut haben. So sind in den alten Industriestaaten industrielle Notstandsgebiete entstanden, deren Industrie zu dauernder Schrumpfung, deren Arbeiterschaft zu dauernder Arbeitslosigkeit verurteilt ist. Die in den absterbenden Industrien investierten Kapitalien sind vernichtet. Die ihnen gewährten Kredite werden nie zurückgezahlt werden. Die sozialen Wirkungen sind um so schlimmer, da unter dem Drucke der

Massenarbeitslosigkeit fast alle Staaten ihren Arbeitsmarkt Aus-
ländern gesperrt und damit der Arbeiterschaft der industriellen
Notstandsgebiete den Ausweg der Auswanderung verlegt haben.
Die Volksmassen der industriellen Notstandsgebiete müssen auf
Kosten der übrigen Gebiete erhalten werden. Die Last der toten
und absterbenden Industrien, die auf den lebenden Industrien
50 ruht, ist ein Hindernis zu mehr ihrer Erholung. |

1.5 Diagnose der Krise

DER KRISE VON 1929 ist eine gewaltige Ausdehnung der landwirtschaftlichen Produktion vorausgegangen; nie vorher
war die Menschheit reicher an Lebensmitteln und Rohstoffen
als zu Beginn der Krise. Der Krise von 1929 ist eine gewaltige
Vergrößerung, eine sprunghafte Rationalisierung des industriellen Produktionsapparates vorausgegangen. Nie vorher war die
Menschheit in der Lage, die Volksmassen so reichlich mit Industrieprodukten aller Art, mit allen Voraussetzungen eines zivili-
sierten Lebens zu versorgen. Als aber die Krise ausbrach, zeigte
es sich, daß die gewaltig angeschwollene Warenmenge, die die
Landwirtschaft und die Industrie auf die Märkte brachten, nicht
abgesetzt werden konnte. Der Absatz stockte, die Preise sanken
jäh, die Arbeiter wurden arbeitslos, die Bauern gerieten in bittere
Not, — die Volksmassen hungern, weil sie zuviel Getreide, Vieh,
Milch, Butter hervorgebracht haben; die Volksmassen können
ihre Kinder nicht mit Kleidern, nicht mit Schuhen versorgen, weil
sie zu viel Gewebe und Leder, zu viel Kleider und Schuhe erzeugt
haben.

Ist die Produktion über den Bedarf hinaus vergrößert worden? Keineswegs. Auch im Jahre 1928 haben Millionen Menschen
in der Welt gehungert. Auch im Jahre 1928 war der Produktionsapparat keineswegs groß genug, alle Menschen mit all den
Industrieprodukten zu versorgen, die zu einem wahren Kulturleben erforderlich sind. Nicht an die Schranke des Bedarfes ist die
Produktion gestoßen, sondern an die Schranke der Kaufkraft der
Volksmassen.

Der Arbeitslohn wird zum größten Teil konsumiert; auch in den Zeiten der Prosperität legen die Arbeiter nur geringe Ersparnisse zurück. Von den Profiten wird ein großer, in der Prosperität schnell wachsender Teil akkumuliert, zur Vergrößerung des gesellschaftlichen Produktionsapparates verwendet. Das Verhältnis zwischen der Entwicklung des Massenkonsums und der Entwicklung des gesellschaftlichen Produktionsapparates ist also bestimmt | durch das Verhältnis zwischen den Arbeitslöhnen und den Profiten. Je langsamer die Summe der Profite in der Gesellschaft wächst, desto langsamer wächst der Massenkonsum und desto schneller wächst der gesellschaftliche Produktionsapparat. 51

Das Verhältnis der Jahressumme der Profite (einschließlich der Kapitalzinsen und der Grundrente) in der ganzen Gesellschaft zur Jahressumme der Löhne in der ganzen Gesellschaft nennen wir die Mehrwertrate.[5]

Es ist das Verhältnis des Anteiles der kapitalistischen Klassen zum Anteil der Arbeiter am Ertrage der gesellschaftlichen Arbeit. Es ist das Maß der Ausbeutung der Arbeitskraft. Wir sagen, daß die Mehrwertrate steigt, wenn die Profitsumme schneller steigt als die Lohnsumme; wenn also der Grad der Ausbeutung der Arbeitskraft steigt.

Nun wissen wir schon: der Arbeitslohn wird zum größten Teil konsumiert; von den Profiten wird ein großer, mit der Höhe der Profitsumme steigender Teil zur Vergrößerung des gesellschaftlichen Produktionsapparates verwendet. Daraus folgt: je höher die Mehrwertrate steigt, desto langsamer wächst der Massenkonsum und desto schneller wächst der gesellschaftliche Produktionsapparat. Bei steigender Mehrwertrate muß daher ein Augenblick kommen, in dem die Warenmassen, die der anschwellende Produktionsapparat auf den Markt wirft, nicht mehr abgesetzt werden können.

Das Verhältnis des Wertes der Produktionsmittel zum Werte der Konsumgüter, die mit Hilfe dieser Produktionsmittel erzeugt

---

[5] Das Verhältnis der Summe der Profite zur Summe der Löhne ist kein exakter Ausdruck jenes Verhältnisses, das Marx die Mehrwertrate nennt, aber eine für unsere Zwecke hinreichende Annäherung an die Mehrwertrate.

werden können, nenne ich das technische Produktionsmittelerfordernis. Sobald nun infolge des Steigens der Mehrwertrate das
Verhältnis der Geschwindigkeit der Akkumulation des Kapitals
zur Beschleunigung des Wachstums des Konsums größer ist als
52   das technische Produktionsmitteler- | fordernis, wächst der ge-
sellschaftliche Produktionsapparat schneller als die Kaufkraft
nach Konsumgütern, die dieser Apparat zu erzeugen vermag,
können also die Warenmassen, die der anschwellende Produktionsapparat auf den Markt wirft, nicht abgesetzt werden. Den
rechnerischen Nachweis dafür siehe im Anhang, § 1. Auch bei
wachsendem Konsum tritt die Überproduktion an Kapital, das
Mißverhältnis zwischen dem Produktionsvermögen der Gesellschaft und dem Massenverbrauch ein, sobald sich das Wachstum
des Konsums verlangsamt, die Geschwindigkeit seines Wachstums abnimmt. Sobald dies infolge steigender Mehrwertrate der
Fall ist, muss die Krise eintreten.

Wenn die Mehrwertrate unverändert bleibt und wenn die Kapitalisten einen unveränderten Teil ihrer Profite akkumulieren,
dann wächst der gesellschaftliche Produktionsapparat ebenso
schnell wie das Wertprodukt der gesellschaftlichen Arbeit, also
ebenso schnell wie die Masse der in der Gesellschaft geleisteten Arbeit, also, unveränderte Dauer des Arbeitstages vorausgesetzt, ebenso schnell wie die Masse der beschäftigten Arbeiter.
Wenn aber die Mehrwertrate steigt und wenn die Kapitalisten bei
wachsendem Profit einen wachsenden Teil ihres Profites akkumulieren, dann wächst der gesellschaftliche Produktionsapparat
schneller als die Zahl der beschäftigten Arbeiter. Sobald aber
die Mehrwertrate, daher auch die Akkumulation mit größerer
Beschleunigung steigt als die Zahl der beschäftigten Arbeiter,
verlangsamt sich das Wachstum des Konsums und kann daher
der Konsum die Warenmassen, die der anschwellende Produktionsapparat auf den Markt wirft, nicht mehr aufnehmen.

Die Ursache dieses Mißverhältnisses ist die Verschärfung der
Ausbeutung der Arbeiter. „Der letzte Grund aller wirklichen Krisen", sagt Marx, „bleibt immer die Armut und Konsumtionsbe-

schränkung der Massen gegenüber dem Trieb der kapitalistischen
Produktion, die Produktivkräfte so zu entwickeln, als ob nur die
absolute Konsumtionsfähigkeit der Gesellschaft ihre Grenze bil-
dete."[6] Es muß | immer wieder „ein Zwiespalt eintreten zwischen   53
den beschränkten Dimensionen der Konsumtion auf kapitalistischer Basis und einer Produktion, die beständig über diese ihre
immanente Schranke hinausstrebt".[7] „Die ungeheure Produktivkraft, die innerhalb der kapitalistischen Produktionsweise sich
entwickelt ... widerspricht der relativ zum wachsenden Reich-
tum, immer schmäler werdenden Basis, für die diese ungeheure
Produktivkraft wirkt ... Daher die Krisen."[8]

Sobald die Mehrwertrate mit wachsender Beschleunigung steigt,
müssen also Absatzkrisen eintreten. Könnte die kapitalistische
Gesellschaft also alle Krisen vermeiden, wenn sie nur großmü-
tig genug wäre, die Löhne der Arbeiter immer so schnell steigen zu lassen wie die Profite, den Reallohn der Arbeiter ebenso
schnell wie die Produktivität ihrer Arbeit, wenn sie also auf die
Erhöhung der Mehrwertrate verzichtete? Nein, das könnte sie
nicht. Denn die kapitalistische Produktionsweise schließt, wie
wir gleich sehen werden, „vom guten oder bösen Wollen unabhängig Bedingungen ein",[9] die immer wieder eine zeitweilige
schnelle Steigerung der Mehrwertrate unvermeidlich machen
und dadurch das Mißverhältnis zwischen der Entwicklung des
gesellschaftlichen Produktionsapparates und der Entwicklung
der Konsumkraft der Massen immer wieder reproduzieren.

Die kapitalistische Produktion ist Produktion um des Profites
willen. „Die Profitrate ist die treibende Macht in der kapitalistischen Produktion", sagt Marx. „Die Höhe der Profitrate entscheidet über Ausdehnung und Beschränkung der Produktion."[10]

---

6 Marx, Das Kapital. III. 2, Seite 20.
7 Marx, Das Kapital. III. Seite 214.
8 Marx, Das Kapital. III. Seite 223.
9 Marx, Das Kapital. II. Seite 350.
10 Marx, Das Kapital. III. 1, Seite 216.

Die gesellschaftliche Profitrate ist das Verhältnis der Summe
der in der Gesellschaft angeeigneten Profite zu der Gesamtmasse
des in der Gesellschaft verwerteten Kapitals. Die Profitrate ist
also scharf zu unterscheiden von der Mehrwertrate, die wir als
das Verhältnis der in der Gesellschaft angeeigneten Profite zu der
54 in der Gesellschaft | ausgezahlten Lohnsumme definiert haben.
Wovon hängt die Höhe der Profitrate ab? Die gesellschaftliche
Profitrate ist desto höher: 1. je höher die Mehrwertrate ist, 2. je
höher die Umschlagsgeschwindigkeit des variablen, zur Entloh-
nung der Arbeitskraft verwerteten Kapitals ist, 3. je niedriger die
organische Zusammensetzung des Kapitals, das heißt, das Verhältnis des Gesamtkapitals zum variablen Kapital (Lohnkapital)
ist. Den rechnerischen Nachweis dieser Bestimmungsfaktoren
der gesellschaftlichen Profitrate siehe im Anhang, § 2.

In der Zeit der Depression ist das Leistungsvermögen der Betriebe nicht ausgenützt. Tritt nun eine Belebung des Geschäfts-
ganges ein, so werden mehr Arbeiter in den Betrieben beschäftigt,
ohne daß die Maschinerie und Apparatur vergrößert würden. Das
variable Kapital wächst, während das fixe Kapital unverändert
bleibt. In dieser Phase des industriellen Zyklus sinkt daher die organische Zusammensetzung des Kapitals. Das variable Kapital, in
der Zeit der Depression zum großen Teile nicht verwertet, in den
Kassen der Banken brachgelegt, gerät in schnelleren Lauf, sobald
mehr Arbeiter beschäftigt werden; seine Umschlagsgeschwindigkeit steigt. Da die organische Zusammensetzung des Kapitals
sinkt, die Umschlagsgeschwindigkeit des variablen Kapitals steigt,
steigt in dieser Phase des industriellen Zyklus die gesellschaftliche Profitrate auch bei unveränderter, ja sogar bei sinkender
Mehrwertrate. Steigert sich aber die Belebung der Wirtschaft zur
Prosperität, so ist das Leistungsvermögen der Betriebe bereits
vollständig ausgenützt, die weitere Vergrößerung der Produktion
setzt daher Vergrößerung der bestehenden und Gründung neuer Betriebe voraus. Hand in Hand mit dieser Vergrößerung des
Produktionsapparates geht seine technische Vervollkommnung.
Nun wächst das in Maschinerie und Apparatur angelegte Kapi-

tal weit schneller als der Lohnaufwand. Die organische Zusammensetzung des Kapitals steigt. Die Umschlagsgeschwindigkeit des bereits zur Gänze verwerteten variablen Kapitals läßt sich nicht mehr wesentlich steigern. In dieser Phase kann die gesellschaftliche Profitrate nur so lang steigern, ja selbst nur so | lang 55 unverändert bleiben, solange die Mehrwertrate steigt. Wenn die Mehrwertrate nicht mehr steigt oder auch nur nicht hinreichend schnell steigt, um das Steigen der organischen Zusammensetzung des Kapitals zu kompensieren, dann beginnt die gesellschaftliche Profitrate zu sinken.

In der Zeit der Prosperität steigt zunächst die gesellschaftliche Profitrate. Die Dividenden der Aktiengesellschaften steigen. Die Kapitalisten, immer weiteres Steigen der Dividenden erwartend, treiben die Kurse der Aktien immer höher empor. Der aufnahmsfähige Markt für Aktien ermöglicht die Beschaffung des Kapitals zu schneller Vergrößerung des industriellen Produktionsapparates. Sobald die Kapitalisten aber gewahr werden, daß die gesellschaftliche Profitrate sinkt, die Dividenden der Aktiengesellschaften zu sinken begonnen haben, tritt der Börsenkrach ein. Die Kapitalisten, das Sinken der Dividenden fürchtend, sind nicht mehr bereit, Aktien zu kaufen. Die Banken können die in ihren Kassen liegenden Aktienpakete nicht mehr oder nur zu tief gesenkten Kursen absetzen. Die Neuausgabe von Aktien wird eingestellt. Die industrielle Investitionstätigkeit kommt zum Stillstand. Die Produktionsmittelindustrien, die bisher die Maschinerie für die Gründung neuer und für die Vergrößerung der bestehenden Betriebe geliefert hatten, stürzen in eine Absatzkrise. Ihre Profite stürzen jäh. Sie entlassen Arbeiter. Mit dem sprunghaften Rückgang ihrer Nachfrage werden auch die Produktionszweige, die Konsumgüter erzeugen, in die Krise gestürzt.

Die Krise tritt ein, sobald die gesellschaftliche Profitrate zu sinken beginnt. Sie tritt ein, sobald die Profitrate sinken muß, weil das Steigen der organischen Zusammensetzung des Kapitals, in dem sich die Entwicklung der Produktivkraft der Arbeit, die Beherrschung einer immer größeren Produktionsmittelmenge durch den einzelnen Arbeiter ausdrückt, nicht mehr durch das Steigen der Mehrwertrate, durch die Verschärfung der Ausbeutung des Arbeiters, kompensiert werden kann. „Die Schranke der kapitalistischen Produktionsweise", sagt Marx, „tritt hervor darin, daß die Entwicklung der Produktionskraft der | Arbeit im Fall der Profitrate ein Gesetz erzeugt, das ihrer eigenen Entwicklung auf einem gewissen Punkt feindlich gegenüber tritt und daher beständig durch Krisen überwunden werden muß."[11] „Die Höhe der Profitrate", sagt Marx, „entscheidet über Ausdehnung und Beschränkung der Produktion statt des Verhältnisses der Produktion zu den gesellschaftlichen Bedürfnissen, zu den Bedürfnissen gesellschaftlich entwickelter Menschen. Es treten daher Schranken für sie ein schon auf einem Ausdehnungsgrad der Produktion, der umgekehrt unter der anderen Voraussetzung weitaus ungenügend erschiene. Sie kommt zum Stillstand, nicht wo die Befriedigung der Bedürfnisse, sondern wo die Produktion und Realisierung von Profit diesen Stillstand gebieten."

Wir haben gesehen, daß die anschwellende Masse der Konsumgüter nur dann Absatz finden, die zur Erzeugung von Konsumgütern dienen, nur dann Verwertung finden könnten, wenn die Mehrwertrate nicht mit wachsender Geschwindigkeit stiege. Aber gerade das kann nicht geschehen. Bei steigender organischer Zusammensetzung des Kapitals muß in der Prosperität die Mehrwertrate mit wachsender Geschwindigkeit steigen, — bei Strafe des sofortigen Endes der Prosperität. So entsteht schon während der Prosperität ein Mißverhältnis zwischen der anschwellenden Masse der Produkte und der allzu geringen Kaufkraft der Produzenten. Aber dieses Mißverhältnis wird zunächst noch verdeckt. Man erzeugt weiter Konsumgüter; erst wenn die Krise ausbricht, erfährt man, daß es für sie keine Käufer gibt. Man erzeugt fieberhaft Produktionsmittel; erst nach Ausbruch der Krise erfährt man, daß sie niemals der Erzeugung von Konsumgütern dienen werden, daß sie wertloses altes Eisen sind. Sobald aber die Krise ausbricht, wird das Mißverhältnis zwischen der

---

[11] Marx, Das Kapital. III. 1, Seite 216.

Größe der Produktion und der Kaufkraft der Produzenten sichtbar. Nun wird die Produktion eingeschränkt, werden Millionen Arbeiter entlassen, werden die Löhne der beschäftigten | Arbeiter 57 gedrückt, — nun steigert sich dieses Mißverhältnis in rapidem Tempo. Was bedeutet die Massennot mitten in dem Überfluß an Konsumgütern und Produktionsmitteln? „Es werden", sagt Marx, „nicht zu viel Lebensmittel produziert im Verhältnis zur vorhandenen Bevölkerung. Umgekehrt. Es werden zu wenig produziert, um der Masse der Bevölkerung anständig und menschlich zu genügen ... Aber es werden periodisch zuviel Arbeitsmittel und Lebensmittel produziert, um sie als Exploitationsmittel der Arbeiter zu einer gewissen Rate des Profits fungieren zu lassen."[12] „Überproduktion von Kapital", sagt Marx, „heißt nie etwas anderes als Überproduktion von Produktionsmitteln, — Arbeits- und Lebensmitteln, — die als Kapital fungieren können, d.h. zur Ausbeutung der Arbeit zu einem gegebenen Exploitationsgrad angewandt werden können, indem das Fallen dieses Exploitationsgrades unter einen gegebenen Punkt Störungen und Stockungen des kapitalistischen Produktionsprozesses, Krisen, Zerstörung von Kapital hervorruft."

Der Produktionsprozeß ist in der kapitalistischen Gesellschaft wie in jeder anderen zunächst Arbeitsprozeß, d.h.: „zweckmäßige Tätigkeit zur Herstellung von Gebrauchswerten, Aneignung des Natürlichen für menschliche Bedürfnisse".[13] Als Arbeitsprozeß, als Prozeß zur Herstellung von Gebrauchswerten könnte sich der kapitalistische Produktionsprozeß bei steigender Produktion ungestört nur vollziehen, wenn die Mehrwertrate, wenn der Grad der Ausbeutung der Arbeitskraft nicht mit wachsender Geschwindigkeit stiege. Denn nur dann, wenn der Reallohn, die Konsumkraft der Arbeiter ebenso schnell stiege wie die Produktivität ihrer Arbeit, könnten die wachsenden Gütermengen dem Verbrauch zugeführt werden. Nur dann hätte der Arbeitsprozeß wirklich Gebrauchswerte erzeugt. Aber der Produktionsprozeß

---

[12] Marx, Das Kapital. III. 1, Seite 215.
[13] Marx, Das Kapital. I. Seite 139.

ist in der kapitalistischen Gesellschaft zugleich, anders als in
jeder anderen Gesellschaftsordnung, Verwertungsprozeß des Ka-
58 pitals: der Kapitalist kauft Arbeitskräfte und Produktionsmittel, |
um aus dem Verkauf der Arbeitsprodukte Profit zu erlangen. Als
Verwertungsprozeß des Kapitals kann sich der kapitalistische Produktionsprozeß (bei steigender organischer Zusammensetzung
des Kapitals) ungestört nur fortsetzen, solange die Mehrwertrate
mit wachsender Geschwindigkeit steigt. Denn nur solange sie
steigt, bleibt der Verwertungsprozeß des Kapitals vor dem Fall
der Profitrate, daher vor der Krise bewahrt. Setzt der ungestörte
Arbeitsprozeß unveränderte, so setzt der ungestörte Verwertungsprozeß des Kapitals steigende Mehrwertrate voraus. Dieser
innere Widerspruch zwischen dem Arbeitsprozeß und dem Verwertungsprozeß des Kapitals, zwischen der Produktionsweise
und der Aneignungsweise, zwischen der Entwicklung der Produktivkräfte und den kapitalistischen Produktionsverhältnissen
ruft periodisch das Mißverhältnis zwischen dem anschwellenden
Güterreichtum und der hinter ihm zurückgebliebenen Massenkaufkraft, zwischen der gesteigerten Produktionsfähigkeit der
Gesellschaft und der Armut ihrer Mitglieder hervor, periodisch
den ungeheuerlichen Widerspruch des Massenelends bei ange-
schwollenem Güterreichtum, der Arbeitslosigkeit bei brach lie-
gendem Produktionsapparat und unbefriedigtem Massenbedarf.

Zwei einander schnurstracks widersprechende Krisentheorien
werden in der kapitalistischen Welt verfochten und haben die
Wirtschaftspolitik seit der Krise von 1929 praktisch beeinflußt.
Die landläufige kapitalistische Theorie sagt: Warum ist die Krise
gekommen? Weil die Profitrate sank. Warum ist die Profitrate
gesunken? Weil die Mehrwertrate nicht genug stieg. Was ist also die Ursache der Krise? Zu hohe Löhne, zu schwere „soziale
Lasten". Die Krise könne nur überwunden werden durch die Senkung der Löhne und der „sozialen Lasten". Diese Theorie hat die
Deflationspolitik zu rechtfertigen versucht. In Wirklichkeit hat
die Deflationspolitik das Mißverhältnis zwischen dem Produktionsvermögen der Gesellschaft und der Massenkaufkraft, daher
59 auch die Krise überall nur verschärft. |

Dieser kapitalistischen Krisentheorie steht schon seit Sismondi eine kleinbürgerliche Krisentheorie gegenüber. Sie sagt: Woher kommt die Krise? Daher, daß die Konsumkraft der Massen hinter dem Produktionsvermögen der Gesellschaft zurückgeblieben ist; daher also, daß die Löhne zu niedrig sind, die Mehrwertrate zu hoch ist. Die Krise könne also nur überwunden werden durch Vergrößerung der Massenkaufkraft. In den Vereinigten Staaten hat diese Krisentheorie in den Sonderinteressen großer, am Massenkonsum interessierter Industrien (Ford) und in dem Interesse der Landwirtschaft am Massenkonsum eine starke Stütze gefunden. Sie diente dort der Rechtfertigung der „Codes" Roosevelts. In Wirklichkeit haben die Codes freilich nur dem Zwecke gedient, in der Zeit, in der die Vereinigten Staaten die Krise mit der Entwertung des Dollars bekämpften, die Geldlöhne der Arbeiter dem sinkenden Geldwert einigermaßen anzupassen. Sobald der Dollar durch längere Zeit wieder faktisch stabilisiert war, bedienten sich die Kapitalisten des Bundesgerichtshofs, um die „Codes" für verfassungswidrig zu erklären und aufzuheben.

Der Kleinbürger will das Privateigentum an den Produktionsmitteln, er will also die Produktion um des Profits willen nicht aufheben. Aber er will die unvermeidlichen Konsequenzen einer Wirtschaft, deren Triebfeder der Profit ist und deren Rhythmus darum von den Bewegungen der Profitrate beherrscht wird, beseitigen. Er erkennt richtig, daß die letzte Ursache der Krise das Mißverhältnis zwischen dem gesellschaftlichen Produktionsvermögen und dem Massenkonsum ist. Aber er glaubt, die kapitalistische Gesellschaft könnte dieses Mißverhältnis vermeiden, wenn sie nur weise genug wäre, die Kaufkraft der Arbeiter immer in gleichem Verhältnis zu erhöhen, indem sie ihr Produktionsvermögen vergrößert. In Wirklichkeit ist keine kapitalistische Prosperität möglich ohne steigende Profitrate, daher möglich ohne steigende Mehrwertrate; die Krise tritt in dem Augenblick ein, in dem bei steigender organischer Zusammensetzung des Kapitals die Mehrwertrate nicht mehr hinreichend steigt, | den 60 Sturz der Profitrate zu verhindern. Aber ist das Steigen der Mehr-

wertrate eine unerläßliche Voraussetzung der kapitalistischen
Prosperität, so ruft eben dieses Steigen das Mißverhältnis zwi-
schen Produktionsvermögen und Massenkaufkraft, daher die
Krise unvermeidlich hervor.

„Es ist", sagt Marx in seiner Kritik der „Unterkonsumtionstheo-
rie" Sismondis, „eine reine Tautologie zu sagen, daß die Krisen
aus Mangel an zahlungsfähiger Konsumtion oder an zahlungs-
fähigen Konsumenten hervorgehen. Andere Konsumenten als
zahlende kennt das kapitalistische System nicht ... Daß Waren
unverkäuflich sind, heißt nichts, als daß sich keine zahlungsfähi-
gen Käufer für sie fanden. Will man aber dieser Tautologie einen
Schein tieferer Begründung dadurch geben, daß man sagt, die
Arbeiterklasse erhalte einen zu geringen Teil ihres eigenen Produkts und dem Übelstand werde mithin abgeholfen, sobald sie
größeren Anteil davon empfängt, ihr Arbeitslohn folglich wächst,
so ist nur zu bemerken, daß die Krisen jedes Mal gerade vorberei-
tet werden durch eine Periode, worin der Arbeitslohn allgemein
steigt und die Arbeiterklasse realiter größeren Anteil an dem
für die Konsumtion bestimmten Teil des jährlichen Produkts erhält. Jene Periode müßte — vom Gesichtspunkt dieser Ritter vom
gesunden und ‚einfachen' Menschenverstand — umgekehrt die
Krise entfernen. Es scheint so, daß die kapitalistische Produktion von gutem und bösem Wollen unabhängige Bedingungen
einschließt, die jene relative Prosperität der Arbeiterklasse nur
momentan zulassen und zwar immer nur als Sturmvogel einer
Krise."[14] Die Bedingungen, von denen Marx hier spricht, sind die
Abhängigkeit der Konjunktur von der Profitrate und die Abhängigkeit der Profitrate von der Mehrwertrate. „Die Schranke der
Produktion ist der Profit der Kapitalisten."[15]

All das hat die kapitalistische Welt in jeder zyklischen Krise, sie
hat es seit dem Ende der Napoleonischen Kriege schon zwölfmal
61 erlebt. Sie erlebt es jetzt seit 1929 zum | dreizehntenmal. Aber
nie war das Mißverhältnis zwischen der Produktionsfähigkeit

---

[14] Marx, Das Kapital. II. Seite 390.

[15] Marx, Theorien über den Mehrwert. II. Seite 309.

der Gesellschaft und dem Elend der Massen, zwischen gesellschaftlichem Güterreichtum und der Armut derer, die ihn hervorgebracht haben, so schreiend, so ungeheuerlich wie diesmal.
Warum ist der Widerspruch zwischen der modernen rationalisier-
ten Produktionsweise und der kapitalistischen Aneignungsweise
diesmal so viel greller geworden als in allen früheren zyklischen
Krisen?

Während des Krieges haben die Kapitalisten aus Kriegslieferungen überaus hohe Profite gezogen. Sie haben große Teile des
angeeigneten Profites akkumuliert. Insbesondere in den Vereinigten Staaten und in den neutralen Ländern Europas ging die
Akkumulation des Kapitals und mit ihr das Wachstum des gesellschaftlichen Produktionsapparates unerhört schnell vor sich.
Andererseits schwoll in der Kriegszeit und in der Zeit der dem
Kriege folgende Retablierungskonjunktur auch der Konsum überaus schnell an: in der Kriegszeit der unproduktive Konsum an
Kriegsmaterial, während der Retablierungskonjunktur der drin-
gende Retablierungsbedarf. Sobald aber die Inflation, mittels
deren dieser außerordentliche Konsum finanziert wurde, eingestellt worden ist, blieb die Massenkaufkraft hinter dem Leistungsvermögen des auf den außerordentlichen Konsum der Kriegs-
und Retablierungszeit eingestellten Produktionsapparats weit
zurück. Daher brachte schon die Krise von 1920 einen weit jä-
heren Preissturz als alle früheren Krisen. Diese Krise legte in
den Vereinigten Staaten und in den neutralen Ländern große
Teil der in der Kriegs- und Retablierungzeit akkumulierten Kapitalien brach. Aber diese Kapitalien drängten nach Verwertung.
Sie suchten und fanden ihre Verwertung in der großen Rationalisierungskonjunktur. Obwohl der Widerspruch zwischen Produktionsvermögen und Massenkaufkraft eben erst in schwerster
Krise sichtbar geworden war, stürzte sich das Kapital auf weitere Vergrößerung und Vervollkommnung des gesellschaftlichen
Produktionsapparates. Die Produktionsmittelindustrien wurden
damit wieder beschäftigt. Ihre starke Beschäftigung gab auch
den | Konsumgüterindustrien starken Absatz. Aber das Mißver- 62

52 OTTO BAUER

hältnis zwischen Massenkaufkraft und Produktionsvermögen
konnte dadurch nicht überwunden werden; es wurde vielmehr
durch die sprunghafte Vergrößerung des Produktionsvermögens
noch verschärft. Daß die Massenkaufkraft auch in den Prosperitätsjahren hinter dem Leistungsvermögen des gesellschaftlichen
Produktionsapparates zurückblieb, wird durch die Tatsache erwiesen, daß die Warenpreise, ganz im Gegensatz zu allen früheren
Prosperitätsperioden, auch in den Jahren der Rationalisierungskonjunktur unter starkem Druck blieben.

In Zeiten sinkenden Wertes des Goldes, starken Auftriebs der
Preise (wie nach 1850 und nach 1895) steigen die Warenpreise in
der Phase der Prosperität stürmisch an. Die Löhne hinken den
Warenpreisen nach. Die Mehrwertrate steigt rapid. Daher steigt
trotz steigender organischer Zusammensetzung des Kapitals die
Profitrate. Solche Prosperitäten sind lang und glänzend. Sie dau-
ern an bis nah an den von Marx beschriebenen Grenzfall, in dem
die industrielle Reservearmee restlos aufgesogen ist, die landwirtschaftliche und die bergmännische Rohstoffproduktion dem
Anschwellen des Bedarfs der Industrie nicht nachkommt, daher
„das gewachsene Kapital ebensoviel oder selbst weniger Mehr-
wertmasse produziert als vor seinem Wachstum".[16] Erst in dieser
Phase sinkt die Mehrwertrate und mit ihr die Profitrate, tritt die
Krise ein.

Ganz anders entwickelt sich die Prosperität in der Nachkriegszeit. Auf den Weltmarktpreisen lastet seit 1920 ein schwerer
Druck, der dem Ansteigen der Warenpreise auch in den Prosperitätsjahren enge Grenzen setzte. In den Vereinigten Staaten sind
die Großhandelspreise auch in den Jahren der Hochkonjunktur
nur um ein geringes gestiegen. Der Großhandelsindex, der im Jahre 1927 auf 136.7 sank, betrug im Jahre 1928 139.8, im Jahre 1929
138.3 (1913 = 100). Die Tatsache, daß auch in der Prosperität bei hohem Beschäftigungsgrad, bei steigenden Löhnen die Warenpreise
63 nur wenig gestiegen sind, hat das | Lebenshaltungsniveau der
amerikanischen Arbeiter in den Jahren der Prosperität bedeutend

---

[16] Marx, Das Kapital. III, Seite 209.

gehoben, sie hat dadurch den Massenabsatz an Konsumwaren
bedeutend gesteigert und damit eine überaus schnelle Steige-
rung der amerikanischen Produktion ermöglicht. Sie war die
Basis des viel erörterten „amerikanischen Wirtschaftswunders".
Aber dieselbe Tatsache hat der amerikanischen Prosperität ihre
Grenze gesetzt. Zwar ist unzweifelhaft auch in den Vereinigten
Staaten die Mehrwertrate in den Prosperitätsjahren gestiegen;
infolge der schnellen Rationalisierung stieg die Produktivität der
Arbeit der amerikanischen Arbeiter noch schneller als der Reallohn. Aber die Mehrwertrate konnte infolge des Druckes auf
die Warenpreise keineswegs ebenso schnell steigen wie in Prosperitätsphasen, die in Epochen sinkenden Wertes des Goldes,
starken Auftriebs der Warenpreise fielen. Da andererseits infolge
der Rationalisierung die organische Zusammensetzung des Kapitals schnell stieg, mußte der Augenblick, in dem die Profitrate
zu fallen begann und damit die Krise ausbrach, in einem sehr
frühen Stadium der Prosperität kommen, — in einem Stadium, in
dem weder die industrielle Reservearmee ganz aufgesogen, noch
die landwirtschaftliche und bergmännische Rohstoffproduktion hinter dem Bedarf der Industrie zurückgeblieben war. Es ist
kennzeichnend, daß auch in der Hochkonjunktur die Vereinigten
Staaten ihre Einwanderungsbeschränkungen aufrecht erhielten,
während sie in der Vorkriegszeit in Hochkonjunkturjahren immer hunderttausende europäische Einwanderer aufsaugen und
in ihre Produktion überführen konnten, und daß trotzdem schon
vor dem Ausbruch der Krise in den Vereinigten Staaten über die
Zunahme der „technologischen Arbeitslosigkeit" geklagt wurde.

In Europa war die Entwicklung durch die Ergebnisse der vorausgegangenen Inflationsperiode bestimmt. In Großbritannien,
wo die Stabilisierung des Pfund Sterlings zu allzu hohem Kurse erfolgt war, wo daher im Augenblick der Stabilisierung die
Warenpreise hoch über dem Weltmarktniveau standen, mußten
sie auf das Weltmarktniveau hinabgleiten. Sie sind dort selbst in
den Jahren der | Prosperität gesunken. Der Index der Großhan- 64
delspreise sank dort von 144.2 im Jahre 1927 auf 134.4 im Jahre

1929. Daher lag dort die Profitrate auch in diesen Jahren unter
schwerstem Druck. Die Prosperität konnte sich dort überhaupt
nicht entwickeln. Umgekehrt in Deutschland, wo die Warenpreise im Augenblick der Stabilisierung der Mark tief unter dem
Weltmarktniveau standen, daher in den folgenden Jahren auf
das Weltmarktniveau emporkletterten. Dort ist trotz steigender
Löhne in den Jahren, die der Stabilisierung folgten, die Mehrwertrate, daher auch trotz schnellem Steigen der organischen
Zusammensetzung des Kapitals die Profitrate unzweifelhaft gestiegen. Sobald aber die deutschen Preise dem Weltmarktniveau
angeglichen waren, gerieten sie auch hier unter starken Druck.
Der Index der Großhandelspreise ist in Deutschland von 137.6
im Jahre 1927 auf 140.0 im Jahre 1928 gestiegen, aber schon im
Jahre 1929 auf 137.2 gesunken. Daher mußte auch hier in einem
sehr frühen Entwicklungsstadium der Prosperität die Profitrate
sinken, die Krise ausbrechen. Die Zahl der Arbeitslosen betrug
in Deutschland auch in den Jahren 1927 und 1928 mehr als 1.3
Millionen, um schon 1929 auf 1.9 Millionen zu steigen, — die Krise
trat lange vor der Aufsaugung der industriellen Reservearmee
ein. Hat also das Mißverhältnis zwischen Produktionsvermögen
und Massenkaufkraft, hat daher der Druck auf die Warenpreise selbst in der Prosperität angehalten und verhindert, daß die
Warenpreise so stark wie in früheren Prosperitätsperioden stiegen, hat er damit die Profitrate frühzeitig gedrückt und dadurch
der Prosperität in einem frühen Stadium ihrer Entwicklung ein
Ende gesetzt, so wurde dieser Druck auf die Warenpreise voll
wirksam, als die Gegenwirkung der Prosperität aufhörte, als die
Krise hereinbrach. Nun hat der Druck auf die Warenpreise die
Produktion gedrosselt, die Arbeitslosigkeit unerhört vergrößert,
die Arbeitseinkommen der Arbeiter, der Angestellten, der Bauern
überaus schnell und tief gedrückt, und damit das Mißverhältnis
zwischen dem Leistungsvermögen des in den Prosperitätsjahren
65 schnell vergrößerten | und rationalisierten Produktionsappara-
tes und der Kaufkraft der Massen so unerhört kraß werden lassen.
Der Unterschied zwischen der gegenwärtigen Krise und den frü-

heren war also zunächst ein quantitativer Unterschied. Infolge
der Produktions-, Bedarfs- und Preisrevolution der Kriegs- und
Inflationszeit war während des Krieges und nach dem Kriege der
Produktionsapparat besonders sprunghaft vergrößert und ver-
vollkommnet worden. Es war das Mißverhältnis zwischen dem
sprunghaften Produktionswachstum und der zurückbleibenden
Massenkaufkraft so stark, daß die Warenpreise und daher auch
die Profitrate seit der Einstellung der Inflation selbst in der Ra-
tionalisierungsprosperität unter Druck blieben, mit Einbruch
der zyklischen Krise aber besonders jäh stürzten. Die Krise unterschied sich daher von den früheren Krisen zunächst in den
Dimensionen des Preissturzes, des Rückganges der Umsätze, des
Produktionsverfalls. Aber die Quantität ist in die Qualität umge-
schlagen. Infolge des überhöhten Preisniveaus, das den Bedarf
and Zahlungsmitteln erhöhte, dann infolge der gewaltigen Über-
akkumulation an Kapital, die sich in den Vereinigten Staaten
und in den neutralen Ländern während des Krieges vollzogen
hatte, andererseits infolge des Kreditbedarfes der Länder, deren
Kapitalien durch weitgehende Inflation nach dem Kriege zerstört
worden waren, schließlich infolge der riesigen Reparations- und
Kriegsschuldenverpflichtungen war nach der Stabilisierung der
Währungen ein ungeheuerliches System internationaler Kredite
aufgetürmt worden, das bei jäh sinkenden Preisen zusammenbrechen mußte. Sein Zusammenbruch hat Wirkungen gezeitigt, die
keine frühere Krise gekannt hat: den Zusammenbruch der Währungen, die wirtschaftliche Absperrung der Staaten gegeneinander, die bürokratische Dirigierung der Wirtschaft, den Faschismus
und mit ihm die Kriegsgefahr.

1.6 Die „dirigierte" Wirtschaft

ALS DIE PREISE STÜRZTEN, haben die landwirtschaftlichen und
die industriellen Unternehmer immer lauter, immer stür-
mischer den Schutz ihrer heimischen Absatzmärkte | gegen das   66
Eindringen der wohlfeilen ausländischen Waren gefordert. Unter
dem Druck der Krise sind die protektionistischen Bestrebungen

mächtig erstarkt. Zunächst wurden die Schutzzölle immer höher
gesetzt. Aber bald genügten sie nicht mehr. Als das Kreditsystem
erschüttert wurde, als den Banken die kurzfristigen Ausland-
kredite gekündigt wurden, als die Notenbanken nicht imstande
waren, die zur Abdeckung der Auslandsschulden erforderlichen
Zahlungsmittel zur Verfügung zu stellen, banden die Staaten Zahlungen an das Ausland an behördliche Bewilligung. Nun konnte
der Kaufmann ausländische Ware nicht beziehen, ohne sich der
Erlaubnis zu vergewissern, daß er die Waren werde bezahlen können. Als das Kreditsystem zusammenbrach, wurde jedem Staat,
der den Kurs seines Geldes nicht fallen lassen wollte, die Gestaltung seiner Zahlungsbilanz zu ernster Sorge. Vordem hatte man
ein zeitweiliges Passivum der Zahlungsbilanz unschwer gedeckt;
es genügte, die Bankrate zu erhöhen, um kurzfristige Kredite her-
anzulocken, die die Zahlungsbilanz ausglichen. Jetzt, da so viele
und große kurzfristige Auslandskredite notleidend geworden waren, strömten kurzfristige Kredite auch der höheren Bankrate
nicht mehr zu. Die Staaten suchten daher mit anderen Mitteln
die Zahlungsbilanz im Gleichgewicht zu halten. Clearingverträge
wurden abgeschlossen: der Staat stellte für die Zahlungen an das
Ausland den Erlös des Exportes zur Verfügung und verwehrte
Zahlungen über den Exporterlös hinaus. War schon durch die
Beschränkungen des Zahlungsverkehrs mit dem Auslande die
Wareneinfuhr durch die Behörden begrenzt und an behördliche
Erlaubnis gebunden, so ging man bald einen Schritt weiter. Jeder
Staat wehrte sich gegen die Einfuhrbeschränkungen der anderen Staaten, die seinen Export beeinträchtigten. Er wehrte sich
immer häufiger mit unmittelbaren Einfuhrverboten. Die Einfuhr
vieler Waren wurde an besondere behördliche Bewilligung ge-
knüpft. Jeder Staat traf mit diesem Mittel den Export des andern.
Sollte der Warenaustausch nicht ganz unterbunden werden, so
mußten sich die Staaten verständigen, die Einfuhr von Kontin-
67 genten, die zwischen den Vertretern | der Regierungen verein-
bart wurden, freizugeben. Ununterbrochen sitzen seither die
Unterhändler bald dieser, bald jener Regierungen zusammen, um

Einfuhrkontingente zu vereinbaren nach dem Schema: Erlaubst du deinen Kaufleuten, aus meinem Lande so und so viel tausend Zentner Papier zu beziehen, so erlaube ich den Händlern meines Landes, von den Schweinezüchtern deines Landes so und so viel tausend Schweine zu kaufen. Der internationale Warenaustausch ist auf diese Weise zu einem behördlich regulierten Tauschhandel geworden. Erschwert dieses System den Industrien und der Landwirtschaft jedes Landes den Export, so suchen die Staaten ihn zu retten, indem sie ihren Exporteuren in verschiedenen Formen, unter verschiedenen Titeln Exportprämien aus öffentlichen Mitteln gewähren. So wird der ganze Außenhandel, die Einfuhr und die Ausfuhr, in vielen Ländern von der staatlichen Bürokratie reglementiert. Ein großer geschäftiger bürokratischer Apparat dirigiert den internationalen Warenaustausch; je größer dieser Apparat wird, desto kleiner werden die Umsätze im internationalen Handel. Sobald aber der Staat den Außenhandel dirigiert, stellt er die Dirigierung auch in den Dienst seiner Machtinteressen. Er bewilligt Devisen zur Anhäufung von Rohstoffvorräten, die im Kriegsfalle wichtig sind, und verweigert Devisen für andere Verwendungen. Er fördert mittels der Einfuhrverbote die Entwicklung kriegswichtiger Produktionszweige.

Der Staat hat unter dem Drucke der Krise zuerst den Außenhandel seiner Kontrolle unterworfen. Aber bald muß er weitergehen. Die Einfuhrverbote machen die Inlandspreise von den Preisen auf dem Weltmarkt unabhängig. Die hohen Preise verlocken zur Vergrößerung der Produktion. Die Produktion bald dieser, bald jener Waren geht über den durch die Krise gesenkten Inlandsbedarf hinaus. Nun gilt es, auch das Angebot im Inlande zu drosseln, um die hohen Preise festzuhalten. In Deutschland reguliert der Staat Liefermengen und Preise auf dem ganzen Wege des Getreides vom Landwirt bis zum Bäcker. In Österreich dürfen die Händler und die Landwirte Rin- | der und Schweine nur mit behördlicher 68 Bewilligung auf die Viehmärkte bringen; die Regierung sorgt dafür, daß das Angebot nicht groß genug werde, die Preise zu drücken. In der Tschechoslovakei besorgt eine staatliche Mono-

polanstalt den Einkauf des Getreides; die Regierung trägt dafür
Sorge, daß Überschüsse, die den Preis drücken könnten, in das
Ausland ausgeführt werden oder, soweit dies nicht möglich ist,
in Vorratsspeichern liegen bleiben. Aber will man das Angebot
dauernd senken, so muß man schließlich die Produktion drosseln.
In Österreich schreibt die Regierung den Landwirten vor, wie viele Schweine sie mästen dürfen. In der Tschechoslovakei ordnet
der Staat an, welche Flächen mit den einzelnen Nutzpflanzen
angebaut werden dürfen. Aber auch in den exportorientierten
Ländern sucht man das Angebot durch staatliche Verfügungen
einzuschränken. Die Vereinigten Staaten belohnen mit Prämien
in Geld die Verkleinerung der Anbauflächen. Brasilien versenkt
überschüssige Kaffeevorräte in das Meer. Die Regierungen bemühen sich, internationale Verträge über die Einschränkung der
Weizen-, der Zucker-, der Kautschukproduktion zustande zu bringen.

Die großindustriellen Kartelle haben schon seit einem halben
Jahrhundert die Produktion kontingentiert und das Produktions-
kontingent auf ihre Mitglieder verteilt. Im Allgemeinen überläßt
es auch heute der Staat ihnen, die industrielle Produktion zu
regulieren, um die Inlandspreise zu halten. Er begnügt sich damit, gesetzliche Hindernisse, die der industriellen Kartellbildung
im Wege sind, zu beseitigen, wie dies Roosevelt getan hat, und
dort, wo die Produktionsdrosselung durch die Kartelle auf den
Widerstand von Außenseitern stößt, durch staatliche Zwangsver-
fügungen die Außenseiter in die Kartelle hineinzuzwingen, wie
dies sowohl Roosevelts Codes als auch die Zwangskartellgesetze
einiger europäischer Staaten getan haben. Die Landwirtschaft
aber, weit weniger organisationsfähig, war nicht imstande, aus
eigener Kraft die Produktion zu kontingentieren. Hier greift nun
der Staat ein und erzwingt in der Landwirtschaft durch sein Ge-
69 bot, was in der Industrie die Kartelle schon lange geübt haben. |

Die großindustriellen Kartelle haben schon seit einem halben
Jahrhundert einen Teil ihrer Gewinne an den hohen Inlandspreisen zur Subventionierung des Exportes verwendet. Heute ergänzt

der Staat die Exportprämien aus öffentlichen Mitteln. Die Landwirtschaft aber hat den Dumpingexport bei hohen Inlandspreisen
aus eigener Kraft nicht zu organisieren vermocht. Hier greift nun
der Staat ein. So verhält Österreich z.B. seine Landwirte, von jedem Liter Milch, den sie im Inlande absetzen, eine Abgabe zu
entrichten, deren Erlös zur Finanzierung des Dumpingexportes
von Butter und Käse verwendet wird.

Die freie Konkurrenz endet mit dem Monopol. In der Industrie hat sich schon seit dem letzten Viertel des 19. Jahrhunderts
die Zentralisierung der Produktion in großen Unternehmungen
vollzogen, die, von denselben Großbanken kontrolliert, zu Kartellen, Konzernen, Trusts zusammengefaßt, die Produktion für
den Inlandsmarkt kontingentieren, die Überschüsse zu Dumpingpreisen in das Ausland schleudern, um durch Beschränkung des
Angebotes im Inlande die Preise hochzuhalten. In der Landwirtschaft vollzieht sich heute unter dem Drucke der Krise dieselbe
Entwicklung unter staatlichem Zwang. Damit tritt auch hier an
die Stelle der Preisbildung in freier Konkurrenz der Monopolpreis. Die bürokratische Regulierung der Wirtschaft ist hier zum
Mittel der Entwicklung vom liberalen Kapitalismus der freien
Konkurrenz zum bürokratisch dirigierten Monopolkapitalismus
geworden.

Will der Staat bei gedrosselter Produktion das Ansteigen der
Inlandspreise verhüten, so muß er schließlich zur Rationierung
des Konsums übergehen. In Deutschland hat die Regierung im
Jahre 1935 die Schweinefleischschlachtung beschränkt und den
Metzgern vorgeschrieben, daß sie Schweinefleisch nur an ihre ständigen Kunden und nur in beschränkter Menge abgeben
dürfen. Sie hat in ähnlicher Weise die Abgabe von Butter rationiert. Damit sind bereits die typischen Rationierungsmaßnahmen der Kriegswirtschaft wieder erstanden. | Reguliert der Staat 70
so die Preise, so unternimmt er es zugleich, auch die Löhne zu
regulieren. die Preisrevolutionen der Nachkriegszeit haben die
Klassengegensätze gewaltig verschärft, immer wieder die Gefahr
von Riesenstreiks und Riesenaussperrungen hervorgerufen. Hier

greift nun der Staat ein; er beansprucht für sich das Recht, als Schlichter zwischen Kapital und Arbeit die Löhne verbindlich festzusetzen. In den faschistischen Ländern hat der Staat die freien Arbeiterorganisationen zertrümmert, den Arbeitern das Koalitionsrecht geraubt, die Arbeiterklasse dem Lohndruck preisgegeben. In den Vereinigten Staaten hat Roosevelt, als er den Dollar fallen ließ, die Anpassung der Löhne an den schnell sinkenden Geldwert nicht dem freien Spiel der Kräfte überlassen wollen, sondern sie durch seine Codes zu regulieren versucht. Die Methoden sind grundverschieden: Hitler hat die Klassenorganisationen zerschlagen, um die Klassen dem Zwangsgebot des Staates zu unterwerfen; Roosevelt hat umgekehrt die Entwicklung der Klassenorganisationen gefördert, um Vereinbarungen zwischen ihnen über die Anpassung der Löhne an den Geldwert zu erleichtern. Hüben und drüben aber hat der Staat die Festsetzung der Löhne unter seine Kontrolle gestellt. Aber indem der Staat Preise und Löhne reguliert, reguliert er die Verteilung des gesellschaftlichen Arbeitsertrages auf die Klassen.

Zugleich geht der Staat dazu über, die brach liegende Arbeitskraft der arbeitslosen Massen für sich auszunützen. Er beruft sie zum „Arbeitsdienst" ein. Er beschäftigt sie nicht zu Löhnen, wie sie voll beschäftigte Arbeiter beziehen, sondern um Nahrung und dürftiges Taschengeld. Aber wenn der Staat über die Arbeitskraft der arbeitslosen Massen verfügt, so verwertet er sie vor allem in der Richtung seiner Machtinteressen. Die Arbeitslager werden zu Kasernen, die Arbeitsstätten zu Exerzierplätzen. Die Arbeitskraft wird zum Bau strategischer Straßen und zum Bau von Befestigungswerken verwendet. Die industrielle Reservearmee wird zur 71 militärischen Reservearmee. |

Verfügt der Staat über die durch die Krise freigesetzte Arbeitskraft, so verfügt er auch über das durch die Krise freigesetzte Kapital. In jeder schweren Depression tritt, sobald die akute Kreditkrise überwunden ist, eine Periode der Geldflüssigkeit ein. Große Kapitalien, durch die Stillegung von Betrieben, durch die Einschränkung der Produktion, durch die Einschränkung der

Lagerhaltung freigesetzt, strömen den Banken zu und suchen Verwertung. In früheren Depressionen ist, sobald die Geldflüssigkeit eintrat, der Zinsfuß gesunken und sind, sobald der Zinsfuß sank, die Wohnbautätigkeit und die landwirtschaftliche Meliorationstätigkeit belebt worden. Diesmal will sich diese Wirkung der Geldflüssigkeit und des niedrigen Zinsfußes nicht einstellen. Der Rückgang des Einkommens der Volksmassen drückt die Mietzinse; die Wohnbautätigkeit ist daher auch bei niedrigem Zinsfuß nicht rentabel. Infolge der Agrarkrise kann auch ein niedriger Zinsfuß die Landwirte nicht zu Investitionen ermutigen. So greift denn der Staat ein, die durch die Depression freigesetzten Kapitalien der Verwertung zuzuführen. Er zieht sie durch Anleihen an sich und verwendet sie zur „Arbeitsbeschaffung"; die Rückführung der durch die Krise brachgelegten Kapitalien zu produktiver Verwertung, in früheren Depressionen selbsttätig im freien Spiel der Kräfte erfolgt, wird jetzt durch die staatliche „Arbeitsbeschaffung" vermittelt. Aber verfügt der Staat über diese Kapitalien, so verfügt er über sie im Sinne seiner Machtinteressen. Er verwendet sie zu Rüstungsausgaben. Sollen Aufwendungen des Staates die Wirtschaft „ankurbeln", so kurbelt er sie durch Bestellung von Bombenflugzeugen und Tanks, von Giftgasen und Kriegsschiffen an.

In Deutschland ist der Staat noch weiter gegangen. Um sich die Mittel für die Wiederaufrüstung zu sichern, hat er den Zufluß des Kapitals in die Privatwirtschaft einerseits durch gesetzliche Beschränkung der Dividenden, die die Aktiengesellschaften ausschütten dürfen, andererseits durch die Sperre von Aktienemissionen gehemmt und damit die Kapitalisten gezwungen, die verfügbaren Kapitalien dem Reich zur Verfügung zu stellen. | 72

Die Expansion des Staates in den Bereich der Wirtschaft geht noch breiter vor sich, wo infolge der Krise große Teile des Bankwesens und der Industrie in die Verfügung des Staates geraten sind. In Deutschland und in Österreich hat der Staat die zusammengebrochenen Banken saniert und dabei einen großen Teil des Aktienkapitals der Banken erworben. In Italien hat der Staat den

illiquid gewordenen Banken die Aktien der italienischen Industrie abgekauft und sie an staatliche Kreditinstitute übertragen.
Da und dort verwertet der Staat die Verfügung über die Banken und über die Industrie im Sinne seiner Machtinteressen. In
Deutschland verwertet Hitler seine Verfügung über große Teile
des nationalen Kapitals, um für die Kriegführung wichtige Industrien aus bedrohten Grenzbezirken in das Innere des Landes zu
verlagern und um Industrien, die im Kriegsfall Ersatzrohstoffe
erzeugen können, zu fördern. Verfügt der Staat über das Kapital,
so verwertet er es zur Vergrößerung seines Kriegspotentials.

Dieses System staatlicher Dirigierung der Wirtschaft ist nicht
planmäßig aufgebaut worden. Die einzelnen Maßregeln sind plan-
los unter dem Druck der Krisennöte dekretiert, die einzelnen Einrichtungen zur Abwehr unmittelbar drohender wirtschaftlicher
Gefahren ohne Plan aufgebaut worden. Die einzelnen Staaten haben diese Maßregeln getroffen, diese Einrichtungen geschaffen,
um ihre nationale Wirtschaft gegen die zerstörenden Wirkungen der Weltwirtschaftskrise zu schützen, um sich die Mittel
für Kriegsrüstungen zu beschaffen und um ihre Wirtschaft auf
Kriegsnotwendigkeiten einzustellen. Aber die Krise der ganzen
Weltwirtschaft ist durch diese Organisierung bürokratisch diri-
gierter, sich gegen einander absperrender Nationalwirtschaften
nur verschärft worden. Mit der immer weiter fortschreitenden
Absperrung der einzelnen Staatsgebiete gegeneinander ist der
Welthandel zusammengeschrumpft und der Druck auf die Weltmarktpreise verschärft worden. Die einzelnen Nationalwirtschaften haben Produktionszweige gefördert und entwickelt, die nur
mit schweren Kosten, nur auf Kosten der Volksgesamtheit ent-
73 wickelt werden konnten; sie haben dadurch einerseits | die Le-
benshaltung ihrer Volksmassen gedrückt, andererseits die Weltproduktion der von ihnen geförderten Produktionszweige vergrößert und damit das Mißverhältnis zwischen der allzu geringen
Massenkaufkraft und der im Verhältnis zur Massenkaufkraft allzu großen Produktion in der Welt verschärft. Wenn sich Länder,
deren Produktion vorwiegend auf die Deckung des heimischen

Bedarfes eingerichtet ist, durch diese bürokratische Nationalisierung der kapitalistischen Wirtschaft immerhin noch einigermaßen vor den Wirkungen der Weltwirtschaftskrise zu schützen
vermochten, so werden alle Länder, die enger in den Weltmarkt
einbezogen, in höherem Maße auf die Ausfuhr ihre Erzeugnisse
und die Einfuhr ausländischer Erzeugnisse eingestellt sind, durch
die Verschärfung der Weltkrise, die der Wirtschaftsnationalismus
herbeiführt, desto schwerer getroffen.

Gewiß werden manche dieser Maßregeln wieder fallen gelassen, manche dieser Einrichtungen wieder abgebaut werden. Eine
wirtschaftliche Reaktion gegen das neue System mag, wenn erst
die Währungen wieder stabilisiert sind, kommen, wie sie nach
dem Kriege gekommen ist und heute schon in der Judikatur des
amerikanischen Bundesgerichtshofs erkennbar, der die wichtigsten Eingriffe des „New Deal" in das Wirtschaftsleben als verfassungswidrig aufgehoben hat. Aber unzweifelhaft wird viel von
dem neuen System bleiben. Unter seinem Schutze sind Produktionszweige begründet und entwickelt worden, die bei Wiederherstellung der Wirtschaftsfreiheit schnell untergehen würden; zu
ihrem Schutz werden die überprotektionistischen Einrichtungen
des neuen Systems erhalten bleiben. Das neue System hält die
Inlandspreise hoch, während es die Löhne drückt; es verschiebt
die Verteilung des gesellschaftlichen Arbeitsertrages im Interesse der besitzenden Klassen. Sie werden sich die neuen Mittel zur
Verschärfung der Ausbeutung nicht leicht entreißen lassen. Das
neue System erweitert die Machtfülle der staatlichen Bürokratie; sie wird ihre neuen Machtmittel verteidigen. Vor allem aber
erzwingen die militärischen Macht- | bedürfnisse der Staaten im- 74
mer neue Eingriffe in das Wirtschaftsleben. Die Sanktionen, die
der Völkerbund zum erstenmale 1935 gegen Italien angewendet
hat, bedrohen jeden Staat mit der Gefahr, im Kriegsfalle von dem
Bezug wichtiger Rohstoffe ausgeschlossen zu werden. Die Furcht
davor treibt die Staaten dazu, dafür Sorge zu tragen, daß diese
Rohstoffe im eigenen Lande erzeugt, daß sie, so weit dies möglich ist, durch Ersatzstoffe, die im eigenen Lande erzeugt werden

müssen, ersetzt (Kohlenverflüssigung, Ersatzfaserstoffe), daß hinreichende Vorräte kriegswichtiger Rohstoffe im Lande gehalten werden, — Vorsorgen für den Kriegsfall, die durch weitgehende staatliche Reglementierung des Wirtschaftslebens erzwungen werden müssen.

Das neue System hat sich in den verschiedenen Ländern in verschiedenem Grade entwickelt. Die faschistischen Länder haben es weiter entwickelt als die demokratischen. In der Tat erschwert die Demokratie die Entwicklung der bürokratischen Reglementierung der Wirtschaft. Wenn der Staat durch sein Machtgebot Einfuhr und Ausfuhr, Preise und Löhne, die Arbeitsbedingungen und die Kapitalverwertung reglementiert, so greift jede seiner Entscheidungen in die Interessen der Klassen, der Produktionszweige, der Berufsgruppen ein. In der Demokratie, wo alle Klassen, Produktionszweige, Berufsgruppen ihre Interessen öffentlich vertreten, sie durch ihren Einfluß auf die öffentliche Meinung und auf die Parlamente durchzusetzen versuchen, wird der Staat bei der Vorbereitung jeder seiner Entscheidungen zu mühselig erreichbaren, niemanden befriedigenden Kompromissen zwischen den widerstreitenden Interessen gezwungen. Im faschistischen Staat werden diese Entscheidungen ohne aufregende öffentliche Kämpfe, ohne mühselige und langwierige Kompromißverhandlungen von der autokratischen Staatsgewalt dekretiert. Kann darum der faschistische Staat dieses System leichter handhaben, so wenden sich eben deshalb die Interessengruppen, die an der Entwicklung des nationalen Protektionismus ein besonders starkes Interesse haben, der mühseligen Kompromißverhandlungen mit

75 geg- | nerischen Interessen, der unbefriedigenden Kompromisse müde, dem Faschismus zu. Marx sagt im „Kommunistischen Manifest": „Die Ideen der Gewissens- und Religionsfreiheit sprachen nur die Herrschaft der freien Konkurrenz auf dem Gebiete des Wissens aus." In der Tat sind breite Schichten der Bourgeoisie bereit, die freie Konkurrenz auf dem Gebiete des Wissens preiszugeben, sobald die freie Konkurrenz auf dem Waren-, dem Arbeits-, dem Kapitalsmarkt ihren Bedürfnissen nicht mehr genügt. An-

dererseits aber hat gerade die Tatsache, daß die faschistischen Diktatoren allein die volle Verantwortung für die tägliche Reglementierung des Wirtschaftslebens zu tragen haben, weittragende Folgen. Denn in einer Zeit, in der alle bürokratische Reglementierung die schwere Depression nicht aufzuheben, sondern nur ihre Erscheinungsformen zu modifizieren vermag, ruft alle bürokratische Wirtschaftsreglementierung Unzufriedenheit bald dieser, bald jener Klasse, bald dieses, bald jenes Produktionszweiges hervor. Sie senkt das Prestige der faschistischen Diktatoren. Sie stärkt die Opposition gegen sie. Sie treibt auch Klassen, die den Faschismus emporgetragen haben in Opposition gegen ihn.

Vor antikapitalistisch gestimmten Volksmassen rechtfertigen die Faschisten ihr System damit, durch die staatliche Dirigierung der Wirtschaft werde der Kapitalismus überwunden. In der Tat wird durch sie der liberale Kapitalismus aufgehoben. Aber so wenig wie mit dem Übergange von dem Merkantilismus zum Liberalismus der Kapitalismus aufgehoben worden ist, so wenig wird heute mit dem Übergang vom Liberalismus zum Neomerkantilismus unserer Zeit der Kapitalismus überwunden. Der bürokratisch dirigierte Monopolkapitalismus ist eine Entwicklungsphase des Kapitalismus, ebenso wie der liberale Kapitalismus der freien Konkurrenz nur eine Entwicklungsphase des Kapitalismus war. Aber der bürokratisch dirigierte Monpolkapitalismus ist diejenige Entwicklungsphase des Kapitalismus, die aus der schwersten Krise der kapitalistischen Weltwirtschaft hervorgeht, die Weltwirtschaft in gegen einander kämpfende Nationalwirtschaf- | ten 76 auflöst und innerhalb dieser Nationalwirtschaften das Volk dem schwersten, gewaltsamsten Druck unterwirft.

Die „dirigierte Wirtschaft" empfiehlt sich als „Planwirtschaft". Sie hebe, so sagt man, die Anarchie der kapitalistischen Produktionsweise auf. Sie mache es möglich, durch staatliche Regelung der Verteilung des gesellschaftlichen Arbeitsertrages, durch staatliche Lenkung des Kapitalsstromes die Entstehung jener Disproportionalitäten zu verhindern, die die Krisen hervorrufen. In Wirklichkeit kann die bürokratische Reglementierung der Wirtschaft

auf der Basis des kapitalistischen Eigentums an den Produktionsmitteln den grundlegenden inneren Widerspruch der kapitalistischen Produktionsweise nicht aufheben. Senkt der Staat durch
seine Maßnahmen die Mehrwertrate, so senkt er die Profitrate
und macht damit kapitalistische Prosperität, kapitalistische Investitionstätigkeit, autonome Weiterentwicklung der Wirtschaft
auf kapitalistischer Basis unmöglich; hebt er aber die Mehrwertrate, um die Profitrate zu erhöhen, die kapitalistische Wirtschaft
wieder in lebhafteren Gang zu setzen, so verschärft er damit das
Mißverhältnis zwischen Produktionsvermögen und Konsumkraft.
Er kann allerdings zugleich den Konsum wieder heben, indem
er seinen Konsum an Tanks, Bombenflugzeugen, Panzerplatten
vergrößert. Planwirtschaft, die die Disproportionalitäten der kapitalistischen Produktionsweise aufhöbe, ist unmöglich auf der
Basis des kapitalistischen Privateigentums, weil auf dieser Basis
der Rhythmus der Produktion von der Bewegung der Profitrate
abhängig bleibt. Planwirtschaft ist auf der Basis des kapitalistischen Eigentums nur insoweit möglich, als auch auf dieser Basis
allerdings die wirtschaftliche Entwicklung dem Plan der Wehr-
haftmachung, der Kriegsvorbereitung unterworfen werden kann.

Die deutschen Faschisten bezeichnen ihr Wirtschaftssystem
als „nationalen Sozialismus". Es hat in Wirklichkeit mit Sozialismus nichts zu tun. Es hebt das konzentrierte kapitalistische Privateigentum an den Produktionsmitteln nicht auf, sondern dient
seinen Interessen. Es hebt die Ausbeutung der Arbeiterklasse
77   nicht auf; es ver- | schärft sie. Aber ordnet es nicht alle ökonomi-
schen Kräfte dem Willen des Staates, also allen „Eigennutz" dem
„Gemeinnutz" unter? Es fesselt in der Tat alle wirtschaftlichen
Kräfte, um sie der zentralen Aufgabe des Kampfes der nationalen Wirtschaft gegen die anderen Nationalwirtschaften ein- und
unterzuordnen.

Die Weltwirtschaftskrise hat die breiten Volksmassen verelendet und erbittert. Soll sich ihre Erbitterung nicht gegen die herrschenden Klassen der eigenen Nation wenden, so muß sie gegen
die anderen Nationen abgelenkt werden. Soll sie nicht der kapita-

listischen Gesellschaftsordnung gefährlich werden, so muß man
die Volksmassen lehren, daß die anderen Nationen ihr Elend ver-
schuldet hätten und die Volksmassen darum den Klassenkampf
einstellen müßten, um alle nationalen Kräfte zum nationalen
Kampf gegen die anderen Nationen zusammenzuballen. Hat der
Faschismus durch die Entfesselung der nationalen Leidenschaften gegen die anderen Nationen die Staatsmacht erobert, so kann
er sein Prestige vor den Volksmassen, das in der Handhabung
der staatlich dirigierten Wirtschaft in einer Zeit schwerer Wirt-
schaftsdepression bald erschüttert werden muß, nur durch Erfolge im Kampfe gegen die anderen Nationen behaupten, nur durch
sie die Fesselung aller gesellschaftlichen Kräfte durch den Staat
rechtfertigen. So wird in seinen Händen das System der dirigierten Wirtschaft zum Kampfmittel nach außen, zum Instrument
der Kriegsrüstung, zur Vorbereitung des Krieges.

Wir haben untersucht, warum die gegenwärtige Weltkrise un-
vergleichlich schwerer ist als alle Krisen des modernen Kapitalismus. Unsere Untersuchung hat uns immer wieder auf den
Weltkrieg zurückgeführt. Der Weltkrieg hat das labile Gleichgewicht der kapitalistischen Weltwirtschaft dermaßen zerstört, daß
sie es auch heute noch nicht wieder erlangt hat. Der Weltkrieg
hat jene Kette ungeheuerlicher Bedarfs-, Produktions- und Preisrevolutionen herbeigeführt, die schließlich zu einer Krise von
unvergleichlichen Dimensionen führen mußten. Aber hat der
Weltkrieg eine unerhört schwere Erschütterung | der kapitalisti- 78
schen Weltwirtschaft hervorgerufen, so hat diese Erschütterung
selbst die Struktur des Kapitalismus wesentlich verändert. Die
Weltwirtschaft hat sich aufgelöst. Die einzelnen Staaten sperren
ihre Wirtschaftsgebiete gegeneinander ab und unterwerfen ihre
Wirtschaftskräfte ihren Bürokratien, um auf Kosten der anderen
Staaten ihre Wirtschaft zu retten. Der Kampf aller gegen alle ent-
brennt zunächst auf wirtschaftlichem Gebiet. Aber zugleich hat
die Krise in den besiegten Ländern die Demokratie gesprengt,
einen nationalistischen, kriegerischen Faschismus zur Macht geführt. In seinen Händen wird die bürokratische Dirigierung der

Wirtschaft zur Kriegswirtschaft. Unter dem Druck seines Angriffes auf die dem Weltkrieg hervorgegangene Machtverteilung droht der Wirtschaftskampf zwischen den Staaten zu enden im politischen Machtkampf, im Krieg. Hat der Weltkrieg eine Weltwirtschaftskrise von ungeheuerlicher Schärfe hervorgebracht, so drohen Umwälzungen, die die Krise hervorgebracht hat, in einem neuen Weltkrieg zu enden.

1.7 Prognose der Krise

ALS DIE WELTWIRTSCHAFTSKRISE hereinbrach, hat der reformistische Sozialismus sie als eine zyklische Krise angesehen, die in derselben Weise, durch denselben Mechanismus überwunden werden werde wie alle zyklischen Krisen vorher. Konnten die Arbeiterparteien und die Gewerkschaften in der Zeit der Krise keine „positiven Erfolge" für die Arbeiterschaft erringen, Lohndruck und soziale Reaktion nicht verhindern, so werde doch die Möglichkeit erfolgreicher Reformarbeit innerhalb der kapitalistischen Gesellschaft wiederkehren, sobald die zyklische Krise überwunden sein werde. Darum gelte es, die Überwindung der Krise zu fördern. Der Sozialismus müsse darum als „Arzt am Krankenbett des Kapitalismus" (Tarnow) wirken.

Umgekehrt meinten revolutionäre Sozialisten, der Kapitalis-
79 mus werde sich von dieser außerordentlich schweren | Krise nie wieder erholen können. Ihr könne keine Periode der Prosperität mehr folgen. Erfolgreiche Reformarbeit innerhalb der kapitalistischen Gesellschaft werde nie wieder möglich sein. Der Arbeiterklasse bleibe kein anderer Weg mehr als der der sozialen Revolution.

Jede schwere, lang dauernde Depression verlockt zu der Vorstellung, von dieser Depression gebe es keine Erholung mehr. Selbst ein Genie wie Friedrich Engels ist zweimal, im Jahre 1884 und Im Jahre 1894, dieser Verlockung erlegen;[17] er ist beidemal sehr bald durch den Eintritt neuer Prosperitätsperioden wider-

---

[17] Vgl. Marx, Das Elend der Philosophie. Stuttgart 1895, Seite XVIII, und Marx, Das Kapital III. 2, Seite 24.

legt worden. Schon Marx hat vor der Vorstellung einer permanenten Krise gewarnt: „Permanente Krisen gibt es nicht", schrieb Marx.[18] Erinnern wir uns der Vorgänge, die bisher jede Depression überwunden haben!

In jeder Depression werden die Warenlager an Konsumgütern allmählich gelichtet und aufgezehrt. Es muß der Augenblick kommen, in dem die Kaufleute die zusammengeschrumpften Warenvorräte wieder ergänzen müssen. Damit beginnt die Nachfrage nach Konsumgütern wieder zu wachsen.

In jeder Depression werden Maschinen, Werkzeuge, Geräte verwendet und abgenützt, ohne erneuert zu werden. Ungefähr zehn Jahre nach einer Periode massenhafter Erneuerung und Vergrößerung des Produktionsapparats sind große Teile der Maschinerie und Apparatur verbraucht und müssen erneuert werden. Damit wächst die Nachfrage nach Produktionsmitteln.

In jeder Depression tritt Geldflüssigkeit ein und sinkt der Zinsfuß. Das Sinken des Zinsfußes belebt die Bautätigkeit. Es ermöglicht es dem Staat und den Gemeinden ihre alten Anleihen zu konvertieren, neue Anleihen aufzunehmen und sie zu produktiven Arbeiten zu verwenden. Damit wächst die Nachfrage nach Baustoffen und nach Konsumgütern für den Bedarf der Bauarbeiter. | 80

In jeder Depression gehen viele Unternehmungen zugrunde und werden viele Betriebe stillgelegt. Beginnt nach einigen Jahren der Depression die Nachfrage nach Waren wieder zu wachsen, so verteilt sich die Produktion der nachgefragten Waren auf eine verringerte Zahl von Betrieben. Daher können die überlebenden Betriebe ihr Leistungsvermögen wieder besser ausnützen. Stärkere Ausnützung des Leistungsvermögens der Betriebe senkt zunächst die organische Zusammensetzung des Kapitals und beschleunigt den Umsatz des variablen Kapitals. Während die Löhne in der Depression gesenkt worden sind, steigt bei besserer Ausnützung des Leistungsvermögens der Betriebe die Produktivität der Arbeit; es steigt daher die Mehrwertrate. Senkung der orga-

---

[18] Marx, Theorien über den Mehrwert, II. 2, Seite 269.

nischen Zusammensetzung des Kapitals, Beschleunigung seines Umschlags und Steigen der Mehrwertrate wirken zusammen, die Profitrate zu erhöhen.

Sobald die gesellschaftliche Profitrate wieder zu steigen beginnt, während der Zinsfuß sinkt, wird die Rentabilität der Aktien höher als der Zinsfuß. Daher wendet sich das Kapital wieder dem Aktienmarkte zu. Die Aktiengesellschaften können sich Kapital zu Investitionen durch Begebung neuer Aktien beschaffen. Die Investitionstätigkeit setzt wieder ein.

Die technische Entwicklung steht nie still. Die Heftigkeit der Konkurrenz zwingt in den Depressionsjahren zu Anstrengungen, durch technische Vervollkommnung der Betriebe die Produktionskosten zu senken. Der niedrige Zinsfuß treibt dazu, günstigere Verwertung des Kapitals des Kapitals in neuen Anlagen, die neue technische Möglichkeiten verwerten, zu suchen. Die Investitionstätigkeit gerät in Gang. Damit werden die Produktionsmittelindustrien belebt. Ihre Belebung erweitert auch den Absatz der Konsumgüterindustrien.

Starke Rüstungen, die großen Industrien Beschäftigung gaben, und Kolonialkriege, die starken Bedarf nach Kriegsgerät, Lebensmitteln, Transportraum hervorriefen, haben auch in früheren Zeiten die Belebung nach schweren Krisen beschleunigt. |

81 Es ist unverkennbar, daß dieser ganze Belebungsmechanismus auch jetzt wieder zu funktionieren begonnen hat. Die Weltproduktion hat im Jahre 1932 ihren Tiefpunkt erreicht. Im Jahre 1933 wuchs sie schon langsam, im Jahre 1934 und 1935 stärker an. Aber offensichtlich stößt der Belebungsmechanismus diesmal auf weit stärkere Widerstände als nach früheren Krisen.

Sowohl die Agrarkrise, die den Napoleonischen Kriegen gefolgt ist, als auch die Agrarkrise, die in den Siebzigerjahren mit den großen amerikanischen Getreideeinfuhren nach Europa begann, haben Jahrzehnte gedauert. In beiden Fällen konnte die Agrarkrise erst überwunden werden, als die Vergrößerung der Agrarproduktion von dem Wachstum der Bevölkerung, vor allem der industriellen und städtischen Bevölkerung, eingeholt wurde.

Solange aber die Agrarkrise nicht überwunden war, waren die industriellen Prosperitäten kurz, die industriellen Depressionen lang und schwer. Auch diesmal wird die Agrarkrise sehr lang dauern. Die landwirtschaftliche Produktion wichtiger Einfuhrländer wird trotz der Krise vergrößert; desto schwerer finden die Überschüsse der agrarischen Exportländer Absatz. Die landwirtschaftliche Produktion der Sowjetunion wächst schnell. In den halbtrockenen Steppengebieten östlich vom mittleren und unteren Lauf der Wolga können noch wenigstens 30 Millionen Hektar Steppenbodens ohne teure Meliorationen dem Weizenanbau erschlossen werden. Es ist nicht unwahrscheinlich, daß die Sowjetunion in nicht sehr ferner Zeit wieder wird Getreide exportieren können. Andererseits ist das Wachstum der Bevölkerung in den Industriestaaten wesentlich verlangsamt. Unter solchen Umständen ist eine Überwindung der Agrarkrise in kurzer Frist nicht zu erwarten. Vorübergehende Preissteigerungen infolge schlechter Ernten, infolge subventionierter Produktionsdrosselung und infolge starker Bevorrätigung in Zeiten der Kriegsgefahr dürfen darüber nicht täuschen. Solange aber die Agrarkrise andauert, solange die Kaufkraft der Bauern, die Kaufkraft der exportbedürftigen Agrarstaaten klein bleibt, | bleibt die Entwicklung des 82 Absatzes und damit auch der Produktion der Weltindustrie gehemmt.

Zugleich vollziehen sich innerhalb der Weltindustrie selbst wichtige Verschiebungen. Durch die technische Entwicklung ermöglicht, durch den Krieg begünstigt, durch die Absperrungsmaßnahmen der „dirigierten" Wirtschaft beschleunigt, geht eine schnelle Industrialisierung vieler Agrarländer vor sich. Neuerstandene große Industrien, die japanische vor allem, beherrschen nicht nur den Innenmarkt ihrer Länder, sondern bereiten auch auf den ausländischen Märkten den alten Industrien verschärfte Konkurrenz. In den asiatischen Ländern, — in Japan, in Indien, in China, in der Türkei, — entwickeln sich neue Industrien auf der Basis überaus niedriger Lebenshaltung der Arbeiter; um so gefährlicher wird ihr Wettbewerb den alten europäischen Industrien und der Lebenshaltung der europäischen Arbeiter. Diese Gefahr wird noch wesentlich größer werden, wenn die Eroberungen des japanischen Imperialismus auf dem asiatischen Festlande die Rohstoffe und die wohlfeile Arbeitskraft Chinas in seinen Dienst stellen. Große Industrien der alten Industriestaaten haben große Teile ihrer alten Absatzmärkte für immer verloren.

Überdies ist auch das internationale Kreditsystem in einem Weltbankrott unerhörter Dimensionen zusammengebrochen. Das zerstörte Vertrauen wird nicht so bald wieder herzustellen sein. Das Kapital wendet sich auch bei starker Geldflüssigkeit und sinkendem Zinsfuß nur sehr ängstlich und zögernd wieder dem Aktienmarkte, der Investitionstätigkeit zu; es wartet lieber untätig die Begebung von Staatsanleihen ab. Die Kapitalisten, durch den Bankrott ihrer Schuldner eingeschüchtert, werden es nicht bald wieder wagen, so große Auslandskredite zu gewähren wie einst. Aber die Kredite, die die kapitalsreichen Länder den kapitalsarmen gegeben haben, waren die Basis des Exports von Produktions- und Verkehrsmitteln aus jenen Ländern in diese. Die Zerstörung des internationalen Kreditsystems verengert die Möglichkeiten des Exports von Produktions- und Verkehrsmitteln aus den Zentren der Weltindustrie in die kapitalsärmeren 83 Länder. |

Der in der vorausgegangenen Prosperitätsperiode gewaltig angeschwollene Produktionsapparat der Produktionsmittelindustrien wird heute zum großen Teile nicht zur Erzeugung von Produktionsmitteln, sondern zur Erzeugung der Waffen und Kriegsgerät verwendet. Die Kriegsrüstung ist zum wichtigsten Mittel der Überwindung der Absatzkrise der Produktionsmittelindustrien geworden. Aber mit der Kriegsrüstung wächst die Kriegsgefahr, die vor Investitionen in den für den Friedensbedarf arbeitenden Industrien abschreckt, den Wiederaufbau des internationalen Kreditsystems hindert, immer neue bürokratische Eingriffe in die Wirtschaft, immer neue Absperrungsmaßregeln der Nationalwirtschaften gegeneinander hervorruft, zu massenhafter Gold hortung, massenhafter Brachlegung von Kaufkraft verleitet und mit alledem dein Belebungsprozeß stört.

Die Krise der Währungen ist noch nicht überwunden. Die wenigen Goldwährungen, die sich noch behauptet haben, geraten immer wieder in Gefahr. Der Kurs der Mark steht in schreiendem Widerspruch zu ihrer Kaufkraft im Inlande; er kann unhaltbar werden. Die Lira ist durch das abessinische Abenteuer des italienischen Faschismus bedroht. Die großen Rüstungsausgaben vergrößern die Defizite der staatlichen Haushaltungen und erschüttern dadurch ihre Währungen. Die Verschiebung der internationalen Konkurrenzverhältnisse durch die Währungskrise treibt zu immer neuen gewalttätigen Eingriffen der staatlichen Bürokratien in den internationalen Warenaustausch. Ehe die Währungen stabilisiert werden, wird es von den Stabilisierungskursen abhängen, ob die einzelnen Länder nicht, wie es nach den ersten Stabilisierungen der Nachkriegszeit geschehen ist, vorerst durch Stabilisierungskrisen hindurchgehen müssen, ehe der Belebungsmechanismus voll wirksam werden kann.

Die Absperrung der einzelnen Wirtschaftsgebiete gegeneinander hat die Weltwirtschaft aufgelöst. Die Entwicklung verläuft in den einzelnen Wirtschaftsgebieten in | ganz verschiedenem 84 Tempo. Die japanische Produktion war 1935 schon bedeutend größer als im Jahre 1929. Großbritannien hat das Produktionsniveau von 1929 wieder erreicht; aber Großbritannien hatte an der Prosperität der Jahre 1925—29 einen sehr geringen Anteil, das Jahr 1929 war dort kein wirkliches Prosperitätsjahr. Deutschland und Italien haben sich dem Produktionsniveau von 1929 im Jahre 1935 wieder genähert, ohne es noch ganz zu erreichen; aber ihre Produktionssteigerung wurde nur durch außerordentliche, mit inflationistischen Mitteln finanzierte Kriegsrüstungen erreicht. Das Produktionsniveau der Vereinigten Staaten und Frankreichs lag 1935 noch bedeutend unter dem Niveau von 1929. Und so verschieden die Entwicklung der einzelnen Länder ist, so verschieden ist auch die Entwicklung der einzelnen Produktionszweige. So hat in Großbritannien im Jahre 1935 die Automobilindustrie das Produktionsniveau von 1929 bedeutend überschritten, die Metall- und Maschinenindustrie es annähernd erreicht, während

die Textilindustrie und der Kohlenbergbau noch bedeutend unter
dem Produktionsniveau von 1929 blieben. Auch in den Ländern
aber, in denen das Produktionsniveau von 1929 im Jahre 1935
wieder erreicht oder selbst überschritten worden ist, blieb die
Zahl der Arbeitslosen im Jahre 1935 bedeutend größer, als sie im
Jahre 1929 gewesen war. Die Rationalisierung, die Verdrängung
der Handarbeit durch die Maschine ist auch in den Krisenjahren
fortgeschritten. Bei fortschreitender Rationalisierung war der Belebungsprozeß in drei Jahren nicht stark genug, mit der durch die
Krise freigesetzten industriellen Reservearmee auch die seit dem
Krisenbeginn zugewachsenen Arbeiterjahrgänge aufzusaugen.

Die Belebung der Weltwirtschaft wurde in Großbritannien, in
den Vereinigten Staaten und in Japan durch die Entwertung des
Geldes, in Deutschland und Italien durch inflationistische Kredit-
ausweitung, in allen Ländern durch große Heeres- und Flottenrüs-
tungen und durch starke Bevorrätigung infolge der Kriegsgefahr
beschleunigt. Alle diese Beschleunigungsfaktoren lassen, wenn
85 der | Friede erhalten bleibt, baldige und heftige Rückschläge er-
warten.

Die Grundtatsache der Krise ist das schreiende Mißverhältnis
zwischen dem Produktionsvermögen der Weltwirtschaft und der
Konsumkraft. Dieses Mißverhältnis wird von beiden Seiten her
verschärft: Das Produktionsvermögen der Weltwirtschaft wird
trotz der Krise vergrößert, indem Agrarstaaten neue Industrien
Aufbauen und Industriestaaten ihre landwirtschaftliche Produktion vergrößern. Die Konsumkraft der Arbeitermassen der Welt
wird gesenkt durch Lohndruck, gedrückt durch faschistische Diktaturen, gefährdet durch die Konkurrenz, die die Hungerlöhne
junger asiatischer Industrien den Löhnen der alten Industriestaaten bereiten. So kann der Belebungsmechanismus zwar das
Mißverhältnis zwischen Produktionsvermögen und Konsumkraft
zeitweilig mildern, aber er kann es nicht aufheben. Ist dieses
Verhältnis in der gegenwärtigen Krise krasser als in allen vor ihr,
so stehen auch seiner zeitweiligen Überwindung durch allgemeine Prosperität viel stärkere Hindernisse entgegen als nach allen
früheren Krisen.

Perioden des Aufstieges und des Abstieges der Produktion, der Preise, der Löhne wird es auch in Zukunft geben. „Permanente Krisen gibt es nicht"; der Kapitalismus wird in zyklischer Bewegung bleiben, solange er besteht. Länder mit jungen, noch sehr entwicklungsfähigen Industrien können auch noch glänzende Prosperitätsperioden durchlaufen. Aber je schneller sich diese Industrien entwickeln, desto engere Grenzen werden der industriellen Belebung in den alten Industriestaaten gesetzt sein, die bisher die wichtigsten Standorte der großen Weltindustrien waren und deren Arbeiterschaft die Hauptträgerin der internationalen Arbeiterbewegung ist. Wir werden schwerlich mehr so allgemeine glänzende Prosperitätsperioden erleben, wie wir sie zwischen 1895 und 1900, zwischen 1903 und 1907, wie wir sie selbst noch 1919 bis 1920 und, von Großbritannien und wenigen anderen Ländern abgesehen, 1927 bis 1929 erlebt haben. | 86

In den lang dauernden und glänzenden Prosperitätsperioden der Vergangenheit hat die Arbeiterklasse in unzähligen sieghaften Kämpfen die Erhöhung ihrer Löhne, die Verkürzung der Arbeitszeit, die Verbesserung ihrer Arbeitsbedingungen, die Verstärkung ihrer Machtstellung im Betrieb und im Staat, die Hebung ihres Kulturniveaus erkämpfen können. Stieg die Produktivität der Arbeit schneller als die Reallöhne, stieg also die Mehrwertrate, so konnte die Arbeiterklasse doch immer wieder eine bedeutende Erhöhung ihrer Reallöhne erringen. In solchen Zeiten wurde der Arbeiterklasse der Sozialismus zum fernen Endziel; ihre ganze Aufmerksamkeit, ihre ganze Energie war auf die Kämpfe um die Verbesserung ihrer Lebenshaltung innerhalb der kapitalistischen Gesellschaftsordnung konzentriert. Das war die Zeit der stärksten Entwicklung und der erfolgreichsten Kämpfe des reformistischen Sozialismus. Aber diese Zeit scheint in vielen Ländern nicht wiederzukehren. Gewiß wird die Arbeiterklasse auch in Zukunft jede Belebungsperiode der Wirtschaft zum Kampf um die Verbesserung ihrer Lage innerhalb der kapitalistischen Gesellschaft ausnützen; in jeder Belebungsperiode werden daher die Kampfmethoden und damit auch die Ideologien des refor-

mistischen Sozialismus wiedererstehen. Aber wenn die weitere
Entwicklung der Produktivkräfte gehemmt, verlangsamt bleiben
wird; wenn alte große Industriestaaten keine langen glänzenden Prosperitätsperioden mehr erleben werden, sondern nur
noch Perioden ungleich schwächerer und kürzerer Belebung;
wenn auch in den Belebungsperioden große Massen arbeitslos
bleiben werden; wenn die Konkurrenz kulturell tief stehender,
besonders niedrig entlohnter Arbeiter der jungen asiatischen
Industrien die Löhne der Arbeiter alter fortgeschrittener Industriestaaten drücken wird; wenn jeder Kampf um die Besserung
der Lebenshaltung der Arbeiter innerhalb der kapitalistischen
Gesellschaftsordnung auf ungleich engere Schranken stoßen wird
als in früheren Prosperitätsphasen, dann wird die Arbeiterklasse
immer deutlicher erfahren, daß sie nur in bescheidenem Ma-
87 ße durch Reformen am Kapitalismus ihre Lebenshaltung ver- |
bessern, nur durch Überwindung des Kapitalismus sich befreien
kann.

Ein Anzeichen der Wandlung, die sich unter dem Druck einer langdauernden schweren wirtschaftlichen Depression in den
Arbeitermassen und Arbeiterparteien vollzieht, ist das Auftauchen des „Planismus" in den westeuropäischen Arbeiterpartei-
en. Nach dem Siege Hitlers in Deutschland hat die Belgische Arbeiterpartei, einer Anregung Henrik de Mans folgend, Arbeiter,
Kleinbürger und Bauern zum Kampf um ihren „Plan" zu sammeln versucht. Nach diesem Plan sollen das Kreditwesen und
die großen Monopolindustrien nationalisiert, die übrigen Zweige
der Volkswirtschaft der Privatwirtschaft überlassen bleiben. Die
politische Absicht des Planes war es, die dem Großkapital feindlichen Stimmungen, die sich unter dem Eindruck der Krise im
Kleinbürgertum und in der Bauernschaft entwickelt hatten, nicht
der Ausbeutung durch den Faschismus zu überlassen, sondern
sie auszunützen, um Kleinbürger und Bauern für ein Bündnis mit
der Arbeiterklasse, für den Kampf um eine Veränderung des Gesellschaftsordnung auszunützen. Dieses Beispiel der Belgischen
Arbeiterpartei wurde auch von anderen Arbeiterparteien West-

europas nachgeahmt. Dem „Planismus" mögen mancherlei po-
litische und ökonomische Illusionen zugrundeliegen; politische
Illusionen über die Durchsetzbarkeit der Nationalisierung des
Bankwesens und der Großindustrie im Rahmen der bürgerlichen
Demokratie; ökonomische Illusionen über die Möglichkeit einer
Planwirtschaft, solange der bei weitem größere Teil der Wirtschaft dem Privateigentum und damit dem Spiel der Profitrate
überlassen bliebe. Aber das Auftauchen des Planismus ist wichtig
als ein Symptom dafür, daß sich die Arbeiterklasse unter dem
Drucke langdauernder Depressionen nicht mehr mit dem Kampf
um Arbeiterschutzgesetze und Sozialrenten begnügen kann, sondern dazu getrieben wird, den Kampf um die Umwälzung der
Gesellschaftsordnung selbst aufzunehmen.

Die sozialistische Gesellschaftsordnung ist ja nicht mehr bloß
eine abstrakte Idee. In der Sowjetunion wird | sie in Wehen oh- 88
negleichen zu anschaulicher Wirklichkeit. Die Sowjetunion ist
durch Zeiten der Hungersnot hindurchgegangen, die noch weit
mehr, weit furchtbarere Opfer gekostet haben als die heutige Krise der kapitalistischen Welt. Die Sowjetunion hat erschütternde
Krisen erlebt. Aber das Elend und die Krisen der Sowjetunion
sind grundverschieden von dem Krisenelend der kapitalistischen
Welt. In der Sowjetunion darben die Massen, wenn zu wenig und
weil zu wenig produziert worden ist; in der kapitalistischen Welt
darben sie, obwohl sie und weil sie zu viel, — zu viel für ihre
eigene Kaufkraft, — produziert haben. In der Sowjetunion ist um
den Preis schwerer Massenentbehrungen eine neue Industrie
aufgebaut worden; die kapitalistische Welt vermag die Industrie,
die sie besitzt, nicht zu verwerten. Der Aufbau einer sozialistischen Gesellschaft kennt Krisen, die aus der Not an Lebensmitteln, Rohstoffen, Arbeitsmitteln hervorgehen; aber dort, wo die
Produktionsmittel nicht mehr Privateigentum der Kapitalisten
sind, wo der Arbeitsprozeß nicht mehr Verwertungsprozeß des
Kapitals ist, wo nicht mehr die Bewegung der Profitrate über Ausdehnung und Einschränkung der Produktion entscheidet, kennt
man nicht die Crises pléthoriques, die Krisen im Überfluß und aus

dem Überfluß. In derselben Zeit, in der der Kapitalismus in die schwerste seiner Krisen gestürzt ist, hat die Sowjetunion ihren Produktionsapparat in unerhörtem Tempo vergrößert. Jetzt, im Besitze des neuen Produktionsapparates, kann die Sowjetunion in derselben Zeit, in der die Lebenshaltung der Arbeiter und der Bauern in der kapitalistischen Welt immer tiefer gesunken ist, die Lebenshaltung ihrer Arbeiter und Bauern Schritt für Schritt heben. Je schneller und je höher die Lebenshaltung der Volksmassen in der Sowjetunion steigen wird, je enger andererseits in der kapitalistischen Welt die Möglichkeit eingeschränkt bleibt, durch Reformen am Kapitalismus das Niveau der Lebenshaltung der Massen zu verbessern, desto stärker wird die Arbeiterklasse der kapitalistischen Welt mit dem Willen erfüllt werden, sich nicht mehr mit dem Kampf um Reformen am Kapitalismus zu
89 bescheiden, sondern den revolutionä- | ren Kampf um den Sturz der kapitalistischen Gesellschaft überhaupt aufzunehmen.

Und dieser Wille wird noch mächtig gestärkt werden durch die Gefahr eines neuen Weltkrieges. Hat der Weltkrieg von 1914 die ungeheuren Erschütterungen der Weltwirtschaft in der Nachkriegszeit und damit die furchtbare Verelendung der Volksmassen herbeigeführt, so wird ein neuer Weltkrieg noch ungeheuerliche Wirtschaftskrisen, noch tiefere Verelendung der Massen herbeiführen. Diese Erkenntnis muß die Arbeiterklasse der Welt mit dem Willen erfüllen, die Erschütterungen eines neuen Krieges auszunützen, um die kapitalistische Gesellschaftsordnung zu stürzen.

Bedeutet das, daß die Zeit des reformistischen Sozialismus vorüber sei? Nein, das bedeutet es nicht. Nicht nur deshalb nicht, weil sich in jeder Aufstiegsperiode reformistische Kampfmöglichkeiten, Kämpfe, Zielsetzungen und damit auch reformistische Ideologien unvermeidlich reproduzieren werden, sondern vor allem deshalb nicht, weil sich die allgemeinen Tendenzen der kapitalistischen Weltentwicklung in verschiedenen Ländern in verschiedener Weise und in verschiedenem Grade durchsetzen werden.

Die Standorte der Weltindustrien verschieben sich. In den kohlenreichen alten Industriestaaten sind manche große Industrien zu hoffnungslosem Schrumpfungsprozeß verurteilt. In kohlenarmen Agrarländern wachsen neue Industrien empor. Der Zerfall der Weltwirtschaft in bürokratisch dirigierte, sich gegeneinander absperrende Nationalwirtschaften beschleunigt diese Entwicklung. Die wirtschaftliche Entwicklung der verschiedenen Länder wird überdies durch die Verschiedenheit der Währungsentwicklung und durch die Verschiedenheit der Möglichkeiten, die der bürokratischen Dirigierung der Wirtschaft in den einzelnen Ländern gegeben sind, differenziert. Infolge des Zerfalls der Weltwirtschaft werden die Preise und die Löhne, infolge der Zerstörung des internationalen Kreditsystems der Zinsfuß und die Profitraten nicht in gleichem Maße wie früher einander angeglichen. Es wird alte große Industrien geben, die verfallen, und neue, die sich stür- | misch entwickeln. Es wird Staaten geben, deren Industrien 90 kaum noch eines stärkeren Belebungsprozesses fähig sind, und solche, deren junge, aufstrebende Industrien noch glänzende Prosperitäten durchlaufen können. Es wird Länder geben, deren industriellen Reservearmeen in Friedenszeiten nie wieder aufgesogen werden können, und Länder, in denen schnell wachsende Industrien die heute arbeitslosen Massen aufsaugen werden. Es wird also Industriezweige und Länder geben, in denen die Arbeiterklasse, aller Möglichkeiten, sich innerhalb der kapitalistischen Gesellschaft eine bessere Lebenshaltung zu erkämpfen, für immer beraubt, keinen anderen Weg mehr vor sich sehen wird, als den des revolutionären Kampfes um die Befreiung von den Fesseln des Kapitalismus, und andere Industriezweige, andere Länder, in denen der Arbeiterklasse noch breite Möglichkeiten zum Kampf um höhere Löhne, um günstigere Arbeitsbedingungen, um Arbeiterschutz und Arbeiterversicherung gegeben sein werden und sich daher die Methoden, die Zielsetzungen, die Ideologien des reformistischen Sozialismus erhalten oder reproduzieren werden.

Zu dieser Verschiedenheit der Kampfmöglichkeiten und Kampfmethoden der Arbeiterparteien der verschiedenen Länder, die
aus der Verschiedenheit der wirtschaftlichen Entwicklungstendenzen ihrer Länder hervorgeht, gesellt sich die Verschiedenheit
der politischen Kampfbedingungen. Die Weltwirtschaftskrise hat
in einigen Ländern den Faschismus zur Macht geführt; in anderen
hat sich die bürgerliche Demokratie behauptet. In den faschistischen Ländern ist der Arbeiterklasse alle Möglichkeit legalen
Kampfes entrissen; dort ist ihr kein anderer Weg geblieben als
der des revolutionären Kampfes gegen die Diktatur der kapitalistischen Klassen. In den demokratischen Ländern hat sich die
Arbeiterklasse die Möglichkeit des legalen Kampfes um Löhne
und Teilreformen erhalten. Dort sind, soweit es die ökonomischen Voraussetzungen zulassen, die alten Kampfmethoden der
reformistischen Arbeiterbewegung anwendbar geblieben.

Die allgemeinen Tendenzen des Kapitalismus stellen die Arbei-
91 terklasse vor die gewaltigste geschichtliche Auf- | gabe. Es gilt
heute nicht mehr nur, die oder jene Reform am Kapitalismus,
die oder jene Verbesserung der Lebenshaltung der Arbeiter innerhalb der kapitalistischen Gesellschaft zu erkämpfen. Es gilt
heute, über den Faschismus und über den Krieg zu siegen, ihre ökonomischen und sozialen Wurzeln für immer auszurotten,
ihre Wiederkehr für immer zu verhüten. Es gilt heute, die Welt
von einer Gesellschaftsordnung zu befreien, die ihre eigenen
Produkte nicht mehr zu verwerten vermag, weil sie nur gedei-
hen kann, solange sie den Anteil des Produzenten an dem Produkt seiner Arbeit senkt; von einer Gesellschaftsordnung, der
die Entwicklung der Produktivkraft der Arbeit nicht die Quelle
der Bereicherung aller Mitglieder der Gesellschaft, sondern die
Ursache immer neuer Unterbrechung des Arbeitsprozesses, immer neuer Verelendung der Massen ihrer Produzenten, immer
neuer Brachlegung der Arbeitskraft von Millionen gesunder und
arbeitswilliger Menschen, immer neuer Brachlegung der Produktivkraft ihrer Maschinen und ihrer Apparate ist. Es gilt heute,
eine sozialistische Welt aufzubauen, die den Produktionsapparat,

den der Kapitalismus brach liegen läßt, in Bewegung setzen, die arbeitslosen Massen, deren Arbeit der Kapitalismus nicht auszunützen vermag, zur Arbeit zurückführen, die Lebenshaltung der Volksmassen der gewaltig entwickelten Produktionsfähigkeit der Gesellschaft anpassen und mit alledem die weitere Entwicklung der Produktivkräfte, die durch die gegenwärtige Lage des Weltkapitalismus gehemmt und verlangsamt wird, von ihren Fesseln befreien soll. Diese gewaltige geschichtliche Aufgabe kann nur gelöst werden, wenn die Kräfte der ganzen Arbeiterklasse, die Kräfte aller Arbeiterparteien zur Bewältigung dieser Aufgabe zu schlagkräftiger Einheit zusammengefaßt werden. Aber die Kampfbedingungen der Arbeiterparteien der verschiedenen Länder werden in der Zukunft verschiedener sein denn je. Daher werden auch ihre Methoden und ihre Ideologien grundverschieden sein. Diese Tatsache stellt dem Sozialismus unserer Zeit die Aufgabe, die Verschiedenheit der Methoden und der Ideologien der einzelnen Arbeiterparteien als unvermeidliches Resul- | tat der 92 Verschiedenheit der ökonomischen und der politischen Kampfbedingungen der Arbeiterklasse in den verschiedenen Ländern anzuerkennen, die Arbeiterparteien trotz dieser Verschiedenheit zu einer Gemeinschaft zusammenzufassen und innerhalb dieser Gemeinschaft den Willen zu wecken und zu stärken, der durch die Erkenntnis der allgemeinen Tendenzen der kapitalistischen Entwicklung bestimmt ist: den Willen zur Einstellung der gesammelten Kraft aller Arbeiterparteien der Welt auf die Befreiung der Menschheit vom Kapitalismus, — auf die Befreiung nicht als ein unabsehbar fernes Endziel, sondern als die Aufgabe der Geschichtsepoche, die mit der gegenwärtigen Krise des Kapitalismus begonnen hat. | 93

2

Die Krise der Demokratie

~

2.1 Die bürgerliche Demokratie

DIE MODERNE DEMOKRATIE ist ein Resultat der Entwicklung
des Kapitalismus. Nicht in dem Sinne natürlich, als ob die
Kapitalisten die Demokratie gewollt, erkämpft, eingerichtet hätten. Aber in dem Sinne, daß der Kapitalismus in der Periode seiner
aufsteigenden Entwicklung in allen vorgeschrittenen Ländern
Klassenkämpfe herbeigeführt hat, die zur Entwicklung und zum
Siege der Demokratie geführt haben.

Das erste unmittelbare Resultat der bürgerlichen Revolutionen war nicht der demokratische, sondern der liberale Staat. Im
Kampfe gegen den Feudalismus und den Absolutismus hat die
liberale Bourgeoisie überall den ganzen Katalog der „Menschen-
und Bürgerrechte" erkämpft. Im Kampf gegen die Kabinettsjustiz
der Fürsten, die jeden Untertan nach ihrem Gutdünken in ihre
Bastillen werfen lassen konnten, hat die liberale Bourgeoisie die
elementare Voraussetzung aller persönlichen Freiheit erkämpft:
das Gesetz, daß niemand seiner Freiheit beraubt werden kann,
es sei denn, er habe ein Gesetz verletzt und sei in öffentlichem
Verfahren vor einem unabhängigem Richter der Gesetzesverlet-
zung überführt. Heute, in einer Zeit, in der jeder Polizeibüttel
die Untertanen des Faschismus ohne gerichtliches Verfahren ins
Gefängnis werfen, sie auch dann, wenn er sie keiner Gesetzes-
verletzung beschuldigt, ins Konzentrationslager schicken kann,
wissen wir wieder die Bedeutung dieser vom Liberalismus eroberten Garantie der persönlichen Freiheit zu schätzen! Im Kampfe
gegen | den Druck der Kirche und des Staates hat die liberale

Bourgeoisie jedem Bürger das Recht erobert, sich frei seine Meinung zu bilden, seine Meinung zu bekennen, für seine Meinung zu werben: die Glaubens- und Gewissensfreiheit, die Freiheit der Wissenschaft und ihrer Lehre, die Freiheit der Parteibildung, die Vereins-, Versammlungs- und Preßfreiheit. Wo der Faschismus all das dem Volke geraubt hat, erkennen wir erst wieder die ganze Bedeutung dieser Voraussetzungen aller geistigen Freiheit! Im Kampfe gegen die ständische Ordnung der feudalen Gesellschaft, die das Volk in Geburtstände geteilt und jedem Stand anderes Recht zugemessen hat, im Kampf gegen die ständischen Privilegien des Adels und des Klerus hat die liberale Bourgeoisie die Gleichheit aller vor dem Gesetz erkämpft, — der Faschismus, der die Mitglieder der herrschenden faschistischen Partei gegenüber dem ganzen Volke privilegiert, hat uns wieder gelehrt, was die Gleichheit vor dem Gesetz bedeutet! Im Kampfe gegen die Willkür der Fürsten und ihrer Bürokratie hat die liberale Bourgeoisie endlich die Staatsgewalt an Gesetze gebunden, die nur von Vertretern der Nation, von Parlamenten beschlossen werden können, — wo heute ein faschistischer Diktator nach seinem Ermessen dekretiert, wissen wir zu schätzen, wie groß diese Errungenschaft war!

Es war unzweifelhaft ein gewaltiges Werk der Emanzipation, was die liberale Bourgeoisie in den bürgerlichen Revolutionen erkämpft hat. Aber sie hat es nicht für das ganze Volk, sie hat es für sich erkämpft. Die Parlamente wurden überall auf Grund eines Zensuswahlrechtes gewählt; nur diejenigen, die einen Mindestbetrag an direkten Steuern entrichteten, also nur die Reichen und Wohlhabenden, hatten das Wahlrecht. Die Nation, die das Parlament vertrat, war nicht die Gesamtheit des Volkes, sondern nur die Minderheit der „Aktivbürger", der Besitzenden. Dies sicherte Kapitalisten und Großgrundbesitzern die Führung der Parlamente und damit die Macht im Staate. Verfügten Kapitalisten und Großgrundbesitzer allein über die Gesetzgebung, kontrollierten sie allein die Verwaltung, so sorgten sie dafür, daß auch die „Menschen- und Bür- | gerrechte", die die liberale Bourgeoisie in 95

der bürgerlichen Revolution dem ganzen Volk zu erobern vorge-
geben hatte, nur von der kleinen Minderheit der kapitalistischen
Bourgeoisie voll ausgenützt werden konnten.

Aber die Bourgeoisie hat nicht nur die liberalen Staatsverfas-
sungen, sie hat zugleich die moderne Industrie geschaffen. Die
Zahl und das Selbstbewußtsein der Arbeiter wuchsen mit der
Entwicklung der Industrie. Überall nahm die Arbeiterklasse den
Kampf gegen die kapitalistische Oligarchie auf. Überall begann
die Arbeiterbewegung mit dem Kampf gegen das Zensuswahlrecht. Die erste große Arbeiterbewegung des Fabrikszeitalters, die
Bewegung der englischen Chartisten, stellte das allgemeine und
gleiche Wahlrecht an die Spitze ihrer Forderungen. Die französischen Arbeiter eroberten das allgemeine und gleiche Wahlrecht
im Jahre 1848 auf den Barrikaden. Mit dem Kampf um das allgemeine und gleiche Wahlrecht entstand unter Lassalles Führung
die Deutsche Sozialdemokratie. In Jahrzehnte langen Kämpfen
um das allgemeine und gleiche Wahlrecht erstarkten und siegten
schließlich die Arbeiterparteien. Sobald die Regierungsgewalt
von den Wählern oder den Erwählten des allgemeinen und gleichen Wahlrechtes eingesetzt und kontrolliert wurde, wurden die
Freiheitsrechte, die die liberale Bourgeoisie dem Absolutismus
und dem Feudalismus abgerungen hatte, zum Erbe des ganzen
Volkes. Damit erst verwandelte sich der liberale Staat in den demokratischen.

Die Demokratie entsteht als Resultat der Klassenkämpfe in
der kapitalistischen Gesellschaft. Sie entsteht auf dem Boden
der kapitalistischen Gesellschaftsordnung. In der Gesellschaft
bleibt der Kapitalismus, bleibt das Privateigentum der Kapitalisten an den konzentrierten Produktionsmitteln, bleibt daher die
Herrschaft der Kapitalisten über die Arbeiter erhalten. Im Staat
dagegen wird das Zensuswahlrecht, die Garantie der politischen
Herrschaft der Kapitalisten, aufgehoben, Arbeiter, Bauern und
Kleinbürger werden zu gleichberechtigten Staatsbürgern und
beherrschen durch die Zahl ihrer Stimmen den Staat. „Der um
fassende Widerspruch dieser Konstitution", sagt | Marx, „besteht

darin: die Klassen, deren gesellschaftliche Sklaverei sie verewigen soll, Proletariat, Bauern, Kleinbürger, setzt sie durch das allgemeine Stimmrecht in den Besitz der politischen Macht. Und der Klasse, deren alte gesellschaftliche Macht sie sanktioniert, die Bourgeoisie, entzieht sie die politischen Garantien dieser Macht. Sie zwängt ihre politische Herrschaft in demokratische Bedingungen, die jeden Augenblick den feindlichen Klassen zum Sieg verhelfen und die Grundlagen der bürgerlichen Gesellschaft selbst in Frage stellen."[19] Aber dieser Widerspruch, aufklaffend in Zeiten schwerer gesellschaftlicher Erschütterungen, ist im Alltag der aufsteigenden kapitalistischen Entwicklung bald und unschwer überwunden worden. Die Kapitalistenklasse hat es verstanden, auch die Institutionen der Volksherrschaft in Mittel ihrer Klassenherrschaft zu verwandeln.

„Die Profitrate ist die treibende Macht in der kapitalistischen Produktion. Die Höhe der Profitrate entscheidet über Ausdehnung und Beschränkung der Produktion." Sind die Profite hoch, dann ist die Industrie voll beschäftigt, dann haben die Arbeiter Arbeit zu „anständigen" Löhnen, Kleinbürger und Bauern Absatz zu lohnenden Preisen, dann fließen dem Staat die Steuerquellen ergiebig. Sinkt die Profitrate, dann bricht die Krise herein, die Arbeiter werden arbeitslos, Kleinbürger und Bauern verlieren ihre Kundschaft, die Steuereinnahmen des Staates fallen. Ist es schwer, die Regierungen, die Parteien, das Volk zu überzeugen, daß Volk und Staat nur gedeihen, wenn die Profite der Kapitalisten nicht angetastet werden? Solange es keine andere Produktion gibt als die kapitalistische, solange der Arbeitsprozeß zugleich Verwertungsprozeß des Kapitals ist, kann sich jedes Interesse der Kapitalverwertung als Interesse des Arbeitsprozesses, jedes Interesse der Kapitalistenklasse als Interesse der „Volksgemeinschaft" maskieren. Daher Schutz des kapitalistischen Profits, — im Interesse der Volksgemeinschaft! Senkung der Löhne, — im Interesse der Volksgemeinschaft! Steuerfreiheit des Besitzes und Steuerbelastung des Massenkon- | sums, — im Interesse der Volks- 97

---

[19] Marx, Die Klassenkämpfe in Frankreich. Berlin 1920. Seite 52.

gemeinschaft! Denn das Kapital heckt Profit nur im Interesse der Volksgemeinschaft.

Der Staat braucht Kredit. Er ist abhängig von der Hochfinanz. Tastet er die Interessen der Hochfinanz an, so wird der Kredit erschüttert. Die Staatspapiere fallen; der Staat kann Anleihen, die er braucht, nicht aufnehmen. Banken und Sparkassen werden die Einlagen entzogen; sie können Kleinbürgern und Bauern die Kredite, die sie brauchen, nicht gewähren. Ausländische Guthaben werden abgezogen; die Währung gerät in Gefahr, die Ersparnisse der kleinen Sparer sind bedroht. Ist es schwer, die Regierungen, die Parteien, das Volk zu überzeugen, daß jeder Angriff auf die Interessen der Hochfinanz die Interessen der „Volksgemeinschaft" bedroht? Jedes Interesse der Hochfinanz kann sich so verkleiden als Interesse des öffentlichen Kredits und damit als Interesse des Staates und des Volkes selbst.

Die großen Aktienpakete liegen in den Stahlschränken der Hochfinanz. Aber auch Angestellte, Beamte, Kleinbürger besitzen Aktien. Wenn die Dividenden bedroht sind, setzt die Plutokratie die Massen der Kleinaktionäre für ihre Interessen in Bewegung. Die großen Industriellen wollen die Löhne drücken. Aber auch Handwerksmeister und Kleinkaufleute beschäftigen Arbeiter. Gilt es, die Löhne zu drücken, die „sozialen Lasten" abzubauen, so bietet das große Unternehmertum die Masse der Kleinunternehmer für seine Interessen auf. Die Großgrundbesitzer wollen die Getreidepreise in die Höhe treiben; sie mobilisieren die Masse der kleinen Bauern. Die Kapitalistenklasse verteidigt die Interessen des kapitalistischen Großeigentums im Namen der bürgerlichen und bäuerlichen Kleineigentümer.

Auf der Basis der kapitalistischen Gesellschaftsordnung entwickeln sich so ganze Ideensysteme, die die Interessen des Kapitals als Interessen des Staates, der Volksgemeinschaft, der Produktion, des Bürgerfriedens, der Nation, der Religion proklamieren. „Die herrschenden Gedanken", sagt Marx, „sind weiter
nichts als der ideelle | Ausdruck der herrschenden materiellen Verhältnisse, die als Gedanken gefaßten herrschenden materiel-

len Verhältnisse." Die Gedanken, in denen die Kapitalistenklasse „ihre Interessen als die gemeinschaftlichen Interessen aller Mitglieder der Gesellschaft darstellt, d.h., ideell ausgedrückt, ihren Gedanken die Form der Allgemeinheit gibt, werden, als die einzig vernünftigen, allgemein giltigen dargestellt."[20] Die Intellektuellen, von diesen Ideensystemen gefangen genommen, werden zu Ideologen des Kapitals. Was macht den Intellektuellen zum Agenten der Kapitalisten? „Daß er im Kopf nicht über die Schranken hinauskommt, worüber jene im Leben nicht hinauskommen, daß er daher zu denselben Aufgaben und Lösungen theoretisch getrieben wird, wohin jene das materielle Interesse und die gesellschaftliche Lage praktisch treiben".[21] Mittels der Intellektuellen beherrschen die dem Kapital dienenden Ideensysteme die Presse, die Hochschulen, die öffentliche Meinung, die Parteien, die Wählerschaft des allgemeinen und gleichen Wahlrechts.

Die Gesellschaftsordnung ist stärker als die Staatsverfassung. Solange das Kapital die „Kommandohöhen der Wirtschaft" innehat, zwingt es mittels seiner wirtschaftlichen Macht und mittels der Ideensysteme, die aus den wirtschaftlichen Machtverhältnissen hervorgehen, trotz der demokratischen Gleichheit des Stimmzettels dem Staat Gehorsam gegen seine Interessen auf.

Es ist von hohem Interesse, sich an einzelnen Beispielen das Funktionieren des ökonomisch-ideologischen Herrschaftsmechanismus anschaulich zu machen, mittels dessen das Kapital die Demokratie seinen Bedürfnissen, seinem Willen unterwirft.

Großbritannien hatte 1925 das Pfund Sterling auf dem Vorkriegsniveau stabilisiert. Diese Stabilisierung widerstritt den Interessen der großen britischen Exportindustrien. Sie gerieten in Opposition gegen die Währungspolitik der City. Ihre Opposition fand ihren theoretischen | Ausdruck in einer ganzen gelehrten Literatur, die die alte Currency-Theorie wiederbelebte und ausbaute. Diese Literatur wandte sich nicht nur gegen den all- 99

---

[20] Marx und Engels, Deutsche Ideologie, Marx-Engels-Archiv, 1. Band, Seite 265, 266.

[21] Marx, Der 18. Brumaire. Stuttgart 1914. Seite 37.

zu hohen Stablilisierungskurs, sondern gegen die Goldwährung überhaupt. Mochte die wiederbelebte Currency-Theorie, die die Expansion und Kontraktion des Zirkulationskredits, Wirkungen der industriellen Kulturschwankungen, fälschlich für ihre Ursachen erklärt, schon vor einem Jahrhundert widerlegt worden sein: ihre Argumente waren dem „gesunden Menschenverstand" des „Mannes auf der Straße" so einleuchtend, sie schienen den Druck, der infolge des allzuhohen Stabilisierungskurses auf der britischen Wirtschaft lastete, so vollkommen zu erklären, daß sie durch das Medium der volkstümlichen Presse und der volkstümlichen Agitation tief in die Massen eindrangen. Aber diese ganze Agitation blieb wirkungslos, solange die City an der Goldwährung festhielt. Erst als im Gefolge der deutschen Bankenkrise von 1931 die Londoner Wechseldiskonthäuser in Gefahr gerieten, als der Goldschatz der Bank von England schnell zusammenschrumpfte, entschloß sich die City, die Goldwährung fallen zu lassen. Nun zeigte sich der praktische Wert einer volkstümlich gewordenen falschen Theorie: als die Bank von England das Pfund fallen ließ, jubelten Millionen, endlich sei das Volk von den „Fesseln des Goldes" befreit. Die Verbreitung der Argumente der Keynes, Fisher, Hawtrey in den Volksmassen hatte die Wirkung, daß die Londoner Hochfinanz unter dem Beifall, mit der Zustimmung der großen Mehrheit des britischen Volkes tun konnte, was ihre Interessen erheischten.

Ein anderes Beispiel! Die schweren wirtschaftlichen Erschütterungen, die dem Weltkrieg gefolgt sind, und die Lockerung des Gefüges des britischen Weltreiches durch den Weltkrieg haben die überwiegende Mehrheit des englischen Volkes mit Haß gegen den Krieg, mit Abneigung gegen Kriegsrüstungen, mit starkem Friedenswillen erfüllt. Der Widerstand der breiten englischen Volksmassen drohte dem britischen Imperialismus schwere Hindernisse zu bereiten, die See- und Lufträstungen des Imperiums zu hindern. Da griff nun eine mächtige Agitation ein. Sie | überzeugte das englische Volk, daß der Friede nur gesichert werden könne, wenn der Völkerbund über jeden Staat, der den Frieden

100

verletzt, wirtschaftliche und, wenn es notwendig sein sollte, auch militärische Sanktionen verhängt. Als nun Italien durch seinen Angriff auf Abessinien gewichtige Interessen des britischen Imperialismus bedrohte, konnte der britische Imperialismus diese Überzeugung des englischen Volkes ausnützen. Er trat Italien entgegen nicht im Namen der Interessen des britischen Imperiums, sondern im Namen des Völkerbundes. Er schickte seine Schlachtschiffe ins Mittelmeer als Exekutivorgane des Völkerbundes gegen den Friedensbrecher. Er forderte die Zustimmung des englischen Volkes zu verstärkter See- und Luftrüstung, damit Englands Flotte und Englands Luftwaffe stark genug seien, den Willen des Völkerbundes gegen jeden Friedensstörer durchzusetzen. So konnte und kann der britische Imperialismus mit uneingeschränkter Zustimmung der überwiegenden Mehrheit des englischen Volkes seinen Willen durchsetzen, indem er seine Interessen als Interessen der Sicherung des Friedens, seine Aktion als Aktion des Völkerbundes maskiert.

Die wirtschaftlichen Erschütterungen der Nachkriegszeit haben die Macht des Kapitals über die Demokratie verstärkt. Insbesondere die Erschütterung der Währungen hat den Staat in drückende Abhängigkeit von der Hochfinanz gebracht. Das Kapital, durch die Krise geschreckt, reagiert auf alles, was seine Interessen bedroht, mit Paniken, mit wilden Kursbewegungen auf der Börse, mit Kapitalsflucht in das Ausland. Jede solche Bewegung kann den Kurs des nationalen Geldes senken, die Währung erschüttern, die Preise der Lebensmittel und der Rohstoffe sprunghaft in die Höhe treiben. Man hat es in der Nachkriegszeit erlebt, daß Linksregierungen, auf große parlamentarische Mehrheiten gestützt, vor solchen Börsenbewegungen kapitulieren, trotz ihrer parlamentarischen Mehrheiten demissionieren, die Macht Parteien und Männern, die das Vertrauen der Börse genossen, übergeben mußten.

Die Demokratie wird von den bürgerlich-bäuerlichen Massenparteien regiert. Die große Masse der Wähler die- | ser Partei- 101
en bilden Kleinbürger, Bauern, Angestellte, auch Arbeiter. Die

großen Kapitalisten bilden nur einen sehr kleinen Teil ihrer Wählerschaft. Trotzdem müssen die regierenden Parteien die Geschäfte des Kapitals besorgen. Allerdings ist die herrschende Klasse niemals identisch mit ihren politischen Repräsentanten. Es kommt zwischen ihnen zu Konflikten. Die Kapitalistenklasse fordert von der Regierung die volle Durchsetzung ihrer Interessen. Die Regierung, aus bürgerlich-bäuerlichen Massenparteien hervorgegangen und auf sie gestützt, muß auf die Interessen und Stimmungen der Klassen, aus denen sich die Wählerschaft der Regierungspartei zusammensetzt, Rücksicht nehmen. Der Gegensatz zwischen der herrschenden Kapitalistenklasse und ihren politischen Agenten „kann sich zu einer gewissen Entgegensetzung und Feindschaft beider Teile entwickeln, die aber in jeder praktischen Kollision, wo die Klasse selbst gefährdet ist, von selbst wegfällt".[22] Die Nachkriegszeit ist reich an Beispielen sowohl für die Entwicklung als auch für die Überwindung solcher Konflikte. Man denke z.B. an das Verhältnis zwischen Wallstreet und dem Weißen Haus, zwischen den deutschen demokratischen Reichsregierungen und der Ruhrindustrie, zwischen französischen Linksregierungen und der Pariser Börse!

Die Geschichte eines halben Jahrhunderts beweist, wie vortrefflich es der Kapitalistenklasse in allen demokratischen Ländern gelungen ist, die Demokratie ihren Interessen dienstbar zu machen. Überall ist die Demokratie zu einer Form der Klassenherrschaft der Kapitalistenklasse geworden. Aber ist die bürgerliche Demokratie eine Form der Klassenherrschaft der Kapitalisten, so ist sie doch keine Diktatur, keine schrankenlose Herrschaft der Kapitalistenklasse. In dem liberalen, auf das Zensuswahlrecht gegründeten Staat haben Kapitalisten und Großgrundbesitzer allein geherrscht. Der Kampf zwischen diesen beiden Fraktionen des Großeigentums, zwischen den Privilegierten des Goldes und den Privilegierten des Blutes | beherrschte damals das staatliche Leben. Kleinbürger, Bauern, Arbeiter, vom Wahlrecht ausgeschlossen, hatten an der Staatsmacht keinen Anteil. Anders in

---

[22] Marx und Engels, Deutsche Ideologie. Seite 266.

der Demokratie. Hier kann die Kapitalistenklasse ihre Herrschaft nur behaupten, indem sie sich gegen die Arbeiterklasse auf das mittlere und kleine Bürgertum, auf die großen und mittleren Bauern stützt. Sie muß ihnen daher Anteil an der politischen Macht lassen und ihnen wirtschaftliche und soziale Zugeständnisse machen. Herrscht in dem auf das Zensuswahlrecht begründeten liberalen Staat nur die großkapitalistische Oberschicht der Bourgeoisie, so herrscht in der Demokratie, allerdings unter der Hegemonie der großkapitalistischen Oberschicht, die Gesamtheit der Bourgeoisie.

Aber auch die Lage der Arbeiterklasse ist durch den Sieg der Demokratie wesentlich verändert worden. Hatte schon der liberale Staat den Arbeitern das Koalitionsrecht zugestehen müssen, so sah er doch noch in jedem Streik die „Hydra der Revolution"; unter der Herrschaft der liberalen Oligarchie war daher der Gebrauch des Koalitionsrechtes in den meisten Ländern tausendfach beschränkt und eingeengt. Erst die Demokratie hat das Koalitionsrecht von allen Fesseln befreit. Erst durch sie ist die Arbeiterschaft zum formal gleichberechtigten Partner bei dem Abschluß der Lohnverträge geworden. In unzähligen Kämpfen konnte die Arbeiterschaft nun mit größerem Erfolge als vordem Schritt für Schritt die Verkürzung der Arbeitszeit, die Erhöhung der Löhne durchsetzen. Zugleich haben mit der Durchsetzung des allgemeinen und gleichen Wahlrechts die Arbeiterparteien den Boden der Parlamente betreten. Sie konnten dort die Gegensätze zwischen den bürgerlichen Parteien ausnützen. Die bürgerlichen Parteien selbst, im Wettbewerb mit den Arbeiterparteien um die Wählerstimmen, mußten der Arbeiterklasse Zugeständnisse machen. So konnten die Arbeiterparteien Schritt für Schritt den Ausbau der Arbeiterschutzgesetzgebung und der Arbeiterversicherung, die Verbesserung des hygienischen und sanitären Schutzes der Volksmassen, die Verbesserung des Volksschulwesens durchsetzen. In den | Kämpfen um die Demokratie und auf 103 dem Boden der Demokratie haben sich die großen Arbeiterorganisationen entwickelt. Sie haben zum erstenmale kulturlos dahin vegetierende Massen aus sozialem Minderwertigkeitsgefühl und traditionellem Aberglauben herausgerissen, sie mit Selbstbewußtsein und mit höheren gesellschaftlichen Ideen erfüllt, die in ihnen schlummernden Begabungen in gesellschaftlicher Betätigung zur Entfaltung gebracht.

Gegen die liberale Oligarchie, die die Arbeiterklasse vom Genuß der politischen Rechte ausgeschlossen hatte, war die Arbeiterklasse in revolutionärem Gegensatz, in revolutionärem Kampfe gestanden. Als die Arbeiterklasse aber die Demokratie erkämpft hatte, wollte sie die neuen Rechte, die neuen Möglichkeiten ausnützen, um sich innerhalb der kapitalistischen Gesellschaft höhere Lebenshaltung, mehr freie Zeit, mehr Kultur zu erobern. Die Demokratie war der Nährboden des reformistischen Sozialismus. Hat die Kapitalistenklasse mittels der Demokratie die Kleinbürger und die Bauern zur Stütze der Kapitalsherrschaft gemacht, so hat sie mittels der Demokratie die revolutionäre Gärung in den Arbeitermassen zum Stillstand gebracht, die Arbeitermassen befriedet, die revolutionären Arbeiterparteien, die ausgezogen waren, die kapitalistische Gesellschaftsordnung zu überwinden und den kapitalistischen Staat zu zerschlagen, in Reformparteien verwandelt, die sich damit beschieden, die Lage der Arbeiterklasse innerhalb der kapitalistischen Gesellschaft, auf dem Boden der kapitalistischen Gesellschaft, durch Reformen an der kapitalistischen Gesellschaft zu verbessern.

Unterschätzen wir nicht, was die reformistische Arbeiterbewegung auf dem Boden der Demokratie in ihren gewerkschaftlichen und parlamentarischen Kämpfen errungen hat! Die Verkürzung der Arbeitszeit, die Erhöhung der Löhne, der Ausbau der Arbeiterschutzgesetzgebung und Arbeiterversicherung, die Entwicklung des Volksschulwesens und der Massenorganisationen der Arbeiter, — all das hat das Niveau der Lebenshaltung, der Volksgesundheit, der Volkskultur gewaltig gehoben. Die | Arbeiterklasse unterschätzt die Resultate ihrer eigenen Klassenkämpfe in einer ganzen Geschichtsepoche, wenn sie diese Errungenschaften der reformistischen Arbeiterbewegung auf dem Boden der Demo-

104

kratie verkleinert. Gerade heute, da der Faschismus die demokratischen Rechte in manchen Ländern entrissen hat, in andern
Ländern zu entreißen droht, deren Gebrauch diese erstaunliche
Hebung der materiellen Lebenshaltung, der physischen Gesundheit und des geistigen Lebens der Volksmassen ermöglicht hat,
ziemt uns solche Unterschätzung nicht. Marx hat die „wunderba-
re physische und moralische Wiedergeburt der Fabrikarbeiter"[23]
gerühmt, die das große Ergebnis der englischen Zehnstundenbill
gewesen ist; mit weit mehr Recht dürfen wir die „physische und
moralische Wiedergeburt" der Arbeiterklasse rühmen, die das
Ergebnis der Errungenschaften ihrer reformistischen Kämpfe auf
dem Boden der Demokratie war.

All das, was die reformistische Arbeiterbewegung mittels der
Demokratie dem Kapital abringen konnte, hat freilich den Kapitalismus nicht aufgehoben. Aber es hat den Kapitalismus auf
eine höhere Stufe seiner Entwicklung gehoben. Auf die Erhöhung
der Löhne antwortete das Kapital mit der Beschleunigung der
technischen Entwicklung; je höher die Löhne sind, desto profita-
bler ist es, die Menschenhand durch die Maschine zu ersetzen.
Auf die Verkürzung der Arbeitszeit antwortete das Kapital mit
der Intensivierung der Arbeit; je kürzer der Arbeitstag ist, desto
mehr können die Muskeln und Nerven des Arbeiters in der Ar-
beitsstunde leisten. Der ständige Druck der durch die Demokratie
entfesselten Arbeitermassen auf das Kapital hat die im Dienste
des Kapitals stehenden Gehirne zu immer neuen Anstrengungen
gezwungen, durch technische Vervollkommnung des Arbeitsprozesses, durch organisatorische Vorkehrungen zur Intensivierung
der Arbeit die Erhöhung der Löhne und die Verkürzung der Arbeitszeit wettzumachen.

Die Mehrwertrate, der Grad der Ausbeutung der Arbeitskraft
stieg; aber sie wurde nicht mehr erhöht mittels | der barbarischen 105
Methoden der Verlängerung des Arbeitstages oder der Senkung
des Lohnes, sondern mittels der höheren Methode, die Produktivität der Arbeit noch schneller zu erhöhen, als unter dem Druck der

[23] Marx, Das Kapital. I. Seite 243.

Gewerkschaften und der Arbeiterparteien der Reallohn erhöht
werden mußte. Die Entwicklung wurde auch in dieser Epoche
immer wieder durch zyklische Krisen unterbrochen; aber die Beschleunigung der technischen Entwicklung, durch die Erhöhung
der Löhne und die Verkürzung der Arbeitszeit erzwungen, führte
immer wieder Zeiten massenhafter Erneuerung und technischer
Vervollkommnung des gesellschaftlichen Produktionsapparates
herbei und damit immer wieder Zeiten der Prosperität.

Was kennzeichnet den Kapitalismus der ersten Hälfte des
19. Jahrhunderts? Der Arbeitstag war überaus lang; aber bei so
langer Arbeitsdauer konnte die Arbeitsintensität des übermüde-
ten Arbeiters nur gering sein. Die Löhne waren überaus niedrig;
aber niedrige Löhne verengen die Grenze, innerhalb deren die
Ersetzung der Handarbeit durch die Maschine profitabel ist. Über-
lange Arbeitszeit und niedrige Löhne schlossen die Arbeitermassen von allem Kulturleben aus. Der Kapitalismus herrschte über
eine physisch verkümmerte, kulturell tiefstehende, in jedem Falle der Arbeitsunfähigkeit und der Arbeitslosigkeit dem Hunger
preisgegebene Masse. Diese Masse war zugleich von allen politischen Rechten, von aller legalen Möglichkeit, ihre Interessen zu
vertreten und durchzusetzen, ausgeschlossen. Aber diese Masse
setzte sich schließlich zur Wehr. Die revolutionäre Gärung in ihr
wurde dem Kapital gefährlich. Das Kapital mußte ihr Zugeständnisse machen. Sie eroberte das Koalitionsrecht, die Grundlage
des gewerkschaftlichen Kampfes. Sie eroberte schließlich das
allgemeine und gleiche Wahlrecht. Nun konnte sie das Kapital
unter ihren ständigen Druck setzen. Unter diesem Druck veränderte sich das Bild des Kapitalismus. Ein Kapitalismus entwickelte
sich, der nicht mehr durch überlangen Arbeitstag bei niedriger,
sondern durch kurzen Arbeitstag bei hoher Intensität der Ar-
106 beit, nicht mehr durch die niedrigen Löhne der ersten Hälfte |
des 19. Jahrhunderts bei vergleichsweise niedriger Technik, sondern durch weit höhere Löhne bei beschleunigter technischer
Entwicklung und schnell gesteigerter Produktivität der Arbeit
gekennzeichnet ist; ein Kapitalismus, der nicht mehr über phy-

sisch und moralisch verkümmerte Arbeitermassen, sondern über physisch weit gesündere, geistig weit höher stehende, daher weit leistungsfähigere Arbeitermassen herrscht; ein Kapitalismus, der nicht mehr die arbeitsunfähig und die arbeitslos gewordenen Arbeiter dem Hunger preisgibt, sondern der sich seine industrielle Reservearmee auf Kosten der Gesamtheit physisch und geistig arbeitsfähig erhalten läßt.

Diese Entwicklung des Kapitalismus auf eine technisch, sozial und kulturell ungleich höhere Entwicklungsstufe war das wichtigste Ergebnis der Demokratie. Sie war nicht das Werk der Kapitalisten; sie war das Resultat der Klassenkämpfe, die die Arbeiterklasse um die Demokratie und in der Demokratie geführt hat. Aber das Ergebnis dieser Kämpfe hat den Kapitalismus befestigt. Die zu überlanger Arbeitszeit bei Hungerlöhnen gepreßte, in jedem Fall der Erkrankung, des Betriebsunfalles, der Invalidität, der Arbeitslosigkeit dem Hunger preisgegebene, von allen politischen Rechten ausgeschlossene Arbeiterschaft der ersten Hälfte des 19. Jahrhunderts war voll revolutionärer Leidenschaften und Energien. Sie entluden sich in wilden revolutionären Verzweiflungsausbrüchen: in den Luddistenstürmen, in den Weberaufständen, in wilden, gewaltigen Streiks. Sie waren die vorwärtstreibende Kraft aller bürgerlichen Revolutionen. Die wirtschaftlich, sozial, kulturell weit höher gehobene Arbeiterschaft der Aera der Demokratie wurde zur Trägerin der reformistischen Arbeiterbewegung.

Die bürgerliche Demokratie ist so zwieschlächtigen Charakters wie der Kapitalismus selbst, aus dessen Entwicklung sie hervorgegangen ist. Der Kapitalismus hat die Naturkräfte dem Menschen untertan gemacht, er hat die Produktivkräfte der Arbeit vervielfacht, er hat die Menschheit unendlich reicher gemacht, als die jemals gewesen war. Mit seiner technischen | Entwicklung 107 Hand in Hand ging die Entwicklung der Naturwissenschaften, der Medizin, der Hygiene. Er hat damit Leistungen vollbracht, die das kostbare Erbe jeder künftigen Gesellschaftsordnung sein werden. Aber diese ganze Entwicklung vollzog sich unter der

Herrschaft des Kapitals; sie vollzog sich auf der Grundlage der Ausbeutung der Arbeiter, der Schuldknechtschaft der Bauern, der Verelendung der Kleinbürger; sie vollzog sich in einer Gesellschaft, deren Bewegung von den Bewegungen der Profitrate beherrscht wird, in der daher die Lebenshaltung der Volksmassen immer wieder weit zurückbleiben mußte hinter der Entfaltung der Produktivkräfte ihrer Arbeit und dieser Widerspruch immer wieder seine Lösung finden mußte in verelendenden Krisen, in zerstörenden Katastrophen, in Kriegen, die alle Wunderwerke der kapitalistischen Technik in furchtbare Waffen des Massenmordes verwandelten.

Ebenso zwieschlächtigen Charakters ist die bürgerliche Demokratie. Sie hat all das, was einst die liberale Bourgeoisie dem Absolutismus abgerungen hatte, dem ganzen Volke zugeeignet. Sie hat die Freiheit des Einzelnen gegen die Willkür der Mächtigen gesichert. Sie hat allen Meinungen, allen Geistesströmungen, allen Ideen die Freiheit des Wettbewerbs um die Seele des ganzen Volkes gegeben und damit die Urteilskraft des Volkes entwickelt und erhöht. Sie hat das ganze Volk zur Entscheidung über die Angelegenheiten des Staates gerufen und damit die vordem in der Enge persönlichen Lebens dahinvegetierenden Menschen in den Kampf der Ideen um der Menschheit große Gegenstände hineingezogen. Sie hat den Kampf aller Klassen der Gesellschaft um ihre Lebensinteressen legalisiert, ihn in gesetzliche Formen gebracht und durch die Entfesselung dieses Kampfes die Lebenshaltung der Volksmassen bedeutend gehoben. Sie hat mit alledem ein gewaltiges Werk der Befreiung vollbracht. Auch ihre Leistung wird das kostbare Erbe jeder künftigen Gesellschaftsordnung sein. Denn die Sicherung der Freiheit und Würde jedes Einzelnen gegen die Willkür der Mächtigen, den freien Wettbewerb aller Ideen um das 108 Urteil aller, die | gleiche Teilnahme aller an allen Entscheidungen über das Schicksal und die Gestaltung der Gesamtheit, — all das wird keine Gesellschaft von Kulturmenschen je wieder dauernd entbehren können und wollen, so wenig entbehren wie die vom Kapitalismus entwickelte Technik, wie die Hand in Hand mit ihr entwickelte Naturwissenschaft, Medizin, Hygiene.

Aber diese ganze furchtbare Entwicklung der Demokratie hat
sich vollzogen auf dem Boden der kapitalistischen Gesellschaftsordnung und darum unter der Herrschaft des Kapitals. Der Arbeiter, freier und gleichberechtigter Bürger im Staat, blieb Untertan
des Kapitalisten in der Fabrik. Die politische Gleichberechtigung
aller hob die Unterschiede des Einkommens, der Lebenshaltung,
der Klassenstellung, der wirtschaftlichen Macht nicht auf. Die
Gleichheit aller vor dem Gesetz blieb jene Gleichheit, die, wie
Anatole France sagt, Reichen und Armen in gleicher Weise ver-
bietet, Brot zu stehlen, Reichen und Armen in gleicher Weise
erlaubt, unter den Brücken zu schlafen. Die vom ganzen Volk
eingesetzten Parlamente und Regierungen blieben Instrumente
der Klassenherrschaft der Kapitalistenklasse. So blieb der bürgerlichen Demokratie der „umfassende Widerspruch" immanent,
den Marx bei ihrem ersten Auftreten in der Geschichte Europas festgestellt hat: der Widerspruch zwischen der gesellschaftlichen Ordnung und der staatlichen Verfassung, zwischen der
politischen Gleichberechtigung aller und der ökonomischen Herrschaft der Kapitalistenklasse, der Widerspruch, der darin besteht,
daß die bürgerliche Demokratie „die Klassen, deren gesellschaftliche Sklaverei sie verewigen soll, Proletariat, Bauern, Kleinbürger,
durch das allgemeine Stimmrecht in den Besitz der politischen
Macht setzt und der Klasse, deren alte gesellschaftliche Macht
sie sanktioniert, der Bourgeoisie, die politischen Garantien dieser Macht entzieht". Aber wie der dem Kapitalismus immanente
Widerspruch zwischen der Entwicklung der Produktivkraft der
Arbeit und der Entwicklung der Konsumkraft der Arbeitenden
vorübergehend in Zeiten der Prosperität verdeckt werden kann,
um dann in erschütternden | Krisen zu eruptivem Ausbruch zu   109
führen, so konnte auch der der bürgerlichen Demokratie inne-
wohnende Widerspruch zwischen der Gesellschaftsordnung und
der Staatsverfassung in einer Zeit der Blüte, des Aufstiegs der
kapitalistischen Wirtschaft vorübergehend verdeckt werden, um
schließlich zu offenem Ausbruch zu kommen in der Krise der
Demokratie, in der Kulturkatastrophe der Siege der faschisti-

schen Barbarei und in der aus ihr wiedererstandenen Gefahr des Krieges.

Die bürgerliche Demokratie war der höchste Triumph des Kapitalismus. Die bedeutende Hebung der Lebenshaltung der Volksmassen auf dem Boden der Demokratie und die unmittelbare Berufung aller Volksklassen zur Mitentscheidung in der Demokratie haben die Volksmassen mit der Überzeugung erfüllt, daß sie auch innerhalb der kapitalistischen Gesellschaftsordnung ihre Interessen wahren, ihre Lebenshaltung verbessern können. Die bürgerliche Demokratie hat alle gegen den Kapitalismus gerichteten revolutionären Energien eingeschläfert. Sie hat die Massenparteien der Kleinbürger und der Bauern in gefügige Werkzeuge der Kapitalistenherrschaft verwandelt und die praktische Wirksamkeit der Arbeiterparteien und der Gewerkschaften auf Funktionen reduziert, die den Kapitalismus nicht erschüttert, sondern auf ein höheres technisches, soziales und kulturelles Niveau gehoben und dadurch gefestigt haben. Die Kapitalistenklasse brauchte keine politischen Privilegien mehr, um zu herrschen. Sie brauchte kein Zensuswahlrecht mehr und sie mußte die Arbeiter, die Bauern, die Kleinbürger nicht mehr vom Genuß der „Menschen- und Bürgerrechte" ausschließen. Ihre Herrschaft zu behaupten, ihre Interessen durchzusetzen, genügten in einer Zeit, in der die ungeheure Mehrheit des ganzen Volkes von der Unerschütterlichkeit der kapitalistischen Gesellschaftsordnung und von der Möglichkeit, ihre Interessen innerhalb dieser Gesellschaftsordnung wirksam zu vertreten, überzeugt war, die aus der wirtschaftlichen Macht des Kapitals erstandenen Ideensysteme, durch die das Kapital die öffentliche Meinung und damit Wähler und Gewählte des allgemeinen Stimmrechtes seinen Interessen

110 | dienstbar machte. So konnte die Kapitalistenklasse alle vier oder sechs Jahre einmal ihrer Klassenherrschaft die Weihe der Bestätigung durch allgemeine Volksabstimmung geben lassen. So konnte sie herrschen durch den Willen der von ihr ausgebeuteten Volksmassen selbst.

Der Krieg war der höchste Triumph der bürgerlichen Demokratie. Als zu Kriegsbeginn das ganze Volk begeistert an die Fronten zog, für die Macht kapitalistischer Regierungen, für die Interessen kapitalistischer Klassen zu kämpfen, wurde offenbar, wie völlig die Demokratie die Volksmassen dem Kapitalismus geistig untertan gemacht, geistig einverleibt hat. Die drei großen bürgerlichen Demokratien, — Großbritannien, Frankreich und die Vereinigten Staaten, — siegten im Kriege; die Monarchien der Hohenzollern, der Habsburger und der Romanows, in der Entwicklung der Demokratie weit zurückgeblieben, wurden besiegt. So zeigte der Ausgang des Krieges die Überlegenheit der Demokratie. Er erhöhte ihr Prestige. Sie eroberte ganz Mitteleuropa. Und doch hat der Krieg die bürgerliche Demokratie schwer erschüttert. Die ungeheuerlichen wirtschaftlichen und gesellschaftlichen Erschütterungen, die dem Kriege unmittelbar folgten, um dann, nach kurzer Unterbrechung durch die Rationalisierungsprosperität, in der Weltkrise von 1929 desto gewaltiger, desto verheerender von neuem sichtbar und wirksam zu werden, haben die bürgerliche Demokratie ins Wanken gebracht. Kleinbürger und Bauern, verelendet und verzweifelt, rebellierten gegen die bürgerlich-bäuerlichen Massenparteien, durch die die Kapitalistenklasse ihre Herrschaft bisher ausgeübt hatte. In den in das Elend lang dauernder Arbeitslosigkeit gestürzten Arbeitermassen breitete sich revolutionäre Gärung aus. Der Kapitalismus hatte die Volksmassen in himmelschreiendes Elend gestürzt. Die Demokratie hatte sie davor nicht schützen können. Breite Volksmassen verloren den Glauben an die Demokratie. Die Kapitalistenklasse, durch das jähe Sinken der Preise und der Profite an ihrem Lebensnerv getroffen, war nicht mehr bereit zu jenen Kompromissen und Konzessionen, mit denen sie in der Demokratie ihre Herrschaft bezahlen muß. Sie | war entschlossen, ihre Profite auf Kosten 111 der Volksmassen wiederherzustellen; wo sie das mit den Mitteln der Demokratie nicht mehr konnte, machte sie Front gegen die Demokratie. Sie benützte die Gärung in den verelendeten Arbeitermassen, um den Bürger und den Bauern mit dem Gespenst der sozialen Revolution zu schrecken. Sie benützte die gegen sie selbst, gegen die ihr dienstbaren Parteien gerichtete Rebellion der Kleinbürger und der Bauern, um die Demokratie zu stürzen. Was bedeutet also der Sieg des Faschismus in einigen, das Anwachsen faschistischer und halbfaschistischer Gefahren in anderen Ländern? Es bedeutet, daß die Kapitalistenklasse ihre Herrschaft nicht mehr mittels der aus ihrer Gesellschaftsordnung hervorgegangenen Ideensysteme aufrecht erhalten, ihre Interessen nicht mehr mittels ihrer geistigen Macht über das Volk durchsetzen kann, sondern ihre Macht nur noch behaupten, ihre Interessen nur noch durchsetzen kann mittels einer schrankenlosen Gewalt, die, einmal eingesetzt, sich vom Volkswillen unabhängig macht und der Bestätigung durch den Volkswillen nicht mehr bedarf; es bedeutet, daß die Kapitalistenklasse nicht mehr herrschen kann durch wirtschaftliche Zugeständnisse an die Volksmassen und durch ihren geistigen Einfluß auf das Volksganze, sondern nur noch dadurch, daß sie jeden Einzelnen aller Freiheitsrechte, das Volksganze jedes Selbstbestimmungsrechtes, alle großen Volksklassen jeder Möglichkeit der Verteidigung ihrer Interessen beraubt; es bedeutet, daß sie, nicht mehr imstande, durch den Willen des Volkes zu herrschen, ihre Herrschaft durch die Aufrichtung einer schrankenlosen Gewalt über das Volk behauptet.

Es ist der höchste Triumph einer Klasse, wenn ihre Ideen dermaßen zu den herrschenden Ideen der Zeit geworden sind, daß sie keiner politischen Privilegien bedarf, nicht die Entrechtung und Vergewaltigung der anderen Klassen braucht, um herrschen zu können, sondern zu herrschen vermag durch die Macht ihrer Ideen über alle Klassen des Volkes. In dieser Lage war die Kapitalistenklasse in der Blütezeit der bürgerlichen Demokratie. Die Siege des Faschismus beweisen, daß sie in vielen Ländern 112 | in dieser Lage nicht mehr ist. Nicht weniger deutlich als die stillgelegten Fabriken, als die zusammengebrochenen Banken, als die Heere der Arbeitslosen, als das Massenelend der Arbeiter, der Bauern, der Kleinbürger, der Intellektuellen zeigt die Krise der bürgerlichen Demokratie, wie tief die Weltwirtschaftskrise den Kapitalismus erschüttert hat.

2.2 Der Faschismus

D EN REVOLUTIONEN VON 1918 ist die Gegenrevolution gefolgt. Aber nicht überall trug die Gegenrevolution die besonderen Charakterzüge des Faschismus. In Polen wurde die Demokratie von der Militärdiktatur Pilsudskis abgelöst. In Jugoslawien trat an die Stelle der Demokratie ein dynastisch-militärischer Absolutismus alten Schlages. Die „Erwachenden Ungarn" der ungarischen Gegenrevolution von 1919 und die Terrorgruppen, die die bulgarische Regierung Zankoff gegen die gestürzte Bauernpartei und gegen die Arbeiter ausschickte, hatten allerdings schon einen den faschistischen Stoßtrupps ähnlichen Charakter; aber nach kurzer Zeit fiel in beiden Ländern die Macht doch in die Hände der alten und altmodischen Oligarchie zurück. Die neue, faschistische Form der Despotie ist zuerst in Italien und in Deutschland zum Siege gelangt. Heute freilich ist sie die neugefundene Form der Diktatur der kapitalistischen Klassen, deren Methoden nun auch von gegenrevolutionären Regierungen anderen Ursprungs nachgeahmt werden.

Der Faschismus ist das Resultat dreier eng miteinander verschlungener sozialer Prozesse. Erstens hat der Krieg Massen von Kriegsteilnehmern aus dem bürgerlichen Leben hinausgeschleudert und deklassiert. Unfähig, in die bürgerlichen Erwerbs- und Lebensformen zurückzufinden, an den im Kriege erworbenen Lebensformen und Ideologien hängend, bildeten sie nach dem Kriege die faschistischen „Milizen", die völkischen „Wehrverbände" mit einer eigenartigen militaristischen, antidemokratischen, nationa- | listischen Ideologie. Zweitens haben die Wirtschafts- 113 krisen der Nachkriegszeit breite Massen von Kleinbürgern und Bauern verelendet. Diese Massen, pauperisiert und erbittert, fielen von den bürgerlich-demokratischen Massenparteien, denen sie bisher Gefolgschaft geleistet hatten, ab, sie wandten sich enttäuscht und haßerfüllt gegen die Demokratie, mittels deren sie bisher ihre Interessen vertreten hatten, sie scharten sich um die militaristisch-nationalistischen „Milizen" und „Wehrverbände". Drittens haben die Wirtschaftskrisen der Nachkriegszeit die

Profite der Kapitalistenklasse gesenkt. Die Kapitalistenklasse, an ihren Profiten bedroht, will ihre Profite durch Steigerung des Grades der Ausbeutung wiederherstellen. Sie will den Widerstand, den die Arbeiterklasse dem entgegensetzt, brechen. Sie verzweifelt daran, dies unter demokratischer Herrschaft zu können. Sie bedient sich der um die faschistischen und völkischen Milizen gescharten rebellischen Massenbewegungen der Kleinbürger und Bauern zuerst, um die Arbeiterklasse einzuschüchtern und in die Defensive zu drängen, später, um die Demokratie zu zerschlagen. Sie unterstützt die Faschisten zuerst mit ihren Geldmitteln. Sie verhält ihren Staatsapparat, den faschistischen Milizen Waffen zu liefern und den faschistischen Gewalttaktionen gegen die Arbeiterklasse Straflosigkeit zu sichern. Sie verhält ihn schließlich, die Staatsmacht den Faschisten zu übergeben. Betrachten wir diese drei miteinander verbundenen sozialen Prozesse etwas näher!

Die Keimzellen der faschistischen Partei Italiens bildeten sich aus nach dem Kriege demobilisierten Reserveoffizieren. Sie hatten Jahre lang kommandiert; jetzt fanden sie im bürgerlichen Leben keine ihrem Selbstgefühl, ihrem Ehrgeiz entsprechende Stellung. Um sie scharten sich Deklassierte aus den Reihen der „Arditi", der Stoßtruppen des Krieges, stolz auf ihre Kriegsauszeichnungen und Kriegswunden, erbittert, weil das Vaterland, für das sie geblutet hatten, ihnen keine oder keine ihren Ansprüchen genügende Stellung bieten konnte. Sie wollten die im Kriege erworbenen Gewohnheiten nicht aufgeben. Sie | wollten kommandieren und kommandiert werden, Uniform tragen und marschieren. Sie begannen die Aufstellung einer Privatarmee. In Deutschland war diese Schicht noch breiter. Der Friedensvertrag von Versailles hatte Deutschland zum Abbau eines Großteils seiner Berufsoffiziere gezwungen. Sie stellten die Führerschicht der militärischen „Freikorps" und „Wehrverbände", die sich nach dem Kriege zu bilden begannen. Die politischen Wirren der Nachkriegszeit gaben den in Bildung begriffenen faschistischen Milizen die Gelegenheit zur Festigung und zur Hebung ihres Prestiges: in Italien das Abenteuer von Fiume, in Deutschland die Kämpfe im Baltikum und in Oberschlesien.

In diesen Keimzellen des Faschismus entwickelte sich seine ursprüngliche Ideologie. Aus dem Kriege erwachsen, ist sie vor allem militaristisch: sie fordert Disziplin der Masse gegenüber der Kommandogewalt des Führers. Sie wendet sich schroff gegen das Selbstbestimmungsrecht der nur zu diszipliniertem Gehorsam berufenen Masse und ist damit aller Demokratie feind. Sie verachtet das „bürgerliche", zivilistische Streben nach Frieden, Wohlstand und Behagen und stellt ihm ein kriegerisches, „heroisches" Lebensideal entgegen. Sie ist erfüllt von dem durch den Krieg aufgepeitschten Nationalismus. Sie sucht die Volksmassen aufzupeitschen gegen die liberale Regierung Italiens, die sich von den Bundesgenossen um die Siegesbeute habe prellen lassen, gegen die republikanische Regierung Deutschlands, die sich würdelos dem Diktat der Siegermächte unterwerfe. Sie ist typisch kleinbürgerlich, gegen das Großkapital und gegen das Proletariat zugleich gerichtet; denn der Offizier haßt den Schieber und Kriegsgewinner und verachtet den Proleten. Ihr Antikapitalismus ist freilich nur gegen die spezifischen parasitischen Kapitalsformen der Kriegs- und Inflationszeit gerichtet; der Offizier schätzt die Kriegsindustrie, aber er haßt den Schieber, er ist darum feind nur dem „raffenden", nicht dem „schaffenden" Kapital. Desto leidenschaftlicher ist ihre Gegnerschaft gegen den proletarischen Sozialismus, der in Italien das Eingreifen in den Krieg leidenschaftlich | bekämpft hat und eben darum nach dem Kriege sprunghaft erstarkt ist, in Deutschland durch die Niederlage zur Macht gekommen ist und ihr darum als der Nutznießer der Niederlage, als der Agent der Siegermächte erscheint. Sie stellt in der Zeit der größten Anziehungskraft des Sozialismus auf die Massen ihr Ideal als einen „nationalen Sozialismus" dar und als solchen dem proletarischen Sozialismus entgegen: wahrer, nationaler Sozialismus bedeute nicht die egoistische Ausnützung der Kriegsfolgen durch das Proletariat, sondern die Unterordnung alles „Eigennutzes" unter den „Gemeinnutz", aller wirtschaftlichen und sozialen Kräfte unter die Aufgabe der nationalen Behauptung gegen den äußeren Feind. Sie verknüpft ihren Nationalismus mit

115

antibourgeoisen Gedankengängen: die bürgerliche Demokratie
des Westens sei nichts als die Klassenherrschaft der reichsten
und mächtigsten Kapitalistenklassen: Italien, „die große Proleta-
rierin", sei von den englischen, französischen, amerikanischen
Kapitalisten um die Beute des Sieges betrogen, das deutsche Volk
der internationalen, der jüdischen Hochfinanz, die sich hinter
der westlichen Demokratie berge und die deutsche Demokratie
als ihr Werkzeug gebrauche, tributpflichtig gemacht worden. Sie
stellt ihren Kampf gegen die Demokratie vor den Volksmassen
als einen Kampf gegen die Klassenherrschaft der Bourgeoisie,
vor den Kapitalisten als einen Kampf gegen die Pöbelherrschaft
des Proletariats, vor der nationalistischen Intelligenz als einen
Kampf um die Zusammenballung aller nationalen Kräfte zum
Kampf gegen den äußeren Feind hin.

Aber die militärischen Stoßtrupps, die die ursprünglichen Träger der faschistischen Ideologie waren, konnten Kraft nur gewinnen, wenn es ihnen gelang, breitere Massen unter ihre Führung,
in ihre Gefolgschaft zu bringen. Die erste soziale Schicht, die sich
mit der aus dem Kriege erwachsenen faschistischen Ideologie
erfüllte, war die Intelligenz.

In Italien und in Deutschland war die parlamentarische Demokratie jungen Datums. In Italien war die parlamentarische
116 Regierungsform alt; aber erst seit 1913 wurde das | Parlament
auf Grund des allgemeinen und gleichen Wahlrechtes gewählt. In
Deutschland war das allgemeine und gleiche Wahlrecht alt; aber
erst seit 1918 war die Regierung dem Parlament untergeordnet.
In beiden Ländern war die Intelligenz von der jungen Demokratie
bald enttäuscht. Sie sah in ihr einerseits eine getarnte Plutokratie, andererseits die Herrschaft der Masse, — der Masse, wie sie
in der kapitalischen Gesellschaft ist, einer ungebildeten, rohen,
in Stunden der Erregung zur Gewalttätigkeit neigenden Masse.
Selbst durch Geldentwertung und Wirtschaftskrisen verelendet,
haßte die Intelligenz die Emporkömmlinge des Proletariats, die
sich auf die Regierungsbank setzten. Verständnislos stand sie den
Kämpfen um sozialpolitische Probleme gegenüber, die unter dem

Druck der Massen das öffentliche Leben beherrschten. Vor allem aber setzte der durch den Krieg aufgepeitschte Nationalismus die Intelligenz im Gegensatz gegen die junge Demokratie.

Als der Weltkrieg ausbrach, blieb Italien zunächst neutral. Monate lang wurde innerhalb der italienischen Bourgeoisie ein erbitterter Kampf darum geführt, ob Italien in der Neutralität verharren oder in den Krieg eingreifen solle. Für die Neutralität kämpften die Sozialisten, die Katholiken, die von Giolitti geführte liberale Bourgeoisie und mit ihr die Mehrheit es Parlaments. Für den Krieg gegen Österreich erhob sich eine von der Schwerindustrie und dem Großgrundbesitz patronisierte, von der nationalistischen, in der Tradition des Risorgimento erzogenen Intelligenz geführte Massenbewegung. Gegen den Willen der Regierung und der Parlamentsmehrheit erzwang diese Bewegung das Eingreifen in den Krieg. In allen anderen Krieg führenden Ländern Europas mochten die Volksmassen glauben, daß das Vaterland vom Feinde überfallen, zum Kriege gezwungen worden sei; in Italien war der Krieg offensichtlich das Ergebnis freier Wahl. Diese Tatsache hat die Entwicklung Italiens nach dem Kriege entscheidend bestimmt. Der Sozialismus hatte den Krieg bekämpft; als die Volksmassen durch die Leiden des Krieges hindurch gegangen waren, strömten sie in Mas- | sen dem Sozialismus zu. Eine gewaltige revolutionäre sozialistische Bewegung ging in den ersten Nachkriegsjahren durch die italienischen Volksmassen. Andererseits aber waren die Interventionisten da, die 1915 Italiens Eingreifen in den Krieg erzwungen hatten. Sie hatten schon 1915 gegen Liberale, Katholiken und Sozialisten zugleich gekämpft. Sie hatten damals schon die Neutralisten, das unkriegerische liberale Händlertum auf der einen, die Sozialisten, denen es nur um das träge Behagen der Massen zu tun sei, auf der anderen Seite im Namen einer „heroischen" Lebensphilosophie bekämpft. Sie hatten damals schon das Parlament, das dem Krieg widerstrebte, zur Kapitulation gezwungen. Ihre Stoßtrupps hatten damals schon von der Straße aus die Entscheidung herbeigeführt. Die „interventionistische" Intelligenz stellte nach dem Kriege die Kaders, die sich um die militärischen Trupps der Faschisten scharten.

117

Deutschland hatte im Krieg einer Welt von Feinden in gewaltigen Waffentaten standgehalten; schließlich erlag es doch der Übermacht. Aus der Niederlage ging die Revolution hervor, die die Republik gründete, — eine Republik, in bitterster Not entstanden, wehrlos gegen die Übermut der Sieger, mit schweren Tributen an die Sieger belastet, tausendmal von den Siegern gedemütigt, von einer schweren Wirtschaftserschütterung zur anderen wankend. Der Nationalismus der Intelligenz bäumte sich gegen die unwürdige Lage der Nation auf. Hatte nicht erst die Revolution dem Kriege ein Ende gesetzt? Bewies dies nicht, daß nur der „Dolchstoß von hinten" die Widerstandskraft des deutschen Heeres zerbrochen habe? Regierten nicht Proleten, die die Größe und Würde des Verlorenen und Zerstörten nicht begriffen, Verräter, die den Dolchstoß geführt hatten, Emporkömmlinge, denen die Niederlage der Nation zum Aufstieg verholfen hatte, die Republik, um sich demütig jeder Forderung der Sieger zu unterwerfen? So speisten die Folgen der Niederlage im Weltkrieg den deutschen Nationalismus, der die nationalistische, in der preußisch-hohenzoller'schen Tradition erzogene Intelligenz den

118 völkischen Wehrverbänden zutrieb. |

Die nationalistische Intelligenz wurde zur Mittlerin zwischen den militärischen faschistisch-völkischen Stoßtrupps und den breiten Massen der Kleinbürger und der Bauern. Aber es bedurfte schwerer wirtschaftlicher und sozialer Erschütterungen, die breiten kleinbürgerlich-bäuerlichen Massen von den historischen bürgerlich-demokratischen Massenparteien loszureißen und sie dem Faschismus zuzuführen.

Nach dem Kriege wurde die wirtschaftliche und soziale Entwicklung der Staaten, die am Kriege teilgenommen hatten, zunächst durch die Inflation beherrscht. Mit der schnellen Entwertung des Geldes schrumpften die Ersparnisse der Kleinbürger zusammen, wurde das Betriebskapital der kleinen Kaufleute und Handwerksmeister aufgezehrt, wurden breite Schichten des Kleinbürgertums verelendet. Zugleich aber führte die Geldentwertung zu immer größeren, immer leidenschaftlicher geführten

Lohnkämpfen, die immer wieder Verkehrsmittel und öffentliche
Betriebe stilllegten. Der Kleinbürger, der sich selbst gegen die
Geldentwertung zu wehren vermochte, war erbittert darüber,
daß die Lohnkämpfe zwischen Kapital und Arbeit immer wieder
seine Ruhe störten. Er hielt die von der Arbeiterklasse erzwun-
genen Lohnerhöhungen, Folgen der Geldentwertung, für ihre
Ursache. Er war empört, daß sich Teile der Arbeiterschaft immer wieder Lohnerhöhungen zu erkämpfen vermochten, die sie
für die Entwertung des Geldes entschädigten, während er sein
Einkommen nicht in dem Maße der Geldentwertung zu erhöhen vermochte. Er sah erbittert seine Lebenshaltung unter die
mancher Schichten der Arbeiterschaft sinken, die Verteilung des
Nationaleinkommens zu seinen Ungunsten verschoben. Haßte er
die Inflationsschieber, so haßte er noch viel mehr die rebellische
Arbeiterschaft.

Über ganz Italien ergoß sich im Jahre 1919 eine Welle von
Streiks, die den großen und kleinen Unternehmern große Zugeständnisse abrangen. Die Streikwelle gipfelte in der bewaffneten
Fabrikbesetzung im August 1920. Die liberale Regierung Giolitti
wagte es nicht, der rebellischen Massenbewegung, die sowohl
die industrielle als auch die | landwirtschaftliche Arbeiterschaft   119
erfaßt hatte, die Gewaltmittel des Staates entgegenzustellen. Sie
suchte die Bewegung durch Verhandlungen, durch Vereinbarungen, durch Zugeständnisse, durch Kompromisse zu besänftigen.
Das Parlament, in hadernde Parteien zerklüftet, vermochte keine stabile und starke Regierung aus sich zu bilden, keine der
brennenden wirtschaftlichen Fragen anders als in mühseligen
Kompromißverhandlungen, keine daher schnell und eindeutig
zu lösen. So wandten sich denn breite Schichten des italienischen
Kleinbürgertums von der Demokratie ab. Sie wandten sich dem
Glauben zu, daß nur ein eiserner Führerwille das Proletariat zum
Gehorsam zwingen, den erbitterten, immer wieder den ruhigen
Verlauf des Wirtschaftslebens unterbrechenden Klassenkämpfen
und dem lähmenden Hader der Parteien ein Ende setzen, die
zerrüttete Volkswirtschaft wiederherstellen könne.

Auch in Deutschland ist die faschistische völkische Bewegung schon in den ersten Nachkriegsjahren entstanden, schon in der Zeit der Inflation bedrohlich stark geworden. Als im Jahre 1923 der Ruhrkrieg die nationalistischen Leidenschaften stärkte, als damals die völlige Entwertung der Mark die Volksmassen pauperisierte, als völkische Wehrverbände an der Nordgrenze Bayerns aufmarschierten und mit dem Marsch auf Berlin drohten, war Deutschland damals schon in ernster Gefahr, in die Hände eines völkischen Faschismus zu fallen. Aber die bürgerliche Demokratie hat sich damals noch des Angriffs des Faschismus erwehrt. Der Ruhrkrieg hatte gezeigt, wie aussichtslos der Widerstand gegen die Siegermächte damals noch war. Die deutschen Bürger und Bauern brauchten damals die Hilfe der kapitalreichen Westmächte für die Stabilisierung der Mark, die Verständigung mit ihnen über die Reparationen und vor allem große Kredite zum Wiederaufbau der deutschen Unternehmungen. Darum wollten sie damals kein nationalistisch-faschistisches Abenteuer. Nach der Stabilisierung der Mark, in der Zeit des schnellen Anstiegs der deutschen Warenpreise, des gewaltigen Zuströmens von Auslandskrediten ebbte die völkische Flut schnell ab. Kleinbürger 120 und Bauern folgten nun wieder | willig den demokratischen Parteien. Die nationalsozialistische Partei Hitlers war in der Zeit der Prosperität eine bedeutungslose Splitterpartei. Aber sobald 1929 die Krise hereinbrach, entstand der völkische Faschismus von neuem. Die Demokratie vermochte Kleinbürger und Bauern vor der Verelendung durch die Krise nicht zu schützen; Kleinbürger und Bauern wandten sich gegen die Demokratie. Da die demokratischen Parteien den verelendeten Massen nicht zu helfen vermochten, strömten die verelendeten Massen den Nationalsozialisten zu. In schnellem Siegeszug eroberte der Nationalsozialismus die Kleinbürger und die Bauern.

Aber ist die faschistische Bewegung vorerst zu einer Massenbewegung der Kleinbürger und Bauern geworden, so wurde sie zur Macht nur dadurch, daß sich die Kapitalistenklasse entschloß, sich ihrer zur Niederwertung der Arbeiterklasse zu bedienen.

Italien hat in den ersten beiden Jahren der Nachkriegszeit eine wahre Agrarrevolution durchgemacht. Stürmische Bewegungen der Pächter und Kolonen gegen die Großgrundbesitzer, der Taglöhner gegen die Großgrundbesitzer und gegen die Pächter haben die italienische Agrarverfassung umgewälzt. Die Terzeria, der Anspruch des Großgrundbesitzers auf zwei Drittel der Erzeugnisse des Pächters, wurde beseitigt, die Lieferung von Saatgut und Düngemittel durch die Großgrundbesitzer erzwungen, die Abstiftung der Pächter an die Zustimmung paritätischer Kommissionen gebunden. Die Taglöhner der Poebene erzwangen Lohnerhöhungen und die Garantie eines Minimums jährlicher Arbeitstage. Ländereien von Großgrundbesitzern wurden gewaltsam besetzt; die Regierung mußte die gewaltsame Bodenbesetzung durch Dekrete sanktionieren. Schließlich setzten sich die Großgrundbesitzer zur Wehr. Im Jahre 1921 riefen sie den Fascio zu Hilfe. Rief ein Großgrundbesitzer die Faschisten an, so besetzten sie schwer bewaffnet das Dorf, sie setzten den Gemeinderat ab und setzten einen neuen Bürgermeister ein, steckten den Sitz des Taglöhnerverbandes in Brand, mißhandelten und vertrieben seine Führer, mordeten alle, die Widerstand | leisteten. Durch 121 diese „Strafexpeditionen" wurde die Kraft des Landproletariats gebrochen.

Das Beispiel das die Großgrundbesitzer gegeben hatten, wurde von der städtischen Bourgeoisie nachgeahmt. Bald gab es auch in den Städten „Strafexpeditionen": die Faschisten besetzten die Städte, sie erzwangen den Rücktritt der roten Bürgermeister und Gemeinderäte, sie zerstörten die Gewerkschaftslokale, sie vertrieben, mißhandelten, mordeten die Vertrauensmänner der Arbeiterschaft.

Die Kapitalistenklasse hatte das Mittel entdeckt, den stürmischen Angriff der Arbeiterklasse abzuwehren, die Arbeiterklasse niederzuwerfen. Noch dachte sie nicht daran, die Staatsmacht den Faschisten zu übergeben. Sie wollte vorerst sich der Faschisten nur als ihres Werkzeugs zur Niederwerfung der Arbeiterklasse bedienen. Sie stellte den Faschisten reiche Geldmittel zur Ver-

fügung, um ihnen die Erhaltung und Ausrüstung der Stoßtrupps,
die jeden Tag gegen rebellische Arbeiter eingesetzt werden konnten, zu ermöglichen. Sie sorgte dafür, daß ihre Staatsgewalt die
Aktionen der Faschisten förderte. Schon im Oktober 1920 hat
der Generalstabschef Badoglio die Divisionskommandeure angewiesen, die faschistische Bewegung zu unterstützen. Aus den
Beständen der Armee gingen Waffen in die Hände der Faschisten
über. Unternahmen die Faschisten „Strafexpeditionen" gegen
die Arbeiterschaft, so griff die Polizei nur ein, um unter dem Vor-
wande, Zusammenstöße zu verhüten, die Waffen der Arbeiter zu
beschlagnahmen und ihre Führer zu verhaften.

Aber die wohlfeilen Siege, die der Faschismus dank solcher
Unterstützung der Staatsgewalt erkämpfen konnte, trieben ihm
immer größere Massen zu. Bei den „Strafexpeditionen" konnte,
wer das schwarze Hemd trug, ungestraft morden, Brand legen,
rauben; diese Tatsache trieb dem Faschismus das ganze Lum-
penproletariat zu. Die Mitglieder der faschistischen Stoßtrupps
wurden aus den großen Subventionen der Kapitalisten und der
Großgrundbesitzer bekleidet und besoldet; das trieb Arbeitslo-
se in ihre Reihen. Der Faschismus war in schnellem sieghaften
122   Vormarsch; das trieb ihm aus allen Klassen die Men- | schen zu,
welche immer auf der Seite des Siegers sind. Die faschistische
Miliz wurde zur Sammelstelle der Deklassierten aller Klassen.
Dank der Hilfe, die sie von der Bourgeoisie erfahren hatte, wurde
sie zu stark, um als bloßes Werkzeug der Bourgeoisie zu dienen.
Sie griff nach der Macht selbst. Die Bourgeoisie hatte nur noch
die Wahl, die faschistische Privatarmee, die sie finanziert und
bewaffnet hatte, gewaltsam zu zerschmettern und damit das nie-
dergeworfene Proletariat zu entfesseln oder der Privatarmee des
Faschismus die Staatsmacht zu übergeben. In dieser Situation
ließ die Bourgeoisie ihre eigenen Vertreter in der Regierung und
im Parlament im Stich, sie zog die Übergabe der Staatsmacht an
den Faschismus vor. Der Kampf zwischen Kapital und Arbeit, in
dessen Verlauf sich die Bourgeoisie der faschistischen Gewalthaufen bedient hatte, schien damit zu enden, daß diese Gewalt-

haufen, nachdem sie das Proletariat niedergeworfen hatten, nun auch die Repräsentanten der Bourgeoisie aus dem Parlament und der Regierung davonjagen, auch die Bourgeois-Parteien auflösen, über alle Klassen des Volks ihre Gewaltherrschaft aufrichten konnten. „Der Kampf scheint so geschlichtet, daß alle Klassen gleich machtlos und gleich lautlos vor dem Kolben niederknien."[24] Die Geschichte wiederholt sich in Deutschland. Auch hier wurde der völkische Faschismus schon in der Geldentwertungsperiode von der Bourgeoisie und ihrer Staatsgewalt gefördert. Die Junker beherbergten die aus dem Baltikum und aus Oberschlesien heimgekehrten Freikorps auf ihren Landgütern. Die Schwerindustrie subventionierte die völkischen Wehrverbände. Die Staatsgewalt formierte aus ihnen die „Schwarze Reichswehr". Die Regierung nützte 1923 die durch das Anschwellen der völkischen Bewegung hervorgegangene Massenstimmung, die Schwächung der vom völkischen Faschismus eingeschüchterten, in die Defensive gedrängten Arbeiterklasse aus zur Reichsexekution gegen die Arbeiterregierungen in Sachsen und Thüringen und zur Durchlöcherung des Achtstundentages. | Aber dieses Bündnis zwischen Kapital und Faschismus wurde nach der Beendigung des Ruhrkrieges zerrissen.

Als die deutsche Bourgeoisie nach der Beendigung des Ruhrkrieges große Auslandsanleihen zur Sicherung der wiederhergestellten Währung und zur Leistung der Reparationsraten, große Auslandskredite für ihre Banken und Industrieunternehmen zum Ersatze des durch die Inflation zerstörten zirkulierenden Kapitals, als sie darum die „Verständigungspolitik" brauchte, entzog sie der völkischen Bewegung ihre Unterstützung. In der Prosperitätsperiode stützte die deutsche Bourgeoisie die bürgerlich-demokratischen Parteien. Die Volkspartei nahm an der demokratischen Regierung teil, die Deutschnationalen näherten sich der Demokratie. Erst nach dem Einbruch der Krise von 1929 begannen die Kapitalisten und die Junker, sich wieder dem Faschismus zu nähern. Als die nationalsozialistische Bewegung, in der Prosperi-

123

---

[24] Marx, Der 18. Brumaire. Seite 96.

tätszeit weit zurückgeworfen, unter dem Drucke der Krise schnell die durch die Krise verelendeten kleinbürgerlichen und bäuerlichen Massen eroberte, erkannten die Schwerindustrie und das Junkertum bald in ihr das Mittel, die Arbeiterklasse zurückzuwerfen, den Einfluß der Arbeiterparteien und der Gewerkschaften zurückzudrängen, die Hindernisse zu zerstören, die die demokratischen Institutionen dem Kampf des Kapitals um die Steigerung des Grades der Ausbeutung, um die Wiederherstellung der Profite bereiteten. Die Deutschnationalen unter Hugenbergs Führung verbündeten sich mit Hitler in der „Harzburger Front". Die Bourgeois-Fraktionen, die Brüning stützten, benützten die Angst der Sozialdemokratie und der Gewerkschaften vor einer faschistischen Diktatur, um von ihnen die „Tolerierung" der kapitalistischen Diktatur Brünings, die die Lebenshaltung der Volksmassen mittels der Deflationspolitik ihrer Notverordnungen schnell senkte, zu erpressen. Die nationalen Sturmtrupps erwiesen sich nützlich, die Zustimmung der Arbeiterorganisationen zur Senkung der Lebenshaltung der Arbeiter, die Zustimmung der Demokratie zu einer kapitalistischen Diktatur zu erpressen; daher strömten 124 ihnen die Subventionen der Großindustrie in | großen Beträgen zu. Reichswehr, Bürokratie und Richtertum, zufrieden damit, daß das Anwachsen der nationalsozialistischen Flut die „Marxisten" einschüchterte, sicherten den braunen Gewalthaufen, die auf der Straße Reichsbannermänner und Rot-Frontler niederschlugen, wohlwollende Behandlung durch die Staatsgewalt.

Waren Kapitalistenklasse und Junkertum nationalsozialistisch geworden? Keineswegs. Im Grunde verachteten sie den „Anstreicher", der nach der Macht strebte, die ganze plebejische, von Kleinbürgern, Bauern, Deklassierten aller Klassen getragene, von utopistischem kleinbürgerlichem Antikapitalismus erfüllte Bewegung, die sie unterstützten. Aber ganz so, wie sich Giolitti in Italien des Faschismus bedienen zu können glaubte, um die rebellierende Arbeiterschaft einzuschüchtern, zurückzudrängen, zu pazifizieren, so glaubten in Deutschland Kapitalisten und Junker, sich der nationalsozialistischen Bewegung bedienen zu können,

um den Einfluß der Sozialdemokratie und der Gewerkschaften zu
überwinden, den Widerstand der Arbeiterklasse gegen die Senkung der Löhne, gegen den Abbau der Arbeiterschutzgebung und
der Arbeiterversicherung, gegen die Deflationspolitik einer Diktatur des Kapitals und des Großgrundbesitzes zu brechen. Aber
hier wie dort ist der Faschismus den kapitalistischen Klassen
bald über den Kopf gewachsen. Auch in Deutschland trat der Augenblick ein, in dem Junker und Kapitalisten nur noch die Wahl
hatten, den Faschismus niederzuwerfen und dadurch die Machtverhältnisse mit einem Schlage zugunsten der Arbeiterklasse
zurückzuverschieben oder die Staatsmacht dem Faschismus zu
übergeben. In dieser Lage entschied die junkerliche Umgebung
Hindenburgs für die Übergabe der Staatsmacht an Hitler. Wie in
Italien traten auch hier die Repräsentanten der historischen bürgerlichen Parteien in die erste Faschistenregierung ein, glaubten
sie auch hier, sich den Faschismus in der Regierung unterzuordnen und assimilieren zu können. Aber noch schneller als in Italien
hat der deutsche Faschismus die einmal eroberte Staatsmacht
benützt, die bürgerlichen Parteien aus der Regierung hinauszu-
schleudern, die Par- | teien und Organisationen der Bourgeoisie 125
aufzulösen, seine „totalitäre" Diktatur zu etablieren. Auch hier
schien der Klassenkampf damit zu enden, daß die faschistischen
Gewalthaufen ihre Herrschaft über alle Klassen aufrichteten.

   Der Faschismus rechtfertigt sich vor der Bourgeoisie gern damit, er habe sie vor der proletarischen Revolution, vor dem „Bolschewismus" gerettet. In der Tat hat der Faschismus in seiner
Propaganda Intellektuelle, Kleinbürger und Bauern gern mit dem
Gespenst des Bolschewismus geschreckt. Aber in Wirklichkeit hat
der Faschismus nicht in einem Augenblick gesiegt, in dem die
Bourgeoisie von der proletarischen Revolution bedroht gewesen
wäre. Er hat gesiegt, als das Proletariat schon längst geschwächt
und in die Defensive gedrängt, die revolutionäre Flut schon abge-
ebbt war. Die Kapitalistenklasse und der Großgrundbesitz haben
die Staatsmacht den faschistischen Gewalthaufen nicht deshalb
überantwortet, um sich vor einer drohenden proletarischen Re-

volution zu schützen, sondern zu dem Zweck, um die Löhne zu
drücken, die sozialen Errungenschaften der Arbeiterklasse zu
zerstören, die Gewerkschaften und die politischen Machtposi-
tionen der Arbeiterklasse zu zertrümmern; nicht also, um einen
revolutionären Sozialismus zu unterdrücken, sondern um die Errungenschaften des reformistischen Sozialismus zu zerschlagen.

„Der rednerische Revolutionarismus der Maximalisten", sagt
Silone, „gefährdet nur die Lampen der Straßenbeleuchtung und
manchmal die Knochen von einigen Polizeiagenten. Aber der
Reformismus mit seinen Kooperativen, seiner Gehaltserhöhung
in Krisenzeiten, seiner Arbeitslosenunterstützung bedroht etwas
viel Heiligeres: den Kapitalprofit … Gegen den schwätzerischen
Maximalismus, der vom Morgen bis zum Abend die ‚Bandiera ros-
sa' und die ‚Internationale' singt, verteidigt sich der Kapitalismus
mit den Gesetzen und, wenn die alten nicht genügen, macht er
neue; gegen den Reformismus, der auf friedlichem, demokrati-
schem und gesetzlichem Weg das Gleichgewicht zwischen den
Klassen stört, wird der Kapitalismus blutgierig und greift er zum
faschistischen Ban- | diten … Der Reformismus läuft nicht Ge-
fahr, solange er schwach ist, sondern wenn er stark ist, d.h. wenn
er die Grenzen erreicht, bei deren Überschreiten die Demokratie und die Gesetzlichkeit gegen den Kapitalgewinn angewendet
werden."[25]

In der bürgerlichen Demokratie herrscht die Kapitalistenklasse,
aber sie herrscht unter dem ständigen Druck der Arbeiterklasse.
Sie muß der Arbeiterklasse immer wieder, immer weitere Zugeständnisse machen. Der ständige Kampf des reformistischen
Sozialismus und der Gewerkschaften um höhere Löhne, kürzere
Arbeitszeit, Ausbau der sozialen Gesetzgebung und Verwaltung
erschüttert freilich in der Zeit der aufsteigenden kapitalistischen
Entwicklung den Kapitalismus nicht; er hebt ihn vielmehr auf ein
höheres technisches, soziales und kulturelles Niveau. Aber in den
schweren Wirtschaftskrisen, die dem Weltkrieg gefolgt sind, erscheinen die Errungenschaften des reformistischen Sozialismus

126

---

[25] Silone, Der Faschismus. Zürich 1934. Seite 70, 71.

der Kapitalistenklasse als Hindernisse des „normalen", durch die
Bewegungen der Profitrate bestimmten Produktions- und Zirku-
lationsprozesses. Sie ist entschlossen, alle weiteren Zugeständnisse zu verweigern, die der Arbeiterklasse schon gemachten
Zugeständnisse zu widerrufen. Die demokratischen Institutionen
hindern sie daran; also wendet sie sich gegen die demokratischen
Institutionen. Die demokratische Rechtsordnung erlaubt ihrer
Staatsgewalt nicht, die staatlichen Gewaltmittel gegen den mit
gesetzlichen Mitteln kämpfenden reformistischen Sozialismus
einzusetzen; also bedient sie sich der ungesetzlichen privaten Gewaltmittel der faschistischen Banden neben ihrem gesetzlichen
Staatsapparat. Aber wenn sie die faschistischen Banden auf das
Proletariat losläßt, so wird sie selbst zur Gefangenen der faschistischen Banden. Sie kann die faschistischen Banden, die sie gegen
das Proletariat mobilisiert hat, nicht mehr niederwerfen, ohne
sich der Revanche des Proletariats auszusetzen. Sie muß daher
sich selbst der Diktatur der faschistischen Banden unterwerfen,
ihre eigenen Par- | teien und Organisationen der faschistischen 127
Gewalt preisgeben.

Die faschistische Diktatur entsteht so als das Resultat eines ei-
genartigen Gleichgewichts der Klassenkräfte. Auf der einen Seite
steht eine Bourgeoisie, die die Herrin der Produktions- und der
Zirkulationsmittel und der Staatsgewalt ist. Aber die Wirtschaftskrise hat die Profite dieser Bourgeoisie vernichtet. Die demokratischen Institutionen hindern die Bourgeoisie, ihren Willen dem
Proletariat in dem Ausmaß, das ihr zur Wiederherstellung ihrer
Profite notwendig erscheint, aufzuzwingen. Diese Bourgeoisie ist
zu schwach, um ihren Willen noch mit jenen geistigen, ideologischen Mitteln, durch die sie in der bürgerlichen Demokratie
die Wählermassen beherrscht, durchzusetzen. Sie ist, durch die
demokratische Rechtsordnung beengt, zu schwach, um das Proletariat mit gesetzlichen Mitteln, mittels ihres gesetzlichen Staatsapparates niederzuwerfen. Aber sie ist stark genug, eine gesetzlo-
se, gesetzwidrige Privatarmee zu besolden, auszurüsten, auf die
Arbeiterklasse loszulassen. Auf der anderen Seite steht eine von

dem reformistischen Sozialismus und von den Gewerkschaften geführte Arbeiterklasse. Reformismus und Gewerkschaften sind stärker geworden, als es die Bourgeoisie erträgt. Ihr Widerstand gegen die Hebung des Grades der Ausbeutung steht der Deflation im Wege. Er kann nicht mehr anders als durch Gewalt gebrochen werden. Aber wird der reformistische Sozialismus gerade um seiner Stärke willen, um der Größe seiner Erfolge willen, um der Kraft seines Widerstandes willen gewaltsam angegriffen, so ist er andererseits zu schwach, sich der Gewalt zu erwehren. Auf dem Boden der bestehenden bürgerlichen Demokratie wirkend, an der Demokratie als seinem Kampfboden und seiner Kraftquelle festhaltend, erscheint er breiten kleinbürgerlichen, bäuerlichen, proletarischen Massen als eine „Systempartei", als Teilhaber und Nutznießer jener bürgerlichen Demokratie, die sie vor der Verelendung durch die Wirtschaftskrise nicht zu schützen vermag. Er vermag daher die durch die Krise revolutionierten Massen nicht

128 an sich zu ziehen. Sie strömen seinem | Todfeind, dem Faschismus zu. Das Resultat dieses Gleichgewichts der Kräfte oder vielmehr der Schwäche beider Klassen ist der Sieg des Faschismus, der die Arbeiterklasse im Dienste der Kapitalisten niederwirft aber im Solde der Kapitalisten ihnen so über den Kopf wächst, daß sie selbst ihn schließlich zu unbeschränkten Herren über das ganze Volk und damit auch über sich selbst machen müssen.

Wie sich der Absolutismus der frühkapitalistischen Epoche, vom 16. bis zum 18. Jahrhundert, auf der Basis des Gleichgewichts der Kräfte des Feudaladels und der Bourgeoisie entwickelt hat, wie der Bonapartismus des 19. Jahrhunderts das Resultat jenes zeitweiligen Kräftegleichgewichtes zwischen der Bourgeoisie und dem Adel einerseits, zwischen dem Proletariat und der Bourgeoisie andererseits gewesen ist, das aus den Revolutionskämpfen von 1848 hervorging, so ist auch der neue, der faschistische Absolutismus das Ergebnis eines zeitweiligen Gleichgewichtszustandes, in dem weder die Bourgeoisie dem Proletariat ihren Willen mit den alten gesetzlichen Methoden aufzwingen, noch das Proletariat sich von der Herrschaft der Bourgeoisie befreien konnte und beide Klassen daher unter die Diktatur der Gewalthaufen gerieten, die die Kapitalistenklasse gegen das Proletariat benutzt hat, bis sie sich schließlich selbst ihrer Diktatur unterwerfen mußte.

Aber ist die faschistische Diktatur aus einem Zustande des Gleichgewichts der Klassenkräfte hervorgegangen, so wird durch ihre Etablierung und Stabilisierung dieser Gleichgewichtszustand aufgehoben. Die Kapitalistenklasse hat allerdings, als sie dem Faschismus die Macht überantwortete, ihre eigenen Regierungen, Parteien, Institutionen, Organisationen, Traditionen, einen ganzen großen Stab von Männern, die ihr Vertrauen genossen und ihr gedient haben, dem Faschismus preisgeben müssen. Aber der führenden Schicht der Bourgeoisie, den Großkapitalisten und den Großgrundbesitzern gelingt es nach der Etablierung der faschistischen Diktatur überaus schnell, auch das neue Herrschaftssystem in ein Instrument ihrer Klassenherr- | schaft, auch 129 die neuen Herren in ihre Diener zu verwandeln.

Gewiß, die faschistische Diktatur erscheint zunächst auch der Kapitalistenklasse gegenüber selbständiger und selbstherrlicher, auch gegen sie stärker als die Regierungsgewalt der bürgerlichen Demokratie. Der faschistische Terror bedroht auch den Kapitalisten. Die faschistische Diktatur löst auch kapitalistische Organisationen auf oder stellt sie doch unter ihre Vormundschaft. Die faschistische Diktatur unterwirft sich auch die kapitalistische Presse. Sie verwandelt die Preßorgane des Kapitals in Preßorgane der Regierungsgewalt und beraubt dadurch das Kapital der selbständigen Verfügung über das wichtigste Mittel zur Beeinflussung der Volksmassen. Aber wenn die faschistische Diktatur auch über die Kapitalistenklasse herrscht, so wird sie dennoch unvermeidlich zum Vollzugsorgan der Bedürfnisse, der Interessen, des Willens der Kapitalistenklasse.

Wir haben in unserer Darstellung der bürgerlichen Demokratie den ökonomisch-ideologischen Mechanismus beschrieben, mittels dessen die Kapitalistenklasse die Wählerschaft, die Parteien, die Regierungen der bürgerlichen Demokratie ihren Bedürfnissen, ihren Profiten, ihrem Willen dienstbar macht. Dieser ganze

Mechanismus bleibt auch unter der faschistischen Diktatur voll wirksam. Auch unter der faschistischen Diktatur bleibt der Gang der Volkswirtschaft abhängig von der Profitrate und kann sich daher jedes Interesse des Profits als Interesse der Volksgemeinschaft verkleiden. Auch unter der faschistischen Diktatur bleiben Staat und Volkswirtschaft abhängig vom Kredit und maskiert sich daher jedes Interesse der Hochfinanz als Interesse des Staates und der Volkswirtschaft. Auch unter der faschistischen Diktatur können die Großwürdenträger des Eigentums ihre Interessen als Interessen der Masse der kleinen Eigentümer durchsetzen.

Aber wenn Kapitalisten und Großgrundbesitzer ihre Klassenherrschaft auch unter der faschistischen Diktatur behaupten, 130 so fallen mit der Etablierung der faschistischen | Diktatur die Hemmungen, die Gegengewichte weg, die in der bürgerlichen Demokratie ihre Klassenherrschaft beschränken. In der bürgerlichen Demokratie konnte die Kapitalistenklasse ihre Herrschaft nur mittels der großen bürgerlichen Massenparteien ausüben, die sich bei den Wahlen vor den Massen des Bürgertums, der Bauernschaft, der Angestelltenschaft verantworten und um ihre Stimmen werben, die daher auf die Interessen, die Meinungen, die Stimmungen dieser Massen Rücksicht nehmen müssen. Unter der faschistischen Diktatur können Kapitalisten und Großgrundbesitzer durch ihre Macht über die Volkswirtschaft, über den Geschäftsgang, über den öffentlichen Kredit die Diktatoren nicht weniger unmittelbar beeinflußen als in der bürgerlichen Demokratie; die Massen des Bürgertums und der Bauernschaft dagegen sind durch die Gleichschaltung ihrer Organisationen, durch die Aufhebung der Pressefreiheit und der Freiheit des Wahlkampfes mundtot gemacht, sie können ihre Interessen nicht mehr verfechten. Hat in der bürgerlichen Demokratie die ganze Bourgeoisie, wenngleich unter der Führung des Großkapitals, geherrscht, so herrschen unter der faschistischen Diktatur nur noch Großkapital und Großgrundbesitz, während die Masse des Bürgertums und der Bauernschaft machtlos wird

In der Periode seines Kampfes um die Macht, hat sich der Faschismus allerdings gerade auf kleinbürgerliche und bäuerliche

Massen, auf Massen, die durch die Wirtschaftskrise verelendet, revolutioniert, mit antikapitalistischen Stimmungen erfüllt worden waren, gestützt. Aber einmal zur Macht gekommen, gerät er unvermeidlich unter den bestimmenden Einfluß der kapitalistischen Gesellschaftsmächte und muß daher den utopistischen kleinbürgerlichen Radikalismus seiner eigenen Gefolgschaft niederringen. In Italien geschah dies in heftigen Kämpfen innerhalb der faschistischen Partei im Jahre 1923. In Rom spaltete sich die Partei in zwei Fraktionen. In Livorno und in Bologna griffen oppositionelle Gruppen die Parteizentrale an. In vielen Orten gab es Rebellionen mit der Parole eines „zweiten Marsches auf Rom". Die Diktatoren warfen diese | Kleinbürgerrebellion mit der Ausschließung zehntausender Schwarzhemden aus der Partei, mit dem Verbot aller Provinzialkongresse, mit der Auswechslung der Unterführer und Komitees nieder. In den Jahren 1923 bis 1926 wurde die faschistische Partei in ein gefügiges Instrument der Staatsgewalt verwandelt, innerhalb dessen es keine freie Diskussion, keine freie Führerwahl, keine eigene Willensbildung mehr gibt. Damit war die Entmachtung des Kleinbürgertums vollendet; die unter dem Einfluß der Großkapitalisten und der Großgrundbesitzer verbleibende Diktatur herrscht über Kleinbürger und Bauern.

Derselbe Prozeß vollzog und vollzieht sich in Deutschland. Hitler hat die Kleinbürgerrebellion der SA, die nach der „zweiten Revolution" schrie, mit den Morden vom 30. Juni 1934 niedergeworfen, die Partei mit der Proklamation „der Führer ist die Partei" in ein bloßes Herrschaftsinstrument der Diktatur verwandelt und damit die kleinbürgerlichen Widerstände gegen die kapitalistische Diktatur gebrochen. Den Kleinbürger zu befriedigen, läßt er seinen Haß gegen die Juden sich austoben.

Die bürgerliche Demokratie hat allen Staatsbürgern den Genuß der individuellen Freiheitsrechte, dem ganzen Volke die freie Wahl der gesetzgebenden Körperschaften und durch sie die Kontrolle der öffentlichen Verwaltung gesichert. Herrschte auch in ihr die Bourgeoisie, so war ihre Herrschaft doch durch das Ge-

wicht der Masse der proletarischen Wähler und durch die Kraft
der proletarischen Organisationen beschränkt. Der Faschismus
vernichtet alle individuellen Freiheitsrechte, er hebt die Freiheit
der Wahl auf, er zerstört die proletarischen Organisationen, — die
Arbeiterklasse wird damit vollkommen entrechtet und entmach-
tet. An die Stelle der durch die demokratischen Institutionen
beschränkten Klassenherrschaft, tritt die „totalitäre", d.h. un-
beschränkte Klassenherrschaft, die Diktatur. Die faschistische
Konterrevolution bedeutet also den Übergang von der durch die
demokratischen Institutionen beschränkten Klassenherrschaft
der gesamten Bourgeoisie zu der unbeschränkten Diktatur der
132 Großkapitalisten und der Großgrundbesitzer. |

Die Gesellschaftsordnung ist stärker als die Staatsverfassung.
Die ökonomische Macht des Kapitals ordnet sich jede Staatsgewalt unter, solange die Kommandohöhen der Wirtschaft in
den Händen des Kapitals bleiben. Die bürgerliche Demokratie
ist nicht aus dem Willen der Kapitalisten entstanden; sie war
das Resultat der Klassenkämpfe der Arbeiter, der Kleinbürger,
der Bauern gegen die Kapitalistenklasse. Trotzdem ist sie, einmal stabilisiert, zum Herrschaftsmittel der Kapitalistenklasse
geworden. Trotzdem haben gerade die Kämpfe auf ihrem Boden den Kapitalismus auf ein höheres technisches, soziales und
kulturelles Niveau gehoben, die Kleinbürgerparteien, die einst
im Kampfe gegen die Kapitalistenklasse aufgestiegen waren, in
Werkzeuge der Kapitalistenherrschaft verwandelt, die revolutionäre Gärung in den Arbeitermassen beendet, die Arbeitermassen
reformistisch pazifiziert. So ist auch die faschistische Diktatur
ursprünglich keineswegs von der Kapitalistenklasse gewollt worden. Eine plebejische, rebellische, von antikapitalistischen Stimmungen erfüllte Bewegung der durch Krieg und Krisen aus dem
bürgerlichen Erwerbsleben hinausgeschleuderten Deklassierten
aller Klassen hat im Gefolge der wirtschaftlichen und sozialen
Erschütterungen der Nachkriegszeit verelendete, rebellierende,
antikapitalistisch gestimmte Massen von Kleinbürgern und Bauern mitzureißen vermocht. Die Kapitalistenklasse hat sich dieser

plebejischen rebellischen Bewegung bedient; aber sie dachte ursprünglich keineswegs daran, ihr die Macht zu überantworten. Sie hat es schließlich nicht ohne Widerstreben und Besorgnis tun müssen. Aber indem diese Kleinbürgerrebellion die Demokratie zerschlug und damit die Volksmassen entrechtete und entmachtete, während die ökonomische Macht und damit auch der ideologische und politische Einfluß des Großkapitals und des Großgrundbesitzes ungebrochen blieb, ging gerade aus der plebjischen Rebellion der Deklassierten aller Klassen, gerade aus der antikapitalistischen Rebellion der Kleinbürger und der Bauern, gerade aus dem zeitweiligen Gleichgewicht der Klassenkräfte die | schrankenlose Diktatur des Großkapitals und des Großgrundbe 133 sitzes hervor.

Aber wenn mittels der faschistischen Diktatur die Kapitalistenklasse herrscht, so ist doch in der faschistischen Diktatur so wenig wie in den früheren Staatsordnungen des Kapitalismus die herrschende Klasse identisch mit der regierenden Kaste. In der Zeit des liberalen Staates hat die herrschende Kapitalistenklasse die Besorgung der parlamentarischen, die Führung der Regierungsgeschäfte in vielen Ländern den liberalen Fraktionen des Grund- und des Amtsadels überlassen: in England den Whigs, in Österreich dem „verfassungstreuen Großgrundbesitz" und der „josefinischen" Bürokratie, in Rußland dem Semstwoliberalismus.[26] In der bürgerlichen Demokratie hat die Bourgeoisie mittels der regierenden Kaste der Berufspolitiker der bürgerlichen Massenparteien geherrscht. Unter der faschistischen Diktatur üben Großkapital und Großgrundbesitz ihre Diktatur aus, indem sie sich der regierenden Kaste bedienen, die durch den Sieg des Faschismus zur Macht gelangt ist. Wie im liberalen, wie im demokratischen Staat entstehen auch hier zeitweilig Spannungen, Gegensätze, Konflikte zwischen der herrschenden Klasse und der regierenden Kaste. Diese Gegensätze, zeitweilig schroff in den Anfängen der faschistischen Diktatur, gemildert, sobald der Fa

---

[26] Marx und Engels, Gesammelte Schriften. Herausgegeben von Rjasanoff, Stuttgart 1917, I. Band, Seite 4, 5; II. Band, Seite 129, 164, 166.

schismus den utopistischen kleinbürgerlichen Radikalismus in
seinen eigenen Reihen niedergeworfen hat, entstehen doch immer von neuem; die aus der Wirtschaftskrise hervorgegangene,
vom Faschismus weiter entwickelte „dirigierte Ökonomie" zwingt
die faschistische Diktatur tagtäglich zu wirtschaftlichen Entscheidungen, die die Interessen bald dieser, bald jener Fraktion der
herrschenden Kapitalistenklasse verletzen und dadurch die regierende faschistische Herrenkaste in Gegensatz zu Fraktionen
der herrschenden Kapitalistenklasse setzen.

 In der ersten Phase ihrer Entwicklung kann die faschistische
134 Diktatur allerdings nicht nur die ganze Kapi- | talistenklasse, son-
dern über sie hinaus breite Volksmassen um sich scharen. Denn
der einheitliche starke rücksichtslose Wille der Diktatur kann Leistungen vollbringen, zu denen die Demokratie, durch die inneren
Kämpfe zerrissen, von Kompromiß zu Kompromiß schwankend,
zu rücksichtslosem Vorgehen gegen widerstrebende Sonderinteressen wenig tauglich, nicht fähig gewesen war. Der Offiziersgeist
der Diktatoren erzwingt Autorität und Disziplin in der öffentlichen Verwaltung; ganz Europa ist entzückt, weil die Eisenbahnzü-
ge in Italien pünktlicher als vorher ankommen. Rücksichtsloses
Zugreifen schüchtert den Schieber ein; so kann die Diktatur die
Verschleppung des nationalen Geldes ins Ausland verhindern,
sein Angebot auf den ausländischen Märkten verknappen und
dadurch seinen Kurs halten, auch wenn sie große Mittel für Arbeitsbeschaffung und Aufrüstung inflationistisch aufbringt. Viel
weniger als die bürgerliche Demokratie durch Sonderinteressen einzelner kapitalistischer Schichten, durch wirtschaftspolitische Traditionen und Vorurteile gehemmt, kann sie die „dirigierte" Ökonomie viel schneller entwickeln, die Arbeitslosigkeit
mit den Mitteln inflationistischer und überprotektionistischer
Wirtschaftspolitik schnell eindämmen. Rücksichtslos drückt die
Diktatur die Löhne, baut sie die „sozialen Lasten" ab; so kann
sie die Profite wiederherstellen. Rücksichtslos verhält sie die
Arbeitslosen zur Zwangsarbeit; so kann sie sich großer öffentlicher Arbeiten rühmen. Aus einer nationalistisch-militaristischen

Bewegung hervorgegangen, wirft sie alle regionalen Partikularismen gewaltsam nieder und stellt damit die nationale Einheit her, treibt sie kühne auswärtige Politik und Rüstungspolitik, deren Aggressivität die demokratischen Staaten erschreckt und in die Defensive drängt; so wird ihr Prestige durch große Erfolge gehoben.

Aber im weiteren Verlaufe der Entwicklung verengert sich die gesellschaftliche Basis der faschistischen Diktatur. Sie kann dank der Regulierung des Zahlungsverkehrs mit dem Auslande den Kurs des nationalen Geldes lange Zeit halten, auch wenn sie es im Inlande durch inflationistische Beschaffung der Mittel für Arbeitsbeschaffung und Auf- | rüstung entwertet; aber die 135 Spannung zwischen Kurs und Kaufkraft wird zum Hindernis des Exports und die inflationistische Entwertung des Geldes im Inlande wird den Volksmassen in drückender Teuerung fühlbar. Militaristisch-nationalistisch gerichtet, baut die Diktatur die „dirigierte Wirtschaft" zur Vorbereitung der Kriegswirtschaft aus und bürdet damit nicht nur den breiten Volksmassen schwere Opfer auf, sondern gerät auch mit mächtigen kapitalistischen Interessen in Widerstreit. Die hohen Kosten der Aufrüstung, die sie betreibt, belasten nicht nur die Volksmassen, sondern auch das Kapital. Ihre aggressive nationalistische Außenpolitik stürzt das Land in Verwicklungen, die im Kriege zu enden drohen. Ihr Anspruch auf „totalitäre" Beherrschung des ganzen Lebens der Nation, auch ihres geistigen Lebens, gerät in Widerstreit mit Traditionen und Ideologien vieler Schichten der Bourgeoisie. So geraten große Fraktionen der herrschenden Kapitalistenklasse in Opposition gegen die Diktatur der regierenden faschistischen Kaste. Nur die gewaltgläubigsten, gewaltbedürftigsten Fraktionen der Kapitalistenklasse, diejenigen, denen die gewaltsame Niederhaltung des Proletariats im Innern und eine kühne, kriegerische Politik nach außen jedes wirtschaftliche Opfer und jedes Opfer des Intellekts wert sind, bleiben um die Diktatur geschart, bleiben ihre Stützen und ihre Herren zugleich. Die Diktatur des Kapitals mittels der aus der militärisch-nationalistischen Kriegsteilneh-

merbewegung hervorgegangenen Herrenkaste verengert sich
zur Diktatur der kriegerischen Fraktion der Kapitalistenklasse.

Die pazifistischen Elemente der Kapitalistenklasse, — die auf
den Export angewiesene Fertigfabrikat-Industrie, die friedlichen
Warenaustausch zwischen den Völkern braucht; der Handel, der
durch die Kriegswirtschaft unterbunden wird; die Rentnerklasse,
die den Sturz der Anlagepapiere im Kriegsfalle fürchtet, — werden in den Hintergrund gedrängt. Die kriegerischen Elemente
der Kapitalistenklasse, vor allem die Rüstungsindustrien und die
mit dem Offizierskorps versippte grundbesitzende Aristokratie,
erlangen die Oberhand. Da das Kapital seine | Diktatur mittels
der kriegerischen Führerkaste ausübt, die aus der nationalistisch-
militaristischen Kriegsteilnehmerbewegung hervorgegangen ist,
obsiegen innerhalb der Kapitalistenklasse die kriegerischen Tendenzen. Die aggressive, expansionistische, gegen die Machtverteilung, die aus dem letzten Kriege hervorgegangen ist, gerichtete
Politik der faschistischen Mächte verschiebt alle Machtverhältnisse auf dem Kontinent, sie erfüllt alle Staaten mit gegenseitigem
Mißtrauen, sie führt zu neuem Wettrüsten, sie droht in neuem
Kriege zu enden.

Es ist natürlich kein Zufall, daß eine solche kriegerische Diktatur des Kapitals gerade in Italien und in Deutschland zuerst
obsiegt hat. In beiden Ländern war ihr Sieg durch die besondere
nationalpolitische Situation gefördert: in Italien durch die besondere Gestaltung, die der Klassenkampf unter der Einwirkung
des Kampfes für und gegen das Eingreifen Italiens in den Krieg
angenommen hatte; in Deutschland durch die Wirkungen der Niederlage im Kriege. Aber hat der Faschismus einmal in zwei großen
Staaten gesiegt und seine Herrschaft stabilisiert, so kann sein
Vorbild auch in anderen Ländern und unter anderen Umständen,
in denen nicht dieselben national-politischen Voraussetzungen
gegeben sind, nachgeahmt werden.

Der Faschismus hat der Kapitalistenklasse aller Länder gezeigt, daß eine entschlossene Minderheit wagemutiger Lands-
knechte genügen kann, das ganze Volk aller Freiheitsrechte, aller

demokratischen Institutionen, aller selbständigen Organisationen zu berauben, die Arbeiterklasse völlig niederzuwerfen, eine kapitalistisch-militaristische Diktatur aufzurichten. Dieses Beispiel lockt zur Nachahmung auch dort, wo die Voraussetzungen des Sieges des Faschismus nicht dieselben sind wie in Italien und in Deutschland. Kennzeichnend dafür ist die Entstehung der faschistischen Diktatur in Österreich.

Österreich war durch die Niederlage im Weltkrieg noch weit schwerer getroffen worden als Deutschland. Das große Reich zerfiel, ein kleines Ländchen, politisch ohnmächtig, wirtschaftlich hilflos, blieb von ihm übrig. | Seine Industrie, ihrer alten 137 Absatzgebiete beraubt, schrumpfte zusammen. Sein Bürgertum und seine Bauernschaft schwankten zwischen der Hoffnung auf den Anschluß an das Deutsche Reich und der Hoffnung auf die Wiederherstellung der alten Donaumonarchie. Eine faschistische Bewegung entstand auch hier; aber sie enthielt von Anfang an in sich den Keim der Spaltung zwischen den deutsch-national und den österreichisch-patriotisch gesinnten Elementen; zwischen denen, die den Anschluß an Deutschland, und denen, die die Wiederherstellung der Habsburgermonarchie als ihr letztes Ziel betrachteten; zwischen dem von der Schwerindustrie, die deutsches Kapital beherrschte, subventionierten faschistischen Nationalismus und der von dem aristokratischen Großgrundbesitz geführten schwarz-gelben Reaktion. Als der Nationalsozialismus in Deutschland siegte, eroberte er im Sturm auch große Teile des deutschösterreichischen Volkes; der altösterreichische, habsburgisch gesinnte klerikale Separatismus setzte sich gegen die drohende Aufsaugung des Landes durch das Dritte Reich zur Wehr. Die deutsch-österreichische Bourgeoisie, durch den alten Gegensatz zwischen ihrem Deutschtum und ihrem Österreichertum zerrissen, konnte mit demokratischen Mitteln ihre Herrschaft nicht mehr aufrechterhalten. Ihre österreichisch-klerikale Fraktion hätte, um den Ansturm des Nationalsozialismus auf dem Boden der Demokratie abzuwehren, die Bundesgenossenschaft der Arbeiterklasse suchen müssen und wäre dadurch zur Gefangenen der Arbeiterklasse geworden; das wollte sie am allerwenigsten in dem Augenblick, in dem der Sieg Hitlers über die deutschen Arbeiter ihren Wunsch stärkte, auch in Österreich die Macht der Arbeiterklasse zu zerbrechen. So entschloß sich die klerikale, österreichisch-patriotische, dem Anschluß an Deutschland feindliche Fraktion der deutschösterreichischen Bourgeoisie, die Staatsgewalt zur Aufrichtung einer Diktatur zu benützen, die den deutsch-nationalistischen Faschismus und die Arbeiterklasse zugleich gewaltsam niederhalten soll. Sie ahmte dabei äußerlich die Methoden des Faschismus nach. Sie knüpfte an die faschistische | Ideologie an und verknüpfte sie mit katholischem Klerikalismus. Aber in Wirklichkeit ist ihre „Vaterländische Front" nicht, wie die faschistische Partei Italiens und die nationalsozialistische Partei Deutschlands, aus einer volkstümlichen Massenbewegung hervorgegangen, sondern von der Regierung erfunden und gegründet, mit den Gewaltmitteln des Staates den Volksmassen aufgezwungen worden. In Wirklichkeit ist der Faschismus hier nicht das Naturprodukt elementarer Massenbewegungen und Klassenkämpfe, sondern ein Artefakt, das die gesetzliche Staatsgewalt dem Volke auferlegt hat.

Die Entwicklung der Waffentechnik hat die Staatsgewalt gegen die Volksmassen mächtig gestärkt: im Besitze von Maschinengewehren, Geschützen, Tanks, Panzerzügen, Kriegsflugzeugen, Giftgasen kann die Staatsgewalt jedes Volk niederwerfen, seiner Freiheitsrechte und seiner demokratischen Institutionen berauben. Die Entwicklung der „dirigierten Wirtschaft" vergrößert gewaltig die Macht des Staates über alle Unternehmungen und damit über die in ihnen arbeitenden Volksmassen; diese gewaltige Macht des Staates kann zum politischen Herrschaftsmittel werden und ist zu ihm geworden. Die moderne Technik, vor allem Rundfunk und Film, monopolisieren wirksame Mittel zur geistigen Beeinflußung der Volksmassen in den Händen des Staates. Der Faschismus hat alle Mittel der Massenorganisation und der Massendemonstrationen, die die Parteien auf dem Boden der Demokratie entwickelt hatten, vor allem die Kinder- und Jugend-

organisation, die politische Verwertung des Sports, die Sugge-
stivwirkung großer Massenaufmärsche, aus Mitteln des Kampfes
der Volksmassen in Mittel ihrer Beherrschung verwandelt. Über
alle diese Mittel der militärischen Gewalt, der ökonomischen
Macht und der geistigen Massenbeherrschung verfügend, kann
die Kapitalistenklasse überall die Staatsgewalt dazu benützen,
Ansätze faschistischer Bewegungen, die sich unter dem Eindruck
des deutschen und italienischen Beispiels überall bilden, schnell
und mächtig zu entwickeln und sie zur Aufrichtung ihrer Diktatur
zu benützen. So hat die legale Staatsgewalt, die Methoden des
| italienischen und des deutschen Faschismus nachahmend, die 139
Diktatur in Österreich und in den baltischen Ländern aufgerichtet. So ringen nun in allen kapitalistischen Ländern faschistische
Verbände um eine Gelegenheit, sich mit der legalen Staatsmacht
zu alliieren und durch sie zur Macht zu kommen.

Die Siegesaussichten des Faschismus sind allerdings keineswegs in allen Ländern gleich. Sie sind in Ländern, deren kapitalistische Wirtschaft besonders schwere Erschütterungen erlitten
hat, größer als in Ländern mit starkem, widerstandsfähigerem
Kapitalismus. Sie sind in Ländern, die vor nicht langer Zeit durch
große revolutionäre Prozesse hindurchgegangen sind, weit größer als in Ländern, die seit vielen Jahrzehnten keinen Krieg und
keine Revolution erlebt haben. Sie sind in Ländern, deren Demokratie alt und in den Vorstellungen des Volkes tief verwurzelt
ist, kleiner als in jungen Demokratien. Aber es gibt kaum ein
kapitalistisches Land, in dem nicht die Möglichkeit bestünde,
daß die Kapitalistenklasse in einem Augenblick schwerer wirtschaftlicher und sozialer Erschütterungen, in einem Augenblick
scharfer Zuspitzung der Klassengegensätze die Staatsgewalt zur
Zertrümmerung der Demokratie, zur Aufrichtung ihrer Diktatur
benützt. Gewiß, auch die Bourgeoisie, auch die einzelnen Mitglieder der Kapitalistenklasse haben schwere Hemmungen zu
überwinden, ehe sie sich zum Faschismus entschließen, — Hemmungen, die in der ganzen Geschichte der Bourgeoisie begründet,
in ihrer ganzen Tradition und Ideologie gelegen sind. Denn die

faschistische Diktatur zerstört die wertvollsten rechtlichen und
kulturellen Errungenschaften des ganzen Zeitalters bürgerlich-
kapitalistischer Entwicklung von der Reformation über die bürgerliche Revolution bis zur bürgerlichen Demokratie. Sie zerstört
rechtsstaatliche Einrichtungen, die schon der Absolutismus unter dem Einfluß der bürgerlichen Aufklärung begründet, durch
die er dem Bürger Rechtssicherheit und Rechtsschutz zugestanden hat. Sie zertrümmert die Freiheitsrechte, die der bürgerliche
Liberalismus einst dem Absolutismus abgerungen hat, und ver-
140 nichtet demo- | kratische Organisationen und Körperschaften,
die das Bürgertum aufgebaut und durch die es seine Interessen
gewahrt hat. Sie vernichtet die geistige Freiheit, in der allein
bürgerliche Wissenschaft sich entfalten konnte. Sie unterwirft
jeden Einzelnen der schrankenlosen Willkür der Machthaber, sie
gibt die physische Existenz jedes Einzelnen der Mißhandlung und
Vernichtung durch faschistische Banditen, die wirtschaftliche
Existenz auch des Bürgers der Allgewalt des Staates preis. Sie
wirft mit alledem die Gesellschaft in einen seit Jahrhunderten
überwundenen Zustand der Barbarei zurück. Aber vor die Wahl
zwischen ihren Profiten und ihren Traditionen, ihren Ideologien,
den Errungenschaften ihrer eigenen Geschichte gestellt, wählt
die Kapitalistenklasse ihre Profite. Vor die Wahl zwischen der
Bedrohung ihrer Profite und der Barbarei gestellt, wählt sie die
Barbarei.

Die große Welle des Faschismus, die sich im Gefolge der Weltwirtschaftskrise über Europa ergoß, erreichte ihren Höhepunkt
in den Jahren 1933 und 1934. Nach den Siegen des Faschismus in
Deutschland, Österreich und den baltischen Ländern erstarkten
faschistische Bewegungen in allen demokratischen Staaten. Aber
infolge des wirtschaftlichen Belebungsprozesses der Jahre 1934
und 1935 kamen diese Bewegungen nicht zur Entwicklung. Wo
sich, wie in Großbritannien, in den skandinavischen Ländern, in
Belgien, die wirtschaftliche Lage fühlbar gebessert hat, ebbte die
faschistische Welle bald wieder ab. Nur in Frankreich, das später
als die anderen Länder von der Wirtschaftskrise erfaßt wurde,

wo die Krise später ihren Tiefpunkt erreicht hat, wo die Bourgeoisie die Krise später als in den anderen Ländern mit den Mitteln der Deflation bekämpft hat, blieb der Faschismus eine aktuelle Bedrohung der Demokratie. Damit blieb er freilich allen demokratischen Ländern des Kontinents gefährlich; denn wenn er in Frankreich siegte, so könnte sich kaum noch eine der kontinentalen Demokratien seines Angriffs erwehren. Aber selbst wenn mit der allmählichen Überwindung der Weltwirtschaftskrise die faschistische Gefahr in den noch demokratischen Ländern zunächst schwinden | sollte, werden neue Wellen faschistischer Gefahren 141 kommen, sobald der wirtschaftlichen Belebung schwere Rückschläge folgen, sobald große Klassenkämpfe, Kriegsgefahr und Krieg die kapitalistische Gesellschaft neuerlich erschüttern. Hat schon die Bedrohung der Profite durch die Weltwirtschaftskrise genügt, die Bourgeoisie dem Faschismus in die Arme zu werfen, so wird die Bourgeoisie erst recht ihre Zuflucht in der Diktatur suchen, wenn erst ihr Eigentum selbst, ihre Gesellschaftsordnung bedroht sein wird.

2.3 Die Diktatur des Proletariats

IM JAHRE 1792 BEDROHTEN die Heere Preußens und Österreichs Paris. In den französischen Provinzen erhob sich drohend die Konterrevolution. Krieg und Bürgerkrieg, Hungersnot und Inflation trieben die Volksmassen zur Verzweiflung. Das Schicksal der Französischen Revolution lag in den Händen des Konvents. Der Konvent | geriet unter den revolutionären Druck der bewaffneten 142 Arbeiter und Handwerker der Vorstädte von Paris. Unter ihrem Druck hat der Konvent mit den „gewaltigen Hammerschlägen" einer terroristischen Diktatur die Konterrevolution im Innern des Landes niedergeworfen und den Sieg über den Landesfeind organisiert. Unter ihrem Druck hat er zugleich mit eisernem Besen alle Überbleibsel des Feudalismus von dem französischen Boden hinweggefegt. Unter dem Druck des Proletariats hat er die bürgerliche Agrarrevolution vollzogen, „mit der die ängstlichrücksichtsvolle Bourgeoisie in Dezennien nicht fertig geworden wäre".[27]

Es hat in Frankreich der zeitweiligen terroristischen Diktatur der Pariser Vorstädte bedurft, um die Revolution zu retten und ihre geschichtliche soziale Aufgabe, die Zerschlagung des Feudalismus, die Begründung der bürgerlichen Eigentumsordnung auf dem Lande zu vollziehen. Diese geschichtliche Erfahrung drängte zu dem Gedanken: es wird einer zeitweiligen terroristischen Diktatur des Proletariats bedürfen, um die noch viel gewaltigere Aufgabe der Zerschlagung des Kapitalismus, der Begründung einer sozialistischen Gesellschaftsordnung zu bewältigen. „Zwischen der kapitalistischen und der kommunistischen Gesellschaft", sagt Marx, „liegt die Periode der revolutionären Umwandlung der einen in das andere. Der entspricht auch eine politische Übergangsperiode, deren Staat nichts anderes sein kann als die revolutionäre Diktatur des Proletariats".[28]

Der revolutionäre Sozialismus kämpfte gegen den Absolutismus und gegen die liberale Oligarchie um die Demokratie. Der revolutionäre Sozialismus war überzeugt, daß nur die Diktatur des Proletariats die kapitalistische Eigentums- und Ausbeutungsordnung zerschlagen, eine sozialistische Eigentums- und Produktionsordnung begründen könne. Die Demokratie und die Diktatur des Proletariats erschienen ihm keineswegs als Gegensätze. Der Konvent von 1792 war ein demokratisches, vom ganzen Volke gewähltes Parlament gewesen; aber unter dem Druck der Pariser Vorstädte war er zum Instrument ihrer Diktatur geworden. Die Demokratie, aber die Demokratie in einer revolutionären Situation, die Demokratie unter dem Druck eines bewaffneten revolutionären Proletariats, die Demokratie, die sich im revolutionären Prozeß aus einem Instrument der Klassenherrschaft der Bourgeoisie in das Instrument des Proletariats zur Nieder-

143 |

---

[27] Marx, Die moralisierende Kritik und die kritische Moral. Aus dem literarischen Nachlaß von Marx, Engels und Lassalle. Herausgegeben von Mehring. Stuttgart 1913. 2. Bd., Seite 456.

[28] Marx, Kritik des Gothaer Programms. „Neue Zeit", XI. 1.

werfung und Niederhaltung der Bourgeoisie, zur gewaltsamen
Brechung ihres Widerstandes, zur Konfiskation ihres Eigentums,
zur Zerschlagung ihrer Gesellschaftsordnung verwandelt, — das
war die Vorstellung des älteren Sozialismus von der Diktatur des
Proletariats. In diesem Sinne setzt schon das „Kommunistische
Manifest" am Vorabend der Revolution von 1848 dem Proletariat
als nächstes Ziel: „die Erhebung des Proletariats zur herrschenden Klasse, die Erkämpfung der Demokratie". In demselben Sinne
meint Engels: „Wenn etwas feststeht, so ist es dies, daß unsere
Partei und die Arbeiterklasse nur zur Herrschaft kommen kann
unter der Form der demokratischen Republik. Diese ist sogar die
spezifische Form für die Diktatur des Proletariats, wie schon die
große französische Revolution gezeigt hat".[29]

Der Verlauf der späteren französischen Revolutionen gibt der
Vorstellung der Diktatur des Proletariats größere Bestimmtheit.
Im Februar 1848 haben die Pariser Arbeiter auf den Barrikaden
das Königtum gestürzt. Paris entschied über Frankreich, das Proletariat entschied in Paris. Aber sobald die Nationalversammlung
gewählt wurde, zeigte es sich, daß das Proletariat, in Paris in der
Stunde der Revolution die entscheidende Macht, in Frankreich
nur eine Minderheit des Volkes war. Auf die Masse der Bauern
gestützt, reißt mittels der demokratischen, vom ganzen Volke gewählten Nationalversammlung die Bourgeoisie die Macht an sich,
sie unterwirft sich den zentralisierten bürokratisch-militärischen
Staatsapparat und bedient sich seiner im Juni, das Pariser Proleta-
riat | niederzuwerfen. Derselbe Prozeß wiederholt sich 1871. Das 144
Pariser Proletariat setzt sich gegen ihn zur Wehr. Es stellt der von
der Bourgeoisie beherrschten französischen Nationalversammlung die vom Proletariat beherrschte Pariser Commune entgegen. Es nimmt den Kampf auf um die Zerschlagung des zentralisierten, von der nationalen Bourgeoisregierung beherrschten
bürokratisch-militärischen Staatsapparats, um die Verwandlung
Frankreichs in eine Föderation freier, sich demokratisch selbst
regierender Kommunen. Sein Kampf ist ein Kampf um die voll-

---

[29] Engels, Kritik des Entwurfs zum Erfurter Programm. „Neue Zeit", XX, 1.

ständige Demokratie: Die Kommunen sollen sich selbst regieren durch vom Volke frei gewählte, jederzeit absetzbare Repräsentanten. Die frei gewählten Körperschaften der Kommunen sollen nicht nur die Gesetze geben, sondern auch die Vollziehung der Gesetze, die gesamte Verwaltung selbst besorgen. Es soll keine Bürokratie mehr geben; alle öffentlichen Funktionäre sollen vom Volke gewählt und vom Volke jederzeit abgesetzt werden können. Es soll kein stehendes Heer mehr geben, sondern nur noch die Milizen der Kommunen. Aber diese vollkommene Demokratie soll zugleich die Diktatur des Proletariats in Paris, in den großen Städten und Industriegebieten Frankreichs sichern, damit ganz Frankreich unter die Führung des Proletariats stellen und dadurch die sozialistische Umwälzung der Gesellschaftsordnung ermöglichen.

Diese Vorstellungen der Pariser Communards, von Marx in seinem „Bürgerkrieg in Frankreich" systematisch entwickelt, wurden zum Erbe des russischen Bolschewismus. Aber sie gewannen hier besondere Gestalt aus den Institutionen, die sich in der russischen Revolution entwickelt hatten.

Als die russische Februarrevolution 1917 den Zarismus gestürzt hatte, traten zwei gesellschaftliche Mächte sein Erbe an; die Duma und die Sowjets. Die Duma war das Zensusparlament des zarischen Rußland, das von den besitzenden Klassen gewählte Parlament der russischen Bourgeoisie. Sie bildete aus ihrer Mitte die Provisorische Regierung, die sich auf die Bourgeoisie, auf die 145 Bürokratie und auf das Offizierskorps der Armee stützte. | Die Sowjets bestanden aus den von den Arbeitern und von den Soldaten gewählten Deputierten; zu den Sowjets der Arbeiter- und Soldatendeputierten gesellten sich in der Folge auch die Bauernsowjets. Vertrat die Provisorische Regierung die Bourgeoisie, so repräsentierten die Sowjets die „revolutionäre Demokratie", die Masse der Arbeiter, der Bauern, der Soldaten. Die Sowjets stützten sich nicht nur auf die revolutionierten Volksmassen, sondern auch und vor allem auf die Soldaten der mobilisierten Armee, die vom Februar, von dem berühmten „Befehl Nr. 1" des Petrogra-

der Sowjets an nicht die Provisorische Regierung, sondern die
Sowjets als ihre oberste Autorität anerkannten.

So geriet Rußland nach dem Sturze des Zarismus zunächst in
einen Zustand der Doppelherrschaft. Die reale Macht war zwischen der Provisorischen Regierung und den Sowjets geteilt. Die
Geschichte der Revolution vom Februar bis zum Oktober ist die
Geschichte des Machtkampfes zwischen der Provisorischen Regierung und den Sowjets. In dem Kampf der beiden Institutionen
gegeneinander barg sich der Klassenkampf zwischen der Bourgeoisie auf der einen, der Arbeiterklasse und der Bauernschaft
auf der anderen Seite.

Dieser Zustand des Gleichgewichts der Klassenkräfte hat die Revolution gelähmt. Die Provisorische Regierung wollte den Krieg
weiterführen; aber sie konnte die Disziplin der revolutionierten, die Fortsetzung des Kampfes verweigernden Soldaten nicht
wiederherstellen. Die Provisorische Regierung wollte die Agrar-
reform, die Verteilung des Herrenlandes auf die Bauern bis zum
Friedensschlusse vertagen; aber sie konnte die elementare revolutionäre Bewegung der Bauern, die sich gewaltsam des Herrenlandes zu bemächtigen begannen, nicht eindämmen. Die Provisorische Regierung wollte das kapitalistische Eigentum in der
Industrie nicht antasten; aber sie konnte die Arbeitsdisziplin in
den kapitalistischen Betrieben nicht wiederherstellen.

Hinter den kämpfenden Klassen stand aber noch eine dritte
Macht: die zarische Generalität, die die Millionen-│armeen an der   146
Front kommandierte. Sie war die Hoffnung der gestürzten Dynastie, der durch die Bauernrevolution bedrohten Gutsbesitzer, der
monarchistischen Schichten der Bourgeoisie und der Bürokratie. Die liberale Bourgeoisie, durch die Provisorische Regierung
repräsentiert, konnte sich auf die konterrevolutionäre Generalität nicht stützen, ohne in Gefahr zu geraten, selbst von der
konterrevolutionären Generalität gestürzt zu werden. Sie konnte
das Proletariat nicht gegen die konterrevolutionäre Generalität
aufbieten, ohne in Gefahr zu geraten, von den aufgebotenen bewaffneten Proletariermassen hinweggefegt zu werden. Von der

monarchistischen Konterrevolution auf der einen, vom Proleta-
riat auf der anderen Seite bedroht, konnte sich die Provisorische
Regierung nicht behaupten. Der revolutionäre Prozeß konnte
nicht anders enden als damit, daß alle Macht entweder in die
Hände der Sowjets oder in die Hände der konterrevolutionären
Generalität fallen mußte.

Die Haltung der Soldaten entschied. Sie forderten den sofortigen Frieden, den Frieden um jeden Preis. Sie meuterten gegen
die konterrevolutionären Generale. Sie verweigerten der Regierung der liberalen Bourgeoisie den Gehorsam. Sie gerieten unter
den Einfluß der Bolschewiki, die ihnen sofortige Beendigung des
Krieges in Aussicht stellten, — der Bolschewiki, die im Verlaufe
des Sommers und des Frühherbst 1917 die kriegsmüden Massen
um sich geschart, die Mehrheit der Arbeiter für sich gewonnen,
in den meisten städtischen Sowjets die Mehrheit erobert, auch
auf die Bauernsowjets Einfluß gewonnen hatten.

Die Generale wurden ohnmächtig infolge der Meuterei der Soldaten. Die Provisorische Regierung war wehr- und schutzlos, da
die Truppen ihr nicht mehr gehorchten. Damit lag tatsächlich
schon alle Macht in den Händen der Sowjets. Es kam nur noch
darauf an, daß sich die Sowjets entschlossen, ihre Macht zu gebrauchen. Das taten sie, sobald die Bolschewiki die Mehrheit des
Sowjetkongresses erobert hatten. Die Oktoberrevolution stürzte
147 die Provisorische Regierung, der kein Soldat mehr | gehorchte,
und die Generale, die über keine Armeen mehr verfügten. Sie de-
klarierte, was schon war: alle Macht fiel in die Hände der Sowjets.

Wenige Wochen vor der Oktoberrevolution hatte Lenin seine Schrift „Staat und Revolution" herausgegeben. In ihr hatte
er dargelegt, wie er sich die nahende Diktatur des Proletariats
vorstellte. In ihr lebten die alten, historischen, aus den französischen Revolutionen entstandenen Vorstellungen fort. Die Diktatur des Proletariats sei keineswegs die Aufhebung der Demokratie, sondern eine höhere, vollkommenere Form der Demokratie.
Zwar müsse sie die Ausbeuterklassen vom Genusse der staats-
bürgerlichen Rechte ausschließen, um ihren Widerstand gegen

die Umwälzung der Gesellschaftsordnung zu brechen. Aber für die überwiegende Mehrheit des Volkes, für die Arbeiter und die Bauern, müsse sie die vollkommenste Demokratie, volle Freiheit und Selbstbestimmung herstellen. Die zentralisierte Staatsmaschine müsse restlos zerbrochen werden. Es dürfe kein stehendes Heer mehr geben, sondern nur bewaffnete Volksmilizen. Es dürfe keine Bürokratie mehr geben, sondern nur gewählte und jederzeit absetzbare Funktionäre des werktätigen Volkes. Ist so der zentralisierte bürokratisch-militärisch-polizeiliche Staatsapparat zertrümmert, so verwandelt sich derStaat in eine Föderation von Kommunen. Lenins Vorstellung von diesen Kommunen unterscheidet sich von der, die Marx unter dem unmittelbaren Eindruck der Pariser Commune von 1871 entwickelt hatte, nur dadurch, daß in Lenins Vorstellung and die Stelle der aus allgemeinem Wahlrecht hervorgegangenen Vertretungen der Kommunen die Sowjets traten.

In der Tat entsprach die Diktatur in ihrer ersten Entwicklungsphase ungefähr den Vorstellungen, die sich Lenin von der Oktoberrevolution von ihr gemacht hatte. Der Sieg der Oktoberrevolution entfesselte die revolutionären Energien der Volksmassen. Die Armee löste sich auf; die Soldaten marschierten nach Hause. Die Bauern teilten das Herrenland untereinander auf. Die Arbeiter jagten die Kapitalisten und ihre Direktoren davon und be- | 148 mächtigten sich der Betriebe. Die Sowjets, von Arbeitern und Bauern frei gewählt, zerschlugen den alten staatlichen Apparat und setzten sich an seine Stelle. Volkstümlicher Massenterror brach jeden Widerstand. Gegen die sich formierenden konterrevolutionären Armeen kämpften revolutionäre Aufgebote der Arbeiterschaft und bäuerliche Partisanen. Die Diktatur war in dieser ihrer ersten Phase tatsächlich die Diktatur der revolutionären proletarischen und bäuerlichen Massen. Aber sehr schnell veränderte sich zwangsläufig die Struktur der Diktatur.

War die Bourgeoisie im Oktober kampflos erlegen, so erstarkte ihr Widerstand, als die durch die Oktoberrevolution entfesselte Massenbewegung ihr Eigentum zerstörte. Nun formierten sich

konterrevolutionäre Armeen. Rußland stürzte in einen dreijähri-
gen Bürgerkrieg. Der Bürgerkrieg desorganisierte die Produktion,
den Transport, den Warenaustausch. Die Städte hungerten. Bewaffnete Arbeitergruppen gingen in die Dörfer und konfiszierten
die Getreidevorräte der Bauern. In den Dörfern selbst erhob sich
die Dorfarmut und erzwang die Neuverteilung des Bodens auf
Kosten der besitzenden Bauern. Wenn der Bauer gegen die konterrevolutionären weißen Armeen den Boden verteidigte, den er
dem Gutsherrn abgenommen hatte, so verteidigte er gleichzeitig seine Lebensmittelvorräte gegen die requirierenden Arbeiter
und seinen Bodenbesitz gegen den Ansturm der Dorfarmut. Die
soziale Basis der Diktatur verengerte sich. Sie stützte sich auf die
städtischen Arbeiter und auf die Dorfarmut; die Bauern, die der
Stadt ihre Lebensmittelvorräte verweigerten, mußte sie niederhalten.

Damit veränderte sich die Struktur der Diktatur selbst. Unor-
ganisierte Partisanenhaufen konnten den Bürgerkrieg gegen die
weißen Generale nicht gewinnen. Die Diktatur mußte die Rote Armee aufstellen, in ihr Kommandogewalt und Disziplin wiederherstellen. Debattierende Sowjets konnten über die Verteilung der
kargen Lebensmittelvorräte nicht entscheiden, die Versorgung
der kämpfenden Roten Armee mit Lebensmitteln und Kriegsge-
149 räte nicht sicherstellen, die Betriebe und die | Transportmittel
nicht organisieren; die Notwendigkeiten des Bürgerkriegs zwan-
gen zum Aufbau eines bürokratischen Verwaltungsapparats. Mit
der Hungersnot wuchsen die Widerstände in den hungernden
Volksmassen. Die Diktatur mußte sie mit eiserner Faust niederhalten, um das Chaos zu bändigen, die revolutionäre Kriegführung
zu organisieren, die notdürftige Lebensmittelversorgung und
den Betrieb der wichtigsten Fabriken im Gang zu erhalten; an
die Stelle des elementaren volkstümlichen Massenterrors der
Anfänge trat der polizeilich-bürokratisch organisierte Terror der
Tscheka. Die bolschewistische Partei mußte so unter dem Druck
der Nöte des Bürgerkrieges und der Hungersnot einen gewal
tigen bürokratisch-polizeilich-militärischen Apparat aufbauen.

Je mehr er erstarkte, desto geringer wurde die Bedeutung der Sowjets. Ihre ursprünglichen Funktionen gingen an den bürokratischen Apparat über. Sie verloren die Freiheit der Entscheidung, da die Tscheka Opposition gegen die Entscheidungen der Partei nicht mehr duldete. Sie wurden nicht mehr frei gewählt, da sich ihre Wahl unter der Kontrolle der Tscheka vollzog. Trat an die Stelle der elementaren Aktion der Masse die organisierte Aktion des von der Partei beherrschten militärisch-bürokratischen Apparats, so entwickelte sich eben damit aus der Diktatur der Sowjets die bürokratisch-militärische Parteidiktatur.

Die Resultate dieser Periode waren die Siege über die konterrevolutionären Armeen und über die Interventionen der ausländischen kapitalistischen Mächte, die Durchsetzung und Organisierung der Macht der Sowjetregierung in dem ganzen weiten Gebiete des Reiches, der Aufbau und die Stabilisierung ihres Herrschaftsapparates, die Verstaatlichung der kapitalistischen Betriebe und die Aufteilung der gutsherrlichen Ländereien auf die Bauern.

Aber am Ende des Bürgerkrieges war die Volkswirtschaft der Sowjetunion völlig zerrüttet. Die industrielle Produktion war auf 20 Perzent, die landwirtschaftliche auf 68 Perzent der Vorkriegsproduktion gesunken. Die Hungersnot rief Aufstände hervor, die die Sowjetregie- | rung zur Liquidierung des „Kriegskommunismus", zur „neuen ökonomischen Politik" („Nep") zwangen. Um den Wiederaufbau der landwirtschaftlichen Produktion zu ermöglichen, mußte die Sowjetregierung die Requisition der Vorräte der Bauern einstellen, die Pflicht der Bauern auf die Leistung einer Getreideabgabe an den Staat beschränken, ihnen den Handel mit den verbliebenen Überschüssen freigeben. Die Organisierung des Warenaustausches zwischen Stadt und Land war die dringendste, wichtigste Aufgabe; der städtische Arbeiter konnte nicht arbeiten, wenn der Bauer ihn nicht mit Lebensmitteln versorgte, der Bauer verweigerte die Abgabe von Lebensmitteln an die Stadt, wenn der Arbeiter ihm dafür nicht Industrieprodukte lieferte. Die Sowjetregierung mußte einerseits die Aufbringung

150

der Lebensmittel in den Dörfern organisieren. Sie mußte anderseits die industrielle Produktion vergrößern, die zerstörte Arbeitsdisziplin in den Fabriken wiederherstellen. Beide Aufgaben konnten nicht von debattierenden Sowjets, deren Gesichtskreis über die lokalen Versorgungsinteressen nicht hinausreichte, sie konnten nur von einer zentral geleiteten Wirtschaftsbürokratie bewältigt werden. Der schon in der Bürgerkriegsperiode entstandene bürokratische Apparat wurde mächtig ausgebaut. Weder die Fabriken noch die Dörfer wurden zu „produktiv-konsumierenden Kommunen", wie sich sie Lenin ursprünglich vorgestellt hatte. Die Fabriken wurden zu Staatsbetrieben, in denen die von den zentralen staatlichen Trusts eingesetzte industrielle Bürokratie ihre Autorität wiederherstellen mußte. In den Dörfern entstand die individuelle Warenproduktion wieder und mit ihr die soziale Differenzierung der bäuerlichen Produzenten. In den Städten begann sich auf der Basis des wiederhergestellten freien Handels eine neue Bourgeoisie zu entwickeln.

Arbeiterklasse und Bauernschaft standen einander gegenüber. Der erbitterte Kampf um die allzu geringen Erträgnisse der bäuerlichen Produktion hatte sie entzweit. Der Bürgerkrieg hatte die Arbeiterklasse zur Herrin des Landes gemacht; aber die Arbeiterklasse konnte | die Bauernschaft nicht niederzwingen: die gewaltsame Requisition der bäuerlichen Überschüsse durch die Arbeiter hatte zu verhängnisvoller Schrumpfung der bäuerlichen Produktion geführt. Der Arbeiter konnte den Bauern, der Bauer den Arbeiter nicht niederzwingen; auf der Basis dieses Gleichgewichts der Klassenkräfte wurde die Diktatur zu einer über den Klassen stehenden Macht, die den Bauern die Ablieferung ihrer Überschüsse an die Stadt, den Arbeitern disziplinierte, intensivierte Produktion für die Bedürfnisse des Dorfes aufzwingen mußte. Mit der Entwicklung der individuellen Warenproduktion im Dorfe und des freien Handels in der Stadt drohten das soziale Gewicht und die ideologischen Einflüsse der sich im Dorf aus der Masse der Bauern heraushebenden wohlhabenderen Bauernschaft und der in den Städten wieder erstehenden Bourgeoisie zu erstarken. Diese Gefahr abzuwehren, verstärkte die Diktatur ihren Herrschaftsapparat, verschärfte sie den bürokratischen Terror.

Das Resultat der „Nep"-Periode war die Wiederherstellung der landwirtschaftlichen und der industriellen Produktion. Im Erntejahr 1925/26 hat die landwirtschaftliche, im folgenden Jahre die industrielle Produktion das Niveau von 1913 wieder erreicht. Aber gleichzeitig begannen sich in vermehrten wirtschaftlichen Schwierigkeiten auch schon die inneren Widersprüche der aus der „Nep" hervorgegangenen Übergangswirtschaft zu offenbaren. Unter ihrem Druck schlug die Sowjetregierung neue Wege ein.

Die Sowjetregierung entschloß sich zu schnellem Aufbau einer neuen großen Industrie. Es galt, den zwei Millionen Arbeitslosen Arbeit, den drei Millionen Menschen, um die sich die Bevölkerung der Sowjetunion von Jahr zu Jahr vermehrt, Betriebsstätten zu schaffen, die Bevölkerungsüberschüsse des Dorfes in die Industrie zu überführen, den industriell-proletarischen Sektor der russischen Bevölkerung schnell zu vergrößern und damit erst der Diktatur des Proletariats eine tragfähige soziale Basis zu schaffen. Es galt, den seit 1913 nicht mehr erneuerten, überalterten und verbrauchten Produktionsapparat der | Industrie aus eigener 152 Kraft zu erneuern, die industrielle Produktion zu rationalisieren und dadurch erst die Voraussetzung für wohlfeilere und reichlichere Versorgung mit Industrieprodukten, für die Hebung der Lebenshaltung der Volksmassen zu schaffen. Es galt, die Sowjetunion wirtschaftlich von dem Bezug von Produktionsmitteln aus dem Auslande unabhängig zu machen und sie durch den Ausbau großer Produktionsmittelindustrien, die im Kriegsfalle den Kriegsbedarf befriedigen können, zur Verteidigung gegen das kapitalistische Ausland zu befähigen.

Mit der schnellen Industrialisierung unternahm die Sowjetregierung die schnelle Kollektivisierung der bäuerlichen Wirtschaft. Seit der Oktoberrevolution hatte die Neuaufteilung des Bodens den bäuerlichen Bodenbesitz furchtbar zersplittert; die

Zahl der bäuerlichen Wirtschaften war von 1917 bis 1927 von 16
auf 26 Millionen gestiegen. Zwergbetriebe, sehr primitiv wirt-
schaftend, oft ohne eigene Gespanne, hatten keine Überschüsse
an die Stadt abzugeben. Es gab nur zwei Wege, eine reichliche-
re Lebensmittelversorgung der Städte sicherzustellen. Der eine
war, die Entwicklung der größeren bäuerlichen Wirtschaften,
die allein eine größere Marktproduktion betreiben konnten, zu
fördern; die Sowjetregierung hätte damit die Entwicklung einer
Dorfbourgeoisie fördern müssen, die zur Stütze der sich in den
Städten entwickelnden „Nep"-Bourgeoisie geworden wäre. Der
andere Weg war, die individuelle Bodenbearbeitung und individuelle Warenproduktion im Dorfe zu überwinden, die bäuerlichen
Wirtschaften zu kollektivisieren, damit die bäuerliche Produktion in ihrer Gesamtheit auf ein höheres technisches Niveau zu
heben und zugleich einerseits im Dorfe die Gegensätze zwischen
Kulaken, Mittel- und Kleinbauern und Besitzlosen zu überwinden,
anderseits dem revolutionären Staat die unmittelbare Verfügung
über die Getreideüberschüsse des Dorfes zu verschaffen. Die Sowjetregierung entschloß sich zu diesem Wege.

   Die schnelle Industrialisierung und Kollektivisierung, die mit
153 dem ersten Fünfjahrplan im Wirtschaftsjahr | 1928/29 in An-
griff genommen wurden, haben dem Volke ungeheuerliche Opfer
auferlegt. Die gewaltigen Mittel, die der schnelle Industrialisierungsprozeß erheischte, konnten nur auf Kosten des Konsums
der Volksmassen aufgebracht werden. Diese Opfer waren umso
schwerer, da einerseits aus wirtschaftlichen und aus militärischen
Erwägungen alle Kraft zunächst auf den Ausbau der Produktionsmittelindustrien konzentriert, die Entwicklung der Industrien,
die Konsumgüter für den Bedarf der Volksmassen erzeugen, ver-
tagt wurde, da anderseits die Produktivität der Arbeit in den
neugeschaffenen Industrien sehr niedrig war, ihre Produktionskosten sehr hoch waren. Denn die Millionen Bauernsöhne, die
binnen wenigen Jahren in die Industrie überführt wurden, mußten industrielle Arbeitstechnik, industrielle Arbeitsintensität,
industrielles Arbeitstempo erst allmählich erlernen, die Hundert-

tausende Arbeiter- und Bauernsöhne, die binnen wenigen Jahren
zu Ingenieuren, Chemikern, Werkmeistern ausgebildet wurden,
mußten industrielle Erfahrung, die Kunst industrieller Betriebs-
führung erst erwerben. Unter diesen Umständen konnten die
Mittel, die der Industrialisierungsprozeß erheischte, nur dadurch
aufgebracht werden, daß die Vermehrung des Papiergeldes seine
Kaufkraft senkte, daß die Bewegung der Löhne hinter der der
Warenpreise zurückblieb, daß die „Preisschere", das Mißverhältnis zwischen den Preisen, zu denen der Staat den Bauern die
Agrarprodukte abnahm, und den Preisen, zu denen er ihnen Industrieprodukte lieferte, weiter aufklaffte. Wurde die Versorgung
der industriellen Arbeiter und der begünstigten Schichten der
staatlichen Bürokratie mit den notwendigsten Konsumgütern
durch das seit 1928 entwickelte System der Belieferung mit kleinen Rationen zu begünstigten Preisen notdürftig sichergestellt,
so wurden die von der begünstigten Belieferung ausgeschlosse-
nen Volksklassen in desto tieferes Elend gestürzt.

Noch schwerer waren die Opfer, die die Kollektivisierung der
Bauernwirtschaften erheischte. Der Bauer wehrte sich gegen den
harten Druck zum Eintritt in die | Kollektivwirtschaft. Mußte er   154
ihm weichen, so verkaufte oder schlachtete er sein Vieh, um es
der Kollektivwirtschaft nicht übergeben zu müssen. Die Viehbestände wurden gelichtet. Jahre andauernde bittere Not an allen
Produkten der Viehzucht, an Milch und Molkereiprodukten war
die Folge. Der Bauer fügte sich anfangs in die Arbeitsorganisation
und Arbeitsdisziplin der Kollektivwirtschaft nicht ein; große Bo-
denflächen blieben unbebaut, große Teile der Ernte wurden nicht
eingebracht. Die Lebensmittelnot verschärfte sich zeitweilig in
weiten Gebieten bis zur Hungersnot; Millionen starben Hungers.
Zudem hatte die Sowjetregierung die Kollektivisierung mit dem
grausamen Prozeß der Enteignung und Vertreibung der Kulaken
verbunden. Jeder, der in der „Nep"-Periode durch individuelle
Tüchtigkeit seine Wirtschaft emporgebracht hatte, galt nun als
Kulak und wurde von Haus und Hof verjagt. So mancher arme
Kleinbauer, der der Kollektivisierung Widerstand leistete, teilte

sein Schicksal. Die Enteigneten wurden zur Zwangsarbeit nach
dem hohen Norden geschickt; Zehntausende sind dort verhun-
gert, erfroren, Seuchen erlegen. Massen unversorgter, unbeauf-
sichtigter Kinder, die Kinder der in den Jahren der Hungersnot
verhungerten und der infolge der Enteignung und Vertreibung
der „Kulaken" zugrunde gegangenen Eltern, vagabundierten auf
den Straßen.

In dieser Phase veränderte sich abermals die Funktion der Diktatur. Indem die Diktatur den Bauern schwere Opfer auferlegte,
um den industriell-proletarischen Sektor der Gesellschaft, das
Klassengewicht der Arbeiterklasse innerhalb der Gesellschaft zur
vergrößern, indem sie die Bauernwirtschaft kollektivisierte, um
die Macht des Staates über die Bauernschaft und über die Erträge ihrer Arbeit zu sichern, wurde die Diktatur in dieser Phase
zur Diktatur des Proletariats über die Bauern, setzte sie gegen
die Bauern die Entwicklungsnotwendigkeiten des Proletariats
durch. Aber wenn die Diktatur in diesem Prozeß die Zukunftsnot-
wendigkeiten des Proletariats durchsetzte, so zwang sie zugleich
das Proletariat selbst, heute die schwersten Opfer zu bringen,
155   um für die Zukunft die | Sicherung der Errungenschaften seiner
Revolution und die Möglichkeit einer wesentlichen Erhöhung
seiner Lebenshaltung zu erobern. Sie setzte gegen die Tagesbe-
dürfnisse der einzelnen Proletarier die Erfordernisse der Zukunft
des Proletariats durch. Diese Aufgabe konnte freilich nicht eine
Diktatur von Sowjets erfüllen, deren Mitglieder jeden Tag von
ihren Auftraggebern abberufen werden können, damit sie jeden
Tag nach den jeweiligen egoistischen Wünschen, nach den jeweiligen Auffassungen und jeweiligen Tagesbedürfnissen ihrer
Wähler entscheiden. Diese Aufgabe konnte nur eine über einen
allmächtigen bürokratisch-militärisch-polizeilichen Machtappa-
rat verfügende Parteidiktatur bewältigen, die sich ihr Ziel aus
der Erkenntnis der Entwicklungs-, der Zukunftsinteressen des
Proletariats setzt, aber die notwendigen Mittel zu diesem Ziele
auch widerstrebenden Proletarierschichten, vor allem den sich
eben erst aus der Bauernschaft herauslösenden, in die Industrie

überführten, auch in der Industrie noch die Lebens-, Arbeits- und Denkgewohnheiten der Bauernschaft mitschleppenden Proletariern aufzwingt.

Zugleich veränderte sich aber damit auch neuerlich die innere Struktur der Parteidiktatur. In einer Zeit, in der der Notschrei hungernder, verhungernder Massen auch in die Parteizellen drang, in der auch innerhalb der Partei viele wankend und mutlos wurden, in der sich die Widerstände proletarischer Massen auch innerhalb der Partei spiegelten, konnte nur eine stählerne Diktatur über die Partei selbst sichern, daß die Partei zäh, unbeugsam, unerschütterlich die Erreichung des gesteckten Zieles erzwang. In dieser Phase hat Stalin innerhalb der Partei eine Opposition nach der anderen niedergerungen und mit den Mitteln des staatlichen Terrors vernichtet. In dieser Phase hat er jede Diskussion innerhalb der Partei unmöglich gemacht, die Partei selbst aus einem Organ der Willensbildung in ein blind gehorchendes Organ seines Willens verwandelt. Aber so furchtbar die Opfer waren, mit denen der große Industrialisierungs- und Kollektivisierungsprozeß | erkauft werden mußte, so berauschend groß sind seine Erfolge. 156

Die Sowjetunion ist zu einem gewaltigen Industriestaat geworden. In dem Jahrzehnt 1925 bis 1935 ist die Jahresproduktion elektrischer Energie von 2,9 auf 24,9 Milliarden Kilowattstunden, die Kohlenförderung von 18,1 auf 112,2 Millionen Tonnen, die Roheisenerzeugung von 1,5 auf 12,5 Millionen Tonnen, die Stahlproduktion von 2,1 auf 11,8 Millionen Tonnen, die Produktion von Walzeisen von 1,6 auf 8,2 Millionen Tonnen, die Produktion der Lokomotivfabriken von 190 auf 1.723 Einheiten, die Produktion der Waggonfabriken von 1.139 auf 85.000 Waggons, der Automobilfabriken von 116 auf 92.000 Kraftwagen, der Traktorenfabriken von 397 auf 126.700 Einheiten gestiegen. Von Mähdreschern, die im Jahre 1925 in der Sowjetunion noch nicht erzeugt wurden, wurden im Jahre 1935 25.000 Stück erzeugt.[30] Dieser unerhört schnel-

---

[30] Die Daten für 1935 nach dem Jahresplan, der in vielen Produktionszweigen beträchtlich überholt worden ist.

le Aufbau der Produktionsmittelindustrien hat die Sowjetunion von der Einfuhr ausländischer Produktionsmittel unabhängig gemacht. Er hat der Roten Armee die notwendige industrielle Basis geschaffen. Die Verfügung über die neuen großen Produktionsmittelindustrien ermöglicht eine überaus schnelle Vergrößerung des gesellschaftlichen Produktionsapparats. Die Kapitalinvestitionen, die im Jahre 1926 1,2 Milliarden Rubel erforderten, sind für das Jahr 1936 mit 32 Milliarden Rubel veranschlagt. Auf der Basis der neuen Produktionsmittelindustrien werden jetzt die Konsumgüterindustrien schnell entwickelt. Der Bedarf der Volksmassen in Stadt und Land an industriell erzeugten Konsumgütern kann von Jahr zu Jahr reicher befriedigt werden.

Die Gesamtzahl der Arbeiter und Angestellten der Sowjetunion ist 1925 bis 1935 von 8,5 auf 24,3 Millionen gestiegen, die Zahl der Arbeiter der Großindustrie allein von 1,8 auf 5,3 Millionen. War die Produktivität und die Qualität der Arbeit der jungen, aus dem Dorfe herangezogenen Arbeitermassen zunächst sehr niedrig, so steigt | sie doch sehr schnell. In weit höherem Maße, als eine kapitalistische Unternehmerklasse es vermag, kann die Sowjetregierung die Arbeiterschaft selbst an der Steigerung der Produktivität ihrer Arbeit interessieren. Der „sozialistische Wettbewerb", die erhöhten Leistungen der Stoßbrigadiere der ersten, der Otlitschniki und der Stachanowzi der zweiten Fünfjahresperiode reissen durch ihr Vorbild die gesamte Arbeiterschaft zu höherer Leistung vorwärts. Damit sinken die Produktionskosten. Die Industrieprodukte können wohlfeiler abgegeben werden. Die Industrien beginnen, die Mittel zur Erweiterung ihres Produktionsapparates aus ihren eigenen Überschüssen aufzubringen.

In den bäuerlichen Kollektivwirtschaften konnte erstaunlich schnell eine neue Arbeitsdisziplin hergestellt werden. Der Viehstand wird wieder aufgebaut. Die staatlichen Maschinen- und Traktorenstationen haben die moderne Technik, den Traktor und die modernsten Anbau- und Erntemaschinen in den Dienst der bäuerlichen Kollektivwirtschaften gestellt. Die Hektarerträge konnten in weiten Gebieten sehr schnell vergrößert werden.

Mit den umzusetzenden Warenmengen wird der staatliche und der genossenschaftliche Vertriebsapparat ausgebaut. Ist die alte Bourgeoisie schon in der ersten Phase der Revolution vernichtet worden, so ist in der ersten Fünfjahresperiode auch die „Nep"-Bourgeoisie wieder verschwunden. Die Verstaatlichung des gesamten Handels hat die Grundlagen ihrer Existenz zerstört.

Der Klassengegensatz zwischen den Arbeitern und Bauern ist wesentlich gemildert worden. Wachsen die Erträge der Landwirtschaft, so verliert der Kampf zwischen Stadt und Land um ihre Überschüsse an Schärfe. Mehr als früher vermengen sich Arbeiter und Bauern und beeinflussen einander gegenseitig: sind Millionen Bauernsöhne zu Industriearbeitern geworden, so bringen andererseits die großen Werkstätten der Maschinen- und Traktorenstationen Industriearbeiter ins Dorf. Die sozialen Daseinsbedingungen der Arbeiter und Bauern sind einander ähnlicher geworden. Der Bauer arbeitet um einen Akkord- | lohn für   158
den Kolchos wie der Industriearbeiter für die nationalisierte Fabrik. Die Arbeitsweise und damit auch die Denkweise des Bauern wird der des Industriearbeiters ähnlicher, seitdem der Bauer den Traktor, die komplizierten Anbau- und Erntemaschinen bedienen lernt. Die Überschüsse der Kollektivwirtschaften werden dazu verwendet, Wasserleitungen zu errichten, elektrisches Licht, Kino und Radio in das Dorf zu bringen, Kinderhorte und Schulen, Krankenanstalten und Klubs im Dorfe zu errichten; so verringert sich auch die kulturelle Kluft zwischen Stadt und Land.

Mit dem Wachstum der landwirtschaftlichen und der industriellen Produktion steigt die Lebenshaltung der Volksmassen. Im Jahre 1935 konnte die Sowjetregierung das Rationierungssystem aufheben, — ein Anzeichen, daß die produzierten Konsumgüter nunmehr zureichen, nicht nur eine begünstigte Minderheit, sondern das ganze Volk zu versorgen. Zugleich konnten die Warenpreise Schritt für Schritt bedeutend ermäßigt werden, — ein Anzeichen, daß die vorhandenen Gütermengen zureichen, den Konsumbedarf der Volksmassen reichlicher zu befriedigen.

Mit diesen großen Erfolgen des Industrialisierungs- und Kollektivisierungsprozesses verbreitert sich die soziale Basis der

Diktatur. Mögen sich große Teile der erst in den letzten Jahren in Industriearbeiter verwandelten Bauernsöhne noch gegen die industriellen Betriebsnotwendigkeiten innerlich auflehnen, — sie werden der Diktatur innerlich gewonnen in dem Maß, als die Diktatur ihre wirtschaftliche Lebenshaltung zu verbessern vermag. Mag in breiten Bauernmassen der Groll über die erzwungene Kollektivisierung noch fortleben, — er schwindet in dem Maß, als die Resultate der durch die Kollektivisierung vergesellschafteten Arbeit dem Bauer die Arbeitsbürde erleichtern, seine wirtschaftliche Lebenshaltung heben, neue Kultur in das Dorf bringen. Die Ingenieure, die die Sowjetregierung in der ersten Fünfjahresperiode der Sabotage beschuldigte und mit harter Gewalt einzuschüchtern suchte, bilden heute eine ökonomisch und sozial gehobene Schicht der Sowjetgesellschaft, die schon zum

159 großen Teil | aus Arbeitern und Arbeitersöhnen rekrutiert ist; die Sowjetpresse erkennt ihr neues Verhältnis zu dem Sowjetregime an, indem sie proklamiert, daß man die Ingenieure nicht mehr als „Spezen" bezeichnen dürfe, als „bürgerliche Spezialisten", die nur um des Erwerbes willen der Sowjetwirtschaft dienen, sondern als einen Teil der Arbeiterklasse selbst ansehen sollen. Die Gelehrten, die Schriftsteller, die Künstler genießen bedeutende wirtschaftliche Privilegien und hohes soziales Ansehen; sie sind dadurch und durch die großen Kulturleistungen der Sowjetregierung mit dem System versöhnt worden.

Mit der Verbreiterung der Basis der Diktatur verändert sich auch ihre Funktionsweise. Im Gegensatz zu den faschistischen Diktaturen hat die bolschewistische Parteidiktatur immer ein demokratisches Element in sich enthalten: die Verbundenheit der herrschenden Parteibürokratie und der von ihr gelenkten Staats- und Wirtschaftsbürokratie mit der Arbeiterklasse. Große Teile der Arbeiterschaft sind seit der Zeit des Bürgerkrieges bewaffnet. In Magazinen der Großbetriebe liegen Gewehre und Maschinengewehre in unmittelbarer Verfügung der Arbeiterschaft, die zu ihrer Verwendung ausgebildet wird. Welcher kapitalistische Staat, und wäre es der demokratischeste, könnte es wagen, die

Arbeiterschaft in dieser Weise zu bewaffnen? Die Sowjetregierung hat daher immer, — auch in den Zeiten, in denen sie den
stärksten Druck auf die Arbeiterschichten, die den Notwendigkeiten des sozialistischen Aufbaus widerstrebten, ausüben mußte —
die Arbeitermassen von diesen Notwendigkeiten zu überzeugen,
die Arbeiter für sie innerlich zu gewinnen suchen müssen. In
Partei-, Gewerkschafts- und Betriebsversammlungen, bei Sowjet-
und Betriebsratswahlen, in den Sowjets selbst mußten immer die
Partei-, Wirtschafts- und Staatsfunktionäre die nächsten Aufgaben des Aufbaues den Arbeitern verständlich machen und um
ihre Zustimmung zu ihnen werben. Diese Zustimmung wurde
und wird freilich oft nicht aus innerer Überzeugung, sondern
unter dem Drucke des Herrschaftsapparates der Diktatur aus-
gesprochen. Aber je weiter sich die Sowjetunion von der Zeit | 160
der schlimmsten Not entfernt, je mehr sie die Lebenshaltung
der Arbeiter verbessern kann, desto leichter wird es, mit den
Methoden der Aufklärung und der Überzeugung die wirkliche
innere Übereinstimmung zwischen der Proletarierdiktatur und
den Proletariern herzustellen. Und je mehr mit der wachsenden Arbeitsleistung das Selbstbewußtsein, mit dem Kulturniveau
die Urteilsfähigkeit der noch jungen Arbeiterschaft steigt, desto
wirksamer setzen sich in diesen gemeinsamen Beratungen die
Überzeugungen der Arbeiter gegen die Bürokratie durch. Dieselben Methoden der Information, der gemeinsamen Beratung,
der inneren Gewinnung werden nunmehr aber nicht nur der
industriellen Arbeiterschaft, sondern auch den in den Kollektivwirtschaften vereinigten Bauern gegenüber angewendet. Sie
müssen sich hier umso mehr entwickeln, da das Normalstatut
der Kollektivwirtschaften, 1935 beschlossen, den Kolchosen eine breite Sphäre der Autonomie zugestanden hat. Immer wieder diskutierten die Führer der Sowjetregierung tagelang mit
industriellen und bäuerlichen Stachanowzi alle Einzelheiten ihrer Arbeit; die Sowjetpresse, in Millionenauflagen verbreitet, gibt
diese Diskussionen der Regierung mit vorgeschrittenen Arbeitern und Bauern ausführlich wieder und interessiert sie für das

ganze Volk. So entwickelt sich, vorerst im Rahmen der Diktatur, unter Aufrechterhaltung ihrer Gewaltmittel, eine engere Verständigung und Übereinstimmung zwischen der Regierung und den Regierten.

Die Sowjetunion hat auf diese Weise einen großen Teil des Umwandlungsprozesses von der kapitalistischen zur sozialistischen Gesellschaft schon zurückgelegt. Das Privateigentum an den Produktions- und Zirkulationsmitteln besteht nicht mehr; in Stadt und Land sind Produktions- und Zirkulationsmittel gesellschaftliches Eigentum. Die Bourgeoisie ist vernichtet, die gesellschaftlichen Daseinsbedingungen der Arbeiter und der Bauern sind einander angenähert; eine Gesellschaft, die nicht mehr in gegensätzliche Klassen geschieden ist, ist im Werden. Die Anarchie der kapitalistischen Produktionsweise ist überwunden. 161 Ihre Gesetze, die sich „hinter dem Bewußt-| sein der Beteiligten vollziehen", gelten nicht mehr. An ihre Stelle ist die bewußte Gestaltung der Produktion, der Verteilung und Verwendung des Arbeitsertrages nach gesellschaftlichem Plane getreten. Diese zwar noch nicht vollendete, aber werdende sozialistische Gesellschaft erweist ihre Überlegenheit über den Kapitalismus in dem grandiosen Tempo ihrer Entwicklung. Zwar ist die Lebenshaltung ihrer Volksmassen noch niedrig, weil die Produktivität der Arbeit der Menschen, die sie von der kapitalistischen Gesellschaft geerbt hat, noch niedrig ist. Denn jede neue Gesellschaft kann nur gebaut werden mit den Baustoffen, die die untergehende Gesellschaft ihr hinterlassen hat, und muß diese Baustoffe erst allmählich ihren Bedürfnissen anpassen. Aber die überaus schnelle Entwicklung der Arbeitsproduktivität in der neuen Industrie und in den neuen Kollektivwirtschaften, die eine ebenso schnelle Hebung der Lebenshaltung der Volksmassen ermöglicht, erweist die schöpferischen Kräfte, die die Befreiung der Gesellschaft vom Kapitalismus entfesselt hat.

Aber wenn die Sowjetunion die ökonomischen Grundlagen einer sozialistischen Gesellschaft schon entwickelt hat und in fie berhaftem Tempo weiterentwickelt, so ist damit die Entwicklung

zum Sozialismus noch keineswegs vollendet. Nun erst stellt sich
ihr die Aufgabe, den gesellschaftlichen Überbau der umgewälzten und sich täglich weiter umwälzenden ökonomischen Basis
anzupassen.

Die große Umwälzung ist von der Diktatur vollbracht worden
und konnte nur von ihr vollbracht werden. Wer könnte glauben,
daß es möglich gewesen wäre, in einer Demokratie, ohne Suspen-
dierung der demokratischen Freiheitsrechte, des Wettbewerbs
aller Parteien um die Wählerschaft, der periodischen Befragung
des ganzen Volkes die Bourgeoisie zu entmachten und zu enteig-
nen, den Bauern die Kollektivisierung aufzuzwingen, der Arbeiterklasse selbst die schweren Opfer, die der Umwälzungsprozeß
erfordert hat, aufzuerlegen? In Deutschland und Österreich, wo
das Proletariat im Jahre 1918 die Demokratie errungen hat, hat
der Klassenkampf die Demo- | kratie gesprengt; hier herrscht　162
der Faschismus. In Rußland, wo das Proletariat wenige Monate
vorher seine Diktatur aufgerichtet hat, hat der Klassenkampf die
Klassen aufgehoben; hier ist eine sozialistische Gesellschaft im
Werden.

Die Diktatur des Proletariats ist freilich zu etwas ganz anderem geworden, als was sie von ihren Begründern ursprünglich
erdacht worden war. Sie ist keine Diktatur freigewählter Sowjets.
Sie ist nicht der von Lenin gedachte „höhere Typus der Demokratie" ohne Bürokratie, ohne Polizei, ohne stehendes Heer. Sie
ist nicht die freie Selbstbestimmung der werktätigen Massen,
die die Herrschaft über die ausbeutenden Klassen ausüben. Sie
ist zur Diktatur einer allmächtigen Parteibürokratie geworden,
die innerhalb der Partei selbst alle freie Meinungsäußerung und
Willensbildung unterdrückt hat und mittels des gewaltigen Apparates der Staatsbürokratie und der Wirtschaftsbürokratie, der
Polizei und des stehenden Heeres das Volks beherrscht. Diese
Entwicklung war zwangsläufig. Wir haben gesehen, wie der revolutionäre Prozeß selbst immer wieder die Klassenbasis und die
gesellschaftlichen Funktionen der Diktatur verändert hat und
damit ihre eigen Struktur verändern mußte.

Aber wenn nur diese bürokratische Diktatur den großen gesellschaftlichen Umwandlungsprozeß vollziehen konnte, so wird sie auf einer Entwicklungsstufe, der sich die Sowjetgesellschaft schnell nähert, zum Hindernis der Vollendung dieser Entwicklung.

Die Erfolge der Diktatur gewinnen ihr immer breitere Massen. Diese Entwicklung wird beschleunigt durch den Wechsel der Generationen. Die alte noch unter dem Zarismus, noch in der kapitalistischen Gesellschaft erzogene Generation stirbt allmählich ab. Die neue, in den Schulen, den Jugendorganisationen, der Armee des Sowjetstaats erzogene, mit sozialistischem Denken und Wollen erfüllte Generation tritt an ihre Stelle. So nähert sich die Sowjetunion allmählich einem Zustande, in dem sich das Sowjetsystem nicht nur auf die überwiegende Mehrheit der Ar- | beiter, sondern auch auf die überwiegende Mehrheit der Kollektivwirtschaftsbauern und damit auf die überwiegende Mehrheit des Volkes überhaupt wird stützen können; einem Zustande, in dem es nicht mehr die Gewaltherrschaft einer Minderheit über die Mehrheit ist, sondern in dem Willen der überwiegenden Mehrheit des Volkes seine Stütze findet. Aber gerade dieser höchste Triumph der Diktatur mach sie entbehrlich. Nun erst kann die Diktatur abgebaut, kann die Staatsverfassung der Sowjetunion demokratisiert werden, ohne daß die Resultate der Revolution dadurch gefährdet würden. In derselben Zeit, in der die Kapitalistenklasse in Mitteleuropa in faschistischer Gewaltherrschaft ihre Zuflucht sucht, weil ihr ökonomisch-ideologischer Machtmechanismus nicht mehr zureicht, ihr die willige Gefolgschaft der Volksmehrheit zu sichern, nähert sich die Sowjetunion einem Zustande, in dem sie die Gewaltherrschaft über das Volk nicht mehr braucht, weil die Mehrheit des Volkes dem neuen System des werdenden Sozialismus willig Gefolgschaft leistet. Aber wird mit dieser Entwicklung die Demokratisierung der Sowjetverfassung möglich, so wird sie zugleich auch notwendig.

Die Entwicklung der Diktatur hat die Partei-, Staats und Wirtschaftsbürokratie zu Herren der Völker der Sowjetunion gemacht.

163

Diese Bürokratien stehen zwar in Verbindung mit den Volksmassen, sie werben zwar um die Volksmassen, aber sie verfügen auch über schrankenlose Gewalt über die Volksmassen. Sie werben zwar um die freiwillige Zustimmung der Regierten zu ihren Entschlüssen; aber ihre Gewaltmittel erlauben es ihnen, jeden Widerstand gegen ihre Entschlüsse gewaltsam zu brechen, wenn sie die innere Zustimmung der Regierten nicht erlangen können. Sie kooperieren mit den Volksmassen, aber sie stehen nicht unter der Entscheidungsgewalt der Volksmassen.

Andererseits war die Sowjetunion gezwungen, die Einkommen aller Volksklassen, der Arbeiter, der Angestellten, der Bauern, der Beamten wesentlich zu differenzieren. Sie mußte intensivere Arbeit, Arbeit höherer Qualifikation | und Arbeit höherer 164 Qualität höher entlohnen, um den Antrieb zur Produktivierung, zur Intensivierung, zur Qualifizierung der Arbeit zu steigern. Daher hob sich aus allen Volksklassen eine privilegierte Schicht der „vornehmen Leute" heraus, die, durch besonders tüchtige Arbeitsleistung ausgezeichnet, besonders hohe Einkommen hat, besonders großes soziales Ansehen und mancherlei Privilegien genießt. Aus dieser Schicht ergänzt sich die industrielle Bürokratie. Ihre Kinder werden bei der Aufnahme in die höheren Schulen bevorzugt. Sie ist mit der herrschenden Partei, mit dem regierenden bürokratischen Apparat besonders eng verknüpft.

Diese an sich unvermeidliche Entwicklung schließt eine ernste Gefahr in sich: die Gefahr der Stabilisierung der Herrschaft einer nicht der Entscheidungsgewalt der Volksmassen unterworfenen Bürokratie, die, mit den „vornehmen Leuten" aller Gesellschaftsschichten eng verbunden und auf sie gestützt, dauernd zur Herrin der Arbeiter-und Bauernmassen würde, ihre Produktionsmittel beherrschte und über ihren Arbeitsertrag verfügte. Es wäre nicht eine sozialistische Gesellschaft, sondern eine Art Technokratie, eine Herrschaft der Ingenieure, der Wirtschaftsführer und der staatlichen Bürokratie, die in diesem Falle aus dem großen revolutionären Prozeß hervorginge.

Diese Gefahr kann nicht anders überwunden werden, als durch die Demokratisierung der Staatsverfassung der Sowjetunion und der Betriebsverfassung ihrer Unternehmungen. Erst wenn die Bürokratie der Beschlußfassung und Kontrolle der werktätigen Volksmassen selbst, die Einkommen und Vorrechte der „vornehmen Leute" der Kontrolle durch die Massen der Nichtprivilegierten unterworfen werden, erst dann wird die Gesamtheit des werktätigen Volkes zur Herrin der Bürokratie, zur Herrin ihres Staates, zur Herrin ihrer Betriebe, zur Herrin ihrer Arbeitsmittel und ihres Arbeitsertrages. Erst dann verwandelt sich die Verfügungsgewalt der Bürokratie über die Produktionsmittel und über den Produktionsertrag in die Verfügungsgewalt der Arbeitenden selbst über die Mittel | und den Ertrag ihrer Arbeit. Erst damit wird eine sozialistische Gesellschaft verwirklicht.

165

Ein sprunghafter Übergang von der Sowjetdiktatur zur Demokratie ist sicherlich nicht möglich. In einer Zeit, in der die Nachwirkungen gewaltsamer und gewaltiger revolutionärer Prozesse in den Seelen von Millionen und Millionen Menschen noch nicht überwunden sind, könnte er gesellschaftliche Kräfte entfesseln, die alle mit so unendlichen Opfern erkauften Resultate der Revolution gefährden würden. Aber die allmählich fortschreitende Demokratisierung der Sowjetverfassung wird in dem Maße möglich, in dem mit der wachsenden Arbeitsproduktivität die Lebenshaltung der Volksmassen in Stadt und Land steigt, in dem mit den wachsenden Hektarerträgen der Landwirtschaft der erbitterte und erbitternde Kampf zwischen Stadt und Land um die Lebensmittel überwunden wird, in dem die Volksmassen die aus der Revolution hervorgegangene Eigentums- und Produktionsverfassung als eine Errungenschaft, die sie festzuhalten und auszubauen entschlossen sind, als unentbehrliche Voraussetzung des errungenen höheren wirtschaftlichen und kulturellen Lebens zu schätzen lernen. Die allmähliche Demokratisierung der Sowjetverfassung wird notwendig in dem Maße, als die Menschen der Sowjetunion in schnellem kulturellen Aufstieg zu selbstbewußten Kulturmenschen werden, die, keinem bürokratischen Absolutionismus zu gehorchen bereit, persönliche Freiheit, geistige Freiheit, freie Selbstbestimmung und Selbstverwaltung fordern.

Der Beschluß des Sowjetkongresses im November 1934, mit der Demokratisierung des Wahlrechtes zu den Sowjets die Demokratisierung der Staatsverfassung der Sowjetunion in Angriff zu nehmen, mochte vorerst nur eine plebiszitäre Bestätigung der Diktatur im Sinne haben; er war dennoch das erste Anzeichen der Entwicklung, die einzusetzen beginnt.

Der Demokratisierung der Sowjetverfassung stehen unzweifelhaft Hindernisse entgegen. Keine Bürokratie verzichtet leichten Herzens auf unkontrollierte Herrschaft, keine auf gewohnte Herrschaftsmittel. Die Schwierigkei- | ten der Demokratisierung 166 werden noch größer werden, wenn die Sowjetunion von Kriegsgefahr bedroht wird. Aber schließlich muß sich die Tendenz zur Demokratisierung durchsetzen, wenn anders die Revolution ihr Ziel erreichen, eine wirklich sozialistische Gesellschaftsordnung verwirklichen soll. In der Programmschrift, die Lenin der Diktatur vorausgeschickt hat, hat er festgestellt, erst dann, wenn die Diktatur die Klassen aufgehoben haben wird, erst in einer klassenlosen Gesellschaft werde „eine wirklich volle Demokratie, wirklich ohne irgendwelche Ausnahmen durchgeführt werden können".[31] Erst in der vollkommenen Demokratie einer klassenlosen Gesellschaft werde dann der staatliche Zwangsapparat allmählich „absterben". In dem Maße, als die Diktatur ihre geschichtliche Aufgabe erfüllt, mit der Vernichtung der Bourgeoisie, mit der Annäherung der Arbeits- und Lebensbedingungen der Arbeiter und Bauern die Sowjetgesellschaft dem Ziel einer klassenlosen Gesellschaft nähert, muß sie den staatlichen Überbau dieser Gesellschaft dem Ziel eine „wirklich vollen Demokratie, wirklich ohne irgendwelche Ausnahmen" schrittweise näher bringen.

Damit ist das Proletariat zum zweiten Male vor die Aufgabe der Eroberung der Demokratie gestellt. Aber hier handelt es sich nicht mehr um die Eroberung der Demokratie auf der Basis der kapitalistischen, sondern um die Eroberung der Demokratie auf der Basis der sozialistischen Gesellschaftsordnung. Nicht mehr um die bürgerliche Demokratie, die immer noch eine Form der

---

[31] Lenin, Staat und Revolution. W.J. Lenins sämtliche Werke. Band XXI. Seite 544.

Klassenherrschaft der Kapitalistenklasse ist, sondern um die sozialistische Demokratie, die das Instrument der Selbstregierung
einer klassenlosen Gesellschaft ist. Nicht mehr um die Demokratie einer Klassengesellschaft, innerhalb deren die herrschende
Klasse sprungbereit darauf lauert, die Demokratie zu zerschlagen
und die faschistische Diktatur aufzurichten, sobald die Demokratie in Widerspruch gegen ihre Klasseninteressen gerät, sondern
167   um die Demokratie einer klassenlosen Gesellschaft, die | durch kei-
ne Klassengegensätze mehr gesprengt, von keine herrschenden
Klasse mehr zerstört werden kann, weil es in ihr keine Klassen,
keine Klassenkämpfe, keine herrschende Klassen mehr gibt. Hier
handelt es sich um eine Demokratie, die nicht mehr eine Form
der Klassenherrschaft, ein Terrain der Klassenkämpfe, ein Instrument der Machtverteilung zwischen den Klassen ist, sondern um
eine Demokratie, die das Mittel ist, die Organe, die die Gesellschaft im Kampfe um die Aufhebung der Klassen entwickelt hat,
in Organe der klassenlosen Gesellschaft zu verwandeln.

2.4 Die Krise einer Kultur

KRIEGS- UND NACHKRIEGSZEIT haben die europäische Gesellschaft differenziert. In Westeuropa herrscht die bürgerliche Demokratie. In Mitteleuropa der Faschismus. In Osteuropa
die Diktatur des Proletariats. Bourgeoisdemokratie, Faschismus,
Bolschewismus, — das sind nicht nur drei verschiedene Staats-
und Wirtschaftsverfassungen. Es sind drei verschiedene Kulturen.
Hat der Aufstieg des Bürgertums in der Geschichtsepoche der
Aufklärung, der bürgerlichen Revolution, des Liberalismus die
kulturelle Zerklüftung, der Europa durch die Reformation und
Gegenreformation verfallen war, überwunden und die nationalen
Kulturen Europas einander angenähert, so verfällt Europa heute
im Gefolge der Klassenkämpfe unserer Zeit in eine nicht minder
tiefe kulturelle Zerklüftung.

Die bürgerliche Demokratie, einmal begründet und stabilisiert,
ist von der Zeit ihres Werdens sehr verschieden. Die Bourgeoisie,
aus den Jahrhunderte währenden Kämpfen der bürgerlichen Re-

volutionen als Siegerin hervorgegangen, zur herrschenden Klasse der kapitalistischen Gesellschaft und ihrer Staaten geworden, hat keine gesellschaftlichen Ideale mehr zu verwirklichen; ihre gesellschaftlichen Ideale sind verwirklicht. Die Bourgeois-Demokratie ist daher nicht mehr ein Instrument gesellschaftlicher Umwälzung, sondern ein Mittel, den bestehenden kapitalistischen Gesellschaftszustand zu erhalten, ihn | gegen die Arbeiterklasse zu 168 verteidigen, seine Entwicklung zu fördern.

Wo die Bourgeois-Demokratie weder vom Sozialismus noch vom Faschismus ernsthaft bedroht ist, dort erschöpft sich das öffentliche Leben in den kleinen Tagesentscheidungen, die die Entwicklung der kapitalistischen Gesellschaft jeweils erheischt. Man kämpft in der bürgerlichen Demokratie nicht um „der Menschheit große Gegenstände", sondern um Steuer- und Zollsätze, um die Höhe von Arbeitslosenunterstützungen und von Krankenkassenbeiträgen; die jährliche Prüfung von Staatsvoranschlägen und Rechnungsabschlüssen ist das große Ereignis des Alltagslebens der bürgerlichen Demokratie.

Zudem herrscht die Bourgeoisie in der bürgerlichen Demokratie mittels der großen Massenparteien; sie muß daher Kleinbürgern und Bauern, sie muß auch der Arbeiterklasse zeitweilig Zugeständnisse machen. Ihr Weg ist daher der Weg mühselig erschacherter Kompromisse zwischen den verschiedenen Klassen und „Interessentenhaufen". Sie geht mühselig von einem solchen Kompromiß zum anderen. Jedes Interesse kann sich nur in Kompromissen mit gegensätzlichen Interessen, jedes Prinzip nur in Kompromissen mit gegensätzlichen Prinzipien durchsetzen.

Jedes der Prinzipien, die in der bürgerlichen Demokratie um ihre Durchsetzung kämpfen, muß sich, um mächtig zu werden, innerhalb der Wählerschaft des allgemeinen und gleichen Wahlrechts, also innerhalb des ganzen, in gegensätzliche Klassen und Interessentengruppen geschiedenen Volkes durchzusetzen suchen. Es muß sich abschwächen, abschleifen, relativieren, um Wählermassen verschiedener Klassen und verschiedener Interessentengruppen zu gewinnen. Es muß in der Folge im Parlament

und in der Regierung erst recht Kompromisse mit gegensätzlichen Prinzipien eingehen. Indem aber jedes Prinzip so die relative Berechtigung gegensätzlicher Prinzipien anerkennen muß, relativiert es seine eigene Berechtigung. Starres Festhalten an dem
169 Prinzip macht seine | Durchsetzung aussichtslos und erscheint daher als unfruchtbarer Doktrinarismus.

So entwickelt sich in der bürgerlichen Demokratie eine Atmosphäre des Skeptizismus gegenüber allen Prinzipien; eine Atmosphäre, in der gegensätzliche Prinzipien als relativ gleichberechtigt angesehen werden; eine Atmosphäre des Opportunismus, in der nicht mehr große Kämpfe um gegensätzliche Prinzipien ausgetragen, sondern Kompromisse zwischen allen Prinzipien geschlossen werden. Ein skeptischer Relativismus, ein jeder grundsätzlichen Entscheidung, jeder kühnen Tat abgeneigter Opportunismus, ein krämerhafter Utilitarismus, der, jede grundsätzliche Auseinandersetzung scheuend, das ganze öffentliche Leben in öden Handel um Steuern und Soziallasten, Zölle und Produktionsprämien auflöst, ist die Grundhaltung der bürgerlichen Demokratie. Es ist die Grundhaltung ihrer herrschenden Klasse, die keine Ideale mehr zu verwirklichen hat, weil ihre Ideale schon verwirklicht sind. Aber wie die Ideen, so sind auch die Grundstimmungen der herrschenden Klasse immer die herrschenden Grundstimmungen der Zeit. In der bürgerlichen Demokratie werden alle Klassen von dem skeptischen Relativismus, von dem kompromißbereiten Opportunismus, von dem krämerhaften Utilitarismus der Bourgeoisie angesteckt. Der Opportunismus der reformistischen Arbeiterbewegung ist eines der Resultate dieser Entwicklungsphase der bürgerlichen Demokratie.

Dieser skeptische, utilitaristische Relativismus der bürgerlichen Demokratie hat sich entwickelt aus einer der gewaltigsten Errungenschaften der Menschheit. In Jahrhunderte langen Kämpfen vom Zeitalter der Reformation über das Zeitalter der Aufklärung und der bürgerlichen Revolution hinweg bis zum Zeitalter der Eroberung der Demokratie hat das Bürgertum den Anspruch des Staates und der Kirche, jedem Individuum Glauben,

Gesinnung, Überzeugung vorzuschreiben, jeden abweichenden
Glauben als Ketzerei zu verfolgen, jede kritische Gesinnung gewaltsam zu unterdrücken, gebrochen, das Recht eines jeden, sich
frei seine Meinung zu bilden, sich | mit Glaubens- und Überzeu- 170
gungsgenossen zusammenzuschließen und mit ihnen gemeinsam Glauben und Überzeugung zu verfechten, erkämpft. Damit
erkämpfte das Bürgertum das Recht, daß Menschen verschiedenen Glaubens, verschiedener Gesinnung, verschiedener Parteien
gleichberechtigt nebeneinander leben dürfen, die der feudalen
und absolutistischen Welt fremde Sitte der Achtung vor frem-
den Glauben, vor fremder Überzeugung. Der Kampf um dieses
Recht und diese Sitte war in der ganzen Geschichtsepoche des
Aufstieges des Bürgertums der Kampf um die Freiheit, die neue
bürgerliche Gedankenwelt, die neue bürgerliche Gesellschafts-
und Weltanschauung der überlieferten Dogmen der Kirche, den
überlieferten Herrschafts- und Ideensystemen des Absolutismus
und des Feudalismus entgegenstellen zu dürfen. Darum war dieser Kampf ein wesentlicher Bestandteil des Emanzipationskampfes des Bürgertums. Darum war er erfüllt von dem großen Pathos
des Freiheitskampfes. Aber sobald das Bürgertum das Ziel seines
Emanzipationskampfes erreicht, seine gesellschaftliche und staatliche Ordnung verwirklicht hat, sobald es nicht mehr im Kampf
gegen die Mächte der Vergangenheit steht, entartet das Prinzip
gleichberechtigten Nebeneinander- und Gegeneinanderwirkens
gegensätzlicher Überzeugungen, Interessen, Ideologien zur skeptischen Relativierung aller Ideologien, zur opportunistischen
Verwässerung aller Prinzipien, zur utilitaristischen Auflösung
des ganzen öffentlichen Lebens in die täglichen Kompromisse
zwischen den verschiedenen „Interessenhaufen".

Dieser skeptische Relativismus der bürgerlichen Demokratie
spiegelt sich auch im geistigen Leben des Zeitalters. Die gewal-
tigste geistige Leistung unseres Zeitalters ist unzweifelhaft die
Umwälzung der Physik. In wenigen Jahrzehnten ist das Weltbild
der klassischen Physik zerstört, ein neues Weltbild geschaffen
worden. Im Jahre 1900 hat Max Planck in Berechnungen über die

von erhitzten Körpern ausgestrahlte Energie das elementare Wir-
171 kungsquantum entdeckt. Im Jahre 1905 hat Albert | Einstein die
klassische Mechanik durch die Erkenntnis überwunden, daß ihre
Gesetze nur für Bewegungen mit relativ kleiner Geschwindigkeit
gelten, bei Geschwindigkeiten, die sich der des Lichts nähern,
starke Abweichungen erleiden. Im Jahre 1913 hat Niels Bohr die
Spektrallinien des Wasserstoffes durch eine neue Vorstellung
von dem Aufbau des Atoms verständlich gemacht. Im Jahre 1919
ist es Rutherford zum ersten Mal gelungen, ein Stickstoffatom zu
zertrümmern. Neue Resultate verfeinerter Experimentiertechnik
und neue kühne Vorstellungen der Phantasie der Physiker gaben
in den folgenden Jahren der physikalischen Forschung mächtigen Anstoß. Die nachträgliche experimentelle Bestätigung der
mathematischen Deduktionen Sommerfelds aus der Relativitäts-
und aus der Quantentheorie hat, wie Planck sagte, die Leistung
Leverriers wiederholt, der den Planeten Neptun errechnet hat,
ehe ihn noch ein menschliches Auge erblickt hatte. Die Quanten-
mechanik Heisenbergs, de Broglies und Schrödingers sucht die
neuen Erfahrungen rechnerisch zu erfassen. Ein neues Weltbild
ist so entstanden: Das Weltbild eines gekrümmten Raums, in dem
die Gesetze der euklidischen Geometrie nicht gelten. Das Bild
einer Welt, in der die Energie eine Funktion der Masse und der
Lichtgeschwindigkeit ist und bei wachsender Geschwindigkeit
die Masse sich verändert. Das Bild einer Welt, in der Elektronen
um die Protonen kreisen wie die Planeten um die Sonne. Das Bild
einer Welt, in der sich die Wellen verhalten wie Körper und Körper wie Wellen. Einer Welt, in der die Urphänomene der Materie
und der Strahlung in einander übergehen und die chemischen
Elemente in einander verwandelt werden können.

Man erinnere sich, wie mächtig einst die Entwicklung der klassischen Physik die Geschichte der Menschheit beeinflußt hat! Im
17. und 18. Jahrhundert hat die Entwicklung der Naturwissen-
schaft das ganze philosophische Denken umgewälzt. Die Physik
Newtons wurde zur Basis der Aufklärungsphilosophie. Sie wurde
zur Waffe gegen das überlieferte magische Denken, zur Waffe

gegen die traditionelle Religion. Sie wurde damit zur wuchtigen
| Waffe des jungen, revolutionären Bürgertums gegen die Macht 172
der Kirche und damit zur Waffe in seinem Klassenkampfe gegen
den Feudalismus und gegen den Absolutismus. Die Aufklärungsphilosophie, auf der Basis der klassischen Physik entstanden,
wurde zur Ideologie der bürgerlichen Revolution.

Ganz anders erlebt unsere Zeit die Umwälzung der Physik. Unser Auge kann nur elektromagnetische Wellen einer bestimmten Wellenlänge wahrnehmen. Aber es ist uns gelungen, uns
„mit Hebeln und mit Schrauben" elektromagnetische Wellen viel
größerer und viel kleinerer Wellenlänge, — von den Wellen der
Radiotechnik bis zu denen der Röntgenstrahlen, — in anderer
Weise erkennbar zu machen. Unsere Sinnesorgane können die
kleinen Bausteine der Welt nicht wahrnehmen; aber wir können sie heute photographieren, wägen, errechnen, schließlich
gar unter dem Bombardement mit Alphateilchen zerlegen und
zertrümmern. Wir kenne heute Urphänomene, die wir zwar mit
unseren aus der Makrowelt allein geschöpften Vorstellungen uns
nicht anschaulich machen können, deren Errechnung aber unsere
Experimente bestätigen. Aber unser Zeitalter erlebt diese Entdeckungen nicht als eine Eroberung eines Teiles des uns vordem
durch die Begrenztheit unserer Sinnesorgane verschlossenen
„Ding an sich". Es sieht in den neuen gewaltigen Eroberungen
unseres Wissens keine Lösung von Welträtseln. Es hofft nicht
mehr, „alle Wirkenskraft und Samen schauen" zu können. Ihm
sind die Entdeckungen der Physik „mehr ein Rechenschema als
eine Zustandsrealität". (Sommerfeld.) Ihm ist die Beschreibung
der Bahnen der Elektronen, die um den Atomkern kreisen, nur
ein Mittel, die Beobachtung der Frequenzen und Intensitäten
von Spektrallinien mathematisch zu fassen und aus der mathematischen Deduktion die Ergebnisse künftiger Experimente zu
prophezeien. (Heisenberg.)

Als Newton die Gesetze der Bewegung der Weltkörper entdeckte, war das junge Bürgertum stolz, die „ewigen ehernen Gesetze"
zu kennen, die das Geschehen regieren. Es stellte sie der alten

173 Vorstellung von dem persön- | lichen Gott, der die Sonne und
dem Monde still zu stehen gebietet, wenn es seiner Laune beliebt,
entgegen. Auf der Grundlage der klassischen Physik erschütterte
die Aufklärungsphilosophie die überlieferte anthropomorphi-
stische Gottesvorstellung. Aber wenn sie die Welt nun als eine
Welt von bewegenden Kräften bewegter Materie dachte, lebte
darin immer noch ein Rest des Anthropomorphismus, der Vorstellung der Welt nach dem Ebenbilde des Menschen, fort; die
Vorstellung von Kräften, die den Stoff bewegen, war dem mensch-
lichen Arbeitsprozeß nachgebildet. Wenn die moderne Physik
den Gegensatz zwischen Masse und Energie, zwischen Materie
und Strahlung, zwischen Körper und Welle aufhebt, verjagt sie
den Anthropomorphismus aus seinen letzten Schlupfwinkeln
und setzt damit den Prozeß fort, dem das magische, das mytho-
logische, das religiöse Weltbild erlegen sind. Aber unser Zeitalter
begreift seine eigenen Entdeckungen nicht nicht als Überwindung von aus der Urzeit der Menschheit überlieferten Vorstellungen. Es sieht in den Entdeckungen der neuen Physik nichts
als Systeme von Gleichungen, die die Wahrscheinlichkeit aufzei-
gen, mit der einer Beobachtung eine andere folgen werde. Da
bleibt der Raum frei für Religion, Metaphysik, Magie. Der müde
skeptische Relativismus unserer Zeit spiegelt sich in der skeptischen relativistisch-positivistischen Bewertung der größten Errungenschaften ihres Wissens, ihr Opportunismus in dem müden
Verzicht auf kämpferische Verwertung seiner Resultate gegen
die in den Massen fortlebenden Vorstellungs- und Denkweisen
vergangener Zeiten, in der Bereitschaft, die neuesten Resultate unseres Wissens nur zu benützen, um ältesten Aberglauben
vor der Konfrontation mit den Resultaten der Wissenschaften zu
bewahren.

Auch in der skeptischen Relativierung der wissenschaftlichen
Erkenntnis unserer Zeit wirken größte Errungenschaften der
Menschheit nach. Es führt ein gerader Weg von dem skeptischen
Empirismus moderner Physik, von David Hume bis zu den Som-
merfeld und Heisenberg. Aber der skeptische Empirismus des

Aufklärungs- | zeitalters stand in kämpferischer Haltung gegen 174
alle Metaphysik und damit gegen das aus der Zeit des Feudalismus überlieferte Weltbild. Der skeptische Empirismus unserer
Zeit verzichtet auf jeden Kampf gegen die aus der Vergangenheit
überlieferten Weltanschauungen. Indem er sich grundsätzlich
damit bescheidet, aus den Ergebnissen eines Experiments die
Ergebnisse künftiger Experimente zu errechnen, gibt er das Weltbild dem Spiel metaphysischer Spekulation, religiöser Phantasie,
magischer Vorstellungen preis.

Aber in dieser Welt eines skeptischen Relativismus, eines ide-
allosen Utilitarismus, eines grundsatzlosen Opportunismus vollzieht sich, durch den Krieg gewaltig beschleunigt, die technische
Entwicklung unserer Zeit. Wir leiten in Hochspannungsleitungen
von 300.000 Volt den elektrischen Strom hunderte Kilometer weit.
Wir bauen Dampfkessel mit einem Druck von 100 Atmosphären
und Dampfturbinenanlagen, die 250.000 Pferdekräfte liefern. Wir
brauchen zur Gewinnung der Kilowattstunde nur halb so viel
Kohle als vor dem Kriege. Wir haben durch die Verwendung der
Verbrennungskraftmaschinen im Auto, im Motorrad, im Traktor,
im Tank, im Flugzeug, im Luftschiff unser ganzes Leben umgewälzt. Die Züchtung neuer Weizensorten hat die Zone des Getreidebaues um 100 Kilometer nach dem Norden vorgeschoben. Die
Gewinnung des Stickstoffes aus der Luft hat die Erträge unseres Bodens bedeutend gesteigert. Der Mähdrescher hat das Ar-
beitserfordernis zur Erntearbeit auf ein Viertel herabgesetzt. Die
Preßluftwerkzeuge haben den Bergbau mechanisiert. Die Chemie
gewinn Öl aus Kohle, Seide und Futtermittel aus Holz. Speziali-
sierung und Automatisierung der Arbeitsmaschinen, Fließarbeit
und laufendes Band haben unsere Fabriken umgewälzt. Kino und
Radio haben der Muße der Massen neuen Inhalt gegeben.

Unsere Zeit ist stolz auf den Siegeszug ihrer Technik. Welche
Hoffnungen hat sie in den Jahren der Rationalisierungskonjunktur auf die neue Technik gesetzt! Vom „Fordismus", von der Nachahmung des „amerikanischen Wirtschaftswunders" erhoffte sie
die Lösung aller gesell- | schaftlichen Probleme. Das technische 175

Ideal war an die Stelle der verlorenen gesellschaftlichen Ideale getreten. Aber diese überschwänglichen Hoffnungen endeten mit furchtbarster Enttäuschung.

In einer Gesellschaft, deren Lebensrhythmus von den Bewegungen der Profitrate beherrscht wird, kann der Konsum der Massen niemals in gleichem Maße wachsen wie die Produktivität ihrer Arbeit. Daher muß in der kapitalistischen Gesellschaft jede Periode schneller Entfaltung der Produktivkräfte mit der Absatzkrise, mit der Produktionsdrosselung, mit der Arbeitslosigkeit, mit gesteigertem Massenelend enden.

Die Weltwirtschaftskrise hat seit 1929 die geistige Grundhaltung unserer Zeit völlig verändert. Die Massen der Arbeiter und Angestellten, der Bauern, Kleinbürger und Intellektuellen, verelendet, in ihren Hoffnungen enttäuscht, befriedigt das Alltagsgetriebe der bürgerlichen Demokratie, sie befriedigen ihre schwerfälligen Kompromisse, sie befriedigen ihre kleinen Maßregeln, die der ungeheuerlichen Erschütterung ihres ganzen Daseins gegenüber allzu kleinlich, allzu wirkungslos erscheinen, nicht mehr. Sie fordern eisernen Führerwillen, kühne Tat, revolutionäre Umwälzung des Staates und der Gesellschaft.

Die Bourgeoisie selbst wendet sich von den opportunistischen, täglich kompromißbereiten Führern ihrer bürgerlichen Demokratie ab. Sie führt eine andere Führergruppe zur Macht: Männer, deren Denken und Wollen der Krieg geformt hat; Männer stählerner Entschlossenheit und bedenkenloser Gewalttätigkeit; Männer, die von skeptischem Relativismus, von kompromißbereitem Opportunismus nicht angekränkelt sind. Sie stellt den schwächlichen Kompromissen der Demokratie die Diktatur entschlossenen Führerwillens, dem kleinlichen Alltagsgetriebe der Demokratie den entschlossenen Willen, durch eine allmächtige Staatsgewalt die zerrüttete kapitalistische Wirtschaft neuzugestalten, dem ängstlichen Friedensbedürfnis der Demokratie einen waghalsigen ökonomischen und politischen Nationalismus, Militarismus, 176 Imperialismus, der die Bedeutung ihrer eigenen Resultate | skeptisch wertenden Wissenschaft den Irrationalismus, den Appell an

Instinkt, Trieb, Intuition, dem skeptischen Relativismus des Zeitalters der bürgerlichen Demokratie die sieghafte Selbstsicherheit des Faschismus gegenüber, der, von jeder Selbstkritik, von jedem kritischen Zweifel an seiner Mission frei, zu jedem Wagnis bereit ist und vor keiner Gewaltanwendung zurückschreckt.

Der ganze Geisteszustand breiter Massen wird umgewälzt. Haben die Menschen jahrhundertelang darum gekämpft, sich frei, unabhängig von Staat und Kirche, ihr Weltbild zu gestalten, frei für ihre Interessen und Ideen werben, frei ihr Schicksal selbst bestimmen zu dürfen, so verfällt jetzt die Gefolgschaft der Diktatoren in verzückten Untertanenglauben an das „Charisma" des Führers, so ist sie jetzt glücklich, blind glauben und blind gehorchen zu dürfen, so verzichtet sie auf alle eigene Überzeugung und allen eigenen Willen.

Durch die ganze Geistesgeschichte der kapitalistischen Geschichtsepoche zieht sich die romantische Kritik an der bürgerlichen Kultur, — die Kritik, die den Kapitalismus nicht von dem Standpunkt der Zukunft aus bekämpft, die ihn ablösen wird, sondern vom Standpunkt der Vergangenheit aus, die er abgelöst hat, nicht vom Standpunkt des modernen Proletariats aus, das er geschaffen hat, sondern vom Standpunkt der Gesellschaftsklassen der alten Welt aus, in die er hereingebrochen ist und die er umgewälzt hat, vom Standpunkt des Aristokraten, des Pfaffen, des Spießbürgers, des Literaten und des Ästheten aus. Diese romantische Kritik der bürgerlichen Kultur war die Kritik der feudalen Konterrevolution an den bürgerlichen Revolutionen; sie ist heute die Kritik der kapitalistisch-faschistischen Konterrevolution an der bürgerlichen Demokratie.

In der Zeit der feudalen Konterrevolution, die den Napoleonischen Kriegen gefolgt ist, hat die Romantik dem Rationalismus der bürgerlichen Aufklärung, der alle historischen, alle überkommenen Institutionen vom Standpunkt der bürgerlichen Vernunft aus bekämpfte, ihre Flucht in | die „mondbeglänzte Zaubernacht" 177 des Mittelalters entgegengestellt. Sie mündete in die historische Rechtsschule, „eine Schule, welche die Niederträchtigkeit von heute durch die Niederträchtigkeit von gestern legitimiert, eine Schule, die jeden Schrei des Leibeigenen gegen die Knute für rebellisch erklärt, sobald die Knute eine bejahrte, eine angestammte, eine historische Knute ist";[32] in die ständische Staatsphilosohpie der de Maistre und Bonald, der Adam Müller und Haller, die den Kapitalismus nicht deshalb bekämpft hat, weil er neue Formen der Ausbeutung geschaffen, sondern deshalb, weil er die alten Formen der Ausbeutung, die feudale Gutsherrschaft auf dem Lande, die Zunft in der Stadt zerschlagen und damit die Gesellschaft „atomisiert" habe; in den „feudalen Sozialismus", der den Kapitalismus und die bürgerliche Kultur bekämpft, weil er den modernen Kapitalisten und die Stelle des alten Aristokraten gesetzt, die bürgerliche Aufklärung gegen überlieferten Aberglauben mobilisiert, durch die bürgerliche Revolution die Roture, den Pöbel entfesselt hat. Die romantische Kritik an der kapitalistischen Welt kritisiert unbarmherzig die Anarchie der kapitalistischen Produktionsweise, die kulturelle Dürftigkeit der Welt des bürgerlichen Schachers, die Wurzellosigkeit und das Elend des jungen Proletariats, aber sie kritisiert sie nur, um der kapitalistischen Anarchie die feudale Zwangsherrschaft, der Welt des bürgerlichen Schachers die Vornehmheit des alten Adels, der Entwurzelung des modernen Proletariats die Schollengebundenheit der hörigen Bauernschaft und vor allem, um dem bürgerlichen Liberalismus und der bürgerlichen Demokratie die ständischen Privilegien des Adels und der Kirche, die gesellschaftliche Organisation der Gutsherrschaft, der Gilde, der obrigkeitlich-bürokratischen Reglementierung und Organisierung der Gesellschaft entgegenzusetzen. Sie kritisiert den Kapitalismus nicht um der Ausbeutung willen, auf der er beruht, und um des Arbeitslosenelends willen, das er periodisch hervorruft, sondern 178 um der be- | freienden, emanzipierenden Wirkungen willen, die die durch die Entwicklung des Kapitalismus hervorgerufenen Klassenkämpfe zeitigen. Sie wirft der Bourgeoisie „mehr noch

---

[32] Marx, Zur Kritik der Hegelschen Rechtsphilosophie. Aus dem literarischen Nachlaß von Marx, Engels und Lasalle. II. Bd, Seite 386.

vor, daß sie ein revolutionäres Proletariat, als daß sie überhaupt
ein Proletariat erzeugt". (Kommunistisches Manifest.)

Die romantische Kritik an der bürgerlichen Kultur lebt von Neuem auf nach dem Abschluß der bürgerlichen Revolutionen des
19. Jahrhunderts. Die bürgerliche Revolution war in Deutschland
1848 gescheitert. Aber was sie nicht hatte vollbringen können, das
vollbrachte im Dienste der Staatskunst der großen, vom Bürgertum bekämpften Persönlichkeit Bismarcks die siegreiche Armee
des Königs von Preußen. Diese Erfahrung stellte dem liberalen
Händlertum, das Bismarck im Namen der Freiheit bekämpft hatte,
die Werte der großen Persönlichkeit und des soldatischen Hel-
dentums entgegen. Aber einmal aus den Siegen auf den Schlachtfeldern entstanden, wurde das neue Reich zur Stätte schnell auf-
blühenden Kapitalismus, in dem Bismarck mit den Liberalen, der
Staatsmann mit den Händlern seine Kompromisse schloß und auf
der Basis schneller kapitalistischer Entwicklung die bürgerliche
Kultur die Früchte von Sadowa und Sedan erntete. Enttäuscht
wendete sich die romantische Kritik an der bürgerlichen Kultur
in dem großen Kunstwerk Nietzsches gegen die kapitalistische
Wirklichkeit des neuen Reiches, gegen die bürgerliche Philistro-
sität seiner Kultur, gegen die Anmaßung der Massen, gegen ihre
Demokratie, ihr Christentum, ihre „Sklavenmoral" und stellte der
Wirklichkeit, die sie enttäuschte, das Idealbild einer sublimierten
Herrenklasse gegenüber, die, mit aller Moral sozialen Mitfühlens
und Mitleidens brechend, um alles Behagen der Massen unbe-
kümmert, eine neue heroische Kultur, die Kultur einer heroischen
Elite, die Vornehmheit einer neuen Aristokratie begründen solle.

Und diese romantische Gesellschaftskritik, die der bürgerlichen Kultur und der Emanzipation der Massen gleich feind ist,
lebt abermals auf in der Zeit des Weltkrieges. Als die Westmächte
ihren Krieg gegen Deutsch-| land im Namen der Demokratie, des 179
Liberalismus, der Errungenschaften der bürgerlichen Revolution
führten, verwarf der deutsche Patriotismus grundsätzlich die
„Ideen von 1789", die nur die Ideen des Kapitalismus seien, stellte
er dem politischen Ideal der bürgerlichen Freiheit das soziale

Ideal des autoritären Wohlfahrtsstaates als Gegensatz entgegen, entdeckte er mit Plenge im Preußentum den wahren Sozialismus, mit Spengler in der bürgerlichen Revolution, im Liberalismus und in der Demokratie die Symptome des Unterganges des Abendlandes, stellte er der in den feindlichen Westmächten verwirklichten bürgerlichen Kultur das Ideal einer aristokratischen soldatischen Herrenkultur entgegen, die die Massen beherrscht, um für sie zu sorgen und sie der autoritär organisierten Nation einzugliedern.

Der Faschismus ist der Erbe der romantischen Kritik an der bürgerlichen Welt. Was im Verlaufe eines Jahrhunderts Feudalherren und Pfaffen gegen das liberale Bürgertum, Soldaten und Künstler gegen die bürgerlichen Händler erdacht hatten, das wird in seinem Munde zur Rechtfertigung der faschistischen Diktatur über die Massen. Von der Romantik, von Nietzsche, von den Plenge und Spengler führt der Weg über den Kreis Stephan Georges, über Möller van der Bruck und Otmar Spann zur Ideologie des Faschismus. Indem sich der Faschismus diese Ideologien aneignet, demaskiert er sie. Er enthüllt, daß die romantische Gesellschaftskritik an der bürgerlichen Kultur nie etwas anderes als Gesellschaftskritik an den liberalen, demokratischen Elementen der bürgerlichen Kultur gewesen ist; daß sie die bürgerliche Kultur nicht wegen ihres Klassen-, ihres Ausbeutungscharakters, sondern wegen ihrer emanzipatorischen Wirkungen, daß sie an der bürgerlichen Kultur gerade das bekämpft hat, was in ihr progressiv, die Massen entfesselnd gewesen ist. Die „mondbeglänzte Zaubernacht" der Romantik liegt über Oranienburg und Dachau, der „Übermensch" Nietzsches ist zum Bandenführer geworden, die ästhetische Kritik an der Unkultur des bürgerlichen Schachers, 180 des bürgerlichen Bildungsphilisters, der bürgerlichen Preß- | korruption zum Vorwand, alles zu zertreten, was die Völker durch die bürgerliche Revolution und die bürgerliche Demokratie an Freiheit und Volksrechten errungen hatten.

Es gibt, beiläufig bemerkt, auch Sozialdemokraten, die der Anziehungskraft der vom Faschismus angeeigneten humanistischen Gesellschaftskritik erliegen. Man erkennt sie an dem Gebrauch des Modewortes „liberalistisch". Sie demaskieren sich, indem sie, — in der Zeit des organisierten und organisierenden Monopolkapitalismus! — als besonderes Merkmal und besonderes Verbrechen des Kapitalismus die Atomisierung der Gesellschaft ausgeben, ohne zu ahnen, daß die romantische Klage über die Atomisierung der Gesellschaft nie etwas anderes gewesen ist als die Klage der Feudalherren über die Auflösung der Gutsherrschaft und die Klage der Patrizier über die Auflösung der Gilden. Was über solchen romantisierenden Sozialismus zu sagen ist, hat schon das „Kommunistische Manifest" über den „wahren Sozialismus", den „deutschen Sozialismus" seiner Zeit gesagt.

Übrigens ist es selbstverständlich, daß die faschistische Ideologie in verschiedenen Ländern verschiedene Formen annimmt. In Deutschland verknüpft sie sich mit der alten aristokratischen Rassentheorie. Im Zeitalter der französischen Revolution haben die französischen Aristokraten ihr Recht, die Volksmassen zu beherrschen und auszubeuten, mit dem Argument verteidigt, sie seien die Nachkommen der fränkischen, germanischen Eroberer, das Volk dagegen, das sich gegen sie erhebe, stamme von der minderwertigen romanisierten keltischen Masse ab. Seither haben immer wieder privilegierte Klassen ihre Privilegien mit ihrer angeblichen Abstammung von höheren Rassen zu rechtfertigen versucht. Nach Rosenberg ist die Demokratie die Herrschaft der minderwertigen alpinen Rasse, der Bolschewismus der Aufstand der Mongoliden gegen nordische Kulturformen, die „nationale Revolution" des Nationalsozialismus die Wiederherstellung der Herrschaft der durch die bürgerliche Revolution gestürzten nordischen Rasse. In Österreich knüpft der Faschismus an die ständische Staatslehre der katholischen Kirche | an, die gegen die 181 französische Revolution, gegen den Liberalismus und die Demokratie mit dem Feudaladel gemeinsam die ständischen Privilegien des Adels und des Klerus als Formen der organisierten Gesellschaft gegen die atomisierte verteidigt hat. In Italien schöpft der Faschismus Elemente seiner Ideologie aus dem Antirationalismus, den Gewalttheorien Sorels, aus der dem revolutionären Syndika-

lismus und der konterrevolutionären Aristokratie gemeinsamen
Kritik an der französischen Demokratie, aus den Geschichtstheo-
rien Vilfredo Paretos. Aber so verschieden die nationalen Faschismen untereinander auch sind, gemeinsam ist ihnen allen die
Kritik an jener bürgerlich-demokratischen Kultur, die sich aus
den Ideologien der Aufklärung, der bürgerlichen Revolution, des
Liberalismus entwickelt hat.

   In Frankreich und in den angelsächsischen Ländern, wo das
Bürgertum selbst in großen Kämpfen seinen Staat erkämpft hat,
haben die aus der Aufklärung der bürgerlichen Revolution erwachsenen Ideen die gewaltige Kraft eines „volkstümlichen Vor-
urteils" erlangt. In Deutschland wo die bürgerliche Revolution
gescheitert, der moderne bürgerliche Staat aus der „Revolution
von oben", aus Kriegen und Siegen reaktionärer Gewalten entstanden ist, haben die liberalen Ideen nie gleiche Macht erlangt.
Hier ist die ideologische Gegenwirkung der romantischen Kritik
immer viel stärker gewesen als in Westeuropa und in den Vereinigten Staaten. Hier ist mit dem Faschismus diese Kritik zur
herrschenden Ideologie geworden. Damit sind im größten Teile
Mitteleuropas jene Ideen der Freiheit, der Gleichberechtigung,
der Selbstbestimmung, der Menschlichkeit, die in Westeuropa
und in den Vereinigten Staaten als traditionelle, unbestrittene
Werte gelten, auf die sich jede Ideologie aufbauen, denen jede
Ideologie ihre Reverenz erweisen, mit denen jede Ideologie sich
verschmelzen muß, bewußt, mit herausfordernder Offenheit ver-
worfen und aufgegeben. In der ganzen Geschichts- und Gesell-
schaftsauffassung, in der moralischen Bewertung der Erscheinun-
182 gen des staatlichen und zwischenstaatlichen Lebens ist damit |
zwischen westeuropäischer und mitteleuropäischer Kultur eine
tiefe Kluft aufgerissen.

   In derselben Zeit aber entwickelt sich in der Sowjetunion eine
radikal neue Kultur, die von der bürgerlichen demokratischen
Kultur des Westens ebenso verschieden ist wie von der faschistischen Kultur Mitteleuropas.

   Die russische Revolution hat die Lebensbedingungen der Massen der Sowjetunion ungleich radikaler als jede Revolution vor

ihr umgewälzt und damit auch das Bewußtsein der Volksmassen
radikaler als alle früheren politischen und sozialen Umwälzungen revolutioniert. Sie hat damit alle überlieferten Vorstellungen
und Wertungsweisen in den Völkern der Sowjetunion erschüttert,
die Sowjetvölker für alles Neue überaus empfänglich gemacht.
Sie hat die Voraussetzungen, die Wege, die Ziele des sozialen
Aufstieges der Einzelnen völlig verändert und dadurch zahllo-
se Begabungen geweckt. Sie hat durch bewußte Einwirkung auf
die Massen und durch die Schaffung ihrer Kulturinstitutionen
den Kulturhunger der Massen, ihren Lerneifer, ihr Bedürfnis
nach neuen, höheren, geistigen Genüssen geweckt und gestärkt.
Aber die Kultur, die sie den Massen vermittelt, ist eine neue und
neuartige Kultur. In derselben Zeit, in der der Faschismus dem
überlieferten bürgerlichen Rationalismus den Appell an den Instinkt, an den Trieb, an das dunkle Gefühl entgegensetzt, führt
die Sowjetkultur die Massen zu wissenschaftlicher, zu naturwis-
senschaftlicher und gesellschaftswissenschaftlicher Denkweise.
In derselben Zeit, in der die wissenschaftliche Denkweise in den
bürgerlich-demokratischen Ländern ihre kämpferische Haltung
gegen überliefertes unwissenschaftliches Denken verloren hat,
vermittelt die Sowjetkultur den Massen die Wissenschaft als Waffe gegen überlieferten Aberglauben, gegen die traditionelle Religion, gegen die überlieferten gesellschaftlichen Vorstellungen
und Sitten. Die neue Massenkultur, die da entsteht, ist ebenso fern
dem Antirationalismus faschistischer Romantik wie dem skeptischen Relativismus der alt gewordenen bürgerlichen Demokratie.
Es ist eine Massenkultur, die den Drang nach wissenschaftlichem
Ver- | stehen der Natur und der Gesellschaft mit dem Bewußtsein   183
der Mission zum Bau einer höheren Menschheit, einer vom Grunde aus neuen, alle Unfreiheit, alle Ausbeutung, alle Unwissenheit,
allen Aberglauben überwindenden Kultur verknüpft. Es ist die
Kultur eines Lebensgefühls der Massen, das dem Lebensgefühl
der Zeit der bürgerlichen Aufklärung nicht unähnlich ist, aber
radikaler gegen alles Überlieferte gewendet ist, als es die Aufklärung in ihren bürgerlichen Schranken je sein konnte, und die

Volksmassen selbst ergreift, während die bürgerliche Aufklärung
nur die Oberschichten der Völker erfaßt hat.

Diese neue Kultur, die sich unter der Diktatur des Proletariats
entwickelt, gipfelt in den kulturellen Leistungen der Hochschulen, der Akademien, der wissenschaftlichen Institute, in der Literatur und in der Kunst der Sowjetunion. Sie wachsen in dem
Maße, in dem die Sowjetunion die Zeit der schlimmsten wirtschaftlichen Not überwindet. Sie werden in dem Maße freier, als
die Sowjetmacht nicht mehr gezwungen ist, ihre Aufgaben auf
den unmittelbarsten, nächsten praktischen Zweck zu beschränken. Die Emanzipation der Sowjetpoesie von der Fessel der Beschränkung auf unmittelbar propagandistische Zwecke, in den
letzten zwei Jahren vollzogen, ist ein Anzeichen dieser Entwicklung. Und auch diese Kultur ist vom Grunde aus neu. Der Materialismus, von dem Bürgertum aller Länder fallen gelassen,
seitdem es seine kämpferische Haltung gegen die feudalen, kirchlichen Mächte aufgegeben hat, findet hier neue Pflegestätten. Er
tritt hier sowohl dem unkämpferischen Skeptizismus entgegen,
mit dem das Bürgertum die Resultate seiner eigenen Wissenschaft bewertet, als auch der naiv-phantastischen Verzerrung
des materialistischen Grundgedankens, die aus der organischen
Erbsubstanz unmittelbar Gesellschaftsordnungen und Kulturen
hervorgehen läßt. Das materialistische Weltbild verknüpft sich in
der Wissenschaft der Sowjetunion mit dem marxistischen Bilde
der gesellschaftlichen Entwicklung. Der Marxismus ist dort zum
ersten Mal zur herrschenden Lehre geworden. Er wirkt von der
184 Sowjetunion aus mächtig auf die Gebildeten anderen Län- | der.
Hat der Marxismus vordem in den angelsächsischen Ländern nie
Einfluß zu gewinnen vermocht, so beeinflußt er jetzt von der
Sowjetunion aus ungleich stärker als früher die englische und
die amerikanische Intelligenz. Noch viel mächtiger wirkt er auf
die Intelligenz der jungen Völker des Ostens; in China vor allem,
auch in Japan vollzieht sich die Entwicklung einer neuen, jungen Intelligenz unter sowjetrussischem Einfluß, daher unter dem
herrschenden Einfluß marxistischer Geschichtsauffassung und
Gesellschaftslehre.

Aber diese ganze gewaltige, folgenschwere Kulturentwicklung der Sowjetunion geht unter der Diktatur, in den durch die Diktatur gezogenen Schranken vor sich. Darin liegen ihre Gefahren. Die Diktatur bestimmt nach ihren Herrschaftsinteressen, was über historische, ökonomische, soziale Probleme gelehrt werden darf. Sie duldet keine Abweichung von der jeweiligen Ansicht der herrschenden Partei. Sie ächtet Lehrmeinungen, weil sie einer niedergeworfenen, besiegten Fraktion der herrschenden Partei dienen könnten. So sind auf historischem und auf gesellschaftlichem Gebiet der freien Forschung enge Grenzen gesetzt. Die Furcht vor Maßregelungen zwingt die Forscher, diese Grenzen nicht zu überschreiten. Sie preßt die Forschung in die Schranken einer Orthodoxie, die zuweilen schließlich die freie Erforschung der Tatsachen durch Auslegung der Schriften der Meister der herrschenden Partei ersetzt und damit in die Methoden der Scholastik zurückfällt. Diese Schranken der Entwicklung der Sowjetkultur liegen in der Diktatur selbst und können nur mit ihr, müssen mit ihr überwunden werden, wenn die im Rahmen der Diktatur entstehende neue Kultur ihre schöpferische Kraft entwickeln soll.

Faschismus und Bolschewismus, Konterrevolution und Revolution, Diktatur des Kapitals und Diktatur des Proletariats bedrohen die bürgerliche Demokratie. Aber mit der von zwei Seiten zugleich angegriffenen bürgerlichen Demokratie drohen Kulturgüter verloren zu gehen, die das wertvollste Erbe des ganzen bürgerlichen Zeitalters sind. | Als vor vierhundert Jahren die frühkapitalistische Umwälzung die Daseinsbedingungen der Menschen umstürzte und sie damit aus dem Bann der Tradition, aus dem Glauben an die überlieferten Autoritäten herausriß, ertrug es der Bürger jener Zeit nicht mehr, daß der Pfaffe ihm sein Weltbild vorschrieb. In blutigen Religionskriegen, auf den Scheiterhaufen der Reformation erkämpfte er sich sein Recht, sich selbst seine Bibel auszulegen, eroberte er die Glaubens- und Gewissensfreiheit, die Freiheit des Wettbewerbs verschiedener christlicher Lehrmeinungen, verschiedener christlicher Religionsgemeinschaften um 185

die Seelen der Menschen. Diesem ersten großen Siege des bürgerlichen Individualismus folgten im Laufe von drei Jahrhunderten,
im Zeitalter der Aufklärung, der bürgerlichen Revolution, des Liberalismus, der Demokratie, immer gewaltigere Siege. Im Kampfe
gegen Staat und Kirche eroberte das Bürgertum die Rechtsinstitutionen, die das Individuum gegen die Willkür der Macht schützen.
Im Kampfe gegen sie weitete es die religiöse Glaubens- und Gewissensfreiheit zur allgemeinen geistigen Freiheit, zur Freiheit
des Wettbewerbs aller Lehrmeinungen und Überzeugungen aus.
Der Kampf um die Garantien der individuellen Freiheit gegen
die Willkür der Herrschenden, um die Freiheit der Gesinnung
gegen die Herrschaft über den Geist endete in der Demokratie.
Die geistige Freiheit ist der Lebensquell der Demokratie; sie ist die
Vollendung der geistigen Freiheit. Denn daß alle Meinungen, alle
Gesinnungen im freien Wettbewerb um das Volk ringen können
und jene obsiegt, für die sich jeweils die Mehrheit des Volkes in
Freiheit entscheidet, ist das Wesen der Demokratie.

Und jeder Sieg, der in diesem vierhundertjährigen Kampfe
um die Emanzipation des Individuums errungen worden ist, war
zugleich ein Sieg der Menschlichkeit. Im Kampfe gegen die alten
Gewalten hat das Bürgertum ihren Schergen die Folter entrissen,
ihre Gefangenen von den Ketten und von der Prügelstrafe befreit.
Der bürgerliche Individualismus hat in der Zeit der bürgerlichen
186 Revolution mit der Freiheit des Einzelnen auch seine Würde, | den
Schutz der Menschenwürde gegen die Macht gewaltig erhöht.

Kein Zweifel, dieses ganze Werk der Emanzipation der Persönlichkeit vollzog sich nur im Gebiete des Staates, nicht im Gebiete der Gesellschaft. Dieselbe bürgerlich-kapitalistische Entwicklung, die die Freiheit des Einzelnen gegen die Willkür der Herrschenden gesichert hat, hat den Arbeiter zum wehrlosen Untertan despotischer Kapitalsmächte erniedrigt. Dieselbe bürgerlich-
kapitalistische Entwicklung, die den Schergen des Absolutismus
die Folterwerkzeuge entrissen hat, hat die Maschinen der Fabrik
zu Folterwerkzeugen gemacht, an denen ausgebeutete Kinder
und Frauen der Qual der Fronarbeit erlagen. Dieselbe bürgerlich-

kapitalistische Entwicklung, die die Menschenwürde selbst des gefangenen Verbrechers gegen die Gewaltigen geschützt hat, hat die Menschenwürde der mißhandelten Lohnsklaven des Kapitals täglich mit Füßen getreten. Und dennoch bleibt es wahr, daß die politische Emanzipation des Individuums, so begrenzt ihre Wirkung unter den Bedingungen der kapitalistischen Klassengesellschaft auch war, uns Kulturgüter, Menscheitsgüter höchsten Wertes hinterlassen hat. Heute aber ist dieses ganze Kulturerbe des Zeitalters der bürgerlichen Revolution schwer bedroht.

„Diktatur", sagt Lenin, „bedeutet nichts anderes als eine durch nicht, durch keine Gesetze, durch keine Regelung beschränkte, sich unmittelbar auf Gewalt stützende Macht".[33] Jede Diktatur, sei es die des Kapitals oder die des Proletariats, sei es die faschistische oder die bolschewistische Diktatur, muß die Rechtsinstitutionen zerstören, die die Freiheit des Individuums gegen die Gewalthaber schützen. Ob Gestapo oder G.P.U. — in beiden Fällen wird das Individuum der Willkür einer allmächtigen Polizeigewalt rechtlos, schutzlos preisgegeben.

Keine Diktatur kann die geistige Freiheit dulden. Der Faschismus und der Bolschewismus, die sonst eine Welt scheidet, in einem sind sie eins: ein Häuflein von Gewalt- | habern bestimmt, 187 was über Geschichte und Gesellschaft gesprochen, gelehrt, gedruckt werden darf. Es gibt nur eine Meinung, nur eine Überzeugung, die erlaubt ist. Kein Lehrer, der sie nicht lehren will, wird an den Schulen, von der Volks- bis zur Hochschule, geduldet. Keine Zeitung, kein Buch, das sie nicht verkündet, kann gedruckt, kein Kunstwerk, das ihr nicht dient, geschaffen werden. Wer eine andere Meinung zu äußern wagt, der endet im Konzentrationslager, auf den Liparischen Inseln, auf den Ssolowki-Inseln.

Und mit der Freiheit des Einzelnen versinkt die Menschlichkeit. Die Diktatur, die ein Volk niederhalten muß, kann den Terror nicht entbehren. Die Nilpferdpeitsche in den Händen der braunen Bestien, die politische Gegner in den Konzentrationslagern des

---

[33] Lenin, Geschichtliches zur Frage der Diktatur. Lenins Sämtliche Werke. Band XXV, Seite 549.

deutschen Faschismus zu Tode prügeln; aber auch die von Haus
und Hof verjagten, von Zwangsarbeit in die Forste des hohen Nor-
dens verschleppten, bei dem Bau des Stalinkanals verhungerten
und erfrorenen Kulaken; die im Auftrag der deutschen Diktatoren
ohne gerichtliches Verfahren zu tausenden erschossenen und
erschlagenen Kommunisten, aber auch die nach der Ermordung
Kirows im Auftrag der G.P.U. ohne gerichtliches Verfahren zu Dutzenden erschossenen Gegner der kommunistischen Gewalthaber,
— das ist die Diktatur.

Selbstverständlich besteht ein wesentlicher Gegensatz zwischen den beiden modernen Formen der Diktatur. Die faschistische Diktatur zerstört die Resultate der politischen Emanzipation
des Individuums, um die soziale Emanzipation der Volksmassen
zu verhindern. Die Diktatur des Proletariats hebt die Resultate
der politischen Emanzipation des Individuums auf, um die soziale Emanzipation der Volksmassen zu erzwingen. Aber so tief
und wesentlich dieser Gegensatz auch ist, so haben beide doch
gemein, daß sie zerstören, was das Zeitalter der bürgerlichen
Revolution an Freiheit und Menschlichkeit erobert hatte; daß sie
damit vernichten, was das wertvollste Resultat vierhundertjäh-
riger Kämpfe, das wichtigste Ergebnis der ganzen bürgerlichen
188 Geschichtsepoche, die Grund- | lage aller Kultur unserer Zeit ge-
wesen ist. Auf der Höhe der kapitalistischen Entwicklung, unter
dem Druck schwerer Erschütterungen des Kapitalismus erreicht
der Klassenkampf zwischen Kapital und Arbeit, der sich mit dem
Kapitalismus entwickelt und verschärft, eine Entwicklungsstufe,
auf der er die Menschheit vor die Wahl zwischen der faschistischen Kapitalsdiktatur und der Diktatur des Proletariats stellt
und damit die wertvollsten Resultate der ganzen Entwicklungs-
epoche des Kapitalismus, die unentbehrlichen Voraussetzungen
der in ihr entwickelten Kultur in die Luft zu sprengen droht.

Ist die Krise, der die ganze Kultur unseres Zeitalters damit
verfallen ist, das Resultat der Entwicklung des Kapitalismus, so
kann sie nur überwunden werden durch die Überwindung des
Kapitalismus selbst. Ist sie das Resultat der Klassenkämpfe in

der kapitalistischen Gesellschaft, so kann sie nur überwunden werden durch die Aufhebung der Klassen. Die bürgerliche Demokratie, von einem Reförmchen zum anderen schreitend, auch dies Reförmchen widerrufend, sobald die Krise hereinbricht, kann diese Aufgaben nicht bewältigen. Vom Faschismus bedroht, sobald sie sich gegen die Kapitalistenklasse wendet, kann sie den Kapitalismus nicht überwinden. Die Überwindung des Kapitalismus wird zur geschichtlichen Aufgabe der proletarischen Revolution, der Diktatur des Proletariats. Aber wenn das Proletariat vorerst seine Diktatur erkämpfen muß, um den Kapitalismus zu zerschlagen und eine sozialistische Gesellschaftsordnung aufzurichten, so muß es in der Folge seine eigene Diktatur abbauen und aufheben, auf der mittels der Diktatur neu gewonnenen Basis einer sozialistischen Gesellschaftsordnung die Demokratie wiederherstellen, um die großen Kulturgüter der Sicherung der Menschenwürde gegen die Gewalt der Mächtigen, der Freiheit des Geistes, der Selbstbestimmung der Gesamtheit wieder zu gewinnen und zur gesicherten Grundlage der neuen Gesellschaftsordnung zu machen.

Hat die Entwicklung der Klassengegensätze innerhalb der kapitalistischen Gesellschaft eine Stufe erreicht, auf | der sie die 189 bürgerliche Demokratie in einigen Ländern gesprengt hat, in den anderen zu sprengen droht; ist die Demokratie, ist die Sphäre individueller Freiheit und kollektiver Selbstbestimmung, individueller Menschenwürde und kollektiver Menschlichkeit, die die bürgerliche Geschichtsperiode erobert hat, durch die Entwicklung der Klassengegensätze bedroht, so muß das Proletariat seine soziale Emanzipation, seine Emanzipation von der kapitalistischen Klassengesellschaft erkämpfen, um die Resultate der politischen Emanzipation, um die Demokratie als Gefäß der Freiheit und der Selbstbestimmung, der Menschenwürde und der Menschlichkeit in einer sozialistischen Gesellschaft wiederherzustellen. In einer Zeit, in der der müde skeptische Relativismus der bürgerlichen Demokratie der durch ungeheures wirtschaftliches und politisches Geschehen aufgewühlten Menschheit nicht mehr genügt, in der umwälzende Tat, zu der die aufgewühlte Menschheit drängt, die wichtigsten Voraussetzungen und die wertvollsten Ergebnisse der Kultur einer ganzen Epoche bedroht, in der der Kampf gegen und um den Sozialismus mit der Demokratie alles zu zerstören droht, was die Menschheit in vierhundertjährigem Ringen an Freiheit und an Menschlichkeit errungen hatte, wird das Verhältnis der Demokratie zum Sozialismus, des Sozialismus zur Demokratie zum größten, entscheidenden Kulturproblem unserer Zeit.

2.5 Sozialismus und Demokratie

DER MODERNE SOZIALISMUS ist entstanden in der Auseinandersetzung mit der bürgerlichen Demokratie. In der Zeit der bürgerlichen Revolution kämpften die Arbeiter Schulter an Schulter mit kleinbürgerlichen Demokraten um die Demokratie. Aber zugleich brachte ihnen der Sozialismus die Erkenntnis, daß sie die bürgerlichen Schranken der Demokratie sprengen, über die politische Emanzipation durch die Demokratie hinaus die soziale Emanzipation durch die Zerschlagung der kapitalisti-
190 schen Klas- | senherrschaft erkämpfen müssen, um sich zu befreien. „Die politische Emanzipation", sagt Marx, „ist allerdings ein großer Fortschritt. Sie ist zwar nicht die letzte Form der menschlichen Emanzipation überhaupt, aber sie ist die letzte Form der menschlichen Emanzipation innerhalb der bisherigen Weltordnung."[34] Indem das Proletariat um die bürgerliche Demokratie als die letzte Form seiner Emanzipation innerhalb der kapitalistischen Weltordnung kämpfte, stellte es sich schon die Aufgabe, die kapitalistische Weltordnung selbst zu überwinden und damit seine Emanzipation erst zu vollenden.

Die bürgerliche Demokratie verbürgt jedem Individuum eine Sphäre der Freiheit. Aber der Mensch, dem sie die Freiheit verbürgt, ist „der Mensch in seiner unkultivierten, unsozialen Erscheinung, der Mensch in seiner zufälligen Existenz, der Mensch,

---

[34] Marx, Zur Judenfrage. Aus dem literarischen Nachlaß von Marx, Engels und Lassalle. Stuttgart 1902. I, Seite 409.

wie er geht und steht, der Mensch wie er durch die ganze Organisation unserer Gesellschaft verdorben, sich selbst verloren, veräußert, unter die Herrschaft unmenschlicher Verhältnisse und Elemente gegeben ist".[35] Es ist der Mensch, der in der ökonomischen Abhängigkeit vom Kapital lebt, der täglich von der Arbeitslosigkeit, vom Bankrott, von der Vergantung seines Erb und Eigen bedroht ist, es ist der Mensch einer Gesellschaft, die die überwiegende Mehrheit der Menschen in Armut, Unwissenheit, Kulturlosigkeit, Aberglauben erhält. „Der Mensch wurde nicht von der Religion befreit, er erhielt die Religionsfreiheit. Er wurde nicht vom Eigentum befreit, er erhielt die Freiheit des Eigentums. Er wurde nicht von dem Egoismus des Gewerbes befreit, er erhielt die Gewerbefreiheit".[36] Der Siegeszug des Faschismus zeigt, wie die herrschenden Klassen die Freiheit armer, verelendeter, aus gesicherter Existenz gestürzter, von traditionellen Vorurteilen erfüllter Massen benützen können, um sie zu verleiten, sich selbst in Knechtschaft, in Rechtlosigkeit, in Ohnmacht zu stürzen, selbst ihrer Freiheit entsagen. Erst wenn der Mensch | von der Herrschaft des kapitalistischen Eigentums, von der täglichen Unsicherheit seiner Existenz, von Armut, Kulturlosigkeit, Unwissenheit befreit sein wird, wird die Freiheit, die die Demokratie dem Individuum verbürgt, zu wirklicher und gesicherter Freiheit. 191

Die bürgerliche Revolution verkündet die Gleichheit aller. Aber die Gleichheit, die die bürgerliche Demokratie verwirklicht, ist nur die Gleichheit vor dem Gesetz. Sie läßt die Scheidung der Gesellschaft in gegensätzliche Klassen, in Kapitalisten und Arbeiter, in Reiche und Arme, in Gebildete und Ungebildete bestehen. Erst die Aufhebung der Klassen vollendet die Gleichheit.

Die bürgerliche Demokratie gibt dem Volke die Selbstregierung. Aber der ökonomisch-ideologische Machtmechanismus der kapitalistischen Gesellschaft unterwirft auch das demokratischeste Parlament, auch die demokratischeste Regierung der Herrschaft des Kapitals. Erst in einer klassenlosen Gesellschaft hört die De-

---

[35] Marx, a.a.O. Seite 414.

[36] Marx, a.a.O., Seite 422.

mokratie auf, Herrschaftsinstrument einer Klasse zu sein. In der
kapitalistischen Gesellschaft bleibt der wirtschaftliche Lebensrhythmus von den Bewegungen der Profitrate beherrscht. Nicht
die Gesetze des Staates, sondern die Naturgesetze des Kapitalismus entscheiden über Ausdehnung und Einschränkung der
Produktion, über den Beschäftigungsgrad, über das Schicksal von
Millionen. Erst in einer sozialistischen Gesellschaft entscheidet
das Volk selbst über seine Arbeit und seinen Arbeitsertrag. Erst
in ihr wird es zum Herrn seines Schicksals.

Die demokratischen Ideen der Freiheit, der Gleichheit, der
Selbstregierung werden also erst völlig verwirklicht, wenn die
Staatsbürger frei und gleich sind nicht mehr nur als Bürger des
Staats, sondern auch als Mitglieder der Gesellschaft; wenn die
Volksgesamtheit nicht mehr nur im Staat sich selbst regiert, son-
dern auch in der Wirtschaft; wenn die Selbstregierung des Volkes
im demokratischen Gemeinwesen ihre Basis findet in der Selbst-
regierung der Arbeitenden in einer republikanischen Wirtschaft.
Der Sozialismus ist nicht die Negation der demokratischen Ideen
192 der Freiheit, der Gleichheit, der Selbst- | regierung, sondern ihre
Verwirklichung nicht mehr nur im Staat, sondern auch in der
Gesellschaft und damit erst ihre vollendete Verwirklichung.

Aber welcher Weg führt zu der Vollendung der demokratischen
Ideen in einer sozialistischen Demokratie?

Der reformistische Sozialismus glaubt, die Arbeiterklasse könne ihre Macht innerhalb der bürgerlichen Demokratie allmählich
und stetig vergrößern, allmählich und stetig der bürgerlichen
Demokratie immer weitere Zugeständnisse abringen, allmählich
und stetig die Formen der Demokratie mit sozialistischem Inhalt erfüllen, schrittweise und stetig die kapitalistische Gesellschaftsorganisation in eine sozialistische überführen, durch fortschreitende Reformarbeit ohne Bruch mit der Demokratie die
bürgerliche Demokratie allmählich und stetig in eine sozialistische weiterentwickeln.

Die Geschichte widerlegt diese Illusion. Wo Arbeiterregierungen innerhalb demokratischer Länder zur Macht gelangt sind,

dort konnten sie wohl dem Kapitalismus manches Zugeständnis abringen, das die kapitalistische Produktionsweise auf ein höheres technisches, soziales und kulturelles Niveau gehoben hat, aber sie konnten nirgends die kapitalistischen Eigentumsverhältnisse selbst, die Grundlagen der kapitalistischen Produktionsweise antasten. Wo die Bourgeoisie die kapitalistischen Eigentumsverhältnisse selbst bedroht glaubt, dort gibt sie die Demokratie preis und sucht in der faschistischen Diktatur Zuflucht.

Die Demokratie funktioniert mit geringen Reibungen, solange der Kapitalismus im Aufstieg ist; solange daher die Klassengegensätze nicht allzu schroff sind; solange die widerstreitenden Interessen der verschiedenen Klassen und der verschiedenen Interessentengruppen innerhalb der Klassen durch die der Demokratie eigentümlichen Kompromisse überwunden werden können. Sobald aber die kapitalistische Wirtschaft in schwere Erschütterungen gerät, wird auch das Funktionieren der bürgerlichen Demokratie wesentlich erschwert, schließlich geradezu unmöglich. Die schwere Wirtschaftskrise seit 1929 hat fast alle Staa- | ten gezwungen, ihre Regierungen mit außerordentlichen 193 Vollmachten auszustatten, damit sie die notwendigen wirtschaftlichen Verfügungen schnell, durch parlamentarische Kämpfe unbehindert, treffen können. Die Entwicklung der „dirigierten Wirtschaft" hat diese Tendenz verstärkt; je mehr der Staat die Wirtschaft zu regulieren sucht, desto mehr bedarf die Regierung außerordentlicher Vollmachten, die ihre Stellung gegenüber dem Parlament und ihre Macht über die einzelnen Staatsbürger wesentlich stärken. Wenn im Gefolge der Krise der Faschismus die bürgerliche Demokratie bedroht, so kann sich die bürgerliche Demokratie seiner nicht erwehren, ohne die individuellen Freiheitsrechte wesentlich zu beschränken, die Propaganda faschistischer Ideen zu unterdrücken, faschistische Parteien aufzulösen; aber wo dies, wie zum Beispiel in der Tschechoslovakei, geschieht, ist die eigentliche Grundlage der Demokratie; — der freie Wettbewerb aller Geistesströmungen um die Entscheidung der Mehrheit des Volks, — aufgehoben. Wenn schließlich gar ein Krieg ausbricht, dann ist jeder Staat gezwungen, die individuellen Freiheitsrechte zu suspendieren, die Krieg führende Regierung mit diktatorischen Vollmachten auszustatten. Aber wenn schon jede schwere Wirtschaftskrise und jeder Krieg das normale Getriebe der Demokratie funktionsunfähig machen, die Bewältigung der außerordentlichen Aufgaben durch starke Regierungen mit diktatorischen Vollmachten erfordern, so gilt das erst recht von der sozialen Revolution.

Soll der Übergang von der kapitalistischen zur sozialistischen Produktionsweise erzwungen werden, so muß der Widerstand der Kapitalisten und der Großgrundbesitzer gegen ihre Enteignung gebrochen werden. Der ganze ökonomisch-ideologische Herrschaftsmechanismus, durch den die Kapitalistenklasse die Kleinbürger, die Bauern, die Intellektuellen, ja selbst einzelne Schichten der Angestellten und der Arbeiter unter ihrem Einflusse erhält und ihren Interessen dienstbar macht, muß zerschlagen werden. Die Widerstände des mit den kapitalistischen Klassen persönlich und ideologisch verbundenen bürokratisch- | militärischen Staatsapparats müssen überwunden werden. All das kann nur einer starken, mit außerordentlichen Vollmachten ausgestatteten Regierung gelingen. All das setzt voraus, daß die individuellen Freiheitsrechte suspendiert werden, soweit ihr Gebrauch es den kapitalistischen Klassen ermöglichen würde, ihren Widerstand gegen die soziale Umwälzung zu organisieren.

Durch die soziale Umwälzung werden aber auch die Sonderinteressen innerhalb der Arbeiterklasse selbst verletzt. Wenn die kapitalistische Ausbeutung aufgehoben wird, wenn die Kapitalisten und die Großgrundbesitzer ihre Profite und Renten verlieren, dann werden die Arbeiter der Luxusgewerbe und Luxusindustrien arbeitslos. Sie müssen in die für den Massenverbrauch produzierenden Lebensmittel- und Bauindustrien überführt werden, deren Arbeiterbedarf in demselben Maße wächst, in dem mit der Konfiskation des Mehrwerts der Arbeiterbedarf der Luxusindustrien sinkt. Wenn der Mehrwert konfisziert wird, so verlieren auch Angestellte und Arbeiter jene kleinen Mehrwertsplitter, die ihren Ersparnissen zugeströmt sind. Wenn die neue Gesellschaft ihren ganzen gesellschaftlichen Produktionsapparat dem veränderten gesellschaftlichen Bedarf anpassen muß, dann kann sie gezwungen sein, zeitweilig die Lebenshaltung der Arbeiterklasse zu senken, um die Mittel für die Entwicklung und Umgestaltung des gesellschaftlichen Produktionsapparates freizusetzen. Die gesellschaftliche Umwälzung erheischt daher eine Regierung, die stark genug ist, die Unterordnung aller Sonderinteressen innerhalb des Proletariats unter das gemeinsame Klasseninteresse, zeitweilige Opfer des gesamten Proletariats für seine endgültige und dauernde Befreiung zu erzwingen.

Die soziale Umwälzung wird nur aus großen Erschütterungen hervorgehen. Wenn sie erfolgt in einer Zeit, in der ein Krieg das Wirtschaftsleben erschüttert hat, die landwirtschaftliche, die Lebensmittelproduktion durch Krieg oder Bürgerkrieg gedrosselt ist, die Angst der Kapitalisten vor der Machtergreifung des Proletariats Kapitalsflucht und Geldentwertung hervorgerufen haben, | dann wird sie sich vollziehen in einer Zeit der Not. Dann 195 wird es erst recht einer besonders starken Staatsgewalt bedürfen, um die Sonderinteressen der einzelnen Berufsgruppen, die nach sofortiger Linderung ihrer wirtschaftlichen Not schreien, dem allgemeinen gesellschaftlichen Interesse an der Umwandlung der Gesellschaftsordnung unterzuordnen.

Die Überführung der kapitalistischen Produktionsweise in die sozialistische erfordert eine lange Reihe von Jahren. Soll sie nicht gestört, nicht unterbrochen werden, so muß die Staatsgewalt, die diese Überführung zu vollziehen hat, dauerhaft genug sein, um sich nicht mitten während dieses gesellschaftlichen Umwandlungsprozesses, in einer Phase, in der breiten Volksmassen erst die zeitweiligen Opfer, die er erfordert, fühlbar, aber noch nicht die dauernden Errungenschaften, zu denen er führt, erkennbar sind, dem Urteil des Volkes unterwerfen zu müssen, sondern erst dann, wenn die Früchte der sozialistischen Umwälzung reifen.

Um die Umwandlung der kapitalistischen Gesellschaft in die sozialistische durchzuführen, bedarf das Proletariat also einer

Regierungsgewalt, die stark und dauerhaft genug ist, alle Widerstände, die dieser Umwandlung entgegenstehen, zu brechen. Eine solche Regierungsgewalt nennen wir Diktatur des Proletariats. Aber wie entsteht eine solche Diktatur des Proletariats?

Aus der Februarrevolution 1917 ging in Rußland zuerst die Provisorische Regierung hervor, die aus der auf Grund eines Privilegienwahlrechts gewählten Duma, aus einem Zensusparlament also gebildet wurde. Im Kampfe gegen diese Regierung der Bourgeoisie forderte die in den Sowjets vereinigte „revolutionäre Demokratie" die schleunigste Wahl einer Konstituierenden Nationalversammlung auf Grund des allgemeinen und gleichen Wahlrechts. Die Zensusregierung wagte es nicht, diese Wahl mitten im Kriege durchzuführen. Sie fürchtete die Nationalversammlung. Sie schob ihre Wahl immer weiter hinaus. Die Bolschewiki
196 forderten, daß die in den Sowjets | vereinigte „revolutionäre Demokratie" die Regierungsmacht an sich reißen, daß die aus den Sowjets zu bildende Regierung sofort Frieden schließen, sofort das Herrenland auf die Bauern aufteilen, sofort die Wahl der Konstituierenden Nationalversammlung durchführen solle. „Wenn die Räte siegen, wird die Konstituierende Versammlung gesichert sein; wenn nicht, ist sie nicht gesichert", schrieb Lenin im August 1917.[37] Aber im Verlaufe dieser Kämpfe verlor die Provisorische Regierung jede Stütze in der Armee und damit jede tatsächliche Macht. Nun griff zunächst die Konterrevolution der Generale in den Kampf ein. Der General Kornilow führte seine Truppen gegen Kerenski, um nicht nur die proletarisch-bäuerliche Demokratie der Sowjets, sondern auch die Bourgeoisdemokratie der Provisorischen Regierung zu stürzen. Nun bewaffneten sich die Petrograder Arbeiter zur Verteidigung der Demokratie gegen die militärische Konterrevolution. Nach dem Sieg über Kornilow stand die Bourgeois-Demokratie einem bewaffneten Proletariat gegenüber. Nun setzte sie ihre letzte Hoffnung auf die Konstituierende Nationalversammlung. Aber im Kampfe um die Ver-

---

[37] Lenin, Über konstitutionelle Illusionen. Lenins sämtliche Werke, Band XXI, Seite 61.

teidigung der Demokratie gegen die Konterrevolution war das
Proletariat dermaßen erstarkt, daß es im Oktober beinahe kampflos die Provisorische Regierung zur Seite stoßen, die Staatsgewalt
an sich reißen konnte. Und doch gaben die Bolschewiki selbst in
der Stunde noch, in der sie im Namen der Sowjets die Macht, die
der Provisorischen Regierung entglitten war, an sich rissen, die
Absicht nicht auf, der Diktatur des Proletariats die demokratische Sanktion durch die vom ganzen Volke gewählte Konstituante
geben zu lassen. Noch nach dem Siege der Oktoberrevolution ent-
hielten die ersten Dekrete der Sowjetregierung die Klausel, daß
sie zu gelten hätten bis zu ihrer Bestätigung durch die Konstituierende Nationalversammlung. Damals noch kündigte Lenin an,
daß er die den Mächten, die im Kriege gegen Rußland standen,
vorzuschlagenden Friedensbedingungen der Konstituierenden
| Nationalversammlung zur Genehmigung vorlegen werde. Erst   197
der revolutionäre Prozeß, der sich nach der Oktoberrevolution
in fieberhaftem Tempo vollzog, hat es den Bolschewiki erlaubt,
die wenige Wochen vorher unter noch ganz anderen Verhältnissen gewählte, der neuen revolutionären Situation nicht mehr
entsprechende Konstituierende Nationalversammlung auseinan-
derzujagen und alle Macht in den Händen der Sowjets zu behalten.
Bucharin hatte damals noch vorgeschlagen, die Rechte der Konstituierenden Nationalversammlung gewaltsam hinauszuwerfen,
wie einst Cromwell die Presbyterianer aus dem Parlament hin-
ausgeworfen hat oder wie die Jakobiner die Girondisten aus dem
Konvent ausgeschlossen und zur Guillotine geschickt haben, dem
Rest der Versammlung aber als Konvent die Macht zu übergeben.
Lenin zog es vor, die ganze Versammlung auseinanderjagen zu
lassen. Aber dies ändert nichts daran, daß die revolutionäre Situation, die dem Proletariat erlaubt hat, seine Diktatur aufzurichten,
aus dem Kampf um die demokratische Konstituante und aus der
Verteidigung der Demokratie gegen die Konterrevolution der
Generale entstanden ist.

Heute ist die Arbeiterklasse der demokratischen Länder gezwungen, die bürgerliche Demokratie gegen den Angriff des Fa-

schismus zu verteidigen. Sie muß in diesem Kampfe möglichst
breite Massen von Kleinbürgern, Bauern und Intellektuellen um
das Proletariat zu scharen suchen. Aber wenn sich der Kampf zwischen der Demokratie und dem Faschismus verschärft, zuspitzt,
zum offenen Bürgerkrieg wird, kann aus ihm eine revolutionäre
Situation hervorgehen, in der nur die revolutionäre Energie des
Proletariats die faschistische Konterrevolution abwehren kann.
So kann gerade aus dem Verteidigungskampf der Demokratie
eine Diktatur des Proletariats entstehen.

In den faschistischen Ländern kämpft das Proletariat gegen
die faschistischen Diktatur zunächst um seine Gesinnungs- und
Organisationsfreiheit. Es muß in diesem Kampfe um demokratische Freiheitsrechte Kleinbürger, Bauern, Intellektuelle um sich
zu scharen suchen, um im Bunde mit ihnen die faschistische
198 Despotie zu stürzen. | Der Kampf der Arbeiterklasse gegen den
Faschismus kann also zunächst zu einer demokratischen Volksrevolution führen, deren unmittelbares Resultat die Wiederherstellung einer noch bürgerlichen Demokratie wäre. Aber eine solche
demokratische Volksrevolution gegen den Faschismus wäre sehr
verschieden von den bürgerlich-demokratischen Revolutionen
der Vergangenheit. Die Bourgeoisie, vor der Entfesselung der
Kräfte des vom Faschismus niedergeworfenen und niedergehalte-
nen Proletariats zitternd, wird sich nicht an die Spitze einer solchen Revolution stellen; nicht unter der Führung der Bourgeoisie,
sondern unter der Führung des Proletariats würde eine Volksrevolution gegen den Faschismus siegen. Das Proletariat, das die
Erfahrung gemacht hat, wie die Demokratie, die es 1918 erobert
hatte, zuerst von der Bourgeoisie annektiert und beherrscht wurde, um später, sobald die Bourgeoisie hinreichend erstarkt war,
von ihr gesprengt zu werden, wird sich nicht abermals wie 1918
mit der bürgerlichen Demokratie bescheiden, es wird über die
bürgerliche Demokratie hinausdrängen. Hat es nach dem Siege des Faschismus erfahren, wie der Faschismus das Proletariat
entrechtet, niedergeworfen hat, so wird es nach seinem Siege
die Klassen, die die Träger des Faschismus sind, ebenso nieder-

zuwerfen und niederzuhalten, ihren Wiederaufstieg für immer unmöglich zu machen suchen. Selbst wenn also eine Volksrevolution gegen den Faschismus zunächst die bürgerliche Demokratie wiederherstellt, werden sich auf dem Boden der wiederhergestellten Demokratie sofort die schärfsten Spannungen zwischen den Klassen, die schärfsten Klassengegensätze und Klassenkämpfe entwickeln, aus denen eine Diktatur des Proletariats hervorgehen kann.

Die Erkenntnis, daß die Umwandlung der kapitalistischen Gesellschaft in die sozialistische eine Periode der Diktatur des Proletariats erfordern wird, steht also keineswegs im Widerspruche zu dem Kampf um die Demokratie. Im Gegenteil, gerade aus der Verteidigung der Demokratie in den bürgerlich-demokratischen, aus dem Kampf um die Wiederherstellung der Demokratie in den | faschistischen Ländern können erst revolutionäre Situationen 199 entstehen, die der Arbeiterklasse die Eroberung ihrer Diktatur möglich machen, die die Diktatur des Proletariats notwendig, unabwendbar machen können. Die Diktatur des Proletariats kann aber je nach den geschichtlichen Umständen, aus denen sie hervorgeht, und je nach Kraft der Widerstände, die zu brechen ihre Funktion ist, verschiedene Formen annehmen.

In Rußland hat die Februarrevolution zu einer Doppelherrschaft der aus einem Zensusparlament hervorgegangenen Provisorischen Regierung und der auf die Arbeiter, die Soldaten und die Bauern gestützten Sowjets geführt. Der Klassenkampf hat die Form des Kampfes zwischen der Provisorischen Regierung und den Sowjets angenommen. Deshalb nahm dort die Diktatur des Proletariats die Gestalt der Diktatur der Sowjets an.

Unter anderen geschichtlichen Voraussetzungen kann die Diktatur des Proletariats andere Formen annehmen. Wenn sich z.B. in einem Lande während eines großen Krieges oder nach einem großen Krieg ein großer revolutionärer Prozeß entwickelt, wenn im Verlaufe dieses revolutionären Prozesses aus allgemeiner freier Volkswahl ein Parlament mit starker proletarischer, sozialistischer Mehrheit hervorgeht, wenn gleichzeitig die Armee von

diesem revolutionären Prozeß erfaßt wird, die Soldaten die proletarische Parlamentsmehrheit stützen, dann kann das Parlament,
auf die revolutionären Arbeiter und Soldaten gestützt, zu einem
revolutionären Konvent werden, zu einem Organ der Diktatur des
Proletariats. Die Diktatur des Proletariats nimmt in diesem Falle
die Form einer Diktatur der von der bürgerlichen Demokratie
selbst geschaffenen demokratischen Institutionen an.

In den Ländern, in denen liberale und parlamentarische Institutionen Jahrhunderte alt, im Bewußtsein der Volksmassen stark
verwurzelt sind, denen die Demokratie zu einer selbstverständlich erscheinenden Lebensform geworden ist, wird die Diktatur
des Proletariats unzweifelhaft andere Formen annehmen müssen als in Rußland, das mit einem Sprunge aus dem zarischen
Absolutismus | in die proletarische Diktatur gelangt ist. In jenen
Ländern wird sich die Diktatur des Proletariats wahrscheinlich
in die Form der Diktatur der von der bürgerlichen Demokratie
selbst entwickelten Institutionen kleiden können und müssen,
wenn erst das Proletariat in einer revolutionären Situation diese
Institutionen erobert haben wird.

Die Entscheidungen über die Gesellschaftsordnung fallen in
den großen Staaten. Kleine Staaten, deren Wirtschaftsleben in die
Weltwirtschaft eng verflochten, von dem der großen Länder abhängig ist, teilen das Schicksal der großen. Solange in den großen
Ländern West- und Mitteleuropas der Kapitalismus besteht, ist in
Ländern wie den Niederlanden, Dänemark, der Schweiz eine sozialistische Gesellschaftsordnung nicht möglich. Der „Sozialismus
in einem Lande" ist sehr wohl möglich in einem gewaltigen Lande wie Rußland, das aus dem eigenen Boden fast alle wichtigen
Rohstoffe und alle notwendigen Lebensmittel gewinnt und den
Großteil seiner Erzeugnisse im eigenen Lande absetzt; aber in kleinen Ländern, die Rohstoffe und Lebensmittel aus dem Auslande
beziehen, einen Großteil ihrer Erzeugnisse im Auslande absetzen
müssen und deren wirtschaftliche Existenz zum großen Teil auf
Versehung von Transport-, Zwischenhandels- und Kreditfunktio-
nen für die großen Länder beruht, ist eine sozialistische Planwirt-

schaft unmöglich, solange sich in den großen Ländern rings um
sie der Kapitalismus behauptet. Wenn aber in den großen, entscheidenden Ländern die Arbeiterklasse die Staatsmacht erobert
haben und die Umwälzung der Gesellschaftsordnung begonnen
haben wird, dann werden auch die von ihnen abhängigen kleinen
Länder zwangsläufig die Umwälzung von der kapitalistischen zur
sozialistischen Wirtschaft mitmachen müssen. Die kapitalistische
Bourgeoisie dieser kleinen Länder wird dann dieser Umwälzung
keinen wirksamen Widerstand mehr entgegen setzen können.
Wenn also der revolutionäre Sozialismus erst in den großen Ländern gesiegt haben wird, wird es in manchen kleinen Ländern
vielleicht keiner gewaltsamen Brechung des Widerstandes der
Bourgeoisie bedürfen, die Umwälzung der Gesellschafts- | ord- 201
nung zu vollziehen. Stellen wir uns die Entwicklung der Zukunft
nicht allzu einfach, nicht allzu gleichmäßig, nicht allzu schema-
tisch vor! Wenn der revolutionäre Sozialismus erst an den entscheidenden Stellen, in den großen Ländern gesiegt haben wird,
ist es sehr wohl denkbar, daß in manchen kleinen, wirtschaftlich
abhängigen Ländern die bürgerliche Demokratie unmittelbar in
eine sozialistische Demokratie übergehen wird können, ohne daß
es in diesen Ländern dazu der Zwischenphasen einer gewaltsamen Revolution bedürfte.

Aber auch wenn die Diktatur die Gestalt einer Rätediktatur an-
nimmt, kann sie in sehr verschiedener Weise funktionieren. Lenin
hat die Diktatur der Sowjets ursprünglich als eine Demokratie der
Werktätigen gedacht, die zwar die kapitalistischen Klassen unterdrücken müsse, um ihren Widerstand zu brechen, aber den werktätigen Massen volle Freiheit, Selbstbestimmung, Macht sichern
werde, als eine „Demokratie für die riesige Mehrheit des Volkes
und gewaltsame Niederhaltung der Ausbeuter, der Unterdrücker
des Volkes, d.h. ihre Ausschließung von der Demokratie".[38] Wir
haben gesehen, wie im Verlaufe des großen Prozesses der russischen Revolution aus der Demokratie der Werktätigen, die nur
die „Ausbeuter, die Bedrücker des Volkes", nur die kapitalisti-

---

[38] Lenin, Staat und Revolution. Lenins sämtliche Werke. XXI. Bd., Seite 544.

schen Klassen von den individuellen Freiheitsrechten und von
der kollektiven demokratischen Mitbestimmung ausschließen
sollte, zwangsläufig die Diktatur einer Parteibürokratie geworden
ist, die sich mittels eines gewaltigen bürokratisch-militärischen
Staatsapparates die Werktätigen selbst unterworfen hat.

Die offizielle Propaganda des Bolschewismus stellt oft auch den
heutigen Zustand der staatlichen Organisation der Sowjetunion
als eine Art der Demokratie, als eine Demokratie der Werktätigen
hin. Nun ist es gewiß richtig, daß die Sowjetdiktatur mit den
proletarischen und selbst mit den bäuerlichen Massen ungleich
enger verknüpft ist als die faschistischen Diktaturen; ja, daß sie
202 die Massen | an dem Aufbau der Sowjetgesellschaft viel unmit-
telbarer zu interessieren und ihm volkstümliche Initiative viel
stärker nutzbar zu machen vermag, als es bürgerliche Demokratien zu tun vermögen. Trotzdem darf man den gegenwärtigen
staatlichen Zustand der Sowjetdiktatur noch nicht als eine Demokratie der Werktätigen bezeichnen, wenn man dem Begriff der
Demokratie nicht jede geschichtliche Bestimmtheit nehmen will.
Wo ein gewaltiger bürokratischer Apparat jede freie Meinungsäußerung unterdrücken, jede Werbung um das Volk unmöglich
machen kann, sobald sie den Herrschaftsinteressen der Diktatoren widerstreitet, wo nicht alle Ideen und nicht alle Interessen
frei um das Volk werben können und jene obsiegen, für die sich
die Mehrheit des Volkes entscheidet, dort ist keine Demokratie.

Es gibt Sozialisten, die sagen: Wir wollen die Diktatur des Proletariats, aber keine Diktatur über das Proletariat. Wir wollen die
Diktatur einer Demokratie der Werktätigen, aber nicht die Diktatur einer Bürokratie über die Werktätigen. Die Diktatur muß den
kapitalistischen Klassen die Freiheitsrechte entziehen; aber sie
darf die freie Selbstbestimmung der Arbeiter und Bauern nicht
aufheben. Auf der anderen Seite können sich die Bolschewiki
die Diktatur nicht anders vorstellen, als nach dem russischen
Exempel. Sie meinen, daß die Diktatur überall dieselbe Gestalt
einer „totalitären" Parteidiktatur annehmen müsse, die sie in
Rußland angenommen hat.

Hüten wir uns, Rezepte für die Garküche der Zukunft zu schreiben! In Rußland hat sich die Entwicklung von der Sowjetdemokratie der Werktätigen zur totalitären Diktatur der Parteibürokratie zwangsläufig vollzogen. Nicht anders konnte der Sieg im Bürgerkrieg errungen, der Kampf zwischen Stadt und Land um die unzureichenden Ernteerträge geschlichtet, der Aufbau der neuen Industrie und die Kollektivisierung der Bauernwirtschaften erzwungen werden. Wir können nicht voraussehen, in welchem Maße auch in anderen Ländern der gewaltige Prozeß der Umwandlung von der kapitalistischen Gesellschaft in die sozialistische die Aufrichtung einer Macht erfordern wird, | die sich 203 gegenüber den Werktätigen selbst zeitweilig verselbständigen muß, weil sie alle Sonderinteressen innerhalb der Arbeiterklasse und der Bauernschaft den Notwendigkeiten des großen Umwandlungsprozesses unterzuordnen, den Volksmassen zeitweise schwere Opfer, die der große Umwandlungsprozeß erfordert, aufzuzwingen genötigt ist. Andererseits aber war die Entwicklung der Diktatur in Rußland doch durch die besonderen geschichtlichen Umstände der russischen Revolution bestimmt. In welchem Maße sich die Organe der Diktatur des Proletariats gegenüber dem Proletariat zeitweilig werden verselbständigen und die einzelnen Schichten des Proletariats selbst ihrem Willen werden unterordnen müssen, wird von den konkreten geschichtlichen Voraussetzungen und Aufgaben der sozialen Revolution abhängen und daher von Land zu Land verschieden sein. Die Diktatur wird ganz anderer Struktur sein und ganz anders funktionieren müssen, wenn sie aus einem langen, die Wirtschaft zerstörenden, die Menschen verwildernden Krieg und Bürgerkrieg hervorgeht, als wenn die kapitalistischen Klassen keinen langen, zähen, blutigen Widerstand zu leisten vermögen. Sie wird anders funktionieren, wenn ein kulturell hochstehendes, von sozialistischem Idealismus erfülltes Proletariat fähig sein wird, alle augenblicklichen Sonderinteressen seiner einzelnen Berufsgruppen den gemeinsamen Notwendigkeiten der Befreiung der Klasse freiwillig unterzuordnen, als wenn einem in zünftlerischem Berufse-

goismus erzogenen Proletariat alle Opfer an augenblicklichem
Behagen, alle Verzichte auf widerstreitende Sonderinteressen
werden aufgezwungen werden müssen. Sie wird viel geringerer
Gewaltanwendung gegen die Volksmassen selbst bedürfen, wo
sie nur eine schon bestehende Industrie in Gang zu setzen haben
wird, als dort, wo sie mit schwersten wirtschaftlichen Opfern
erst eine neue Industrie bauen muß; viel geringerer Gewaltanwendung dort, wo die Agrarverfassung nur die Förderung eines
allmählichen freiwilligen Prozesses der Entwicklung der bäuerlichen Genossenschaften erfordert, als in Rußland, wo eine ganz
204 andere Agrarverfassung die gewaltsame | Vergenossenschaftung
der bäuerlichen Produktion selbst erfordert hat.

Je mehr die Diktatur des Proletariats den Charakter einer Diktatur der Demokratie der Werktätigen beibehält, je weniger sie
die individuelle und die kollektive Freiheit der Werktätigen beschränkt, je wirksamer sie die Organe der Diktatur unter der
demokratischen Kontrolle der Werktätigen erhält, desto weniger wird die Diktatur den Werktätigen selbst ihre Maßregeln
aufzwingen können, mit desto geringeren Opfern der Werktätigen wird daher die gesellschaftliche Umwälzung von der kapitalistischen zu sozialistischen Gesellschaft vollzogen werden
und desto leichter wird die Diktatur abgebaut werden, sobald
sie ihre geschichtliche Funktion erfüllt, den gesellschaftlichen
Umwandlungsprozeß vollzogen hat, desto stärker wird daher
die Gewähr sein, daß das schließliche Resultat des gesellschaftlichen Entwicklungsprozesses nicht die Herrschaft einer staatlichen und wirtschaftlichen Bürokratie, sondern die Herrschaft des
werktätigen Volkes selbst über die Arbeitsmittel, die Arbeitsver-
fahren und den Arbeitsertrag des Volkes sein wird. Die Diktatur
wird überall die individuelle Freiheit und die kollektive Selbstbestimmung auch der werktätigen Massen, auch die individuelle
Freiheit und die kollektive Selbstbestimmung der Arbeiterklasse
selbst so weit einschränken müssen, als dies notwendig sein wird,
den gesellschaftlichen Umwandlungsprozeß gegen alle augen-
blicklich widerstreitenden Sonderinteressen durchzusetzen; aber

es ist ein Interesse der werktätigen Massen, auch und vor allem ein Interesse des Proletariats, daß sie die demokratische Freiheit der Werktätigen nicht mehr einschränke, als dies unter den jeweiligen historischen, sozialen, kulturellen Voraussetzungen, die von Land zu Land verschieden sein werden, jeweils unvermeidlich sein wird, um ihren Zweck zu erreichen.

Die Kommunisten glauben, die Diktatur des Proletariats werde überall die Form der russischen Sowjetdiktatur annehmen müssen. Aber man stellt sich die Weltgeschichte allzu simpel, allzu schematisch vor, wenn man glaubt, sie werde sich überall nach dem russischen Schema | vollziehen. Man treibt Organisationsfeti-   205 schismus, wenn man glaubt, die Macht der Klasse werde überall in derselben Organisationsform, in der von der russischen Revolution gefundenen Form der Sowjets, ausgeübt werden. Man verfällt ins Sektierertum, wenn man die Herrschaftsformen der künftigen Diktatur des Proletariats „nicht in den wirklichen Elementen der Klassenbewegung sucht, sondern letzterer nach einem doktrinären Rezept ihren Verlauf vorschreiben"[39] will. Umgekehrt lehnen Doktrinäre des demokratischen Sozialismus jede Form der Herrschaft des Proletariats, die sich nicht in die strengen Formen der Demokratie kleidet, nicht alle „Spielregeln der Demokratie" ängstlich befolgt, unbedingt ab. Aber man gibt den Sozialismus selbst auf, wenn man die Mittel verschmäht, die unvermeidlich und notwendig sind, zu einer sozialistischen Gesellschaftsordnung zu gelangen. Wenn es sich um das Letzte, um das Äußerste, um ihr Eigentum, um ihren Profit handelt, dann unterwirft sich die kapitalistische Klassen den „Spielregeln der Demokratie" nicht mehr. Dann bedarf die Arbeiterklasse der stärksten Staatsgewalt, um den Widerstand der Kapitalistenklasse gegen die gesellschaftliche Umwälzung zu brechen. Dann hängt es von den konkreten geschichtlichen Umständen ab, in welchem Maße sich die Gesellschaft zeitweilig von den „Spielregeln der Demokratie" emanzipieren muß, um sich von der Herrschaft des Kapitals zu emanzipieren.

---

[39] Marxens Brief an Schweitzer. Siehe: I. B. v. Schweitzer, Politische Aufsätze und Reden, Berlin 1912, Seite 281.

Dem kommunistischen Doktrinarismus auf der einen, dem demokratischen Doktrinarismus auf der anderen Seite gegenüber dürfen wir Demokratie und Diktatur des Proletariats nicht als unvereinbare Gegensätze einander entgegenstellen. Die Diktatur des Proletariats ist nichts anderes als eine vom Proletariat eroberte Staatsmacht, die stark und dauerhaft genug ist, die Umwälzung der kapitalistischen Gesellschaft in die sozialistische zu vollziehen. Welche Formen eine solche Staatsmacht annehmen wird, wird von den geschichtlichen Umständen, unter denen die Arbeiterklasse die Staatsmacht erobert, und | von der Kraft der Widerstände, die diese Staatsmacht zu brechen hat, abhängen. Diese Staatsmacht kann sehr wohl eine Demokratie in einer revolutionären Situation sein, eine Demokratie unter dem Drucke revolutionärer Volksmassen; so haben sich Marx und Engels die Diktatur des Proletariats vorgestellt. Sie kann unter anderen Umständen eine Demokratie der Werktätigen sein, wobei nur die kapitalistischen Klassen von dem Genuß der demokratischen Rechte ausgeschlossen werden; so hat Lenin noch kurz vor der Oktoberrevolution die Diktatur des Proletariats gedacht. Sie kann zur „totalitären" Diktatur einer proletarischen Partei, zur Diktatur eines gewaltigen Partei-, Staats- und Wirtschaftsapparates werden, der nicht nur die kapitalistischen Klassen niederwirft, sondern auch die demokratische Selbstbestimmung der Werktätigen selbst empfindlich beschränkt; dazu ist die Diktatur in der Sowjetunion zwangsläufig geworden. Sie soll die demokratische Freiheit der werktätigen Massen so wenig als möglich beschränken. Aber es hängt nicht von ihrem guten Willen allein, sondern von ihren konkreten historischen Entwicklungsbedingungen ab, in welchem Maße sie die demokratische Freiheit auch der werktätigen Massen zeitweilig beschränken muß, um ihr Ziel, die Umwandlung der kapitalistischen Gesellschaft in die sozialistische, zu erreichen.

Die Diktatur ist ja nicht Selbstzweck, sondern nur das unvermeidliche Mittel zum Zwecke der gesellschaftlichen Umwälzung. In dem Maße, als sie ihre gesellschaftliche Funktion erfüllt, die

Kapitalisten und Großgrundbesitzer enteignet, die Grundlagen einer sozialistischen Gesellschaft geschaffen hat, soll sie und muß sie abgebaut, von einer, wie Lenin sagt, „wirklich vollen Demokratie, wirklich ohne irgend welche Ausnahmen", von einer Demokratie, die nunmehr erst, auf der Basis der durch die revolutionäre Diktatur geschaffenen neuen Gesellschaftsordnung eine sozialistische Demokratie sein wird, abgelöst werden. Wir haben gesehen, wie die Gesellschaft der Sowjetunion jetzt schon vor die Aufgabe gestellt ist, die Organe, die sie im Kampfe um den Sozialismus entwickelt hat, der | werdenden sozialistischen Gesellschaft 207 unterzuordnen. Je energischer, schneller und vollkommener die Diktatur des Proletariats ihre geschichtliche Funktion vollzieht, desto eher wird die durch die Diktatur umgewälzte Gesellschaft die Diktatur abbauen können, ohne die Resultate der Diktatur in Gefahr zu bringen, die Diktatur durch die sozialistische Demokratie einer klassenlosen Gesellschaft ersetzen und damit erst das Werk der sozialistischen Umwälzung vollenden. Erst in einer solchen Demokratie wird der staatliche Apparat als Zwangsapparat allmählich, in dem Maße „absterben", als die zu Kulturmenschen reifenden Mitglieder einer sozialistischen Gesellschaft des Zwanges nicht mehr bedürfen, um sich der Gesellschaft ein- und unterzuordnen. Erst eine solche sozialistische Demokratie wird sich allmählich entwickeln zu einem „Verein freier Menschen", zu einer „Assoziation, in der die freie Entwicklung eines jeden die Bedingung ist für die freie Entwicklung aller", zu einer Organisation der Gesellschaft, in der es nur noch Verwaltung von Sachen und Produktionsprozessen, nicht mehr Herrschaft über Menschen geben wird.

Die Spaltung der Arbeiterklasse seit dem Jahre 1917 hat zur Folge gehabt, daß die Demokratie und die Diktatur des Proletariats einander als unvereinbare Gegensätze entgegengestellt wurden. Wir müssen heute diesen Gegensatz dialektisch überwinden. Wir müssen verstehen: Gerade aus dem Kampfe um die Demokratie können revolutionäre Situationen hervorgehen, die die Aufrichtung der Diktatur des Proletariats ermöglichen und

erfordern. Die Diktatur selbst bedeutet keineswegs die völlige
Aufhebung der Demokratie, sondern ihrem Wesen nach nur die
Ausschließung der kapitalistischen Klassen von der Demokratie. Sie soll die demokratische Freiheit und Selbstbestimmung
der werktätigen Massen so wenig beschränken, als dies möglich
ist, ohne die Erfüllung ihrer gesellschaftlichen Aufgabe, der Umwandlung der kapitalistischen Gesellschaft in die sozialistische,
zu gefährden. Sie schließt, selbst wenn sie, wie in der Sowjetunion, auch die demokratische Freiheit und Selbstbestimmung
208   der werk- | tätigen Massen zeitweilig aufzuheben gezwungen ist,
immer noch in der Verbundenheit der Diktatur mit den werktätigen Massen, in der initiativen Mitarbeit der werktätigen Massen
an der Arbeit der Diktatur, in der Mobilisierung der Initiative
und des Enthusiasmus der Massen für das Umwälzungs- und
Aufbauwerk der Diktatur demokratische Elemente in sich ein.
Sie ist aber, welche Gestalten immer sie je nach den konkreten
geschichtlichen und sozialen Umständen annehmen muß, niemals Ziel, sondern nur Mittel zum Zwecke des proletarischen
Befreiungskampfes. Das Ziel ist die sozialistische Demokratie, der
die Diktatur weichen muß, sobald sie ihre geschichtliche Aufgabe erfüllt hat, die Wiederherstellung demokratischer Freiheit,
demokratischer Gleichberechtigung, demokratischer Selbstbestimmung, demokratischer Menschlichkeit für das ganze Volk
ohne alle Ausnahmen, aber die Wiederherstellung der Demokratie auf der ungleich höheren Entwicklungsstufe des kollektiven
Eigentums, der sozialistischen Produktion, der nicht mehr in gegensätzliche Klasse geschiedenen Gesellschaft und damit erst
nicht nur die dauernde Sicherung der Demokratie durch die Aufhebung der Klassengegensätze, die sie sprengen, sondern auch
die Vollendung der demokratischen Ideen durch die Herstellung
der Freiheit, Gleichheit und Selbstbestimmung nicht mehr nur
im Staate, sondern in der Gesellschaft überhaupt.

Aber der Gegensatz zwischen der Methode der Demokratie
und der Methode der proletarischen Diktatur kann nicht theoretisch durch die Erkenntnis ihrer historischen Zusammenhänge

und Wechselwirkungen, er muß praktisch durch historische Tat überwunden werden.

Wenn der Sozialismus West- und Mitteleuropas erkennt, daß die Entwicklung von der bürgerlichen zur sozialistischen Demokratie durch eine revolutionäre Phase wird hindurchgehen müssen, die den Widerstand der kapitalistischen Klassen wird brechen und darum die kapitalistischen Klassen von der Demokratie wird ausschließen müssen, so ist das vorerst nicht mehr als eine theoretische Erkenntnis, nicht mehr als eine Vorstellung von der künf- | tigen Entwicklung, die ganze Vorstellung von der Diktatur 209 des Proletariats zumal in den faschistischen Ländern nicht mehr als ein Wunschtraum der Ohnmächtigen, die von ihrer Allmacht träumen. Denn die Eroberung der Diktatur des Proletariats ist nur in einer revolutionären Situation denkbar, die alle Klassen des werktätigen Volks unter die Führung des Proletariats schleudert und den Gewaltapparat der kapitalistischen Klassen zersetzt, desorganisiert, auf die Seite des Proletariats herüberwirft. Solange eine solche revolutionäre Situation noch nicht gegeben ist, solange die Machtverhältnisse der Klassen in Europa die Völker nicht vor die Wahl zwischen der bürgerlichen Demokratie und der proletarischen Diktatur stellen, sondern vor die Wahl zwischen der bürgerlichen Demokratie und dem Faschismus, so lange muß das Proletariat in seiner geschichtlichen Praxis in den demokratischen Ländern die bürgerliche Demokratie gegen den Faschismus verteidigen, in den faschistischen Ländern die elementarsten demokratischen Freiheiten wiederzuerobern suchen; so lange bleibt also in diesen Ländern der Kampf um die Demokratie, die bürgerliche Demokratie, die reale tägliche Praxis der Arbeiterbewegung, die Diktatur des Proletariats nur eine Zukunftsvorstellung der sozialistischen Theorie. Aber es gibt einen Bereich der praktischen täglichen Wirksamkeit der Arbeiterparteien, in dem die Erkenntnis der vorübergehenden geschichtlichen Notwendigkeit der Diktatur des Proletariats heute schon auch in den Ländern, in denen noch nicht die Voraussetzungen ihrer revolutionären Eroberung erfüllt sind, nicht bloße Theorie bleibt, sondern zu praktischer Tat bestimmt.

In der Sowjetunion ist eine sozialistische Gesellschaft im Werden. So groß die Schwierigkeiten auch sind, mit denen die Sowjetunion noch zu ringen hat, so groß die Opfer, mit denen die Völker der Sowjetunion den Aufbau einer sozialistischen Gesellschaft bezahlen müssen, so geben doch die alle Erwartungen übertreffende Wachstumsenergie der Sowjetwirtschaft, die überraschend schnelle Hebung der Massenkultur der Sowjetvölker die | Gewähr, daß die Sowjetunion binnen wenigen Jahren allen Völkern der Welt die ökonomische, soziale, kulturelle Überlegenheit einer sozialistischen Gesellschaftsordnung durch die Tat beweisen wird. Gelänge es kapitalistisch-faschistischen Mächten, die Resultate der sozialistischen Revolution in der Sowjetunion mit kriegerischer Gewalt zu vernichten, dann würde aller Glaube an die Möglichkeit und Sieghaftigkeit einer sozialistischen Gesellschaft in der ganzen Welt für geraume Zeit zerstört. Gelingt es aber, der Sowjetunion noch eine Reihe von Friedensjahren zu sichern, in denen sie ihre Produktivkräfte mächtig entfalten, Lebenshaltung und Kulturniveau ihrer Volksmassen bedeutend heben wird; gelingt es, falls kapitalistisch-faschistische Mächte die Sowjetunion kriegerisch überfallen wollten, die Arbeiterklasse der ganzen Welt zur Verteidigung der Sowjetunion aufzubieten und ihr den Sieg über kapitalistisch-faschistische Angreifer zu erkämpfen, dann wird der schnelle wirtschaftliche, soziale und kulturelle Aufstieg der Volksmassen in dem sozialistischen Staat, dann wird die sieghafte Behauptung des sozialistischen Staates gegen kapitalistische Angreifer die Werbekraft der sozialistischen Ideen in der ganzen Welt gewaltig stärken, die Volksmassen der ganzen kapitalistischen Welt zur Nachahmung des in der Sowjetunion sich verwirklichenden Vorbildes einer sozialistischen Gesellschaft aufrütteln, den Sozialismus in der Welt unwiderstehlich machen. Darum ist es eine der allerwichtigsten Aufgaben im Kampfe um den Sozialismus, die ganze Kraft der Arbeiterparteien der kapitalistischen Länder für die Verteidigung der Sowjetunion, gegen jeden Angriff auf die Sowjetunion einzusetzen. Mögen die Arbeiterparteien in ihren Ländern vorerst nur

gegen den Faschismus, nur um die Demokratie kämpfen können,
so gewinnt doch die theoretische Erkenntnis der historischen
Funktion der Diktatur des Proletariats heute schon aktuelle praktische, historische Bedeutung, wenn sie sie bestimmt, die ganze
Kraft der demokratischen Arbeiterparteien der kapitalistischen
Länder für die Verteidigung der Diktatur des Proletariats in der
Sowjetunion zu mobi- | lisieren und einzusetzen. Die Allianz der
demokratischen Arbeiterparteien der kapitalistischen Länder mit
der Sowjetunion ist die heute schon mögliche und notwendige
historische Tat, die den Gegensatz zwischen dem demokratischen
Sozialismus des Westens und dem revolutionären Sozialismus
des Ostens aufheben kann und muß.

Aber die Aufhebung dieses Gegensatzes erfordert historische
Tat nicht nur in den kapitalistischen Ländern, sondern auch in der
Sowjetunion selbst. Er wird aufgehoben werden an dem Tage, an
dem die Sowjetdiktatur entschlossen den Weg ihrer Umbildung
zu einer sozialistischen Demokratie einschlägt. Wenn die Sowjetregierung mit demselben Mut, mit dem sie die gesellschaftliche
Umwälzung vollzogen, die kapitalistischen Klassen liquidiert, die
Überwindung des Gegensatzes zwischen den Arbeitern und den
Bauern durch die Kollektivisierung und Mechanisierung der Bauernwirtschaft angebahnt hat, daran gehen wird, den politischen
Überbau der Sowjetgesellschaft der von ihr geschaffenen ökonomischen Basis anzupassen, ihn Schritt für Schritt zu demokratisieren, durch die Unterordnung ihrer Organe unter die wirksame
Kontrolle der Volksgesamtheit, durch die Sicherung der Freiheit
des einzelnen Mitglieds der sozialistischen Gesellschaft und des
freien Wettbewerbs aller Meinungen um die Entscheidung der
Mitglieder der sozialistischen Gesellschaft, Schritt für Schritt eine sozialistische Demokratie aufzubauen, dann wird sie durch
die Tat die Menschheit überzeugen, daß die Diktatur des Proletariats nur ein vorübergehend unvermeidliches Mittel ist zur
Begründung der vollkommensten Demokratie, der wirklichen
und gesicherten Freiheit, Gleichheit und Selbstbestimmung aller
nicht nur im Staat, sondern auch in Wirtschaft und Gesellschaft.

211

Wenn in derselben Zeit, in der die kapitalistische Welt dem Faschismus teils schon verfallen ist, teils zu verfallen droht, die Sowjetunion entschlossen und mutig den Weg zur Demokratisierung ihrer Institutionen, zum Aufbau einer echten, wirklichen, vollkommenen Demokratie betreten wird, dann, aber auch erst 212 dann wird den Volks- | massen der Welt anschaulich erkennbar werden, daß der Kampf um den Sozialismus nicht nur der Kampf um die Befreiung der Menschheit von Ausbeutung, Krisen und Arbeitslosigkeit, sondern zugleich auch der Kampf um gesicherte und vollkommene Freiheit, Gleichheit und Selbstbestimmung ist; dann, aber auch erst dann werden alle Kulturmenschen erkennen, daß jene Güter der Freiheit und Menschlichkeit, die die wertvollsten Resultate der ganzen bürgerlichen Geschichtsepoche waren, heute nur noch durch die Überwindung der bürgerlich-kapitalistischen Gesellschaftsordnung, nur noch durch die revolutionäre Eroberung einer sozialistischen Gesellschaftsordnung gerettet werden können.

Der demokratische Sozialismus des Westens ist der Erbe der Kämpfe um die geistige und politische Freiheit. Der revolutionäre Sozialismus des Ostens ist der Erbe der Revolutionen um die wirtschaftliche und soziale Befreiung. Es gilt, wiederzuvereinigen, was die Entwicklung zerrissen hat. In der Zeit des Kampfes gegen den Faschismus brauchen wir einen Sozialismus, der erfüllt ist von dem großen Pathos des Kampfes um die Freiheit; einen Sozialismus, der sich bewußt ist seiner geschichtlichen Verantwortung für die Rettung der unersetzlichen Kulturgüter, die das Erbe des bürgerlichen Zeitalters waren, der Kulturgüter der Sicherheit der individuellen Rechtssphäre, der geistigen Freiheit, der Selbstbestimmung der Gesamtheit; einen Sozialismus, der jede auch nur vorübergehende Preisgabe dieser Rechtsgüter als das schwerste Opfer, das der geschichtlichen Entwicklung gebracht werden muß, wertet und dieses Opfer nur in dem unerläßlichen, unvermeidlichen Maße und nur so lang, als es unerläßlich und unvermeidlich ist, zu bringen bereit ist. Aber in der Zeit der schwersten Erschütterung der kapitalistischen Gesellschaft muß ein Sozialismus, der erfüllt ist von der Erkenntnis des unersetzlichen Kulturwerts der Freiheit, diese Erkenntnis verknüpfen mit dem alten sozialistischen Gedanken, daß nur die revolutionäre Umgestaltung der Gesellschaft, nur ihre Emanzipation vom Kapitalismus, die nicht anders als durch eine vorüberge- | hende Diktatur vollzogen werden kann, jene großen Kulturgü- 213 ter, die das bürgerliche Zeitalter uns hinterlassen hat, gegen die faschistische Reaktion sichern, dem ganzen Volke zu eigen geben, von den bürgerlichen Schranken befreien und damit erst vollenden, zu voller Wirklichkeit für das ganze Volk machen kann. Die Synthese des demokratischen Sozialismus des Westens und des revolutionären Sozialismus des Ostens, die Synthese geistig-politischer Freiheit und ökonomisch-sozialer Befreiung, — sie wird zur sieghaften Idee werden, wenn in derselben Zeit in der der Faschismus in weiten Gebieten der kapitalistischen Welt die größten Kulturerrungenschaften des bürgerlichen Zeitalters zerstört, die Diktatur des Proletariats in der Sowjetunion sich selbst zu demokratisieren und damit die größten Kulturerrungenschaften des bürgerlichen Zeitalters auf der höheren Entwicklungsstufe einer sozialistischen Gesellschafts- und Wirtschaftsverfassung wiederherzustellen beginnen wird. Die sieghafte Idee aber, die im Gefolge überzeugender Tat die Massen der kapitalistischen Welt ergreifen wird, wird zu sieghafter Gewalt werden, wenn erst die innere Entwicklung der kapitalistischen Welt selbst die Massen in Bewegung setzen wird. Sie wird sie in Bewegung setzen durch den aus dem Mechanismus der kapitalistischen Antagonismen wiedererstehenden Krieg.

2.6 Der Krieg

DER WELTKRIEG 1914 BIS 1918 war das Resultat zweier miteinander eng verknüpfter geschichtlicher Prozesse: einerseits der Entwicklung des modernen Imperialismus, andererseits der Erschütterung alter, aus vor- und frühkapitalistischer Zeit überkommener Staatsgebilde durch die nationalen Bewegungen junger, ehemals geschichtsloser, erst durch den modernen Kapitalismus erweckter Nationen.

Mit der Entwicklung des modernen Finanz- und Monopolkapi-
214 tals in den hochkapitalistischen Ländern ist der | moderne Imperialismus entstanden. Sie hat dem alten Kampf um Absatzgebiete für die Waren und Anlagegebiete für das Kapital der hochkapitalistischen Länder, um Rohstoffquellen für ihre Industrien und Rekrutierungsgebiete für ihre Armeen eine neue ökonomische Basis, neue ökonomische Motive, neue Gestalt gegeben. Auf der Grundlage der gewaltigen kapitalistischen Entwicklung Deutschlands nach 1871 hat sich seit den Neunzigerjahren der deutsche Imperialismus mächtig entwickelt. Er hat seinen Anteil an der Beherrschung der überseeischen Länder gefordert. Er ist in Marokko dem französischen, in Vorderasien dem britischen Imperialismus drohend entgegengetreten. Er hat mit seinen gewaltigen Rüstungen zur See seinem Anspruch auf Anteil an der Weltherrschaft drohend Nachdruck gegeben. Der britische Imperialismus spürte die wachsende Macht des jungen deutschen Nebenbuhlers in den deutschen Dumpingexporten auf seinem eigenen Markt, in dem verschärften Wettbewerb der deutschen Banken, dem die englischen in allen Erdteilen begegneten, in dem Vordringen des deutschen Imperialismus in der Türkei, in den deutschen Seerüstungen, die England zwangen, seine Mittelmeerflotte in die Nordsee abzuberufen. Der britische Imperialismus kartellierte sich, nachdem er den französischen im Faschodakonflikt zur Kapitulation gezwungen, mit dem französischen, nachdem das russische Vordringen im Fernen Osten an der Macht Japans gescheitert war, mit dem russischen und stellte damit dem deutschen Imperialismus die furchtbare britisch-französisch-russische Allianz entgegen.

Andererseits hatte die Entwicklung des modernen Kapitalismus die gesellschaftlichen Lebensbedingungen der „geschichtslosen Nationen" umgewälzt. Sie nahmen in Österreich, in Ungarn, in der Türkei, in Rußland den Kampf gegen die überkommenen Herrschaftsverhältnisse, den Kampf um ihre nationale Freiheit und Einheit auf. Rußland und Österreich-Ungarn bedienten sich

der Revolutionen der jungen slawischen Völker gegen die Türkei
in ihrem Machtkampfe um den Balkan. Hatte der Angriff des ita-
lienischen Imperialismus auf Libyen die Türkei er- | schüttert, so 215
sprengten die jungen Balkanvölker unter dem Schutze Rußlands
die europäische Türkei. Österreich-Ungarn, durch die nationalen
Kämpfe in seinem Innern schwer bedroht, glaubte sich des durch
seinen Sieg über die Türkei gestärkten jugoslawischen Nationalismus nur noch erwehren zu können, indem es die Jugoslawen im
Krieg niederzuwerfen versuchte. Der Krieg, den Habsburg gegen
die Jugoslawen begann, wurde durch den Mechanismus der aus
den imperialistischen Weltgegensätzen entstandenen Bündnisse
zum europäischen, zum Weltkrieg.

Aber durch die Friedensverträge, die die Sieger nach dem Weltkriege den Besiegten auferlegten, sind die Probleme, um die im
Weltkrieg gerungen worden ist, nicht gelöst worden. Nur wenige Jahre lang zwang die Macht der Sieger die besiegten und
benachteiligten Nationen, sich gegen diese Machtverteilung auf-
zulehnen. Beide Prozesse, die den Weltkrieg herbeigeführt hatten, gerieten wieder in Gang: sowohl der imperialistische Kampf
um die Absatz-, Anlage- und Rohstoffgebiete jenseits der See, als
auch die Auflehnung der europäischen Nationen gegen die ihnen
gezogenen Staatsgrenzen und die ihnen auferlegten Herrschaftsverhältnisse.

Am Ausgang des Weltkrieges haben die Siegermächte die Herrschaft über die Erde untereinander geteilt. Großbritannien und
die Vereinigten Staaten teilten unter einander durch die See-
konvention von Washington die Herrschaft über das Weltmeer.
Frankreich sicherte sich durch die Abrüstung Deutschlands und
durch die Errichtung ihm verbündeter neuer Nationalstaaten die
Herrschaft über den europäischen Kontinent. Großbritannien
und Frankreich teilten untereinander die Deutschland entrissenen afrikanischen Kolonien und die der Türkei entrissenen arabi-
schen Gebiete. Italien ging bei dieser Teilung der überseeischen
Kolonialgebiete leer aus. Japan wurde | gezwungen, die während 216
des Krieges besetzten Gebiete auf dem asiatischen Festland zu
räumen.

Die drei bei der Neuverteilung der Kolonialgebiete leer ausgegangenen Großmächte lehnen sich heute gegen diese Machtverteilung auf. Deutschland fordert die Rückgabe seiner Koloni-
en. Italien hat 1935 mit dem Angriff auf Abessinien Machtinteressen des britischen Weltreichs angegriffen und damit Europa
hart an den Abgrund eines neuen Krieges gedrängt. Japan hat
die Mandschurei von China losgerissen und in seinen Vasallen-
staat verwandelt. Es unterwirft ganz Nordchina seiner Oberho-
heit. Es sucht auch Mittel- und Südchina unter seine politische
und ökonomische Vormundschaft zu bringen. Es hat zugleich die
Washingtoner Flottenkonvention gekündigt und fordert für sich
Gleichheit seiner Kriegsflotte mit der britischen und der amerikanischen.

Von allen Objekten imperialistischer Expansion ist China das
bei weitem größte. Seit der Revolution von 1911 in gewaltigen
Klassenkämpfen, in Machtkämpfen der durch die Revolution
emporgeschleuderten Generale, in blutigen Bürgerkriegen sich
selbst zerfleischend, ist China gegen die Angriffe der starken
japanischen Militärmacht wehrlos. Aber indem Japan in China
vordringt, bedroht es einerseits die Sowjetunion, gerät es andererseits in Konflikt mit den großen Interessen des britischen und
des amerikanischen Kapitals in China. Gelingt es Japan, seinem
Kapital die Verfügung über die riesigen Massen wohlfeilster Arbeitskräfte und die großen Lager noch ungehobener Rohstoffe
in China und eine privilegierte Stellung auf dem chinesischen
Absatzmarkte zu erobern, so wird Japan zu einer ökonomischen
und politischen Weltmacht, die dem britischen Imperium und
den Vereinigten Staaten ebenbürtig wäre und deren Konkurrenz
allen Industriestaaten der Welt lebensgefährlich würde, das Lohn-
und Lebenshaltungsniveau der Industriearbeiter der ganzen Welt
lebensgefährlich bedrohte.

Andererseits hat die chinesische Revolution breite Massen der
chinesischen Bauernschaft geweckt. Große Provinzen Chinas mit
217 mehr als 50 Millionen Einwohnern | sind in die Hände der auf-
ständischen Bauern gefallen, die dort nach dem Vorbild und mit

der Unterstützung des revolutionären Rußland eine Regierung der Sowjets gebildet, das Herrenland aufgeteilt, eine Rote Armee aufgestellt haben. Wehrt sich die Nationalregierung in Nanking gegen den Angriff Japans, das China zerstückelt und sie selbst unter seinen Druck setzt, verbindet sie doch mit Japan das gemeinsame Interesse an der Niederwerfung des Bauernaufruhrs. Stehen der britische und der amerikanische Imperialismus dem japanischen feindlich gegenüber, so verbindet sie doch mit ihm das gemeinsame Interesse an der Niederwerfung Sowjetchinas, das ihre ökonomischen und politischen Interessen im Jangtsetal bedroht. So durchkreuzen sich auf chinesischem Boden die imperialistischen Gegensätze dreier Weltmächte mit ihrem gemeinsamen konterrevolutionären Interesse gegen die chinesische Revolution.

Alle imperialistischen Machtkämpfe, die 1914 den Weltkrieg herbeigeführt haben, erscheinen geringfügig, vergleicht man sie mit den Kämpfen um China und damit um die ganze ökonomische und politische Machtverteilung am Großen Ozean, die sich heute im Fernen Osten gefahrenschwanger vorbereiten.

Wie in China durchkreuzen sich auch in der mohammedanischen Welt die Gegensätze zwischen den imperialistischen Mächten mit ihrem gemeinsamen Interesse an der Niederhaltung nationalrevolutionärer, gegen die imperialistische Fremdherrschaft gerichteter Bewegungen. Ägypten, Palästina, Syrien, der Irak sind im Aufruhr gegen den britischen und gegen den französischen Imperialismus. In Arabien stoßen britische und italienische Einflüsse aufeinander. Die Türkei, Iran und Afghanistan sind in die Geschichtsperiode des „aufgeklärten Absolutismus" eingetreten; wirtschaftlich, politisch, militärisch erstarkend, haben sie sich gegen den europäischen Imperialismus zusammengeschlossen und stützen sich gegen ihn auf die Sowjetunion. In dem ganzen Gebiet, das die Landbrücke zwischen dem Mittelländischen Meer und Indien bildet, sind revolutionäre Prozesse im Gang, die die Machtver- | hältnisse zwischen den Staaten verschieben und gefährliche Gegensätze zwischen ihnen aufreißen können. 218

Und wie die imperialistischen Machtkämpfe, den Weltfrie-
den bedrohend, wieder begonnen haben, so auch die Auflehn-
nung der Fremdherrschaft unterworfener Nationen und Nations-
splitter in Europa selbst. Nach dem Weltkriege haben die Sieger
die Randvölker des alten Zarenreiches von Rußland losgerissen,
aus ihnen neue Staaten gebildet, die einen Damm zwischen der
russischen und der deutschen Revolution bilden, ihr Ineinan-
derfließen und Zusammenwirken verhindern sollten. Sie haben
Österreich-Ungarn aufgeteilt und neue Staaten auf seinen Trümmern gebildet, die, durch den Sieg der französischen Waffen
gegründet und von dem Bestande der französischen Machtstellung in Europa abhängig, die Herrschaft Frankreichs über den
Kontinent stützen sollten. Sie haben den von Deutschland, Rußland, Österreich, Ungarn, der Türkei beherrschten Nationen und
Nationssplittern die nationale Einheit und Freiheit gegeben, um
die sie gekämpft hatten. Aber sie haben die Grenzen der neuen
Nationalstaaten nach strategischen und wirtschaftspolitischen
Bedürfnissen gezogen, sie haben damit neue große nationale Minderheiten der Fremdherrschaft unterworfen, sie haben die alten
nationalen Probleme, die 1914 den Frieden Europas gesprengt
haben, nur gelöst, um neue, nicht minder gefährliche nationale Probleme aufzuwerfen. Der polnische Korridor hat Ostpreu-
ßen von dem übrigen Reich abgetrennt, Deutsche leben unter
polnischer und litauischer, Weißrussen und Ukrainer unter polnischer Fremdherrschaft. Gegen die Tschechoslovakei stürmt
der deutsche und magyarische Revisionismus an. Österreich, mit
dem Zerfall der alten Monarchie seiner alten Existenzbasis beraubt, schwankt zwischen dem Streben nach dem Anschluß an
Deutschland und dem Versuch der Restauration der Habsburger, zwischen zwei Auswegen, die dem Frieden Europas gleich
gefährlich sind, krisenerschüttert hin und her. Italien hat deutsche und südslavische Gebiete annektiert und steht an der Adria
219   im Machtkampf gegen Jugoslavien. Ungarn fordert die Re- | visi-
on seiner Grenzen gegen die Tschechoslovakei, Rumänien und
Jugoslavien zugleich. Bulgarien steht im Grenzstreit mit allen

seinen Nachbarn. Von der Ostsee bis zum Ägäischen Meer, von
der bayrischen Grenze bis zum Schwarzen Meer, — welche Fülle
gefährlicher nationaler Gegensätze, wieviele wechselnde Staaten-
gruppierungen gegeneinander, welches Feld von Intrigen der
Großmächte, die die Gegensätze der nationalen Mittel- und Kleinstaaten Mittel-, Ost- und Südosteuropas in ihren Machtkämpfen
gegeneinander ausnützen und ausbeuten! Was waren die nationalen Gegensätze auf der Balkanhalbinsel, die 1914 den Frieden
in die Luft gesprengt haben, gegen diese Überfülle gefahrenvol-
ler nationaler Gegensätze im ganzen Osten des kapitalistischen
Europa?

Die Weltwirtschaftskrise hat alle die Tendenzen zu neuem
Krieg, die der aus dem letzten Weltkrieg hervorgegangenen Staa-
tenordnung innewohnten, zu schneller Entwicklung gebracht.

Die Absatzstockung auf dem Weltmarkte, der Preisdruck und
die Einengung des Weltmarktes durch den Überprotektionismus
der „dirigierten Wirtschaft" haben das Bedürfnis der großen Ex-
portindustrien, sich die monopolistische Beherrschung großer
Absatzgebiete zu sichern, verstärkt. Der Bankerott der Schuld-
nerstaaten, die Erschütterung des internationalen Kreditsystems
haben das Bedürfnis des Finanzkapitals verstärkt, sich Anlagege-
biete zu erobern, in denen seine Forderungen unter dem Schutz
der nationalen Judikatur, seine Anlagen unter den Schutz seiner
Staatsmacht stehen. Die Autarkiebestrebungen der „dirigierten"
Ökonomie" verstärken das Bedürfnis, die Lücken in der nationalen Selbstversorgung durch Eroberung von Rohstoffquellen zu
schließen. So verstärkt die neue Struktur des Kapitalismus, der
staatlich reglementierte Monopolkapitalismus die imperialistischen Tendenzen.

Andererseits hat die Wirtschaftskrise in einigen Staaten den Faschismus zur Macht geführt; den Faschismus, der nichts anderes
ist als die Diktatur der kriegerischen Fraktion der Kapitalisten-
und Junkerklasse; den Fa- | schismus, der mit eiserner Hand alle   220
ökonomischen und gesellschaftlichen Kräfte der Nation sich unterordnet, wehrhaft macht, zum Kampf gegen andere Nationen

zusammenballt. Es ist kein Zufall, daß gerade die drei großen
Länder, die bei der Neuverteilung der Welt im Jahre 1919 zu kurz
gekommen sind, gerade Deutschland, Italien und Japan kriegerische Diktaturen sind; ihre Benachteiligung bei der Weltverteilung
von 1919 hat in diesen drei Ländern den kriegerischen Nationalismus gestärkt und dadurch in Deutschland und in Italien den
Faschismus zur Macht geführt, in Japan eine militärische Auto-
kratie befestigt. Die Diktatur eines kriegerischen Nationalismus
in diesen Ländern schaltet aber alle pazifistischen Klassen und
Klassenfraktionen aus dem Kräftespiel innerhalb der Nation aus.
Sie erfüllt die ganze Nation mit kriegerischem Geist und erzieht
die Jugend planmäßig zu ihm. Sie kann die Unterdrückung aller
individuellen Freiheit, die Unterwerfung aller Gesellschaftsklassen unter die Allmacht des Staates, die Regulierung des ganzen
Wirtschaftslebens nach militärischen Machtgesichtspunkten vor
dem eigenen Volk nicht anders rechtfertigen, als durch „nationale" Erfolge, die sie im Kampf gegen andere Nationen erringt. Sie
treibt dadurch zwangsläufig zum Krieg.

In den Händen der faschistischen Diktatur wird die „dirigierte
Wirtschaft" unmittelbar zur Kriegsvorbereitung. Der Staat benützt seine Macht über die Wirtschaft zu gewaltigen Rüstungen,
zur Verlagerung der kriegswichtigen Industrien in weniger bedrohte Gebiete, zur Anlegung großer Vorräte an kriegswichtigen
Rohstoffen. Aber die Wirtschaft kann den Zustand unmittelbarer Kriegsvorbereitung nicht dauernd ertragen. Die inflationisti-
schen Mittel, mit denen die Kriegsvorbereitung finanziert wird,
sind nicht dauernd anwendbar. Die Diktatoren sind schließlich
vor die Wahl gestellt, die inflationistische Kriegsrüstung einzustellen und damit ihr Regime in die Gefahren verschärfter Wirtschaftskrise und vergrößerter Arbeitslosigkeit zu stürzen oder
die inflationistische Kriegsvorbereitung fortzusetzen und damit
221   in die Gefah- | ren einer neuen Geldentwertung zu geraten. Es
gibt aus diesem Dilemma einen Ausweg: den Krieg.

Die Wirtschaftskrise hat den Vertrag von Versailles zerfetzt
Zahlungsunfähig geworden, hat das Reich die Erfüllung der un-

tragbar gewordenen Tributpflichten eingestellt. Sind die Bestimmungen des Versailler Vertrags über die Reparationen undurch-
führbar geworden, so hat der deutsche Faschismus in der Folge auch die Vertragsbestimmungen über die Beschränkung der
deutschen Rüstungen zerrissen. In schnellem Lauf hat das Reich
aufgerüstet. Damit wurden alle Machtverhältnisse in Europa verschoben. Die 1919 begründete Vorherrschaft Frankreichs auf dem
Kontinent wurde gebrochen. Durch seine Aufrüstung gestärkt,
stürmt Deutschland gegen den letzten Rest der militärischen
Bestimmungen an, durch die sich Frankreich im Vertrage von
Versailles gegen einen deutschen Revanchekrieg sichern wollte:
gegen die Entmilitarisierung des linken Rheinufers.

   Diese schnelle und gewaltige Machtverschiebung bot den imperialistischen Tendenzen, die sich gegen die Weltverteilung von
1919 auflehnen, willkommene Gelegenheit. Italien konnte den Angriff auf Abessinien wagen, weil es gewiß war, daß Frankreich, um
Italiens Bundesgenossenschaft gegen den neuen deutschen Imperialismus nicht zu verlieren und Italien nicht an Deutschlands
Seite zu drängen, das Funktionieren des Völkerbundsmechanis-
mus gegen den italienischen Friedensbruch sabotieren werde.
Japan weiß, daß es, wenn es im Fernen Osten die Sowjetunion
angreift, darauf rechnen kann, daß die Sowjetunion durch die
ihr von dem erstarkten Deutschland aus drohenden Gefahren gezwungen sein wird, den Großteil ihrer Heere an ihrer Westgrenze
zu halten.

   Die Aufrüstung Deutschlands hat zugleich auch die Verhältnisse in dem ganzen balkanisierten, in Mittel- und Kleinstaaten
zerlegten Osten Europas umgewälzt. Sie hat den Kampf um den
Anschluß in Österreich zum blutigen Bürgerkrieg gesteigert und
Österreich um der Abwehr der Anziehungskraft des deutschen
Nationalfaschismus willen dem italienischen Faschismus in die
Hände gewor- | fen. Sie hat in der Tschechoslowakei die große   222
deutsche Minderheit der von Deutschland aus patronisierten nationalistischen Partei zugetrieben. Sie hat das militärisch erstarkte Deutschland zu einem gesuchten Bundesgenossen gemacht,

Polen und Ungarn Deutschland genähert. Sie hat die Gegensätze zwischen den Staaten und die nationalen Gegensätze innerhalb der Staaten bedrohlich verschärft.

Das ganze Staatensystem, das durch die Verträge von 1919 in Mittel- und Osteuropa aufgerichtet worden ist, beruhte auf dem Siege der Westmächte im Kriege, auf der militärischen Hegemonie Frankreichs auf dem Kontinent, auf der Ohnmacht Deutschlands. Die Wiederaufrüstung Deutschlands hat seine Grundlagen zerstört. Es steht heute in schreiendem Widerspruch zu den durch die Aufrüstung Deutschlands umgewälzten Machtverhältnissen. Dieser Widerspruch kann nicht anders gelöst werden als durch einen neuen Krieg.

Der Kampf der großen Seemächte um eine neue Machtverteilung am Großen Ozean und in China und die Machtverschiebungen in Europa infolge der Aufrüstung Deutschlands haben die Welt aus ihrem Gleichgewicht gebracht. Sie rufen täglich neue Gruppierungen der Mächte, täglich neue Rüstungsmaßnahmen, täglich neue Kriegsgefahren hervor.

Aber alle diese Gegensätze zwischen den kapitalistischen Staaten werden schließlich noch kompliziert, durchkreuzt, überragt durch den Gegensatz aller kapitalistischen Staaten zu Sowjetunion.

Die Sowjetunion ist zu einer gewaltigen Militärmacht geworden, zu einer gewaltigeren, als es das zarische Rußland gewesen ist. Ihre Bevölkerung wächst um drei Millionen Köpfe im Jahre; ihr schnelles Wachstum macht den Verlust wett, den Rußland mit der Abtrennung der Randvölker erlitten hat. War die Wehrkraft des zarischen Rußland durch die Rückständigkeit seiner Industrie und durch die Weitmaschigkeit seines Eisenbahnnetzes beengt, so wächst jetzt die Industrie der Sowjetunion in unerhört schnellem Tempo und wird das System ihrer Eisenbahnen, | Wasserstraßen, Autostraßen schnell ausgebaut. War das zarische Rußland infolge der geringen Entwicklung seiner Bourgeoisie und Intelligenz nicht imstande, eine große Armee mit einer genügenden Zahl von Reserveoffizieren zu versorgen, so wächst

jetzt aus der Arbeiterschaft eine weit größere Zahl geschulter
Führer heran. Die Industrialisierung Rußlands und die Mechanisierung seiner Landwirtschaft erziehen einen neuen Soldatentyp,
der, von den bäuerlichen Soldaten des Zaren verschieden, weit
mehr eigene Initiative zu entwickeln, sich ungleich schneller zu
bewegen, die moderne Kriegstechnik ungleich besser zu handhaben fähig ist. War die analphabetische Masse der bäuerlichen
Soldaten des Zaren für den kriegerischen Nationalismus unemp-
fänglich, so erzieht die Sowjetunion ihre junge Generation zu
einem selbstbewußten, von Stolz auf die sozialistische Mission
des Landes in der Welt erfüllten Sowjetpatriotismus.

Zugleich steigt mit der Produktivität der Arbeit die Lebenshaltung der Volksmassen in der Sowjetunion. Zugleich lösen sich
mit der Hebung der Lebenshaltung die gefährlichen sozialen
Spannungen und wird damit die allmähliche Demokratisierung
des Sowjetsystems möglich. Bleibt der Sowjetunion noch wenige Jahre der Friede erhalten, dann wird sie dank der überaus
schnell steigenden Produktivität der Arbeit die Lebenshaltung
der Volksmassen der vorgeschrittensten kapitalistischen Länder
„einholen und überholen" können. Demokratisiert sie zugleich
allmählich ihr System, so wird sie der Welt zeigen, wie der Sozialismus Wohlstand und Freiheit zu vereinigen vermag. So wird
von Jahr zu Jahr ihre Anziehungskraft auf die Arbeitermassen
der kapitalistischen Länder steigen, ihr Vorbild die Arbeiter der
Welt mit dem Willen, die sozialistische Gesellschaftsordnung zu
erringen, erfüllen.

Wird die Sowjetunion in einen Krieg verwickelt, so wird dieser
Krieg unabwendbar zum Entscheidungskampf zwischen Kapitalismus und Sozialismus. Denn jeder Sieg der Sowjetunion im Kriege
wird ihr Ansehen, ihre Anziehungskraft, die Macht ihres Vorbil-
des ungeheuer stei-| gern, die Arbeiter Europas, die geknechteten   224
Nationen Asiens revolutionieren, die ganze kapitalistische Welt
schwer erschüttern.

Darum sucht der deutsche Nationalismus seine Revanche für
den verlorenen Weltkrieg in einem Krieg gegen die Sowjetunion.

Darum empfiehlt sich Japan den Weltmächten als die Macht, die dem Vordringen des Bolschewismus in China ein Ende setzen werde. Beide hoffen, daß die kapitalistischen Mächte, vor der sozialen Revolution, die jeder Sieg, jeder Prestigezuwachs der Sowjetunion entfesseln würde, zitternd, ihnen nicht in den Arm fallen werden, wenn sie sich gegen die Sowjetunion wenden.

Allerdings haben kapitalistische Mächte, als die Aufrüstung Deutschlands die Machtverhältnisse in Europa verschob, Allianzen mit der Sowjetunion geschlossen. Aber man täusche sich nicht über die Brüchigkeit dieser Allianzen! Wenn ein kapitalistisches Frankreich im Bunde mit der Sowjetunion einen Angriff Hitler-Deutschlands abwehrte und über Hitler-Deutschland siegte; wenn im Verlaufe eines französisch-russischen Koalitionskrieges gegen Hitler-Deutschland die Rote Armee in den baltischen Ländern, in Polen, in Deutschland vordränge; wenn sich im Gefolge der Kriegsereignisse die proletarische Revolution in Deutschland erhöbe und sich mit der vordringenden Armee Sowjetrußlands verbände, dann stünde die französische Kapitalistenklasse vor der Gefahr des Sieges der proletarischen Revolution in ganz Europa bis zum Rhein, dann sähe sie ihre Klassenmacht, ihr Eigentum, ihre Profite in Frankreich selbst bedroht, dann würde sie sich am Tage nach dem Bunde mit der Sowjetunion errungenen Siege gegen die Sowjetunion wenden.

So ist die Welt, die aus dem letzten Weltkrieg hervorgegangen ist, voll von Tendenzen, die zu neuem Krieg treiben. Aber ihnen wirken mächtige Gegentendenzen entgegen. Die Kapitalisten aller Länder haben 1917 und 1918 erlebt, daß der Krieg die Revolution entfesselt; ihre Furcht vor der sozialen Revolution ist die stärkste Kraft des Friedens. Die Kapitalisten haben es in den wirtschaftlichen Erschütterungen der Nachkriegszeit erlebt, 225 daß der Krieg | selbst für die Sieger ein schlechtes Geschäft ist; daß die Kriegsprofite in der Inflation zerrinnen; daß Kriegsschulden nicht bezahlt, Kriegstribute uneintreibbar werden; daß in jedem Krieg gefährliche Konkurrenzindustrien in den neutralen Ländern entstehen und jedem Krieg erschütternde Wirtschafts-

krisen folgen. Die Erfahrung der Wirtschaftskatastrophen, die
dem Weltkrieg gefolgt sind, schreckt vor jedem neuen Weltkrieg
ab. Die Siegermächte von 1918 fürchten, daß jeder neue Krieg
ihnen nur die Beute entreißen könnte, die sie aus dem letzten
Kriege heimgebracht haben. Großbritannien hat es erlebt, daß
der Weltkrieg die Selbstständigkeitsgelüste der Dominions verstärkt, die revolutionäre Gärung in der mohammedanischen Welt,
in Indien, in China vertieft hat; es zittert davor, daß ein neuer
Krieg das gelockerte Gefüge seines Weltreiches vollends sprengen
könnte. So suchen die gesättigten, friedensbedürftigen, konservativen Mächte den Krieg zu verhüten. Sie suchen die aggressiven,
kriegerischen faschistisch-militaristischen Mächte durch Zugeständnisse zu besänftigen. Sie stellen ihnen zugleich mächtige
Koalitionen gegenüber, deren Übermacht die angriffslustigen
Mächte vom Wagnis des Krieges abschrecken soll.

Die Arbeiterklasse hat alles Interesse daran, diese Gegenten-
denzen gegen den Krieg zu stärken. Jeder neue Krieg würde der
Arbeiterklasse die furchtbarsten Blutopfer auferlegen und sie
entsetzlich verelenden. Der Sozialismus wird aus Kriegserschüt-
terungen nur dann als Sieger hervorgehen, wenn die Völker erfahren und erlebt haben werden, daß er alles, was in seiner Macht
war, getan hat, um die Menschheitskatastrophe eines neuen Krieges zu verhüten, daß nicht ihn, sondern die kapitalistischen Mächte allein die Verantwortung für das vergossene Blut, für die Zer-
störungen an Gütern, für die Verelendung der Massen belastet. Es
gibt in der kapitalistischen Welt keinen „ewigen Frieden"; aber je
stärker sich der Sozialismus gegen jeden neuen Krieg wehrt und
je später der neue Krieg kommt, desto stärker wird die Gewähr
sein, daß die Entscheidung zwischen Kapitalismus | und Sozialis- 226
mus, zu der jeder neue große Weltkrieg führen muß, zugunsten
des Sozialismus falle.

Denn je länger der Friede erhalten bleibt, desto stärker wird
die Sowjetunion. Desto größer werden ihre wirtschaftlichen und
sozialen Erfolge und daher auch ihre Anziehungskraft, die Werbekraft ihres Vorbildes auf die Arbeitermassen der Welt. Desto

stärker wird die Rote Armee. Desto größer wird ihr industrielles und landwirtschaftliches Kriegspotential. Desto gewaltiger wird also die Macht sein, deren Sieg im Kriegsfalle die soziale Revolution in Europa und in Asien entfesseln, die Welt vom Kapitalismus befreien kann.

Denn wenn schließlich die inneren Widersprüche und Gegensätze der aus dem letzten Weltkrieg hervorgegangenen Weltordnung sie in einem neuen Weltkriege sprengen, dann wird nicht mehr nur über die Staatsgrenzen, über die Machtverteilung in der Welt entschieden werden, sondern über die Gesellschaftsordnung selbst.

Hitler-Deutschland ist der bei weitem mächtigste unter den faschistischen Staaten. Sein Sieg im Kriege würde ganz Europa faschistischen Diktaturen unterwerfen. Seine Niederlage im Kriege würde die proletarische Revolution in Deutschland, in Mitteleuropa entfesseln.

Die Sowjetunion ist das stärkste Machtzentrum des Sozialismus in der Welt. Ihre Niederlage im Kriege würde den Sozialismus in der ganzen Welt um Generationen zurückwerfen. Ihr Sieg im Kriege würde dem Befreiungskampf der Arbeiterklasse in der ganzen Welt verstärkten Auftrieb geben.

Es ist gewiß denkbar, daß bürgerlich-demokratische Staaten in Krieg gegen Hitler-Deutschland geraten, denkbar, daß einige von ihnen in der ersten Phase des Krieges im Bunde mit der Sowjetunion kämpfen werden. Aber wenn Frankreich den deutschen Faschismus schlägt, so wird sich seine Bourgeoisie am Tage nach dem Siege gegen die durch Deutschlands Niederlage entfesselte proletarische Revolution in Deutschland wenden, die deutsche proletarische Revolution zu unterdrücken versuchen, — genau so, wie sich die Bourgeoisien der Siegermächte 1918 gegen die | proletarische Revolution in Rußland gewendet, 1919 der proletarischen Revolution in Mitteleuropa ihre Schranken gesetzt haben. Wenn Frankreich im Bunde mit der Sowjetunion über Deutschland siegt, so wird sich die französische Bourgeoisie am Tage nach dem gemeinsam errungenen Siege gegen die Sowjetunion wenden, um ihre Gesellschaftsordnung vor der proletarischen Revolution zu retten. Aber wenn die französische Bourgeoisie am Tage nach dem Siege über den deutschen Faschismus ihre Armeen gegen die deutsche proletarische Revolution kommandieren wird, dann muß sie den Widerstand der französischen Arbeiter und Soldaten brechen. Wenn sie am Tage nach dem im Bunde mit der Sowjetunion erkämpften Siege über Deutschland einen neuen Krieg gegen die Sowjetunion wird beginnen wollen, dann muß sie das Proletariat ihres eigenen Landes niederwerfen und niederhalten, um den Krieg gegen die Sowjetunion führen zu können. Bourgeoisdemokratien, die im Bunde mit der Sowjetunion das faschistische Deutschland schlagen, werden gerade durch ihren Sieg in die erbittertsten Klassenkämpfe gestürzt werden. In diesen Prozessen wird entweder die Bourgeoisie, nachdem sie den deutschen Faschismus bezwungen hat, selbst faschistisch werden und das Proletariat ihrer faschistischen Diktatur zu unterwerfen suchen, um ihre Klassenherrschaft vor den sozialen Konsequenzen ihres Sieges zu schützen, oder es wird das Proletariat die Staatsmacht an sich reißen, um die Allianz mit der Sowjetunion aufrecht zu erhalten, die Allianz mit der proletarischen Revolution in Deutschland zu schließen, im Bunde mit beiden ein sozialistisches Europa aufzubauen.

Die faschistische Diktatur ist das Instrument der kriegerischen Fraktion der Bourgeoisie, das Proletariat völlig niederzuwerfen, seinen Widerstand gegen den Krieg unwirksam zu machen, alle Kräfte der Nation in den Dienst der Kriegsvorbereitung und Kriegsführung zu stellen. Die Diktatur des Proletariats ist immer aus Kriegserschütterungen hervorgegangen und war immer und überall das Mittel des Proletariats, alle Kräfte der Gesellschaft einem Revolutionskrieg gegen den Feind im Innern und gegen die | 228 Intervention von außen dienstbar zu machen; so war es 1792/93, so war es 1917 in Rußland und 1919 in Ungarn. Am Ausgang eines neuen europäischen Krieges wird Europa faschistisch oder sozialistisch werden. Mit der Entscheidung zwischen Faschismus und Sozialismus wird aber nicht nur über die Gesellschaftsordnung innerhalb der einzelnen Länder Europas entschieden werden, sondern über das Schicksal Europas selbst.

Die Entwicklung der modernen Produktivkräfte und Verkehrsmittel ist in schreienden Widerspruch geraten mit der Zersplitterung Europas in eine Unzahl von, am Weltmaßstabe gemessen, kleinen und mittleren Staaten. Die Gründung neuer Nationalstaaten auf den Trümmern des Habsburger- und des Zarenreiches hat diese Zersplitterung weitergetrieben. Die ökonomsichen Absperrungstendenzen der neuen „dirigierten Wirtschaft" haben ihre Wirkungen verschärft. Während gewaltige Imperien wie das britische Weltreich, die Vereinigten Staaten, Japan, die Sowjetunion und die modernen Produktivkräfte auszunützen vermögen, setzt die Enge der gegen einander abgesperrten Wirtschaftsgebiete der europäischen Staaten der Größe ihrer Betriebe, der Vergesellschaftung ihrer Arbeit, der Ausnützung des Leistungsvermögens moderner Technik allzu enge Schranken. Die europäische Kleinstaaterei steht heute in so schreiendem Widerspruch zur modernen Produktions- und Verkehrstechnik wie vor einem Jahrhundert die deutsche Kleinstaaterei zur Produktions- und Verkehrstechnik von damals.

Auf der Basis der kapitalistischen Gesellschaftsordnung ist die europäische Kleinstaaterei nicht zu überwinden. Sie kann nicht überwunden werden durch die reaktionäre Utopie des „Paneuropa" Coudenhove-Kalergis, die sich heute durch die Lakaiendienste, die sie dem italienischen Imperialismus und dem österreichischen Faschismus leistet, selbst vor den Toren, die sie nicht vordem durchschaut hatten, als das demaskiert, was sie vom Anfang an gewesen ist: als die konterrevolutionäre Propaganda einer Heiligen Allianz der kapitalistischen Staaten West- und Mitteleuropas gegen die Sowjetunion und als die imperia- | listische Propaganda eines gemeinsamen Machtkampfes des kontinentalen West- und Mitteleuropa gegen das britische Imperium. Die europäische Kleinstaaterei kann nicht durch eine konterrevolutionäre Allianz und sie kann nicht durch einen kollektiven Imperialismus der europäischen Staaten überwunden werden. Sie

kann nur überwunden werden durch eine Revolution, die mit
den der Einigung Europas widerstreitenden nationalen Traditionen völlig bricht. Nur durch eine Diktatur, die die Widerstände
der nationalen Egoismen niederwirft. Nur auf der Basis einer
sozialistischen Gesellschaftsordnung, die die widerstreitenden
Konkurrenzinteressen der Nationalwirtschaften aufhebt. Nur in
einer sozialistischen Planwirtschaft, die den Produktionsapparat Europas, die Arbeitsteilung zwischen den Nationen Europas,
neuorganisiert. Hat es in Italien, in Deutschland, in Frankreich
der bürgerlichen Revolution bedurft, um die staatliche Einigung
der Nationen durchzusetzen oder doch zu vollenden, so bedarf es
des Sieges der proletarischen Revolution, um die europäischen
Nationen miteinander zu föderieren.

Wenn Frankreich im Bunde mit der Sowjetunion das faschistische Deutschland besiegt; wenn sich in Deutschland im Gefolge
der Niederlage die proletarische Revolution erhebt; wenn das
französische Proletariat die Macht an sich reißt, um zu verhindern, daß die französische Bourgeoisie nach ihrem Siege über
das faschistische Deutschland die proletarische Revolution in
Deutschland niedertritt und sich gegen die Sowjetunion wendet,
dann können die verbündeten proletarischen Staaten Rußlands,
Deutschlands und Frankreichs eine Föderation der sozialistischen
Völker Europa aufrichten.

Die Föderation der Sozialistischen Sowjetrepubliken gibt uns
ein großes geschichtliches Vorbild. Die Sowjetdiktatur hat die vielen Nationen des Zarenreiches, die in der Zeit des Bürgerkrieges
auseinanderzufallen drohten, mit eiserner Klammer zusammengefaßt. Aber sie hat zugleich jede nationale Fremdherrschaft über
diese Nationen aufgehoben. Sie entwickelt die nationalen Kulturen aller dieser Nationen. Sie hat dutzenden geschichtsloser
Nationen ein | nationales Alphabet, eine nationale Literatur, ein 230
nationales Schulwesen, eine nationale Kunst erst geschaffen. Sie
entwickelt die nationalen Kulturen der ehedem als Kolonialvölker
behandelten und unterjochten Völkerschaften Mittelasiens ebenso wie die der vorgeschritteneren Nationen des europäischen

Rußland und des Kaukasus. Sie hat dort wie hier die Produktivkräfte gewaltig entwickelt, neue Industrien aus dem Boden
gestampft, die Landwirtschaft auf eine bei weitem höhere technische Stufe gehoben, die Volksmassen aus dem Bann der Überlie-
ferung und des Aberglaubens herausgerissen. Allerdings, wenn
die Sowjetverfassung jeder dieser Nationen Autonomie innerhalb der Föderation verheißt, so ist doch diese Autonomie sehr
beengt, solange alle Sowjetrepubliken im gleichen Maße von der
Moskauer Zentralgewalt diktatorisch beherrscht werden. Aber
in dem Maße, als die Sowjetverfassung demokratisiert werden
wird, wird die Verheißung zur Wirklichkeit, wird die Sowjetunion
tatsächlich zu einer Föderation vieler Dutzender freier, sich selbst
regierender Nationen werden.

Wenn die europäische Kleinstaaterei, die heute der Entwicklung der Produktivkräfte Europas Fesseln auferlegt, morgen die
Welt in einen neuen Krieg stürzt, dann werden proletarische Gewalten, aus dem Krieg hervorgegangen, die Widerstände zerbre-
chen müssen, die der Föderierung der europäischen Nationen entgegenstehen. Wenn dann die Diktaturen, die Europa zusammenzwingen müssen, nach Erfüllung ihrer geschichtlichen Mission,
nach der Herstellung einer sozialistischen Gesellschaftsordnung,
sich selbst abbauen und demokratisieren werden, dann wird sich
die Föderation der europäischen Nationen in einen freien Bund
freier, sich selbst regierender Völker verwandeln. Innerhalb einer solchen Föderation werden die Grenzen nicht mehr durch
strategische, wirtschaftspolitische, machtpolitische Bedürfnisse
bestimmt werden müssen; innerhalb ihrer wird jede Nation mit
ihrer Freiheit ihre nationale Einheit verwirklichen, jede nationale Fremdherrschaft aufgehoben werden können. Innerhalb einer
231 solchen Föderation werden die heute vom europäischen | Kapital
beherrschten Kolonialvölker freie und gleichberechtigte, sich
selbst regierende Glieder der großen Föderation sozialistischer
Arbeiter- und Bauernrepubliken sein und in ihrem Rahmen ihre
Produktivkräfte entwickeln, ihre alten gesellschaftlichen Organisationen überwinden, das Gefäß ihrer nationalen Kulturen mit

neuem Inhalt füllen. Nicht mehr souverän nebeneinander und gegeneinander gestellt, nicht mehr einander beherrschend und voneinander beherrscht, alle gleich frei und gleichberechtigt, aber auch alle in einer großen Föderation vereinigt, die die Arbeitsteilung zwischen ihnen organisiert und dadurch ihrer aller Wohlstand hebt, werden die Nationen in einer Föderation demokratischer sozialistischer Gemeinwesen finden, was ihnen die kapitalistische Gesellschaft nicht geben kann: den dauernden, gesicherten Frieden. |

232

3

Die Krise des Sozialismus

~

3.1 Revolutionärer und reformistischer Sozialismus

SEIT DEM WELTKRIEGE ist der internationale Sozialismus in zwei einander feindliche Lager gespalten. Revolutionärer und reformistischer Sozialismus stehen einander todfeind gegenüber. In beiden Lagern sind die gegensätzlichen Auffassungen dogmatisch erstarrt. Aber die erschütternden Ereignisse der letzten Jahre, — die Weltwirtschaftskrise in der kapitalistischen Welt und die gewaltige Entwicklung der Wirtschaft der Sowjetunion, die Siege des Faschismus in Mitteleuropa und die Kriegsgefahr, — haben da und dort anderthalb Jahrzehnte lang starr festgehaltene Grundsätze erschüttert. Auf Grund neuer Erfahrungen der Arbeiterklasse der Welt müssen die Grundsätze, die der reformistische und der revolutionäre Sozialismus einander entgegengestellt haben, von neuem überprüft werden. Wir müssen zu diesem Zwecke von der Entstehungsgeschichte der beiden Spielarten des Sozialismus ausgehen, um mit den Resultaten dieser Entstehungsgeschichte die Erlebnisse unserer Zeit zu konfrontieren.

Die moderne Arbeiterbewegung und der moderne Sozialismus sind entstanden in der Zeit, die ökonomisch durch den Übergang von der Hausindustrie und von der Manufaktur zur Fabrik, politisch durch jene Kette bürgerlicher Revolutionen gekennzeichnet war, die mit der großen französischen Revolution begann.

Hungerlöhne, zwölf- und vierzehnstündige tägliche Arbeitszeit, massenhafte Kinder- und Frauenarbeit, keinerlei Fürsorge
für den Arbeiter in Fällen der Krankheit, | der Arbeitslosigkeit und im alter, Verbot des gewerkschaftlichen Zusammenschlusses

und des Streiks, völlige Ohnmacht der Arbeiter gegen die Diktatur der Unternehmer in der Fabrik und völlige Rechtlosigkeit der Arbeiter im Staat, elendeste Wohnungs- und hygienische Verhältnisse, Analphabetismus und Alkoholismus, — das war die Lage der Arbeiterklasse jener Zeit. Unwissend, unorganisiert, rechtlos, konnte die Arbeiterschaft ihre Interessen weder gegen den einzelnen Bourgeois im Betrieb noch gegen die Klasse der Bourgeoisie im Staate verteidigen. Aber von Zeit zu Zeit entlud sich ihre Verzweiflung in wilden Ausbrüchen: in wilden Streiks, in gewaltsamen Zusammenstößen mit den Organen des Staates, in Plünderungen, in Terrorakten, in Aufstandsversuchen.

Es war die Zeit der bürgerlichen Revolution. Die Bourgeoisie stand im Kampfe gegen den Feudalismus und den Absolutismus. Sie trat in ihren revolutionären Kämpfen als Wortführerin des ganzen Volkes gegen die Herrschenden auf. Sie riß die Arbeiterklasse in ihre Kämpfe mit. Proletarier kämpften und fielen auf den Barrikaden aller bürgerlichen Revolutionen. Die Arbeiterklasse, die „nichts zu verlieren hatte als ihre Ketten", stellte den bürgerlichen Revolutionen die kühnsten, die radikalsten, die vorwärtstreibenden Kämpfer.

Aber die Resultate der bürgerlichen Revolutionen enttäuschten das Proletariat. Proletarier hatten auf den Barrikaden der Pariser Julirevolution von 1830 gekämpft; aber das Resultat der Revolution war nur, daß die Staatsmacht aus den Händen des Grundadels in die Hände der Finanzaristokratie überging, während das Proletariat von allen staatsbürgerlichen Rechten ausgeschlossen blieb. Die industrielle Arbeiterschaft hatte den Kampf des englischen Liberalismus um die Reformbill, um die Reform des Parlamentswahlrechtes unterstützt; aber die Reformbill von 1832 zerbrach zwar die Wahlrechtsprivilegien der grundbesitzenden Aristokratie, aber sie zerbrach sie nur, um die Macht der kapitalistischen Bourgeoisie zu erweitern, während die Arbeitermassen vom Wahlrecht ausgeschlossen blieben. Durch diese Erfahrungen belehrt, nimmt die Ar- | beiterklasse selbständig 234 den Kampf auf, — nicht mehr nur den Kampf gegen den Absolutismus und den Feudaladel in der Gefolgschaft der Bourgeoisie, sondern zugleich auch den Kampf gegen die Bourgeoisie selbst. Der Pariser Julirevolution folgt der Aufstand der Lyoner Seidenweber. Der englischen Reformbill folgt der Chartismus, der erste große Massenkampf einer industriellen Arbeiterklasse um das allgemeine und gleiche Wahlrecht.

Zugleich mit den ersten großen selbständigen Klassenbewegungen der Arbeiterklasse, aber unabhängig von ihnen entstand der moderne Sozialismus. Bürgerliche Intellektuelle sehen das furchtbare Massenelend des Proletariats. Sie sehen die Proletarisierung der Kleinbürger und der Bauern. Sie erleben die ersten schweren Krisen des modernen Kapitalismus. Sie erkennen, daß die bürgerliche Revolution die feudale Ausbeutung und Knechtung nur aufhebt, um sie durch die kapitalistische Ausbeutung und Knechtung zu ersetzen. Sie stellen der Barbarei der kapitalistischen Wirklichkeit, in der sie leben, das Idealbild einer sozialistischen Gesellschaftsordnung entgegen.

Die Sozialisten jener Zeit lehnen es ab, die revolutionären Klassenkämpfe der Bourgeoisie gegen den Feudaladel mitzukämpfen; diese Klassenkämpfe führen ja nur zur Vollendung der kapitalistischen Gesellschaftsordnung, nicht zur Verwirklichung des Sozialismus. Sie lehnen es ebenso ab, ihre Hoffnung auf die elementaren Bewegungen der Arbeiterklasse zu setzen. Die Kämpfe der Arbeiter um höhere Löhne, um kürzere Arbeitszeit, um politische Rechte, erscheinen ihnen sinn- und nutzlos, da es doch nicht darauf ankomme, die kapitalistische Gesellschaft zu reformieren, sondern darauf, sie durch eine sozialistische Gesellschaft zu ersetzen. Der Sozialismus jener Zeit glaubt, sich über die kämpfenden Klassen stellen zu können; weit entfernt davon, an den Kämpfen der Klassen teilzunehmen, glaubt er, durch bloßen Appell an die gesellschaftliche Vernunft oder durch die werbende Wirkung von Versuchen in kleinem Maßstab die Menschheit zu einer Gesellschaftsordnung führen zu können, die allen Klassenkämp- | fen ein Ende setzt. Der Sozialismus steht daher in jener Zeit im Gegensatze zu den realen Bewegungen der Arbeiterklasse: die

Anhänger Fouriers in Frankreich im Gegensatz zu den Arbeitern, die, um die „Réforme" geschart, im Bunde mit kleinbürgerlichen Demokraten um das allgemeine Wahlrecht kämpfen; die Schüler Owens in England, im Gegensatz zu den Chartisten. Aber dieser Gegensatz wird allmählich überwunden.

Deutschland beginnt seine bürgerliche Revolution ein halbes Jahrhundert später als Frankreich und England. In einer Zeit, in der in Frankreich schon das aus der Julirevolution 1830 hervorgegangene Bürgerkönigtum herrscht, in England schon auf der Basis der Reformbill von 1832 die Staatsmacht in die Hände der jungen industriellen Bourgeoisie zu gleiten begonnen hat, bestehen in Deutschland noch der Absolutismus, die feudalen Adelsprivilegien, die nationale Zerrissenheit fort. Die deutsche bürgerliche Intelligenz steht in radikaler Opposition gegen die deutsche Wirklichkeit. Sie sucht die Kraft, die die alte verrottete absolutistisch-feudale Gesellschaft sprengen könnte. Sie entdeckt sie in der „Klasse mit radikalen Ketten", die durch die unmenschlichen Lebensbedingungen, in denen sie lebt, gezwungen und berufen sein wird, die ganze staatliche und gesellschaftliche Ordnung in die Luft zu sprengen. Die deutsche radikale bürgerliche Intelligenz setzt ihre revolutionären Hoffnungen auf das Proletariat.

Zugleich setzt sie sich Ziele über die bürgerliche Revolution hinaus. Die Resultate der Julirevolution in Frankreich, der Reformbill in England haben sie gelehrt, daß das Resultat der bürgerlichen Revolution nicht das ersehnte Reich der Vernunft, sondern die Herrschaft des Kapitals war. Im allseitigen Gegensatz gegen die deutsche Wirklichkeit, hofft die radikale deutsche Intelligenz, daß die sich vorbereitende deutsche Revolution „Deutschland nicht nur auf das offizielle Niveau der modernen Völker erheben wird, sondern auf die menschliche Höhe, welche die nächste Zukunft dieser Völker sein wird."[40] Die | deutsche revolutionäre Intelligenz denkt die Parolen der bürgerlichen Revolution zu Ende, sie

---

[40] Marx. Zur Kritik der Hegelschen Rechtsphilosophie. Aus dem literarischen Nachlaß, 1. Band, Seite 392.

zieht aus den Parolen der bürgerlichen Revolution sozialistische Schlüsse.

In der Zeit des Kampfes der industriellen Bourgeoisie gegen den grundbesitzenden Adel hatte die bürgerliche Nationalökonomie „die Mysterien der kapitalistischen Produktionsweise blosgelegt", um zu erweisen, daß die Rente des Grundadels auf der Aneignung fremder Arbeit beruhte; englische Sozialisten hatten „sich der bloßgelegten Mysterien der kapitalistischen Produktionsweise bemächtigt",[41] um ihrerseits den Beweis zu führen, daß der Profit der Kapitalisten nicht weniger auf der Ausbeutung fremder Arbeitskraft beruht als die Rente der Grundherren. Die Große französische Revolution hatte Freiheit und Gleichheit auf ihre Fahnen geschrieben; französische Sozialisten führten den Beweis, daß Freiheit und Gleichheit ihre Verwirklichung erst finden in einer sozialistischen Gesellschaft. Die deutsche Philosophie hatte, ein Theorem des ökonomischen Liberalismus verallgemeinernd, gelehrt, daß die Antagonismen der Individuen, von denen jedes nur seine privaten Interessen verfolgt, ein von allen Individuen ungewolltes Resultat zeitigen, indem sie den „objektiven Geist" in einem Staat der Vernunft realisieren; die deutschen Sozialisten transformierten diese Lehre zu der Erkenntnis, daß die Kämpfe der Klassen, von denen jede nur ihre eigenen Interessen verficht, das von ihnen ungewollte Resultat herbeiführen, in einer sozialistischen Gesellschaft das Gemeinwesen der Vernunft zu realisieren. Die Revolution des Proletariats erschien ihnen als das Instrument, die alte Gesellschaft in Trümmer zu schlagen und dadurch den Vernunftsstaat der Philosophen zu verwirklichen, — eine Emanzipation, deren Kopf die Philosophie, deren Arm das Proletariat sein werde. „Die Philosophie kann nicht verwirklicht werden ohne die Aufhebung des Proletariats, das Proletariat kann sich nicht aufheben ohne die Verwirklichung der Philosophie."[42] |

237

Es entstand so zunächst ein spezifischer Intellektuellensozialismus. Diesen Intellektuellensozialismus interessiert die reale

---

[41] Marx, Theorien über den Mehrwert. Stuttgart 1910, III. Bd., Seite 282.

[42] Marx, Zur Kritik der Hegelschen Rechtsphilosophie, Seite 398.

Klassenbewegung des Proletariats nicht, soweit sie „nur" die
Verbesserung der Lage des Proletariats innerhalb der kapitalistischen Gesellschaft anstrebt. Die Erhöhung der Löhne, die Verkürzung der Arbeitszeit, der Schutz der Gesundheit des Arbeiters, —
all das sind den Arbeitern Lebensfragen; den revolutionären Intellektuellensozialismus kümmern sie nicht. Ihn interessiert der
reale Klassenkampf der Arbeiterklasse nur dann und nur so weit,
als er die ganze kapitalistische Gesellschaftsordnung in die Luft
sprengt und es dadurch ermöglicht, die sozialistischen Ideale der
revolutionären Intelligenz zu verwirklichen. Der Klassenkampf
des Proletariats erscheint so als ein bloßes Werkzeug zur Verwirklichung der von der revolutionären Intelligenz entwickelten
Ideale, — das Proletariat als der bloße Arm der Philosophie.

Marx und Engels haben die Entwicklungsstufe des revolutionären Intellektuellensozialismus sehr schnell überwunden. Sie
erkannten, daß nicht die Kämpfe der Klassen bloße Mittel sind zur
Verwirklichung der Philosophie, sondern die Philosophie bloßes
Spiegelbild der Klassenkämpfe, bloß Waffe der kämpfenden Klassen ist. „Das Proletariat hat keine Ideale zu verwirklichen", sagt
Marx; d.h.: es ist nicht seine geschichtliche Mission, die Zukunfts-
pläne sozialistischer Sektengründer oder die Ideale politisieren-
der Philosophen zu realisieren. Es tritt in den Kampf für nichts
als für seine unmittelbaren Interessen: für ein Stückchen mehr
Brot, für ein bißchen mehr Gesundheit, für ein bißchen mehr
Freiheit. Aber indem es in seinem Kampfe auf den Widerstand
der kapitalistischen Bourgeoisie und ihres Staates stößt; indem
die Naturgesetze der kapitalistischen Produktionsweise selbst die
Errungenschaften seiner Kämpfe immer wieder zerstören und
es immer wieder zurückwerfen; indem seine Lebensinteressen
immer wieder in Widerspruch geraten mit den Lebensinteressen
der gesellschaftlichen und der staatlichen Ordnung der kapitalistischen Welt, muß es sich schließlich gegen diese ganze kapita-
listische Welt auflehnen und im | revolutionären Kampfe diese   238
Welt zu stürzen, seine Welt aufzurichten suchen. Kann nur die
reale Klassenbewegung des Proletariats, wie sie sich aus den Le-

bensbedingungen des Proletariats innerhalb der kapitalistischen Gesellschaft entwickelt, diese Gesellschaft schließlich stürzen und überwinden, so haben die Sozialisten, die „vor der übrigen Masse des Proletariats die Einsicht in die Bedingungen, den Gang und die allgemeinen Resultate der proletarischen Bewegung voraushaben", sich nicht von der realen Klassenbewegung des Proletariats um seine unmittelbaren ökonomischen und politischen Ziele innerhalb der kapitalistischen Gesellschaft abzusondern, auch nicht der realen Klassenbewegung des Proletariats „nach einem doktrinären Rezept ihren Verlauf vorzuschreiben", sondern innerhalb der realen Klassenbewegung des Proletariats die Entwicklung bewußt zu machen und dadurch zu fördern, die aus ihr selbst hervorgeht: die Entwicklung von den Kämpfen um die Verbesserung der ökonomischen und der politischen Lage des Proletariats innerhalb der kapitalistischen Gesellschaftsordnung zum Kampfe gegen diese Gesellschaftsordnung selbst. Mit dieser Erkenntnis erst war der revolutionäre Intellektuellensozialismus überwunden, der Standpunkt des revolutionären proletarischen Sozialismus gewonnen, die Kluft, die den Sozialismus von der Arbeiterbewegung getrennt hatte, überbrückt.

Damit ist zugleich die Strategie des jungen revolutionären Sozialismus in der bürgerlichen Revolution bestimmt. Er weist dem Proletariat den Weg, zunächst den Kampf der Bourgeoisie gegen die alten Gewalten zu unterstützen, aber zugleich die Erschütterung des gesellschaftlichen und staatlichen Lebens durch die bürgerliche Revolution auszunützen, um nach dem gemeinsam mit der Bourgeoisie errungenen Sieg über das alte Regime sich gegen die Bourgeoisie zu wenden, nun auch sie zu stürzen, die Staatsmacht zu erobern und sie zur Umwälzung der Gesellschaftsordnung zu gebrauchen. So haben in der Tat die Pariser Arbeiter im Jahre 1848, nachdem sie im Februar die Bourgeoisrepublik auf den Barrikaden erkämpft hatten, im Juni die Bourgeoisrepublik 239 auf den Barrikaden zu stür- | zen versucht. So haben sie abermals 1870/71, nachdem sie nach Sedan gemeinsam mit der Bourgeoisie die Republik proklamiert hatten, im März mit dem Aufstand der Commune die Republik der Bourgeoisie zu entreißen, sie an sich zu reißen versucht.

Aber bestand die Strategie des revolutionären Sozialismus darin, die bürgerliche Revolution zu unterstützen, um sie nach ihrem Siege über die Schranken der bürgerlichen Eigentumsordnung hinauszutreiben, so war diese Strategie nicht mehr anwendbar, sobald die Epoche der bürgerlichen Revolution beendet war. Nun mußte sich eine Arbeiterbewegung ganz anderen Charakters entwickeln. Dies geschah zuerst in England.

England hat in den Dreißiger-und Vierzigerjahren des 19. Jahrhunderts zwar keine Barrikadenkämpfe erlebt, aber eine stürmische revolutionäre Entwicklung durchgemacht. Die industrielle Bourgeoisie hat 1832 mit der Reformbill die politische Grundlage der Herrschaft des grundbesitzenden Adels erschüttert, in den folgenden Jahren in dem stürmischen Kampf gegen die Kornzölle die Herrschaft der Landaristokratie gebrochen und damit die Verwandlung des aristokratischen Altengland in das moderne bürgerlich-industrielle England erkämpft. In dieser Phase einer bürgerlich-revolutionären Entwicklung entwickelte sich im Rücken der industriellen Bourgeoisie der Chartismus zeitweilig bis zu revolutionärer Bedrohung der bürgerlichen Gesellschaft. Aber mit dem Siege der industriellen Bourgeoisie über die Landaristokratie, mit der Abschaffung der Kornzölle im Jahre 1846 war die Phase der bürgerlichen Revolution in England beendet. Damit schwand die revolutionäre Atmosphäre, in der sich der Chartismus entwickelt hatte. Er hat sich von den Niederlagen, die er in mißglückten Generalstreikversuchen erlitten hatte, nicht mehr erholt. Dagegen erschloß sich nach dem Abschluß der bürgerlich-revolutionären Entwicklungsphase den englischen Arbeitern ein anderes Betätigungsgebiet. Sie hatten aus dem Kampf zwischen der industriellen Bourgeoisie und der Landaristokratie als wertvolle Beute die Zehnstundenbill von 1847 heimgebracht, | — die 240 gesetzliche Verkürzung der Arbeitszeit, die die Basis des wirtschaftlichen und sozialen Aufstiegs der englischen Arbeiterklasse geworden ist. Die Wirtschaftskrise von 1847 folgte bald, durch die

großen Goldfunde in Kalifornien und in Australien und durch die
großen Eisenbahnbauten auf dem Kontinent gefördert, eine Periode glänzender ökonomischer Entwicklung. Die englischen Arbeiter nützten die ökonomsiche Prosperität im gewerkschaftlichen
Kampf um höhere Löhne aus. Die politische Klassenbewegung
der englischen Arbeiter starb ab. Die sozialistischen Ideen verloren ihren Einfluß auf die Arbeiterklasse. Die englischen Arbeiter
konzentrierten alle ihre Anstrengungen auf die machtvolle Entwicklung ihrer Gewerkschaften, Konsumgenossenschaften und
Hilfskassen, auf den gewerkschaftlichen Kampf um günstigere
Arbeitsbedingungen, von Zeit zu Zeit auch darauf, die öffentliche
Meinung, die Stimmungen der Wählerschaft und dadurch die
herrschenden bürgerlichen Parteien zu beeinflußen, daß sie den
Arbeitern Verbesserungen des Gewerkschaftsrechtes und der
Arbeiterschutzgesetzgebung und Erweiterung der politischen
Rechte zugestehen. So ist in England zuerst eine organisierte
Massenbewegung der Arbeiterklasse entstanden, die sich nicht
den Kampf um die Eroberung der Staatsmacht, nicht den Kampf
um die Umwälzung der Gesellschaftsordnung zum Ziel setzte,
sondern nur die allmähliche schrittweise Verbesserung der wirtschaftlichen, sozialen, kulturellen, politischen Lage der Arbeiterklasse innerhalb der kapitalistischen Gesellschaftsordnung.

Selbstverständlich blieb der Rhythmus und blieb die Ideologie dieser Bewegung durch die Entwicklung des Kapitalismus
bestimmt. Als im Gefolge der lang dauernden, verelendenden
Depression der Achtzigerjahre das Massenelend in England an-
wuchs, begannen wieder sozialistische Gedankengänge in die englische Arbeiterklasse einzudringen. Als dieser langen Depression
am Ende der Achtzigerjahre wieder eine Prosperität folgte, die
dem gewerkschaftlichen Kampf neue Möglichkeiten bot, erhoben
sich die ungelernten Arbeiter; der „neue Unionismus" erweiterte
241   den | Aktionsbereich der Gewerkschaften und gab ihren Kämpfen
stärkere Wucht. Als der kapitalistische Staat die Entwicklung der
Gewerkschaften durch gerichtliche Urteile und gesetzliche Maß
regeln zu beengen versuchte, schlossen sich die Gewerkschaften

am Anfang des Jahrhunderts zu einer selbständigen Arbeiterpartei zusammen; nach fünfzigjähriger Unterbrechung entstand
eine selbständige politische Klassenbewegung der Arbeiter wieder. Als in den letzten Jahren vor dem Kriege die Teuerung den
Reallohn der Arbeiter senkte, erfaßte die „Unruhe der Arbeit"
breite Massen; eine Welle großer Lohnkämpfe ergoß sich über das
Land. Der Krieg und die ihm folgenden kontinentalen Revolutionen erfüllten die Arbeiterpartei mit sozialistischem Denken; die
sozialistischen Gedankengänge, die sich seit den Achtzigerjahren
allmählich wieder in den vorgeschritteneren Schichten der Arbeiterklasse durchgesetzt hatten, bestimmten nun das Programm
der Arbeiterpartei. Als nach der Stabilisierung des Pfund Sterling eine schwere industrielle Depression die Löhne der Arbeiter
drückte, setzten sich die Gewerkschaften abermals in gewaltigen Lohnkämpfen zur Wehr, die in dem Generalstreik von 1926
gipfelten. Nach der Niederlage des Generalstreikes setzte die Arbeiterschaft ihre Hoffnung abermals auf die politische Aktion.
Die Enttäuschungen der beiden ersten Arbeiterregierungen bewogen die Arbeiterpartei zur Konkretisierung, zur Ausgestaltung
ihrer sozialistischen Reformprogramme. Das Resultat dieser ganzen Entwicklung ist, daß die englische Arbeiterklasse, die sich
nach dem Absterben des Chartismus auf die gewerkschaftliche
Aktion beschränkt hatte, sich schließlich doch wieder ihre große
selbständige Arbeiterpartei hat schaffen, mit den Kämpfen der
Arbeiterpartei den Kampf um die politische Macht hat wiederaufnehmen, diesem Kampf hat wieder das Ziel einer sozialistischen
Gesellschaftsordnung setzen müssen. Aber der englische Sozialismus, der auf diese Weise entstanden ist, ist nicht mehr der revolutionäre Sozialismus des Zeitalters der bürgerlichen Revolution.
Es ist ein reformistischer Sozialismus, der seine Hoffnungen nicht
auf gewaltsame Eroberung und Behauptung der | Staatsmacht 242
setzt, sondern allein und ausschließlich auf die Ausnützung der
Institutionen und der Rechte der bürgerlichen Demokratie, auf
die allmähliche friedliche, gesetzliche Reformierung und Umgestaltung der bestehenden Gesellschaftsordnung, die allmähliche,

friedliche, gesetzliche Entwicklung von der bürgerlichen zu einer
sozialistischen Demokratie.

Auf dem Kontinent endete die Periode der bürgerlichen Revolution erst 1870/71 mit dem Sturz des Bonapartismus in Frankreich und mit der Begründung des neuen Deutschen Reiches. Mit
der Niederwerfung der Pariser Commune war die revolutionäre
Epoche abgeschlossen. West- und Mitteleuropa erlebten ein halbes Jahrhundert lang keinen Krieg und keine Revolution mehr.
Die revolutionäre Atmosphäre des Zeitalters der bürgerlichen
Revolution schwand. Die Stärkung der Staatsgewalt durch die
Entwicklung der modernen Waffentechnik machte jeden Versuch
eines gewaltsamen Aufstandes aussichtslos. Das Proletariat hatte
ein halbes Jahrhundert lang keine Möglichkeit revolutionärer
Offensive mehr.

Trotzdem blieben die Arbeiterparteien des Festlandes von den
Ideologien des revolutionären Sozialismus, wie er sich in der
Zeit der bürgerlichen Revolution entwickelt hatte, beherrscht.
In Frankreich blieb die Arbeiterbewegung nach der Niederwerfung der Commune unter schwerem Druck der Staatsgewalt. In
Deutschland, in Österreich und in Italien suchte die Staatsgewalt
die Arbeiterbewegung mit Polizeimitteln des Sozialistengeset-
zes, des Ausnahmezustandes, des Belagerungszustandes zu unterdrücken. In den meisten Ländern waren die Arbeiter noch
vom Wahlrecht ausgeschlossen, standen sie noch in heftigen
Kämpfen um die demokratische Gleichberechtigung. So stand
die Arbeiterklasse überall noch in schroffer Feindschaft gegen
die Staatsgewalt, die die Bewegungen der Arbeiter gewaltsam
unterdrückte und den Arbeitern die demokratische Gleichberechtigung verweigerte. Daher blieben die Arbeiter unter dem Einfluß
revolutionärer Ideologien, träumten sie von dem kommenden
Tag revolutionärer Befreiung. Deshalb blieb der Marxismus die
243 vor- | herrschende Theorie der kontinentalen Arbeiterparteien,
während er sich in der englischen Arbeiterbewegung nie durchzusetzen vermochte.

Aber die Revolution war zu bloßer Zukunftshoffnung geworden. In der Praxis des täglichen Kampfes konnten die kontinentalen Arbeiterparteien nichts anderes tun, als die Entwicklung der Gewerkschaften zu fördern, die nun auch auf dem Kontinent Schritt für Schritt die Hebung der Löhne, die Verkürzung der Arbeitszeit durchzusetzen vermochten; den Arbeitern politische Rechte zu erstreiten und sie auszunützen; in Wahlkämpfen und in parlamentarischen Kämpfen um die Verbesserung der Arbeiterschutzgesetzgebung und der Arbeiterversicherung, um die Verbesserung der hygienischen und kulturellen Lebensbedingungen der Arbeiterklasse zu ringen. Blieb die Theorie des kontinentalen Sozialismus revolutionär, so wurde doch seine tägliche Praxis in der langen Friedensperiode notgedrungen auf den Kampf um gesetzliche Waffen, auf den Kampf mit gesetzlichen Mitteln, auf den Kampf um Reformen innerhalb der kapitalistischen Gesellschaft beschränkt.

Friedrich Engels hat die ideologisch-politische Lage der Arbeiterklasse in dieser Entwicklungsphase in seinem berühmten Vorwort zu Marxens „Klassenkämpfen in Frankreich" untersucht. Seine Briefe verdeutlichen, was er in dem Vorwort der Zensur wegen nur andeuten konnte. Er legte dar, wie sehr die Staatsgewalt durch die Entwicklung der Waffentechnik gestärkt worden war. Das Proletariat könne im Bürgerkrieg nur mehr siegen, wenn Teile des staatlichen Gewaltapparats, des Heeres des Staates im Verlaufe des Bürgerkrieges sich weigern, gegen das Proletariat zu kämpfen, oder gar auf die Seite des Proletariats übergehen. Auf der anderen Seite wachse die Sozialdemokratie in den entscheidenden Ländern, vor allem in Deutschland, schnell und stetig. Dieses Wachstum könne nur dann unterbrochen werden, wenn sich das Proletariat verleiten läßt, sich den Bajonetten der Staatsgewalt entgegenzuwerfen, und dadurch der Staatsgewalt Gelegenheit gibt, die Arbeiterbewegung in einem Blutbad zu ersticken. | Bleibt das Proletariat dagegen auf dem gesetzlichen Kampfboden, läßt es sich zu einer vorzeitigen gewaltsamen Auseinandersetzung nicht verleiten, dann werde sich die Sozialdemokratie 244

in Deutschland „bis Ende des Jahrhunderts zu der entscheidenden Macht im Lande auswachsen". Dann freilich werde ihr die
gewaltsame Entscheidung nicht erspart bleiben. Die Staatsgewalt werde durch einen Staatsstreich die Arbeiterklasse ihrer
politischen Rechte, ihres Wahlrechtes, ihrer Agitationsfreiheit,
ihres Organisationsrechtes zu berauben versuchen, sobald die
Sozialdemokratie zur Mehrheit des Volkes geworden ist oder zu
werden droht. Dann freilich werde sich die Arbeiterklasse gegen
den Gewaltstreich der herrschenden Klassen gewaltsam zur Wehr
setzen müssen. Dann aber werde die Aussicht des Proletariats, im
gewaltsamen Kampfe zu siegen, viel günstiger sein. Denn wenn
schon die Mehrheit oder beinahe die Mehrheit des Volkes der Sozialdemokratie gewonnen ist, dann werde auch die Mehrheit oder
beinahe die Mehrheit der Soldaten mit ihren Sympathien auf der
Seite des Proletariats stehen. Engels hielt es allerdings für möglich, daß die herrschenden Klassen vorher noch in einem Krieg
ihre Zuflucht suchen. Dann werde der Krieg die revolutionäre
Situation schaffen, in der das Proletariat, von der kriegführenden
Regierung bewaffnet, die Macht werde erobern können. Engels
gab also keineswegs die Überzeugung auf, daß die letzte Entscheidung im Bürgerkrieg zwischen den Klassen fallen werde. Aber
er riet den Arbeiterparteien, diese letzte Entscheidung so weit
als möglich hinauszuschieben, bis sie durch friedliche, gesetzliche Agitation, in dem mit den gesetzlichen Mitteln geführten
Kampf um die Tagesinteressen der Arbeiterklasse innerhalb der
kapitalistischen Gesellschaft einen so großen Teil des Volkes unter ihren Einfluß gebracht hätten, daß sie hoffen dürfen, in der
Stunde der Entscheidung einen Teil der bewaffneten Macht des
Staates mitreißen und dadurch siegen zu können.

Das Wachstum der Sozialdemokratie „ununterbrochen im Gang
zu halten, bis es dem herrschenden Regierungssystem von selbst
245 über den Kopf wächst, diesen sich | täglich verstärkenden Ge-
walthaufen nicht in Vorhutkämpfen aufzureiben, sondern ihn
intakt zu halten bis zum Tage der Entscheidung, das ist unsere
Hauptaufgabe. Und da ist nur ein Mittel, wodurch das stetige

Anschwellen der sozialistischen Streitkräfte in Deutschland momentan aufgehalten und selbst für einige Zeit zurückgeworfen werden könne: ein Zusammenstoß auf großem Maßstabe mit dem Militär, ein Aderlaß wie 1871 in Paris" (Engels).

So entstand, was man in den letzten Jahren gelegentlich „Attentismus", die Theorie und Politik des Abwartens genannt hat. Man beschied sich in der Praxis des Alltags mit dem gesetzlichen Kampf um Reformen an der kapitalistischen Gesellschaft. Aber man erwartete, daß das Wachstum der Arbeiterbewegung in diesem Alltagskampf schließlich die herrschenden Klassen selbst zu Gegenmaßnahmen treiben werde, die eine neue revolutionäre Situation schaffen, dem Proletariat die Aussichten des Sieges in einem gewaltsamen Kampfe gegen den gewaltsamen Angriff der herrschenden Klassen geben werden. Der kontinentale Sozialismus dieser Zeit verknüpfte so die reformistische Praxis der Gegenwart mit einer revolutionären Zukunftsperspektive.

Engels schrieb sein Vorwort in einer Zeit, in der das deutsche Sozialistengesetz an dem zähen Widerstande der Arbeiterklasse gescheitert war; in der der französische Sozialismus, nachdem er die nach der Niederlage der Commune verlorene Bewegungsfreiheit wiedererlangt hatte, schnell erstarkte; in der die Arbeiter in Belgien und in Österreich in aussichtsreichen Wahlrechtskämpfen standen. In demselben Jahre, in dem sein Vorwort erschien, setzte in der ganzen kapitalistischen Welt eine Periode glänzender Prosperität ein, die es den Gewerkschaften ermöglichte, große Erfolge in den Lohnkämpfen zu erringen, und die den Widerstand der kapitalistischen Klassen gegen den Ausbau der sozialen Gesetzgebung schwächte. In dieser Phase der Prosperität, die der reformistischen Tagespraxis der Arbeiterbewegung besonders große Erfolge brachte, suchte die reformistische Praxis der Arbeiterbewegung die Fesseln der revolutionären Zukunftsper- | spektive zu sprengen. Ist, wie Engels selbst zuge- 246 standen hatte, der revolutionäre Kampf gegen die Staatsgewalt für absehbare Zeit aussichtslos, wozu dann noch von ihm sprechen und träumen? Damit gebe man ja nur den reaktionärsten

Schichten der herrschenden Klassen den Vorwand, den Arbeitern die politische Gleichberechtigung zu verweigern und die Arbeiterklasse mit gewaltsamen Unterdrückungsmaßregeln zu bekämpfen. Es sei notwendig, alle revolutionäre Ideologie und Phraseologie, die Kleinbürger und Bauern abschrecken, fallen zu lassen; sich grundsätzlich, wie es in der Praxis ja ohnedies unvermeidlich ist, dazu zu bekennen, daß die Arbeiterschaft ihren Kampf nur mit gesetzlichen Mitteln, nicht mit den Waffen der Revolution führen wolle; dadurch die Kluft, die den revolutionären Sozialismus von den bürgerlichen demokratischen Parteien geschieden hat, zu überbrücken; Koalitionen mit diesen Parteien zur Durchsetzung politischer und sozialer Reformen einzugehen, Koalitionsregierungen mit ihnen zur Durchsetzung und Durchführung solcher Reformen zu bilden und auf diese Weise, von einer Reform zur anderen fortschreitend, allmählich den Kapitalismus „auszuhöhlen", allmählich sozialistische Elemente in die heutige Gesellschaftsordnung einzubauen, allmählich die Gesellschaftsordnung einzubauen, allmählich die Gesellschaftsordnung dem sozialistischen Ideal anzunähern.

Der Reformismus oder, wie er in Deutschland genannt wurde, der Revisionismus, der mit diesen Anschauungen dem traditionellen revolutionären Sozialismus der kontinentalen Arbeiterparteien entgegentrat, gab keineswegs das sozialistische Kampfziel auf; die Reden und Schriften Jean Jaurès', des bedeutendsten Repräsentanten des Reformismus, waren voll enthusiastischer und enthusiasmierender Propaganda der sozialistischen Gesellschaftsordnung. Wohl aber gab der Reformismus die Vorstellung auf, daß nur durch eine politische Revolution, nur durch die Diktatur des Proletariats die sozialistische Gesellschaftsordnung verwirklicht werden kann. Er hielt die damalige augenblickliche Situation des Kapitalismus, in der einerseits dem Proletariat keine Möglichkeit gegeben war, in | einem revolutionären Kampfe zu siegen, in der andererseits in einer Blüteperiode des Kapitalismus dem Proletariat verhältnismäßig weite Möglichkeiten erschlossen waren, im gewerkschaftlichen und politischen Kampfe auf dem Boden der Demokratie wesentliche Zugeständnisse an die Arbeiterklasse durchzusetzen, für die dauernde Situation des Kapitalismus überhaupt.

Die Möglichkeit, durch Koalitionen mit bürgerlichen Parteien und durch Eintritt von Sozialisten in Regierungen des bürgerlichen Staates „positive Erfolge" zu erringen, war allerdings auch damals sehr beschränkt. Wo die Arbeiterparteien unter reformistischer Führung solche Versuche unternahmen, folgte ihnen bald die Enttäuschung der proletarischen Massen. Breite Schichten der Arbeiterklasse wandten sich unter dem Eindruck dieser Enttäuschung von dem politisch-parlamentarischen Kampfe überhaupt ab und setzten auf die Gewerkschaften allein ihre Hoffnung. Mit den Erfolgen der reformistischen Tagesarbeit unzufrieden, wollten sie die Gewerkschaften zum Instrument der revolutionären Umwälzung der Gesellschaft entwickeln. War der bewaffnete Aufstand gegen die Staatsgewalt aussichtslos, so sollte der Generalstreik die kapitalistische Welt zu Falle bringen. Die „revolutionäre Gymnastik" einander schnell folgender, sich stetig steigender Streiks sollte zum Generalstreik führen. Das war die Theorie und Politik des revolutionären Syndikalismus, dem, von den Experimenten des Reformismus enttäuscht, ein Teil der Arbeiterschaft der romanischen Länder Gefolgschaft leistete. Aber die Erfahrung lehrte sehr schnell, daß die „revolutionäre Gymnastik" nur zu Niederlagen, zur Entmutigung der Arbeiterklasse und damit zur Schwächung der Gewerkschaften selbst führte. Die Gewerkschaften, welche zeitweilig vom revolutionären Syndikalismus geführt worden waren, mußten ihre Praxis bald der der englischen Tradeunions und der reformistischen Gewerkschaften des Kontinents angleichen.

Der marxistische „Attentismus" stand im Gegensatze sowohl zum Reformismus als auch zum revolutionären Syndikalismus. Aber was hatte er ihnen entgegenzusetzen? | Auch er hielt es 248 vorerst für notwendig, alle revolutionären Unternehmungen, die ja keine Aussicht auf Erfolg boten, zu vermeiden. Auch er konnte der Arbeiterklasse vorerst keinen anderen Weg weisen als den,

im täglichen Kampfe um die Tagesinteressen der Arbeiter innerhalb der kapitalistischen Gesellschaft das ständige Wachstum
der Bewegung im Gang zu erhalten. Aber von der Hoffnung auf
spätere revolutionäre Situationen beherrscht, hielt er es für die
wichtigste Aufgabe der Partei, „das Proletariat dem verderbli-
chen Einfluß der anderen Klassen zu entziehen, es in Erwartung
der revolutionären Katastrophe und in der totalen Verneinung
der gegenwärtigen Gesellschaft zu erhalten".[43] Man lehnte daher
Koalitionen mit bürgerlichen Parteien, Eintritt in bürgerliche Regierungen, Bewilligung des Budgets durch sozialistische Abgeord-
nete ab. Die „marxistische", „radikale", „revolutionäre" Taktik
forderte damals von der Bewegung nicht, die soziale Revolution
aktiv vorzubereiten; sie forderte damals nur, wie Silone mit nicht
unberechtigtem Spott sagt, „die eigene Keuschheit zu retten". So
erschöpfte sich in Deutschland die Auseinandersetzung zwischen
Marxisten und Reformisten Jahre lang in dem Streit, ob die sozialdemokratischen Abgeordneten in den Landtagen der kleinen
süddeutschen Länder gegen oder für das Landesbudget stimmen
sollten. Der bedeutendste Repräsentant dieser Entwicklungsstufe
des marxistischen Sozialismus, die zwar der Arbeiterbewegung
ihrer Zeit keine revolutionären Aufgaben setzte, aber doch um
der revolutionären Zukunftsperspektive willen die Arbeiterparteien im feindlichen Verhältnis zu dem kapitalistischen Staat
und zu den bürgerlichen Parteien erhalten, die in Erwartung der
Zukunftsehe mit der Revolution „die eigene Keuschheit retten"
wollte, war Karl Kautsky.

Die Arbeiterparteien jener Zeit hatten aus der Vergangenheit
eine Führerschicht geerbt, die, mochte sie sich auch nach der
Beendigung der bürgerlichen Revolution nicht mehr unmittelba-
re revolutionäre Aufgaben | stellen können, doch von den alten
Gedankengängen des revolutionären Sozialismus, von seinen al-
ten revolutionären Visionen, von seiner alten revolutionären
Glut erfüllt geblieben war. (Bebel, Wilhelm Liebknecht, Guesde,
Lafargue, Vaillant). Aber aus der lebendigen Praxis Jahrzehnte

249

---

[43] Silone, Der Faschismus. Zürich 1934, Seite 46.

langer Arbeiterkämpfe nach der Beendigung der bürgerlichen Revolution war eine neue Führerschicht hervorgegangen: tüchtige Agitatoren, Parlamentarier, Gewerkschafter, Genossenschafter. Diese neue Führerschicht mochte in Worten an dem überlieferten ideellen Parteierbe des revolutionären Sozialismus festhalten und den neuauftauchenden Reformismus ablehnen; sie tat es aus einem Konservatismus, der an der überlieferten Ideologie und Taktik hing, aus einem Opportunismus, der sich mit der älteren, mit den Gedankengängen des revolutionären Sozialismus innerlich verknüpften Führergeneration und mit den traditionellen Vorstellungen der von der älteren Führergeneration erzogenen Massen der organisierten Arbeiter nicht in Widerspruch setzen wollte, aus Scheu vor der schweren Verantwortung vor den Massen, mit der sie sich auf den neuen, vom Reformismus empfohlenen taktischen Wegen hätte belasten müssen. Aber diese Führergeneration hatte keine Revolution mehr erlebt. Sie war in den Tageskämpfen der Arbeiterklasse um ihre Tagesinteressen innerhalb der kapitalistischen Gesellschaft aufgestiegen. Nicht das überlieferte revolutionäre Gedankengut, sondern die tägliche Praxis im Kampf um Reformen an der kapitalistischen Gesellschaft hatte ihr Denken geformt. Sie dachte reformistisch. Sie unterschied sich von den bewußten Reformisten nur dadurch, daß sie es nicht wagte, aus ihrer reformistischen Praxis die letzten ideellen und taktischen Konsequenzen zu ziehen. Mochte sie sich in ruhiger Zeit, die sie vor keine großen geschichtlichen Aufgaben stellte, in Worten zu dem überlieferten revolutionären Sozialismus bekennen, so mußte jede akute revolutionäre Krise, in der es nicht mehr genügte, „die eigene Keuschheit zu retten", sondern darauf ankam, aktiv revolutionär zu handeln, die Tatsache enthüllen, daß, wenngleich später, auf anderen Wegen und unter dem | Deckmantel einer anderen Ideologie, auch auf dem 250 Kontinent der Sozialismus tatsächlich ebenso reformistisch geworden war wie in England.

Der 4. August 1914 hat demaskiert, was war. Jahrzehnte lang hatte der revolutionäre Sozialismus erwartet, ein europäischer

Krieg werde es dem Proletariat ermöglichen, die seit der Beendigung der bürgerlichen Revolution nicht mehr mögliche unmittelbar revolutionäre Aktien wiederaufzunehmen, die Erschütterung
der kapitalistischen Gesellschaft durch den Krieg und die Bewaffnung der Volksmassen durch den Krieg zu revolutionärer
Eroberung der Staatsmacht und damit zur Umwälzung der Gesellschaftsordnung auszunützen. Hätte der Sozialismus tatsächlich
die revolutionäre Zukunftsperspektive festgehalten, so hätte er
am Beginn des Krieges die kapitalistischen Klassen und ihre Regierungen für den Krieg verantwortlich machen müssen. Er hätte
die Krieg führende Regierung für unfähig erklären müssen, die
Nation zu einem schnellen und dauerhaften Frieden zu führen.
Er hätte, sei es auch in die Illegalität gedrängt, die Ausnützung
einer revolutionären Situation vorbereiten müssen, die im Verlaufe des Krieges oder am Ende des Krieges kommen mußte. In
Wirklichkeit aber haben die sozialistischen Parteien, vom Kriege
erschreckt, den Kampf gegen die kapitalistischen Regierungen
eingestellt. In England, Frankreich, Belgien sind sie in die Krieg
führenden Regierungen eingetreten. In Deutschland haben dieselben Sozialdemokraten, die vor kurzem erst die Bewilligung
eines Landesbudgets im Badischen Landtag als ein Symptom des
Abfalls vom revolutionären Sozialismus bekämpft hatten, die
Kriegskredite bewilligt. Die sozialistischen Parteien setzten ihre
Hoffnung nicht darauf, daß aus dem Kriege die Revolution hervorgehen werde; sie hofften vielmehr, daß der Patriotismus, den
sie in den Kriegsjahren betätigten, von den herrschenden Klassen mit Zugeständnissen an die Arbeiterklasse belohnt werden
werde. Damit war der Schleier zerrissen. Es war aufgedeckt, wie
völlig die revolutionäre Zukunftsperspektive, zu der man sich auf
251 dem Kontinent in Worten noch bekannt hatte, innerlich | längst
aufgegeben, wie sehr auch der kontinentale Sozialismus längst
schon reformistisch geworden war.

  Die Kommunisten haben den reformistischen Sozialismus oft
als die Praxis und Ideologie einer „Arbeiteraristokratie" erklären zu können geglaubt. Daran ist folgendes richtig: Der Refor-

mismus hat sich in der Tat nur in solchen Ländern entwickeln
können, in denen die Arbeiterklasse im Besitze demokratischer
Rechte eine relativ günstige wirtschaftliche Situation ausnützen
konnte, im gewerkschaftlichen und im politischen Kampf bedeutende wirtschaftliche und soziale Erfolge zu erringen; also nur
in Ländern und Zeiten, in denen es der Arbeiterklasse gelang,
ihre wirtschaftliche Lage und ihre soziale Stellung in erfolgreichen Kämpfen wesentlich zu verbessern. Wo dies der Fall war,
dort entwickelte sich in der Führerschaft und in der Masse die
spezifisch reformistische Ideologie: die Überzeugung, daß die
Arbeiterklasse innerhalb der kapitalistischen Gesellschaft immer
weitere, immer größere Erfolge erringen und dadurch ohne revolutionären Bruch den Kapitalismus „aushöhlen" könne. Trägerin
dieser Ideologie war also in der Tat eine in erfolgreichen Kämpfen wirtschaftlich aufsteigende Arbeiterschaft. Aber es war nicht
eine kleine Minderheit der Arbeiterschaft, die man als „Arbeiteraristokratie" bezeichnen könnte, sondern die große Masse der
Arbeiter West- und Mitteleuropas und der Vereinigten Staaten
von Amerika.

Unter allen europäischen Ländern war nur eines, in dem sich
der Sozialismus seinen revolutionären Charakter bewahrt hat.
Dieses Land war Rußland. Denn Rußland stand noch vor seiner
bürgerlichen Revolution. Dort herrschte noch der Absolutismus.
Dort stand das Bürgertum noch in scharfer Opposition gegen
den absolutistischen Staat. Dort war die bürgerliche Eigentumsordnung auf dem Lande noch nicht verwirklicht; dort standen
daher die Bauern noch in einem revolutionären Gegensatz gegen
die bestehende Grundeigentumsordnung und Grundbesitzvertei-
lung. Dort hatten die Arbeiter noch nicht die Rechte, die es ihnen
ermöglicht hätten, den Kampf um | die Verbesserung ihrer Le- 252
benshaltung auf gesetzlichem Boden, mit gesetzlichen Mitteln zu
führen; dort standen daher die Arbeiter noch in schroffem revolutionärem Gegensatz gegen den Staat. Dort herrschte noch eine
revolutionäre Atmosphäre, nicht unähnlich der, die in Deutschland vor der Revolution von 1848 geherrscht hat. Dort war der

Sozialismus revolutionär, wie er auch in West- und Mitteleuropa
im Zeitalter der bürgerlichen Revolution revolutionär gewesen
war.

In Rußland gab es noch eine bürgerlich-revolutionäre Intelligenz, die in radikaler Opposition gegen die russische Wirklichkeit
stand. Auch sie setzte, wie die deutsche revolutionäre Intelligenz
der Vierzigerjahre des 19. Jahrhunderts, ihre Hoffnungen auf die
„Klasse mit radikalen Ketten", die die Wirklichkeit des zarischen
Rußland in die Luft sprengen werde. Auch sie hoffte, daß die nahende bürgerliche Revolution in Rußland ihr Land „nicht nur auf
das offizielle Niveau der modernen Völker erheben wird, sondern
auf die menschliche Höhe, welche die nächste Zukunft dieser
Völker sein wird". Auch sie trug den revolutionären Sozialismus
zu den Arbeitermassen. Auch sie vermittelte den Arbeitermassen
die strategische Konzeption des revolutionären Sozialismus, die
Konzeption des „Kommunistischen Manifestes": zunächst die
bürgerliche Revolution gegen den Zarismus zu unterstützen, um
sie auf den Trümmern des Zarismus zur proletarischen Revolution weiterzutreiben. Der russische Sozialismus war revolutionär,
wie der deutsche Sozialismus der Vierziger Jahre revolutionär
gewesen war, weil der gesellschaftlich-politische Zustand Rußlands am Anfang des 20. Jahrhundert noch dem gesellschaftlich-
politischen Zustand Deutschlands in den Vierzigerjahren ähnlich
war. Dem russischen Sozialismus löste sich die soziale Revolution
nicht in eine bloße Zukunftsperspektive auf, zu der man sich
bekannte, während man in der Praxis des Alltags nur um Reformen am Kapitalismus kämpfen konnte, ihm blieb die Revolution
unmittelbare praktische Aufgabe, weil er, gegen die zarische Gewalt kämpfend, von allen gesetzlichen Kampfesmöglichkeiten
253   ausgeschlossen, in die | Illegalität gedrängt, gehetzt und verfolgt,
nur mit illegalen, revolutionären Mitteln kämpfen konnte.

Der russische Marxismus war gespalten. Aber seine beiden
Fraktionen, die Menschewiki und die Bolschewiki standen im revolutionären Kampfe gegen den Zarismus. Sie waren einig darin,
daß Rußland zunächst seine bürgerliche Revolution durchzuma-

chen hatte. Sie waren einig in der Überzeugung, daß die bürgerliche Revolution in Rußland nur dann zu sieghafter proletarischer
Revolution weitergetrieben werden, zur Aufrichtung einer sozialistischen Gesellschaftsordnung führen könne, wenn sie das
Signal zur proletarischen Revolution in West- und Mitteleuropa,
zur Erringung der sozialistischen Gesellschaftsordnung in den
wirtschaftlich vorgeschritteneren Ländern Europas gäbe. Was sie
unterschied, war folgendes: der Menschewismus war die europäische Spielart des russischen Sozialismus. Sein Ideal war die
Formierung einer großen proletarischen Massenpartei nach dem
Vorbild der west- und mitteleuropäischen Arbeiterparteien. Waren die kleinen Zirkel des revolutionären russischen Sozialismus
zunächst aus revolutionären Intellektuellen und Studenten zusammengesetzt, so wollte er die Arbeiter in diese Organisationen
aufnehmen, sobald sie in Bewegung gerieten. War die nächste
Aufgabe der Sturz des Zarismus durch die bürgerliche Revolution,
so meinte er, daß nach dem Siege der bürgerlichen Revolution die
Staatsmacht unvermeidlich in die Hände der Bourgeoisie fallen
müsse und das Proletariat sich der Bourgeoisregierung gegenüber
als oppositionelle, die legalen Kampfmöglichkeiten ausnützende
Massenpartei zu organisieren habe, wie die proletarischen Massenparteien des Westens den Bourgeoisregierungen gegenüber
als legale, alle legalen Möglichkeiten im Interesse des Proletariats ausnützende Parteien organisiert waren. Der Bolschewismus
dagegen war die spezifisch russische, aus den Besonderheiten der
russischen Situation hervorgegangene Spielart des russischen
Sozialismus. Konspirativ streng abgedichtete, zur Sicherung der
revolutionären Aktion straff zentralistisch geleitete, ausschließ-
lich aus marxistisch geschulten „pro- | fessionellen Revolutio- 254
nären" zusammengesetzte revolutionäre Zirkel sollen, so meinte
er, die in Bewegung geratenden, aber marxistisch noch völlig
ungeschulten Arbeiter nicht in sich aufnehmen, sondern sie führen. Sie sollen die revolutionäre Aktion nicht auf den Kampf um
die unmittelbaren wirtschaftlichen und politischen Interessen
der Arbeiterklasse beschränken, um die allein zunächst die noch

ungeschulte, noch nicht bewußt sozialistische Arbeitermasse
kämpft, sondern sie darüber hinaus weiterzutreiben suchen zum
Kampf um eine sozialistische Gesellschaftsordnung. Gewiß stehe
Rußland zunächst vor der Aufgabe einer bürgerlichen Revolution.
Aber in der großen französischen Revolution bedurfte es einer
zeitweiligen terroristischen Diktatur der proletarischen Vorstädte von Paris, um die Reste des Feudalismus hinwegzufegen, im
Krieg und Bürgerkrieg die äußere und die innere Konterrevolution niederzuringen, den Sieg der bürgerlichen Revolution zu
erkämpfen; so werde es auch in Rußland der Diktatur des Proletariats bedürfen, um die bürgerliche Revolution zu vollenden.
Die Diktatur des Proletariats werde freilich, ebenso wie im Jahre
1793, nur eine vorübergehende Phase im Prozeß einer bürgerlichen Revolution sein, wenn die russische Revolution isoliert
bleibt. Gelingt es aber, durch die Eroberung und durch die Taten
einer proletarischen Diktatur in Rußland die Arbeiterklasse West-
und Mitteleuropas aufzurütteln, in West- und Mitteleuropa die
proletarische Revolution zu entfesseln, dann könne die russische
Proletarierdiktatur die sozialistische Gesellschaft verwirklichen.

So traten, als der Weltkrieg die Revolution entfesselte, in den
revolutionären Prozeß sozialistische Parteien ganz verschiedenen Charakters ein. In Mitteleuropa war das Proletariat von sozialistischen Parteien geführt, die in der friedlichen Periode zwischen 1871 und 1914 allmählich reformistisch geworden waren.
Diese Parteien waren groß geworden im Kampfe um die Demokratie und in den Kämpfen um soziale Reformen an der kapitalistischen Gesellschaftsordnung. Als die Revolution kam, haben
255 sie sie ihrer ganzen Tradition, allen ihren Gewohnheiten ge- |
mäß ausgenützt, um die Demokratie zu verwirklichen und sie zum
weiteren Ausbau sozialer Reformen an der kapitalistischen Gesellschaftsordnung zu verwerten. Die sozialdemokratischen Parteien
Mitteleuropas nahmen also nach dem revolutionären Siege der
Demokratie die reformistische Praxis, die sie seit Jahrzehnten
notgedrungen hatten üben müssen, sofort wieder auf. Karl Kautsky, vor dem Kriege der bedeutendste Repräsentant des „revolu-

tionären" Sozialismus, stellte nunmehr dem Marx'schen Satze,
daß zwischen der kapitalistischen und der sozialistischen Gesellschaft eine Übergangsperiode liege, deren Staat nichts anderes
sein könne als die Diktatur des Proletariats, die These entgegen,
daß zwischen der kapitalistischen und der sozialistischen Gesellschaft eine Übergangsperiode liege, deren Regierung in der Regel
eine Koalitionsregierung bürgerlicher und proletarischer Partei-
en sein werde.[44] Indem gerade er damit die Grundvorstellung
des Reformismus von dem Weg zur sozialistischen Gesellschaft
aufnahm, hat er abermals enthüllt, wie sehr der marxistische Sozialismus der letzten beiden Vorkriegsjahrzehnte in Mitteleuropa
nur noch eine traditionelle Hülle der in Jahrzehnte langer Praxis
erwachsenen reformistischen, demokratisch-sozialpolitischen
Tätigkeit der mittel- und westeuropäischen Arbeiterparteien gewesen war, — eine lose Hülle, die gesprengt wurde durch das offe-
ne Bekenntnis zu der Hauptthese des Reformismus, sobald große
revolutionäre Erschütterungen die Verhüllung des Wesens der
mitteleuropäischen Arbeiterparteien nicht mehr erlaubten. Ganz
anders in Rußland. Dort geriet das Proletariat im revolutionären
Prozeß unter die Führung des revolutionären Bolschewismus. Er
beschied sich nicht mit der bürgerlichen Demokratie und mit
sozialen Reformen innerhalb der kapitalistischen Gesellschaft.
Er trieb über die bürgerliche Revolution zur Diktatur des Proletariats hinaus. Das Organisationsprinzip, das er ursprünglich in
seiner Parteiorganisation verwirklicht hatte, das Prinzip, die in
Bewegung geratenen Arbeiter nicht in seine Organisation aufzu-
nehmen, sondern sie durch eine | aus bewußten und geschulten   256
Sozialisten zusammengesetzte Organisation zu führen, verwirk-
lichte er nun im Staat, indem er die revolutionären Massen unter
die Diktatur einer revolutionären Staatsmacht stellte, die sich
bewußt die Erzwingung einer sozialistischen Umwälzung der
Gesellschaft zur Aufgabe setzte. Und indem er das unternahm,
erfuhr er wider sein eigenes Erwarten, daß er den „Sozialismus in

---

[44] Kautsky, Die proletarische Revolution und ihr Programm. Berlin 1922, Seite
106.

einem Lande" verwirklichen konnte, obwohl die proletarische Revolution in Rußland nicht, wie er gehofft hatte, die proletarische Revolution in West- und Mitteleuropa ausgelöst hat.

Aber sobald der Faschismus in Mitteleuropa gesiegt, die Arbeiterklasse niedergeworfen, entrechtet, ihre Organisation zertrümmert hat, ist das Proletariat in eine neue Lage versetzt. Da es aller gesetzlichen Kampfmittel beraubt ist, kann es seinen Kampf nur noch mit revolutionären Mitteln fortsetzen. Da es erfahren hat, daß die bürgerliche Demokratie mit der faschistischen Konterrevolution enden mußte, ist sein Kampfziel nicht mehr die bürgerliche, sondern die sozialistische Demokratie, deren Voraussetzungen erst durch eine vorübergehende Diktatur des Proletariats hergestellt werden müssen. Da ihm der Faschismus gezeigt hat, wie eine Klasse ihren Sieg zur völligen Niederwerfung der besiegten Klasse ausnützt, wird es diese Beispiel nachzuahmen suchen, wenn es selbst den Sieg erkämpft, um durch völlige Liquidierung der kapitalistischen Klassen eine neuerliche Wiederholung der Konterrevolution zu verhüten und auf der Basis einer klassenlosen Gesellschaft eine vollkommene Demokratie aufzurichten.

So entsteht auf der Basis des Faschismus der revolutionäre Sozialismus von neuem. Aber er entsteht jetzt auf einer höheren Stufe als der des revolutionären Sozialismus des Zeitalters der bürgerlichen Revolution. Er entsteht auf der Basis einer ungleich höheren Entwicklungsstufe des Kapitalismus, auf der Basis des in Jahrzehnte langen reformistischen Kämpfen bedeutend gehobenen Kulturniveaus der Arbeiterklasse, auf der Basis der 257 Erfahrungen der großen russischen Revolution. |

Wir fassen zusammen: der revolutionäre Sozialismus war der Sozialismus des Zeitalters der bürgerlichen Revolution. Sobald die bürgerliche Revolution in West- und Mitteleuropa beendet war, entwickelte sich in ganz West- und Mitteleuropa, sei es auch unter dem Deckmantel einer traditionellen revolutionären Ideologie, ein im Wesen reformistischer Sozialismus, der den alten revolutionären Sozialismus ablöste. Erst nachdem der Faschismus die mitteleuropäische Arbeiterklasse niedergeworfen hat, entsteht hier auf höherer Entwicklungsstufe ein revolutionärer Sozialismus von neuem. Nur in Rußland war es anders. Dort blieb der Sozialismus bis 1917 revolutionär, weil dort die bürgerliche Revolution noch nicht vollendet war. Dort wurde er auch nach dem Siege der bürgerlichen Revolution nicht reformistisch, weil sich dort die Resultate der bürgerlichen Revolution aus historischen Ursachen, die wir noch kennen lernen werden, nicht in einer bürgerlichen Demokratie stabilisierten, sondern nach wenigen Monaten von der proletarischen Revolution zerschlagen, von der Diktatur des Proletariats abgelöst wurden.

Der Reformismus war keine bloße Verirrung. Er war nicht, wie Lenin sagte, „die ideologische Versklavung der Arbeiter durch die Bourgeoisie".[45] Er war die Taktik und Ideologie der Arbeiterklasse selbst in einer historischen Situation, in der einerseits eine proletarische Revolution aussichtslos erschien, in der andererseits dem Proletariat eine breite Möglichkeit gegeben war, seine Interessen innerhalb der kapitalistischen Gesellschaft mit gesetzlichen Mitteln erfolgreich zu vertreten. Die geschichtliche Leistung der reformistischen Praxis des Klassenkampfes war gewaltig. Wir haben schon in unserer Darstellung der bürgerlichen Demokratie davor gewarnt, jene gewaltige Hebung der Lebenshaltung, der Kultur, der Organisation und des Klassenbewußtseins des Proletariats zu unterschätzen, die das Resultat der Jahrzehnte langen reformistischen Kämpfe auf dem Boden der bürgerlichen Demokratie geworden ist. Aber die reformistische Praxis mußte unvermeidlich auch eine reformistische Ideologie hervor- | bringen und die Arbeiterklasse mit ihr erfüllen. Der 258 Reformismus war und ist die Ideologie und Taktik der Arbeiterbewegung auf dem Boden der bürgerlichen Demokratie, die durch die revolutionäre Arbeiterbewegung der vorausgegangenen Periode errungen worden ist, und gerade seine Erfolge haben die faschistische Konterrevolution herbeigeführt, deren Sieg erst eine neue revolutionäre Arbeiterbewegung hervorbringt. Er war

---

[45] Lenin, Was tun? Lenins sämtliche Werke, Band IV, Seite 170.

und ist eine unvermeidliche und eine fruchtbare Entwicklungsphase zwischen dem revolutionären Sozialismus des Zeitalters
der bürgerlichen Revolution der Vergangenheit und dem revolutionären Sozialismus des Zeitalters der proletarischen Revolution
der Zukunft.

Der neue revolutionäre Sozialismus, in den faschistischen Ländern entstehend, unternimmt es, auf Grund der neu gewonnenen
Erfahrungen der Arbeiterklasse seine Theorie und seine Politik
zu bestimmen. Eine der jungen revolutionär-sozialistischen Gruppen, die in der Zeit des Sieges des deutschen Faschismus aus der
Deutschen Sozialdemokratie hervorgegangen sind, hat mit ihrem
theoretischen Manifest, mit der Broschüre „Neu Beginnen", die
erste starke Anregung zu dieser Arbeit gegeben.

„Neu Beginnen" entstand in der Zeit des Sieges des deutschen
Faschismus. Es entstand in der Zeit der schwersten Niederlage
der Arbeiterklasse; in der Zeit des Zusammenbruches sowohl
der Deutschen Sozialdemokratie als auch der Kommunistischen
Partei Deutschlands. Es suchte die Ursachen dieses Zusammenbruches in der Entwicklungsgeschichte der Arbeiterparteien. Es
gelangte so zu wichtigen Erkenntnissen. Es erkannte richtig, daß
der alte revolutionäre Sozialismus der Sozialismus des Zeitalters
der bürgerlichen Revolution war; daß der Sozialismus nach dem
Abschluß der bürgerlichen Revolution in West- und Mitteleuropa
reformistisch geworden und seine revolutionäre Ideologie auf
dem Kontinent nur eine Verhüllung seines reformistischen Wesens gewesen ist; daß die reformistische Praxis der Deutschen
Sozialdemokratie nach dem Kriege folgerichtig hervorgegangen
war aus dem reformistischen Charakter, den sie trotz ihrer revo-
259 | lutionären Ideologie schon vor dem Kriege entwickelt hatte. Es
erkannte zutreffend, daß die Politik der deutschen Kommunistischen Partei der Nachkriegszeit auf einer „subjektivistischen"
Selbsttäuschung über den Bewußtseinszustand der deutschen
Arbeitermassen beruhte und an ihr gescheitert ist. Aber diese
richtigen Erkenntnisse stützte „Neu Beginnen" auf Gedankengänge, die der ältere revolutionäre Sozialismus des Zeitalters der

bürgerlichen Revolution in seiner letzten, reifsten Phase, die also der russische Sozialismus vor dem Siege der russischen Revolution entwickelt hatte.

Am Anfang des 20. Jahrhunderts war in Rußland die industrielle Arbeiterschaft in Bewegung geraten. Sie wehrte sich gegen die kapitalistische Ausbeutung in einer Kette großer Streiks. In derselben Zeit hatten sich kleine Zirkel marxistisch geschulter Revolutionäre entwickelt, die zumeist aus Intellektuellen und Studenten zusammengesetzt waren. Es wiederholte sich also die Situation, die, wie wir gesehen haben, auch in England, Frankreich, Deutschland in der Zeit der bürgerlichen Revolution zeitweilig bestanden hatte: auf der einen Seite eine elementare, „spontane", aber noch nicht sozialistische Arbeiterbewegung, auf der anderen Seite ein vornehmlich noch von der radikalen bürgerlichen Intelligenz getragener Sozialismus. In dieser Zeit schrieb Lenin: „Sozialdemokratisches Bewußtsein konnte den Arbeitern nur von außen gebracht werden. Die Geschichte aller Länder zeigt, daß die Arbeiterklasse aus ihren eigenen Kräften einzig und allein ein tradeunionistisches Bewußtsein herauszuarbeiten vermag, d.h. die Überzeugung von der Notwendigkeit, sich zu Verbänden zusammen zu schließen, einen Kampf gegen die Unternehmer zu führen, von der Regierung dieses oder jenes für die Arbeiter notwendige Gesetz zu fordern usw. Die Lehre des Sozialismus ist jedoch aus jenen philosophischen, historischen und ökonomischen Theorien herausgewachsen, die von den gebildeten Vertretern der besitzenden Klassen, der Intelligenz geschaffen wurden."[46] Das „tradeunionistische Bewußtsein" bleibe innerhalb der Schranken | der bürgerlich-kapitalistischen   260 Gesellschaftsordnung; auf dieser Entwicklungsstufe stelle sich die Arbeiterschaft nur Aufgaben, die innerhalb der kapitalistischen Gesellschaftsordnung lösbar sind. Sie bleibe daher unter dem Einfluß bürgerlicher Ideologien. Erst wenn die radikale bürgerliche Intelligenz ihr die Lehren des revolutionären Sozialismus vermittelt, erkenne die Arbeiterklasse ihre Mission, die kapita-

---

[46] Lenin, Was tun? Seite 159.

listische Gesellschaftsordnung aufzuheben. Erst damit befreie
sie sich von bürgerlicher Ideologie, gelange sie zu wirklichem
Klassenbewußtsein.

Der wissenschaftliche Sozialismus konnte gewiß nicht von den
Arbeitern selbst, sondern nur von bürgerlichen Intellektuellen
entwickelt werden, — ebenso, wie die naturrechtlichen, ökonomischen und philosophischen Theorien, die die Ideologie des
Bürgertums in der Zeit seiner Revolution waren, nicht von den
bürgerlichen Fabrikanten und Kaufleuten selbst, sondern nur
von ihren Gelehrten entwickelt werden konnten. Jede Klasse
bedarf in dem Entwicklungsprozeß ihrer Ideologie der Arbeit
von Intellektuellen, die im Kopfe die Schranken sprengen, die
die Klasse in der geschichtlichen Praxis sprengen muß. Aber da
Lenin den Reformismus oder, wie er ihn damals nannte, das „tra-
deunionistische Bewußtsein" nicht als eine Entwicklungsphase
des proletarischen Klassenbewußtseins ansah, sondern als „die
ideologische Versklavung der Arbeiter durch die Bourgeoisie",
gelangte er zu der Paradoxie, daß die Arbeiterklasse nur durch
die bürgerliche Intelligenz von der Versklavung durch die bürgerliche Ideologie befreit, nur von der bürgerlichen Intelligenz
zum proletarischen Klassenbewußtsein geführt werden könne.

An diesen Gedanken Lenins, in denen noch der vormarxisti-
sche Gegensatz zwischen Arbeiterbewegung und Sozialismus, der
dem Zeitalter der bürgerlichen Revolution eigentümliche Intellektuellensozialismus nachklingt, knüpfte „Neu Beginnen" an.
Die Arbeiterklasse, in der kapitalistischen Gesellschaft lebend, sei
unvermeidlich von bürgerlicher Denkweise erfüllt, von bürgerlichen Ideologien beherrscht. Auch wenn sie den Kampf gegen die
Bourgeoisie aufnimmt, setze sie sich doch nur Ziele, die inner-
261   halb | der kapitalistischen Gesellschaft erreichbar sind. Vereinige
sie sich zu großen Massenparteien, so bleibe sie doch von bürgerlichen Ideologien beherrscht, setze sie sich doch nur Kampfziele innerhalb der kapitalistischen Gesellschaftsordnung. Die
großen Massenparteien seien „von den Meinungen und Vorstellungen ihrer Massenmitgliedschaften beherrscht" und dadurch

von bürgerlichen Ideologien, unter deren Einfluß das Bewußtsein der proletarischen Massen unvermeidlich bleibt, solange ihr gesellschaftliches Sein im Rahmen der bürgerlich-kapitalistischen Gesellschaftsordnung verharrt. Solange die Aktionen des Proletariats von demokratischen Massenparteien, daher von den „Durchschnittsmeinungen ihrer Mitgliedermassen" bestimmt sind, bleiben sie daher unvermeidlich von bürgerlichen Ideologien beeinflußt und auf die Kampfziele, die innerhalb der kapitalistischen Gesellschaftsordnung erreichbar sind, begrenzt.[47] Deshalb seien die großen Massenparteien des mitteleuropäischen Proletariats nicht imstande gewesen, die Revolution von 1918 über die Schranken der kapitalistischen Gesellschaftsordnung hinauszutreiben; deshalb hätten sie die kapitalistische Konterrevolution des Faschismus nicht verhindern können. Nicht der „Verrat" einzelner Führer, sondern der Bewußtseinszustand der Masse selbst, aus der diese Führer hervorgegangen sind und die diesen Führern willig Gefolgschaft geleistet hat, erkläre das Versagen der großen Massenparteien. Nur wenn Kaders bewußter und geschulter Sozialisten innerhalb der Massen wirken und die Aktion der Massen bewußt und planmäßig über die Schranken der kapitalistischen Gesellschaftsordnung, die auch Schranken des Massenbewußtseins selbst sind, hinaustreiben, nur wenn also die Aktion nicht durch die „Durchschnittsmeinungen" der Masse selbst bestimmt und beschränkt ist, sondern durch das sozialistische Zielbewußtsein einer aktiven Minderheit, einer marxistisch geschulten Vorhut der Arbeiterklasse geleitet wird, nur dann können elementare, spontane Bewegungen der Arbeiterklasse bis zur Durchbrechung der | Schranken der kapitalistischen Ge- 262 sellschaftsordnung weitergetrieben werden.

Wie war es in Wirklichkeit? Der Reformismus ist entstanden in einer Zeit, in der einerseits jeder Versuch einer proletarischen Revolution schlechthin aussichtslos war, in der andererseits die Arbeiterschaft durch Ausnützung der Rechte, die die bürgerliche

---

[47] W. M., Kader- oder Massenorganisation? „Der Kampf" November 1934, Seite 238, 240.

Demokratie ihr eingeräumt hatte, ihre Lebenshaltung und ihren Einfluß innerhalb der kapitalistischen Gesellschaftsordnung
wesentlich erhöhen konnte. Hat es damals innerhalb der Arbeiterklasse an Kaders zielbewußter revolutionärer Sozialisten gefehlt?
Keineswegs. Bebel und Liebknecht, Guesde, Lafargue und Vaillant
haben damals Kaders revolutionärer Sozialisten erzogen. Aber in
der gegebenen historischen Situation, in der die Arbeiterklasse
keine Möglichkeiten revolutionärer, aber ein breites und frucht-
bares Wirkungsfeld reformistischer Tätigkeit hatte, konnten die
Kaders revolutionärer Sozialisten nicht mehr bewirken als die
Verhüllung der reformistischen Praxis durch eine revolutionäre
Ideologie. Andererseits aber gingen aus der reformistischen Praxis selbst neue Führerkaders hervor, die zu Trägern des bewußten
und konsequenten Reformismus wurden. Das gesellschaftliche
Sein der Menschen bestimmt ihr Bewußtsein. Wo und solange die
historische Situation dem Proletariat keine andere Möglichkeit
gibt als die des Kampfes um Reformen innerhalb der kapitalistischen Gesellschaft, dort kann es keinen revolutionären Kaders
gelingen, die Masse zur Aktion über die Schranken der kapitalistischen Gesellschaft hinaus zu führen. Wo es revolutionäre Kaders
versuchen, Ziele und Methoden der proletarischen Aktion, „nicht
aus den wirklichen Elementen der Klassenbewegung zu suchen,
sondern letzterer nach einem doktrinären Rezept ihren Verlauf
vorzuschreiben", dort verurteilen sie sich selbst zum Schicksal
machtloser Sekten. Die Führerkaders können der Massenaktion nicht Methoden und Ziele aufzwingen, die ihren jeweiligen
Bedingungen nicht gemäß sind; die Massenaktion selbst bringt
263 vielmehr aus der Masse Führerkaders hervor, deren | Ideologien
den jeweiligen Aktionsbedingungen der Masse entsprechen.

  So wenig revolutionäre Kaders die Massenaktion zum revolutionären Kampf um den Sozialismus mitreißen können, solange
der Masse revolutionäre Möglichkeiten nicht gegeben sind, so
wenig können die Kaders die elementare, spontane Aktion der
Masse beschränken, wenn erst die Ereignisse selbst die Masse
zur Revolution gegen das kapitalistische Eigentum mobilisiert

haben. Die Bolschewiki waren 1917 und 1918 überzeugt, daß der „Sozialismus in einem Lande" nicht möglich sei, schreckten daher auch nach der Eroberung der Macht vor der Enteignung der Kapitalisten, vor der Nationalisierung der industriellen Betriebe zurück. Sie wollten sich mit der „Arbeiterkontrolle" begnügen. Aber die elementare Aktion der revolutionierten und bewaffneten Arbeiter machte die Fortführung der kapitalistischen Produktion unmöglich, die Arbeiter warfen die Unternehmer aus ihren Betrieben hinaus; die Sowjetdiktatur mußte die Enteignung der Kapitalisten, die die Arbeitermassen selbst elementar vollzogen hatten, nachträglich ratifizieren.

„Neu Beginnen" entstand unter dem harten Druck des deutschen Faschismus. Eine Massenbewegung war unmöglich. Kleine Kaders überzeugter, tapferer Sozialisten konnten nicht mehr leisten, als ihre Mitglieder zu schulen. Man machte aus der Not eine Tugend. Man lehrte: auf das sozialistische Zielbewußtsein einer marxistisch geschulten Elite allein kommt es in den Stunden der Entscheidung an. Die Masse setzt sich immer nur Ziele innerhalb der kapitalistischen Gesellschaft. Die großen Massenparteien treiben daher auch in den Stunden revolutionärer Entscheidung nicht über die kapitalistische Gesellschaft hinaus. Nur ein zielbewußt sozialistischer, marxistisch geschulter Führerkader, in der Zeit der Illegalität planmäßig ausgebildet, kann, wenn die Masse in Bewegung gerät, ihre Bewegung über den kapitalistischen Rahmen hinaus treiben.

In diesem Gedankengang steckt gewiß ein Stück alter Wahrheit. Schon das „Kommunistische Manifest" hat zielbewußten Sozialisten, die „vor der übrigen Masse des Pro- | letariats die Einsicht in die Bedingungen, den Gang und die allgemeinen Resultate der proletarischen Bewegung voraushaben", die Aufgabe gestellt, innerhalb der Arbeitermassen als ihr „entschiedenster, immer weitertreibender Teil" zu wirken. Aber das Verhältnis der sozialistisch geschulten Kaders zu der elementar handelnden Masse verändert sich im Laufe der geschichtlichen Entwicklung. Es gibt Zeiten, in denen das Massenbewußtsein weit hinter

dem sozialistischen Zielbewußtsein der geschulten Kaders zu-
rückbleibt. Es gibt andere, in denen das Massenbewußtsein der
sozialistischen Zielsetzung der marxistisch geschulten Kaders
vorausstürmt. Kein noch so geschulter, noch so zielbewußter
Kader kann der Masse Kampfziele und Kampfmethoden aufzwingen, die ihren jeweiligen Daseins- und Kampfbedingungen nicht
entsprechen.

Der Sozialismus ist in unserer Zeit differenziert worden. Während in Rußland der revolutionäre Sozialismus obsiegt hat, während in den faschistischen Ländern gerade aus den Niederlagen
der Arbeiterklasse ein neuer revolutionärer Sozialismus hervorgeht, lebt in den demokratischen Ländern der reformistische
Sozialismus fort. So verschieden das gesellschaftliche und politische Sein der Arbeiterklasse in den verschiedenen Ländern
ist, so verschieden entwickelt sich ihr sozialistisches Bewußtsein. Diese Verschiedenheit der Entwicklung des sozialistischen
Bewußtseins in den verschiedenen Ländern ist unaufhebbar, solange das gesellschaftliche und politische Sein der Arbeiter in
den verschiedenen Ländern, ihre Daseinsbedingungen und ihre
Kampfbedingungen grundverschieden bleiben. Aber so verschieden auch die Methoden und die Ideologien der Arbeiter der verschiedenen Länder sind, so notwendig ist es, die Arbeiter aller
Länder zum gemeinsamen Kampf gegen den Faschismus, gegen
den Krieg, gegen den Kapitalismus zu vereinigen. Ihre Vereinigung kann nicht gelingen, solange die Reformisten den revolutionären Sozialismus nur als Preisgabe der großen Kulturgüter
der individuellen und der geistigen Freiheit, der demokratischen
Selbstbestimmung, der Menschlichkeit betrachten, die Revolu-
265 tionäre den Reformismus nur als | Preisgabe des sozialistischen
Kampfzieles, als Versinken in bürgerliche Ideologie, sei es auch
die Ideologie der Arbeitermasse selbst, als Verrat an der historischen Mission der Arbeiterklasse. Die Vereinigung der Kräfte des
Proletariats kann nur einer Auffassung gelingen, die die Politik
und die Ideologien des Sozialismus mit den Methoden marxistischer Geschichtsauffassung als unvermeidliche Resultate der

jeweiligen Lage, der jeweiligen Kampfbedingungen der Arbeiterklasse innerhalb des Kapitalismus, die damit den revolutionären
und den reformistischen Sozialismus als Erscheinungsformen
der verschiedenen Entwicklungsphasen desselben Sozialismus,
desselben Befreiungskampfes der Arbeiterklasse begreift.

3.2 Zwei Revolutionen

DER 4. AUGUST 1914 hat die Hülle der revolutionären Ideologie, die in der Vorkriegszeit die reformistische Praxis der
sozialdemokratischen Parteien des Kontinents umgeben hatte,
zerrissen. Die dem revolutionären Marxismus treu gebliebenen
Ideologen der Arbeiterklasse traten in die Opposition gegen die
Haltung der Arbeiterparteien, die sich in den Dienst der Kriegführung der kapitalistischen Staaten stellten. Entsprach am Anfang
des Krieges die Haltung der großen Mehrheiten der sozialdemokratischen Parteien der Stimmung der von den Kriegsleidenschaf-
ten mitgerissenen Arbeitermassen, so gerieten, je schwerer die
Opfer und die Leiden des Krieges wurden, immer breitere Massen
im Verlaufe des Krieges in Opposition gegen den Krieg und damit
auch gegen die die Kriegführung unterstützenden Arbeiterparteien. Sie gerieten damit unter die Führung der marxistischen
Ideologen, die vom Anfang des Krieges an die Kriegspolitik der
sozialdemokratischen Mehrheiten bekämpft hatten. Die sozialdemokratischen Parteien wurden damit ideell, in vielen Ländern
aber, vor allem im Deutschen Reiche, auch organisatorisch gespalten. Wäre diese Spaltung nur durch den Streit um die Hal-
tung zum Kriege herbeigeführt worden, so hätte sie | nach dem 266
Kriege wieder überwunden werden können. In Wirklichkeit aber
barg sich in dem Streit um die Kriegspolitik der Arbeiterpartei-
en ein tieferer Gegensatz. Dieser Gegensatz klaffte offen auf in
den Revolutionen, die dem Kriege folgten. Der gegensätzliche
Verlauf der russischen Revolution und der mitteleuropäischen
Revolutionen von 1918 hat das internationale Proletariat in zwei
einander feindliche Lager zerrissen. Er hat erst eine Spaltung
des internationalen Sozialismus hervorgerufen, die, nicht mehr

bloß durch den Streit um die Haltung zum Kriege bestimmt, über die Kriegsdauer hinaus fortgedauert hat und bis zum heutigen Tage fortdauert. War vor allem der gegensätzliche Verlauf der russischen und der deutschen Revolution die eigentliche Ursache der Spaltung der Arbeiterklasse in der Nachkriegszeit, so müssen wir uns vorerst die Ursachen der Gegensätzlichkeit des Verlaufes der beiden Revolutionen vergegenwärtigen, um die Probleme der Spaltung und damit erst die Probleme der Überwindung der Spaltung des internationalen Sozialismus zu begreifen. Die russische Revolution hat in schnellem Laufe zur Diktatur des Proletariats geführt, die den gewaltigen und gewaltsamen Umwandlungsprozeß von der kapitalistischen zur sozialistischen Gesellschaftsordnung mit schwersten Opfern, aber auch mit riesenhaften Erfolgen durchgeführt hat und durchführt. Die deutsche Revolution ist im Rahmen der bürgerlichen Demokratie stecken geblieben: die vom deutschen Proletariat im Jahre 1918 eroberte Republik ist zu einer Bourgeoisrepublik geworden, die nach anderthalb Jahrzehnten dem brutalsten und barbarischesten aller Faschismen erlegen ist. Wie ist dieser Gegensatz der Entwicklung der beiden Revolutionen zu begreifen?

Die landläufige kommunistische Agitation ist mit der Antwort schnell zur Hand: die Bolschewiki haben unter Lenins genialer Leitung die russischen Arbeiter zum Siege geführt; die deutsche Sozialdemokratie hat die deutschen Arbeiter verraten. Auf diese plumpe Erklärung hat schon Friedrich Engels geantwortet, als er die Ursachen der | Niederlagen der Revolution von 1848 darlegte. „Daß die plötzlichen Bewegungen des Februar und März 1848", schrieb Friedrich Engels, „nicht das Werk einzelner Individuen waren, sondern spontane unwiderstehliche Äußerungen von Bedürfnissen der Völker, die mehr oder weniger deutlich begriffen, aber von großen Klassen in jedem Lande sehr deutlich empfunden wurden, ist eine allgemein anerkannte Tatsache; wenn man aber nach den Ursachen des Erfolges der Konterrevolution forscht, erhält man von allen Seiten die bequeme Antwort, daß es der Herr A. oder der Bürger B. gewesen sei, der das Volk »verriet«.

267

Diese Antwort kann je nach den Umständen wahr sein oder nicht,
sie kann aber unter keinen Umständen irgend etwas erklären,
nicht einmal zeigen, wieso es kam, daß das »Volk« sich verraten
ließ." Das landläufige kommunistische Argument wird nicht viel
besser, wenn man es, etwa im Sinne von „Neu Beginnen" zu der
Theorie sublimiert, eine große Massenpartei wie die deutsche Sozialdemokratie, sei ihrer Geschichte und ihrem Wesen nach nicht
imstande gewesen, die Arbeitermassen zum Sturm auf die kapitalistische Gesellschaftsordnung zu führen, weil sich die Massen,
in der kapitalistischen Gesellschaftsordnung lebend und daher
auch von den Vorstellungen der kapitalistischen Welt beherrscht,
ihre Kampfziele immer nur innerhalb der kapitalistischen Gesellschaftsordnung zu setzen vermögen; nur Kaders bewußter
und geschulter Sozialisten, die die Massen unter ihre Führung zu
bringen, die Aktion der Massen über ihre eigenen, durch die kapitalistische Umwelt bestimmten Vorstellungen hinauszutreiben
vermögen, nur Kaders des bolschewistischen Parteitypus hätten
die Revolution über die bürgerlichen Schranken hinaustreiben
können. Und ebensowenig gelangt man zu wirklichem Verstehen
des gegensätzlichen Verlaufes der beiden Revolutionen, wenn
man sich damit bescheidet, etwa mit Rosenbergs „Geschichte der
deutschen Republik" die Niederlage der deutschen Arbeiterklasse nicht nur aus den Fehlern der sozialdemokratischen, sondern
daneben auch aus den Fehlern der kommunistischen Führung zu
erklären. Denn so wenig Fehler da und | dort bestritten werden   268
sollen, so muß doch allen diesen Erklärungen gegenüber an die
Mahnung Friedrich Engels' erinnert werden, an seine Mahnung
zur „Untersuchung der Ursachen, die sowohl die letzte Erhebung
wie auch deren Niederlage mit Notwendigkeit herbeiführt; Ursachen, die nicht in den zufälligen Bestrebungen, Talenten, Fehlern,
Irrtümern oder Verrätereien einzelner Führer zu suchen sind,
sondern in dem allgemeinen gesellschaftlichen Zustande und
den Lebensbedingungen jeder der von der Erschütterung betrof-
fenen Nationen."[48] Die russische und die deutsche Revolution

---

[48] Marx, Revolution und Konterrevolution in Deutschland, Stuttgart 1896, Seite
2ff.

sind in ihren ersten Anfängen ganz ähnlich verlaufen. In Rußland wie in Deutschland fiel die Führung der Revolution zuerst in
die Hände der demokratischen sozialistischen Parteien: in Rußland in die Hände der Menschewiki und der rechten Sozialisten-
Revolutionäre, in Deutschland in die Hände der Sozialdemokratie.
In beiden Ländern stürmte eine kommunistische Minderheit der
Arbeiterschaft gegen diese Führung an; sie war in Rußland von
den Bolschewiki und den linken Sozialisten-Revolutionären geführt, in Deutschland vom Spartakusbund, dem linken Flügel der
Unabhängigen Sozialdemokratie und den „Revolutionären Obleu-
ten". In beiden Ländern suchte die revolutionäre Minderheit der
Arbeiterschaft durch einen Putsch die Macht an sich zu reißen:
in Rußland im Juli 1917, in Deutschland im Jänner 1919. In beiden
Ländern folgte dem mißglückten Putschversuch ein empfindlicher Rückschlag der revolutionären Bewegung, ein Erstarken
der Reaktion, eine Periode der Verfolgung der kommunistischen
Minderheit. Hier aber beginnt der große Unterschied der beiden
Revolutionen.

Auch in Rußland waren nach der Niederlage im Juli die Bolschewiki in die Illegalität gedrängt, ihre Zeitungen eingestellt,
ihre Druckereien und Parteiheime gesperrt. Auch dort wendete sich die Volksstimmung im Juli gegen die Bolschewiki. Auch
dort nahmen nach dem Juliputsch insbesondere die Soldaten
269 sehr heftig gegen die Bolsche- | wiki Stellung. Regimenter, die am
3. Juli mit bolschewistischen Parolen auf der Straße demonstriert
hatten, forderten eine Woche später die strengste Bestrafung
der „Agenten Wilhelms". Aber binnen wenigen Wochen wurde
in Rußland der Rückschlag überwunden. Schon im August stieg
die bolschewistische Flut wieder an. Im September eroberten
die Bolschewiki die Mehrheit der meisten und wichtigsten städtischen Sowjets, die mit ihnen verbündeten linken Sozialisten-
Revolutionäre einen großen Teil der Bauernsowjets. Im Oktober
war schon die Mehrheit des Sowjetkongresses bolschewistisch,
konnten die Bolschewiki schon die Staatsmacht an sich reißen,
ohne auf den Widerstand der Armee an der Front und der Garni-
sonen in den Hauptstädten zu stoßen.

Ganz anders in Deutschland. Dort hat der Kommunismus den Rückschlag, den er im Jänner 1919 erlitten hat, nur ungleich langsamer überwinden können. Dort zeigten die Wahlen zur Konstituierenden Nationalversammlung, daß die ungeheure Mehrheit der deutschen Arbeiterklasse der Sozialdemokratie Gefolgschaft leistete. Dort gewann die Demokratie Zeit, sich zu stabilisieren, sodaß sie sich der späteren Putschversuche der Kommunisten unschwer erwehren konnte. War die Niederlage der Bolschewiki im Juli nur eine Episode, deren Wirkungen binnen wenigen Wochen überwunden wurden, so war die Niederlage Spartakus' im Jänner die Marneschlacht der deutschen Revolution.

Wie ist dieser Umstand zu verstehen? Sollen wir ihn daraus erklären, daß Noske im Jänner aus spießbürgerlichem Respekt vor der fachlichen Kunst der Berufsoffiziere und spießbürgerlicher Angst vor der Bewaffnung der sozialdemokratischen Arbeiter die Freikorps zu Hilfe gerufen, die bewaffnete Macht der Republik konterrevolutionären kaiserlichen Offizieren überantwortet hat? Die paar tausend Mann der Freikorps Noskes wären ohnmächtig gewesen, wenn die Arbeiterklasse im ganzen weiten Reich so zu den Fahnen des Kommunismus geströmt wäre und unter seiner Führung den Kampf aufgenommen hätte, wie dies in Rußland in den Monaten nach dem Juli | geschehen ist. Oder sollen wir den 270 Unterschied zwischen der deutschen und der russischen Entwicklung daraus verstehen, daß es in Deutschland keine so alte, so gefestigte, so genial geführte revolutionäre Partei gegeben habe, wie es in Rußland die Bolschewiki gewesen sind? Wäre die deutsche Arbeiterklasse im Jahre 1919 dermaßen von revolutionärer Leidenschaft und revolutionärem Kampfwillen gepackt worden wie die russische im Jahre 1917, so hätte sie auch unter einer weniger genialen Führung siegen, mindestens die Revolution weitertreiben können. Nein, wie hoch immer man den Einfluß bewußter Führung auf den Verlauf revolutionärer Massenprozesse einschätzen mag, so kann man doch die Gegensätzlichkeit des Verlaufes der beiden Revolutionen nicht nur, nicht vorwiegend aus der Verschiedenheit der Qualitäten der führenden revolu-

tionären Kaders da und dort begreifen. Daß sich die deutsche
Arbeiterklasse nach dem Jänner 1919 so ganz anders verhalten
hat als die russische nach dem Juli 1917, muß anders zu erklären
sein. Es ist offenbar daraus zu erklären, daß der deutschen Revolution eine gewaltige, mit elementarer Gewalt wirkende, das
Bewußtsein, das Verhalten, das Wollen der Massen revolutionie-
rende Triebkraft gefehlt hat, die die russische Revolution bis zur
Diktatur des Proletariats vorwärtsgetrieben hat.

Man kommt der Erkenntnis dieser Triebkraft schon ein we-
sentliches Stück näher, wenn man sich erinnert, wie ganz anders
sich in der russischen Revolution die Bauernschaft verhalten
hat, als in der deutschen. In weiten Teilen Rußlands war 1917
die bürgerliche Eigentumsordnung auf dem Lande noch nicht
hergestellt. Die Feldgemeinschaft und Pachtverhältnisse halb-
feudalen Charakters bestanden noch fort. Der große Bodenraub,
der mit der Aufhebung der Leibeigenschaft erfolgt war, war noch
unvergessen. Dort weckte die Arbeiterrevolution die bäuerlichen
Massen. Am Tage nach dem Sturze des Zarismus griffen die Bauern gierig nach dem Boden der Grundherren. Schon im März
begannen in den großrussischen Gebieten, im Spätsommer in
der Ukraine Bauernaufstände. Die Bauern eigneten sich gewalt-
271 sam das Herrenland an. | Sie vertrieben die Kriegsgefangenen
von der Arbeit und holten für sich die Ernte ein. Da und dort
wurden die Gutshöfe niedergebrannt, die herrschaftlichen Wirt-
schaftsgebäude geplündert, Vieh und Inventar unter die Bauern
geteilt. Als die Provisorische Regierung nach der Niederwerfung
des Juliaufstandes die Massenbewegung der Bauern zu unterdrücken versuchte, jagte sie die Bauern damit erst recht der revolutionären Führung in die Arme. Die große Jacquerie, die große
Kette von Bauernaufständen erschütterte die staatliche und gesellschaftliche Ordnung, sie revolutionierte die aus Bauern und
Bauernsöhnen zusammengesetzte Armee. Sie gab der Revolution
der städtischen Arbeiter den Rückhalt in der hundertmillionen-
köpfigen Bauernmasse.

Ganz anders in Deutschland. Der deutsche Bauer stand längst nicht mehr im bewußten, revolutionären Gegensatz gegen den Großgrundbesitzer. Desto mehr hatten die Requisitionen der Kriegszeit, hatte die Wirtschaft der Kriegszentralen den Gegensatz zwischen Stadt und Land verschärft. Im ganzen Verlaufe der deutschen Revolution ist nirgends ein Herrensitz in Brand gesetzt, Herrenland von Bauern besetzt, herrschaftliches Inventar von den Bauern geplündert worden. Aber desto zäher und verbissener war der Widerstand, den der deutsche Bauer der Requisitionen der Kriegszentralen entgegensetzte. Nicht das Herrenland zu erobern, sondern die Freiheit der Verfügung über seine Arbeitsprodukte wiederzugewinnen, erschien dem deutschen Bauern der Nachkriegszeit als sein nächstes Kampfziel. Mochte er sich in den Tagen der Niederlage gegen die alten Gewalten wenden, die den Krieg geführt hatten, so erschien ihm doch sehr bald der Sozialismus als der abzuwehrende Gegner, die Bourgeoisie, die gegen den Sozialismus die Freiheit des Eigentums verteidigte, als sein natürlicher Bundesgenosse. Die Bauernschaft stellte hier den wiedererstehenden Bourgeoisparteien die Massenbasis. Konnte sich in Rußland das Proletariat auf die revolutionierte Bauernschaft stützen, so fand in Deutschland die Restauration der Bourgeoisie ihre Stütze in der Bauernschaft. | 272

Aber so wichtig und wesentlich dieser Unterschied auch ist, so genügt doch auch er keineswegs, die gegensätzliche Entwicklung der russischen und der deutschen Revolution zu erklären. Hat doch in dem hochindustriellen Deutschland die Haltung der Bauernschaft keineswegs in gleichem Maße den Verlauf der Revolution bestimmen können, wie in dem agrarischen Rußland. Die Verschiedenheit des Verlaufes der beiden Revolutionen ist vielmehr auch und vor allem aus der Tatsache zu begreifen, daß die russische Revolution während des Krieges ausgebrochen ist und sich entwickelt hat, während die deutsche Revolution erst dem Kriege gefolgt ist.

Nach dem Jahre 1848 hat nirgends in Europa eine Volksrevolution anders gesiegt als im Gefolge eines Krieges; und immer haben Volksrevolutionen nicht in den im Kriege sieghaften, sondern in den besiegten Ländern gesiegt. So wurde 1870/71 nicht Deutschland, sondern Frankreich, 1905/06 nicht Japan, sondern Rußland, wurden 1917 und 1918 nicht Frankreich und England, sondern Rußland, Deutschland und Österreich-Ungarn von Revolutionen erschüttert. Eine Volksrevolution konnte nach 1848 immer erst dann entstehen und siegen, wenn Niederlagen auf den Schlachtfeldern die militärische Disziplin gelockert, den Gewaltapparat, mittels dessen die herrschenden Klassen das Volk niederhalten, zersetzt hatten.

Im Weltkrieg ist zuerst die österreichisch-ungarische Armee, durch die nationalen Gegensätze im alten Habsburgerreich zerrissen und geschwächt, geschlagen worden. Aber reichsdeutsche Armeekorps haben immer wieder die geschlagene Armee der Habsburger gerettet und die von ihr verlorenen Gebiete wiedererobert, die reichsdeutschen „Korsettstangen" ihr immer wieder festen Halt gegeben. Weit schlimmer erging es im Kriege den Heeren des Zaren. Ihre Schwäche war in der wirtschaftlichen Rückständigkeit Rußlands begründet. Die russische Industrie war den gewaltigen Anforderungen des modernen technischen Krieges nicht gewachsen. Die russischen Verkehrsmittel konnten die Erfordernisse des Krieges nicht befriedigen. Die Organisations-
273 kunst, überall mit dem | Wachstum des kapitalistischen Großbetriebes entwickelt, war in Rußland allzu rückständig, als daß sie die Organisationsaufgaben moderner Kriegswirtschaft, moderner Armeeversorgung hätte bewältigen können. Überall hat erst die Verallgemeinerung der Schulbildung und hat erst die Demokratie die Volksmassen mit Nationalbewußtsein erfüllt; die analphabetische russische Bauernmasse, die die große Mehrheit der russischen Soldaten stellte, war für die Ideen und die Affekte des kriegerischen Nationalismus weit weniger empfänglich als die Volksmassen West- und Mitteleuropas. So erlitt denn die zarische Armee schon 1915 furchtbare Niederlagen. Während die deutschen und die österreichisch-ungarischen Armeen bis zum Kriegsende weit im Feindesland standen, hatte die russische Ar-

mee 1915 den ganzen Westen des Zarenreiches räumen müssen; 1916 waren ihre Anstrengungen, ihn wiederzuerobern, gescheitert. Die deutschen Armeen fühlten sich bis zum August 1918 trotz aller Not und Bedrängnis als Sieger; die russischen hatten seit den Niederlagen von 1915 alles Vertrauen zu ihren Führern und zu der Krieg führenden Regierung verloren.

Die Februarrevolution von 1917 war nicht das Werk einer Partei, auch nicht das Werk der Bolschewiki. Spontane, elementare Demonstrationen gegen die unzulängliche Lebensmittelversorgung wurden dadurch zur Revolution, daß die Truppen der Petrograder Garnison zu den Demonstranten übergingen. Daß sich die russischen Truppen schon während des Krieges zu den revolutionären Volksmassen schlugen, war die Wirkung der russischen Niederlagen; daß die deutschen Truppen bis zum Ende des Krieges fest in den Händen ihrer Führer waren, war die Folge der deutschen Siege. So geschah es, daß die russische Revolution mitten im Kriege, die deutsche erst am Ende des Krieges ausbrach. Dadurch aber war der ganze Verlauf der beiden Revolutionen bestimmt.

Die russische Bourgeoisie wollte auch nach dem Ausbruch der Revolution den Krieg an der Seite Frankreichs und Englands „bis zum Ende", bis zum Siege weiterführen. Die Menschewiki und die Sozialisten-Revolutionäre wagten | es nicht, für einen Sonderfrie- 274 den mit den Mittelmächten einzutreten; sie fürchteten, Rußlands Ausscheiden aus dem Kriege könnte es dem preußisch-deutschen Imperialismus ermöglichen, Frankreich und England zu schlagen, seine Herrschaft über Europa zu erkämpfen. Die russischen Volksmassen aber wollten den Frieden, — den sofortigen Frieden, den Frieden um jeden Preis. Das trieb sie gegen die Bourgeoisie. Das trieb sie gegen Menschewiki und Sozialisten-Revolutionäre. Das trieb sie den Bolschewiki zu.

Von Monat zu Monat wuchs die wirtschaftliche Zerrüttung, wuchsen die Schwierigkeiten der Lebensmittelversorgung, stiegen die Preise. Immer stärker wurde die Überzeugung der Volksmassen: es gibt keinen Ausweg aus der sich verschärfenden Not, so lange der Krieg fortdauert! Arbeiter, Angestellte, Kleinbürger, Bauern, — alles schrie nach dem Frieden, nichts als dem Frieden. Und nach dem Frieden schrien vor allem die Soldaten: die Soldaten der Hinterlandsgarnisonen, die nicht mehr an die Front wollten; die Soldaten an der Front, die nicht mehr kämpfen wollten. „Jede Sitzung des Sowjets, jeder Sektion, jedes Kongresses, jeder Konferenz begann damit: Es defilierten Deputationen von der Front, die den sofortigen Frieden verlangten; es wurden die Forderungen der Soldaten aus den Schützengräben vorgelesen; es zogen erschütternde Bilder des Lebens an der Front vorüber, Bilder gequälter Seelen; es wurden von den Galerien Bitten und Drohungen laut: Gebt uns den Frieden! Wenn ihr ihn nicht gebt, nehmen wir uns ihn selbst!" Die Soldaten der Hinterlandsgarnisonen schworen: „Lieber hier auf der Barrikade sterben als an die Front gehen." Die Soldaten an der Front forderten: „Nur Schluß mit dem Krieg! Mehr ist nicht notwendig! Parteien, Politik, Revolution, — das alles ist uns gleichgültig. Wir unterstützen jeden, der den Weg zum Frieden zeigt."[49]

Diese elementare Bewegung der Volksmassen zum Frieden um jeden Preis hat den Bolschewismus zur Macht geführt. Deshalb konnte der Bolschewismus die Wirkungen der Niederlage des Juliputsches so schnell überwinden; | jeder Monat fortdauernden Kriegs, fortdauernder Wirtschaftszerrüttung, sich verschärfenden Widerstandes der Volksmassen gegen den Krieg trieb ihm Massen neuer Gefolgschaft zu. Deshalb konnte der Bolschewismus im August und September die überwiegende Mehrheit der Arbeiter für sich erobern. Deshalb gewann er zugleich schnell wachsenden Einfluß auf die Soldaten. Die Truppen wollten für die Regierung, die den Krieg weiterführte, nicht mehr kämpfen. Als die Petrograder Arbeiter im Oktober die Stadt besetzten, um die Macht an sich zu reißen, erklärten sich die meisten Regimenter für „neutral". Von den wenigen Abteilungen, die die Regierung zum Schutz des Winterpalais sammeln konnte, marschierten die meisten vor dem ersten Schuß ab. Es hätte der Schüsse der „Au-

---

[49] Suchanow, Sapiski o Rewoljuzii. T. VII. Moskwa 1923. Seite 39, 69, 70.

rora" kaum bedurft, die Regierung gefangen zu setzen. Und als
Kerenski dann Truppen von der Front gegen Petrograd führte,
genügte es, ein paar Agitatoren zu den Truppen zu entsenden, um
sie zu bewegen, Kerenski fallen zu lassen und sich der Revolution
anzuschließen …

Und wie der Sieg der Oktoberrevolution nur durch den Kriegs-
verlauf ermöglicht worden ist, so ist auch die Behauptung der
jungen Sowjetmacht nur durch den weiteren Verlauf des Krieges ermöglicht worden. Hat die Niederlage Rußlands im Kriege
gegen Deutschland die Februarrevolution möglich gemacht, ist
durch die aussichtslose Fortführung des Krieges Rußlands gegen
Deutschland die Oktoberrevolution herbeigeführt worden, so hat
die Niederlage Deutschlands im Kriege gegen die Westmächte
die junge Sowjetmacht vor der gefährlichsten Intervention, der
Intervention des benachbarten, auf russischem Boden stehenden preußisch-deutschen Militarismus gerettet und dadurch ihre
Stabilisierung ermöglicht.

Als in Deutschland die Revolution ausbrach, war der Krieg beendet. Die deutsche Armee wurde vor Weihnachten 1918 demo-
bilisiert; hier fehlte von Anfang an die revolutionäre Sprengkraft
einer mobilisierten revolutionierten, auf den Schlachtfeldern
geschlagenen Armee, die den Verlauf der russischen Revolution
so entscheidend bestimmt hat. In Rußland trieb die Kriegsmü-
digkeit, der | Wille zum Frieden um jeden Preis die Massen der 276
proletarischen Revolution zu; in Deutschland, wo die Revolution
erst nach dem Kriege ausgebrochen war, hatte die Kriegsmüdigkeit der Massen die entgegengesetzte Wirkung. Man hatte vier
Jahre lang Unsägliches erlebt und getragen. Man sehnte sich jetzt
nach Ruhe. Die Revolution weitertreiben, — das hieß den Bürgerkrieg, die Einmengung der Siegermächte herbeiführen. Das hieß
den Krieg, der eben erst unter der schwarz-weiß-roten Fahne
verloren gegangen war, unter der roten Fahne wiederaufnehmen.
Mochten die Spartakisten sagen, daß die Ententearmeen meu-
tern würden, wenn man sie gegen die proletarische Revolution in
Deutschland einsetzen wollte, — wer konnte es voraussehen? Die

Massen waren zu müde, sie waren nach vierjährigem Krieg allzu
ruhebedürftig, allzusehr von Abscheu gegen die Fortsetzung des
Blutvergießens erfüllt, als daß sie das große Abenteuer gewagt
hätten. Wie die Kriegsmüdigkeit so hatte auch die Lebensmittelnot in Deutschland entgegengesetzte Wirkungen als in Rußland.
In Rußland trieb der Hunger die Volksmassen dem Bolschewismus zu; sie hofften, die Beendigung des Krieges werde sofort die
Not an Nahrungsmitteln überwinden. In Deutschland vergrößerte die Lebensmittelnot das Ruhebedürfnis der Volksmassen. Die
Lebensmittelnot in den seit vier Jahren blockierten, von der Zufuhr ausländischer Lebensmittel abgeschlossenen Lande konnte
offensichtlich nur durch den Friedensschluß, durch die Aufhebung der Blockade überwunden werden; die hungernden Massen
setzten ihre ganze Hoffnung auf den Frieden, sie schreckten vor
dem Gedanken einer zweiten Revolution, eines Bürgerkriegs, am
Ende gar eines Revolutionskrieges gegen die Siegermächte zurück, weil Bürgerkrieg und Revolutionskrieg den Friedensschluß
und damit die Aufhebung der Blockade zu hindern, hinauszuschieben drohten. In Rußland schritt mit dem Kriege die revo-
lutionierende Wirtschaftszerrüttung fort; in Deutschland setzte
wenige Monate nach dem Krieg die Retablierungskonjunktur
ein. Die demobilisierten und die aus der Kriegsindustrie hinaus-
277 geschleuderten Massen fanden wieder Arbeit. Ihre Ener- | gien
konzentrierten sich auf Lohnbewegungen im Betrieb, auf Anstrengungen um die Verbesserung der Arbeitsbedingungen. So
folgte in der Stimmung der Massen selbst der revolutionären
Flut des November sehr bald die Ebbe. Kommunistische Kaders,
die zum gewaltsamen Sturz der bürgerlichen Demokratie riefen,
konnten nur kleine Minderheiten der deutschen Arbeiterklasse
mitreißen.

Immer ist der Verlauf der Revolutionen dadurch bestimmt gewesen, ob sie sich im Kriege entwickeln mußten oder im Frieden
nach außen entwickeln konnten. Die große französische Revolution ist, wie Engels feststellte, „beherrscht vom Koalitionskrieg, alle ihre Pulsationen hängen davon ab. Dringt die Koalitionsarmee

in Frankreich ein, — Überwiegen des Vagus, heftiger Herzschlag, revolutionäre Krisis. Muß sie fort, dann überwiegt der Sympathicus, der Herzschlag verlangsamt sich, die reaktionären Elemente drängen sich wieder in den Vordergrund, die Plebejer, die Anfänge des späteren Proletariats, deren Energie allein die Revolution gerettet, werden zur Raison und zur Ordnung gebracht".[50] Der französischen Revolution von 1848 fehlte die treibende Kraft des Revolutionskrieges, der den Verlauf der großen französischen Revolution bestimmt hatte. „Die Republik", schrieb Marx über die französische Republik von 1848, „fand vor sich keinen nationalen Feind. Also keine großartigen auswärtigen Verwicklungen, welche die Tatkraft entzünden, den revolutionären Prozeß beschleunigen, die Provisorische Regierung vorwärtstreiben oder über Bord werfen konnten ... Die Republik fand keinen Widerstand, weder von außen noch von innen. Damit war sie entwaffnet."[51] Die von Marx schon 1850 gewonnene Erkenntnis, daß die Verschiedenheit des Verlaufes der französischen Revolutionen von 1792/93 und von 1848 vor allem daraus zu erklären ist, daß der Revolution von 1848 jene gewaltige Triebkraft des Krieges fehlte, die die Revolution von 1792/93 über alle Schranken bourgeoiser Zaghaftigkeit | hinausgetrieben hat, gibt den Schlüssel zum 278 Verständnis der Gegensätzlichkeit des Verlaufes der russischen Revolution von 1917 und der deutschen von 1918.

Im engen Zusammenhang damit hat Marx festgestellt, „daß die Welthandelskrise von 1847 die eigentliche Mutter der Februar- und Märzrevolutionen gewesen und daß die seit Mitte 1848 allmählich wieder eingetretene, 1849 und 1850 zur vollen Blüte gekommene industrielle Prosperität die belebende Kraft der neu erstarkten europäischen Reaktion war".[52] Auch diese Erkenntnis gibt uns dem Schlüssel zum Verständnis der Verschiedenheit der beiden letzten großen Revolutionen. In Rußland, wo sich die

---

[50] Friedrich Engels an Victor Adler am 4. Dezember 1889. Victor Adlers Aufsätze, Reden und Briefe. 1. Heft. Wien 1922. Seite 2.

[51] Marx, Die Klassenkämpfe in Frankreich. Berlin 1920. Seite 33.

[52] A.a.O., Seite 9.

Revolution während des Krieges vollzog, ging mit ihr fortschreitende Wirtschaftszerrüttung Hand in Hand, die die Revolution
weitertrieb. In Deutschland, wo die Revolution dem Kriege folgte,
setzte sehr bald die Retablierungskonjunktur ein, eine industrielle Prosperität, die die Wogen der Revolution bald glättete.

Die Abhängigkeit des revolutionären Prozesses vom Krieg wird
uns bestätigt, wenn wir die österreichischen und die ungarische
Revolution von 1918/19 miteinander vergleichen. In beiden Ländern hat die Bourgeoisie mit dem Sturze der Habsburger die
Verfügung über die bewaffnete Macht verloren. In beiden folgten
die Soldaten dem Kommando der proletarischen Parteien. Und
doch verliefen die beiden Revolutionen ganz verschieden. Man
wird die Verschiedenheit ihres Verlaufes sicherlich nicht daraus
erklären können, daß die ungarische Sozialdemokratie, die sich
im Jahre 1919 mit den Kommunisten vereinigt und die Diktatur
des Proletariats aufgerichtet hat, revolutionärer gewesen wäre,
revolutionärere Kaders, bewußter sozialistische Kaders in sich
geschlossen hätte, als die österreichische Sozialdemokratie.

Als nach dem Kriege die aus der nationalen Revolution im alten
Habsburgerreich erstandenen Nationalstaaten, die Tschechoslovakei, Jugoslavien, Rumänien den größeren Teil des historischen
Ungarn an sich rissen, war es den gestürzten magyarischen Her-
279 renklassen zunächst um | um eines zu tun: die Feudalherren woll-
ten ihre Latifundien in den bedrohten Gebieten, die Gentry ihre
Ämter und ihre Machtstellungen in diesen Gebieten, die Bourgeoisie ihre Absatz- und Ausbeutungsgebiete in ihnen retten. Als
die allernächste Aufgabe erschien den Herrenklassen die Verteidigung des Landes, der Krieg gegen die Nachfolgestaaten, die
die territoriale Integrität Ungarns bedrohten. Aber die Herrenklassen konnten den Krieg nicht mehr führen. Der Krieg konnte
nur von den revolutionären Soldaten, er konnte darum nur vom
Proletariat geführt werden. Darum übergab in der Stunde der
schlimmsten nationalen Bedrängnis, in der Stunde, in der die Siegermächte die Räumung der umstrittenen Gebiete, ihre Übergabe
an die neuen Nationalstaaten forderten, die regierende Fraktion

der Herrenklassen selbst dem Proletariat die Macht, damit es den
Krieg gegen die Nationalstaaten führe. In dieser Lage hat sich
die ungarische Sozialdemokratie mit den ungarischen Kommunisten vereinigt, hat sie mit ihnen gemeinsam die Diktatur des
Proletariats aufgerichtet, hat sie den Krieg gegen die Nationalstaaten aufgenommen. Die ungarische Proletarierdiktatur war
der Versuch, den Krieg, den Ungarn unter der Führung der Herrenklassen verloren hatte, unter der Führung des Proletariats
fortzusetzen, — ein Versuch, der freilich binnen wenigen Monaten an der militärischen Übermacht der Siegermächte scheitern
mußte.

   In ganz anderer Lage war Österreich am Ende des Krieges. Nach
vierjährigem Krieg waren keine Lebensmittel, keine Kohle im
Lande. Nahrungsmittel- und Rohstoffnot waren hier ungleich
schlimmer als in Ungarn. Die Siegermächte hatten auch im Waf-
fenstillstandsvertrag die Blockade über Österreich aufrecht erhalten; Österreich konnte Nahrungsmittel und Kohle nur aus ihren
Händen empfangen. Wenn die Tschechoslowakei ein paar Kohlen-
züge, die Kohle nach Wien bringen sollten, an der Grenze aufhielt,
standen in den folgenden Tagen in Wien das Elektrizitätswerk
und die Straßenbahn still. Wenn Jugoslavien die Nahrungsmit-
telzüge, die von Triest nach Österreich rollten, aufhielt, konnten
in Österreich in der fol- | genden Woche nicht einmal die Hun- 280
gerrationen an Mehl und Fett verteilt werden, mit denen die
städtische Bevölkerung des Landes ihr Leben fristete. Jeder Öster-
reicher wußte: die Siegermächte brauchten, wenn wir uns ihnen
widersetzen, nicht ein einziges Bataillon gegen uns marschie-
ren zu lassen; wenn sie uns nur die Lieferung der Kohle und der
Nahrungsmittel sperren, zwingen sie uns binnen vierzehn Tagen
zur Kapitulation. In dieser Lage hat die österreichische Bourgeoisie — von Kärnten, wo sie den Gegensatz zwischen Italien und
Jugoslavien ausnützen konnte, abgesehen, — nicht gewagt, die
von den benachbarten Nationalstaaten beanspruchten Gebiete
zu verteidigen, bewaffneten Widerstand gegen ihre Besetzung
zu leisten. In dieser Lage hat es die Arbeiterklasse nicht gewagt,

gegen den offen verkündeten Einspruch der Siegermächte die
Revolution über die Schranken der Demokratie hinauszutreiben.
Trieb in Ungarn der Versuch, den Widerstand gegen den Landesfeind aufzunehmen, zur Diktatur des Proletariats, so erhielt
Österreich die völlige Ohnmacht gegenüber dem Landesfeind, die
völlige Abhängigkeit von ihm die Revolution in den Schranken
der Demokratie.

Es ist kein Zufall, daß in dem agrarischen Ungarn, das auf die
Lebensmittelzufuhr aus dem Auslande nicht in gleichem Maße
angewiesen und darum von den Siegermächten nicht in gleichem Maße abhängig war wie das industrielle Österreich, die
Revolution weiter getrieben werden konnte als in Österreich, —
ebenso wie es kein Zufall ist, daß das agrarische, kapitalistisch
rückständige Rußland dem Kriege früher erlegen, der Revolution
früher verfallen ist als das industrielle Deutschland und eben darum die russische Revolution, im Kriege selbst ausgebrochen und
entwickelt, ungleich weiter vorwärtsstürmen konnte als die erst
nach dem Kriege ausgebrochene, nicht durch den Krieg selbst vor-
wärtsgetriebene deutsche Revolution. „In den Extremitäten des
bürgerlichen Körpers muß es eher zu gewaltsamen Ausbrüchen
kommen als in seinem Herzen", hat Marx vorausgesagt.[53] |

Alle Versuche, die Verschiedenheit des Verlaufes der Revolutionen von 1917 und 1918 aus den Qualitäten der handelnden
Führer und handelnden Parteien, aus ihren Irrtümern, Fehlern,
Illusionen, aus dem Vorhandensein und dem Fehlen geschulter
revolutionärer, bewußt sozialistischer Kaders zu erklären, haf-
ten an der Oberfläche. Sie geben wertvollste Erkenntnisse preis,
die Marx und Engels aus den Erfahrungen der Revolutionen des
18. und 19. Jahrhunderts abgeleitet haben. Gewiß ist es richtig,
daß die sozialdemokratische, in Jahrzehnte langen Kämpfen auf
dem Boden der bürgerlichen Demokratie und um die bürgerliche Demokratie gewordene und gewachsene, in Jahrzehnte langer
reformistischer Praxis mit reformistischer Denkweise erfüllt, in
der Stunde der Revolution nur zu vollenden suchte, worum sie in

---

[53] A.a.O., Seite 101.

281

den Jahrzehnten der ruhigen Entwicklung vor dem Kriege gerungen hatte: die Demokratie und die soziale Schutzgesetzgebung. Aber wäre im Verlaufe der Revolution die proletarische Masse in Mitteleuropa durch die Ereignisse selbst, durch fortdauernden Krieg, fortschreitende Wirtschaftszerrüttung, durch die Revolution der Soldaten und die Jacquerie der Bauern, so revolutioniert worden, wie sie in Rußland revolutioniert worden ist, dann wäre die Sozialdemokratie entweder von Spartakus und den linken Unabhängigen so überrannt worden, wie die Menschewiki von den Bolschewiki überrannt worden sind, oder sie hätte sich der revolutionären Massenstimmung so anpassen müssen, wie sich ihr die ungarische Sozialdemokratie im März 1919 angepaßt hat. Daß die Führung der überwiegenden Mehrheit der proletarischen Massen Mitteleuropas in der Revolution in den Händen der Sozialdemokratie blieb und daß die Sozialdemokratie die Revolution innerhalb der Schranken der Demokratie hielt, die, da sie die kapitalistischen Eigentumsverhältnisse nicht aufzuheben vermochte, wieder zur Bourgeoisdemokratie werden und damit die Konterrevolution vorbereiten mußte, ist nicht darauf zurückzuführen, daß es in Mitteleuropa an revolutionären Kaders gefehlt hätte, die die Masse zum Sturm auf die kapitalistischen Eigentumsverhältnisse zu führen gewollt und fähig gewe-| sen wären, sondern darauf, 282 daß die Ereignisse selbst, die gesellschaftlichen Bedingungen, unter denen sich die Revolution in Mitteleuropa entwickelte, die revolutionäre Aktion der Massen innerhalb derselben Schranken hielten, innerhalb deren die Jahrzehnte lange Gewöhnung an reformistische Praxis die Vorstellungen und Zielsetzungen der Sozialdemokratie hielt.

„Die Tatsache, daß wir ein rückständiges Land sind, hat uns erlaubt, die anderen zu überholen", hat Lenin einmal gesagt. Und in demselben Sinne Trotzki: „Rußland hat seine bürgerliche Revolution so spät vollzogen, daß es gezwungen war, sie in die proletarische umzuwandeln."[54] In der Tat hat die ökonomische

---

[54] Trotzki, Geschichte der russischen Revolution. Oktoberrevolution. Berlin 1933, Seite IX.

und die kulturelle Rückständigkeit des zarischen Rußland die
großen Niederlagen der russischen Armee auf den Schlachtfeldern herbeigeführt, die der Revolution ermöglicht haben, sich
schon während des Krieges zu erheben und sich unter der vorwärtstreibenden Gewalt des Krieges zu entwickeln. In der Tat
hat die Tatsache, daß Rußland seine bürgerliche Revolution noch
nicht vollzogen hatte, nicht nur die revolutionäre Atmosphäre in
der russischen Gesellschaft erhalten, die den Sieg der Februarrevolution mitten im Kriege erleichtert und dadurch die Revolution
unter den Druck des Krieges gesetzt hat, sondern auch zur Folge
gehabt, daß die Februarrevolution den Aufruhr der Bauern entfesselt hat, der die Armeen revolutioniert und der proletarischen
Revolution die breite Massenbasis der revolutionierten Soldaten
und Bauern gegeben hat. Mann kann sehr wohl hinzufügen, daß
die Tatsache, daß Rußland noch seine bürgerliche Revolution zu
vollenden hatte, dort den Sozialismus nicht jene Entwicklung
zum Reformismus hat nehmen lassen, die sich in West- und Mitteleuropa nach dem Abschluß der bürgerlichen Revolution auf
dem Boden der bürgerlichen Demokratie vollzogen hat, dort jenen in allen Ländern für die Entwicklungsphase der bürgerlichen
Revolution charakteristischen revolutionären Sozialismus stark
283 und lebendig erhalten hat, der 1917 die | revolutionierten Mas-
sen zur revolutionären Machteroberung zu führen vermochte.
Aber wenn man damit anerkennt, daß der Verlauf der russischen
Revolution unzweifelhaft auch dadurch mitbestimmt wurde, daß
sie dort gerade dank der ökonomischen, sozialen und politischen
Rückständigkeit des zarischen Rußland einen stärkeren, gefestig-
teren, zur Führung revolutionärer Massenprozesse tauglicheren
Kader bewußter und geschulter revolutionärer Sozialisten vor-
fand als in den Ländern, in denen die Zeit der bürgerlichen Revolution längst vorüber war und der Sozialismus revolutionäre
Kämpfe seit mehr als vier Jahrzehnten nicht mehr kannte, so
konnte doch dieser revolutionäre Kader seine geschichtliche Mission nur erfüllen, weil die gesellschaftlichen Bedingungen selbst,
unter denen sich die Revolution entwickelte, die Massen dort

ganz anders in seine Gefolgschaft, unter seine Führung getrieben haben als in kapitalistisch vorgeschrittenen Ländern.

Die Spaltung des internationalen Sozialismus, selbst eine Wirkung des gegensätzlichen Verlaufes der aus dem Weltkriege hervorgegangenen Revolutionen, hat dazu geführt, daß der gegensätzliche Verlauf dieser Revolutionen auf Verdienst und Schuld der handelnden Parteien zurückgeführt worden ist. Diese Erklärung des Verlaufs und der Ergebnisse der Revolutionen ist zu einer ständig fließenden Quelle des Zwiespaltes und der Zwietracht innerhalb des Proletariats geworden. Die Rückkehr zu der marxistischen Methode, Verlauf und Ergebnis der Revolutionen nicht aus „den zufälligen Bestrebungen, Talenten, Fehlern, Irrtümern oder Verrätereien einzelner Führer" zu erklären, sondern aus „dem allgemeinen gesellschaftlichen Zustande und den Lebensbedingungen jeder der von der Erschütterung betroffenen Nationen", ist daher eine Voraussetzung der inneren, geistigen Überwindung der Spaltung des Proletariats. Dies schließt jedoch nicht aus, es fordert vielmehr, daß beide große Parteien, in die der internationale Sozialismus gespalten worden ist, in strenger Selbstkritik jene Fehlurteile, Irrtümer, Illusionen | überwinden, die sich hüben und drüben aus dem gegensätzlichen Verlauf der Revolutionen, aus der Verschiedenheit ihrer Ergebnisse und aus der dadurch hervorgerufenen Spaltung des Sozialismus entwickelt haben. Wir werden diese Fehlurteile, Illusionen, Irrtümer und ihre Überwindung durch die Geschichte selbst kennen lernen, wenn wir uns nunmehr der Geschichte der Spaltung des Sozialismus der Nachkriegszeit zuwenden.

3.3 Die Spaltung des Sozialismus

DIE AUS DEM WELTKRIEG hervorgegangenen Revolutionen haben das russische Proletariat gerade deshalb, weil es das Proletariat eines ökonomisch, sozial und kulturell rückständigen Landes gewesen ist, an die Spitze des Weltproletariats gestellt, gerade ihm früher als der Arbeiterklasse der kapitalistisch vorgeschritteneren Länder erlaubt, die Macht zu erobern und die

Umwandlung der kapitalistischen Gesellschaft in die sozialistische zu beginnen.

Die internationale Sozialdemokratie hat sich gegen diese Erkenntnis gewehrt. Hatte nicht Marx seinem Hauptwerk den Satz
vorausgeschickt: „Das industriell entwickeltere Land zeigt dem
minder entwickelten das Bild der eigenen Zukunft"? Hatte nicht
Marx gelehrt, daß die Entwicklung des Kapitalismus selbst die
Vorbedingungen der Verwandlung des kapitalistischen Eigentums in gesellschaftliches schafft? Daß diese Vorbedingungen
erst mit der Entwicklung des Kapitalismus reifen und die soziale
Revolution erst möglich wird, wenn „das Kapitalmonopol zur Fessel der Produktionsweise wird, die mit und unter ihm aufgeblüht
ist"? Konnte man also glauben, daß die soziale Revolution nun
gerade in einem Lande beginnen könne, in dem die Entwicklung
des Kapitalismus noch ungleich weniger weit vorgeschritten war
als in West- und Mitteleuropa und in den Vereinigten Staaten?
Daß ein industriell minder entwickeltes Land dem industriell
285 entwickelteren das Bild der eigenen Zukunft zeigen könne? Die |
internationale Sozialdemokratie hielt daher den Versuch, in dem
rückständigen Rußland eine sozialistische Gesellschaftsordnung
aufzubauen, für ein utopistisches Abenteuer. Sie glaubte, daß
die proletarische Diktatur bestenfalls nur eine vorübergehende Phase einer bürgerlichen russischen Revolution sein werde,
ähnlich wie 1792 die Diktatur des Pariser „Vorproletariats" nur
eine vorübergehende Phase einer bürgerlichen Revolution gewesen ist. Als der russische Bolschewismus in der Tat im Jahre
1921 vor dem Widerstande der Bauern und der Hungersnot in
den Städten zurückweichen, den kapitalistischen „freien Handel" wieder zulassen, dem internationalen Kapital industrielle
Konzessionen in der Sowjetunion anbieten mußte, glaubte die internationale Sozialdemokratie, daß nunmehr die kapitalistische
Rückbildung in Rußland einsetzen und binnen wenigen Jahren
die bolschewistische Diktatur als eine nur vorübergehende Phase
einer großen bürgerlichen Revolution erweisen werde. Alle diese
Ansichten sind heute durch die Geschichte selbst widerlegt. In

der Sowjetunion ist eine sozialistische Gesellschaft im Werden,
deren Wachstumsenergie in dem ungeheuerlichen Tempo der
Entwicklung ihrer Produktion und der Produktivität ihrer Arbeit
die kühnsten Erwartungen übertrifft. Nur wer nicht fähig ist, aus
neuen Tatsachen, aus Tatsachen weltgeschichtlicher Bedeutung
zu lernen, kann heute noch an Fehlurteilen festhalten, die in den
Jahren 1917 bis 1921 begreiflich und verständlich waren.

Auch die internationale Sozialdemokratie glaubte in den Jahren 1918 bis 1920, daß der Weltkrieg, daß die Revolutionen von
1917 und 1918 dem Kapitalismus einen tödlichen Schlag versetzt,
dem Sozialismus den Weg gebahnt hätten. Aber sie hielt es nicht
für möglich, daß das Proletariat die Umwandlung der kapitalistischen Gesellschaft in die sozialistische durch seine revolutionäre
Diktatur, die die individuellen Freiheitsrechte und die demokratische Selbstbestimmung des Volkes aufhebt, sei zwar in dem
rückständigen Rußland möglich, das liberale und demokratische
Institutionen | nie gekannt hat; aber Völker, die seit Jahrzehnten   286
die individuellen Freiheitsrechte genossen, mittels eines demokratischen Stimmrechtes über sich selbst entschieden hätten,
würden eine Diktatur nicht ertragen. Sie glaubte, daß in den
kapitalistisch vorgeschrittenen Ländern, in Ländern, in denen
das industrielle Proletariat seit Jahrzehnten sozial und kulturell
erzogen und gereift ist, das Proletariat die demokratischen Institutionen benützen könne und müsse, um auf dem Boden der Demokratie, mit den Kampfmitteln der Demokratie seine Macht im
demokratischen Staate schrittweise zu vergrößern und damit den
Gesellschaftsorganismus selbst schrittweise in der Richtung zu einer sozialistischen Gesellschaftsorganisation umzubilden. Hatte
nicht Marx selbst im Vorwort zu seinem Hauptwerk geschrieben,
„daß die jetzige Gesellschaft kein fester Kristall, sondern ein um-
wandlungsfähiger und beständig im Prozeß der Umwandlung
begriffener Organismus ist"? Konnte es, mußte es also einem
zahlenmäßig starken, seit Jahrzehnten von der Sozialdemokratie
zum Klassenbewußtsein, zur Erkenntnis seiner sozialistischen
Mission erzogenen Proletariat nicht gelingen, durch Ausnützung

der demokratischen Institutionen die jetzige Gesellschaft allmählich in eine sozialistische umzugestalten? Auch diese Irrtümer
sind heute durch die Geschichte widerlegt. Die demokratischen
Republiken, die das mitteleuropäische Proletariat aufgerichtet
hat, sind auf der Basis der kapitalistischen Eigentums- und Machtverhältnisse und der auf dieser Basis fortlebenden Ideologien
binnen wenigen Jahren zu Bourgeoisrepubliken geworden und
schließlich dem Faschismus erlegen. Und Hitler-Deutschland bietet heute der Welt ein furchtbares Schauspiel, wie ein Volk, das
Jahrzehnte lang die liberalen Freiheitsrechte genossen und das
demokratische Stimmrecht ausgeübt hat, das Land der größten
und ältesten sozialistischen Massenorganisationen, der höchst-
entwickelten Erziehung der Arbeitermassen zum Sozialismus
eine Diktatur erträgt. |

287 Aber auch die Bolschewiki waren, als sie die Macht übernah-
men, überzeugt, daß sie die Macht zu behaupten, eine sozialistische Gesellschaftsordnung aufzubauen nicht imstande sein
würden, wenn nicht binnen kurzer Frist die soziale Revolution in
den kapitalistisch vorgeschritteneren Ländern siegt. Sie erwarte-
ten freilich, daß der Krieg überall die proletarische Revolution
entfesseln werde. Weil die Revolution in dem besiegten Rußland
gesiegt hatte, glaubten sie, sie werde auch in den Siegerländern
siegen. Weil der Krieg die russische Revolution bis zur Diktatur
des Proletariats vorwärtsgetrieben hatte, glaubten sie, das Proletariat werde seine Diktatur auch in den Ländern, in denen die Revolution erst nach dem Kriege ausgebrochen war, ja selbst in den
Siegerländern, in denen sie auch nach dem Kriege nicht ausbrach,
erobern können. In der Zeit der ungarischen und der bayrischen
Rätediktatur hegten die Bolschewiki die überschwänglichsten
Erwartungen. In einem Manifest der neugegründeten Kommunistischen Internationale zum 1. Mai 1919 verkündete Sinowjew:
„Es wird kein Jahr vergehen, bis ganz Europa den Sowjets gehören
wird." Überflüssig, festzustellen, wie furchtbar die Geschichte
diese Illusionen widerlegt hat.

In Rußland hatten die Bolschewiki in wenigen Monaten revolutionärer Entwicklung die Parteien des demokratischen Sozialismus, die Menschewiki und die Sozialisten-Revolutionäre,
niedergekämpft. Sobald sie die Mehrheit der Arbeiterklasse für
sich gewonnen hatten, konnten sie die Staatsgewalt an sich reißen. Sie glaubten deshalb, sie müßten nur in allen Ländern der
Sozialdemokratie niederkämpfen, die Mehrheit der Arbeiterklasse für die kommunistischen Parteien gewinnen; dann könnten
sie überall die diktatorische Gewalt erobern. So haben sie denn
überall Sozialisten, die das große Vorbild der russischen Revolution nachahmen wollten, Arbeiter, die von den Ergebnissen
des Kampfes um die Demokratie enttäuscht waren, um sich geschart, die Spaltung in alle Länder getragen, leidenschaftlichen
Bruderkampf in allen Ländern | entfesselt. Aber der Wahn, in   288
West- und Mitteleuropa die Sozialdemokratie so überrennen zu
können, wie die Menschewiki in Rußland überrannt worden sind,
hat sich bald als Illusion erwiesen. In den meisten Ländern Europas sind die kommunistischen Parteien kleine, von der Masse
der Arbeiterklasse abgesonderte Sekten geblieben. In den wenigen west- und mitteleuropäischen Ländern, in denen sie größere
Massen zu sammeln und festzuhalten vermochten, wurden sie zu
proletarischen Oppositionsparteien, die die Sozialdemokratie zu
bekämpfen, aber nirgends einen ernsthaften, aussichtsreichen
Kampf um die Diktatur des Proletariats zu führen vermochten.
Wo die geschichtlichen Voraussetzungen fehlten, die in Rußland
die Eroberung der Diktatur ermöglicht haben, dort konnte auch
die Gründung kommunistischer Parteien diese Voraussetzungen
weder schaffen noch ersetzen.

Im Grunde haben in den ersten Nachkriegsjahren Sozialdemokraten und Kommunisten, wenngleich sie ganz verschiedene Wege gingen, doch denselben Fehler begangen; unter dem Eindruck
der schweren gesellschaftlichen Erschütterung, die der Krieg
hervorgerufen hatte, haben beide die Widerstandskräfte des Kapitalismus unterschätzt. Die Sozialdemokraten haben geglaubt,
mit den friedlichen Mitteln der Demokratie eine sozialistische

Gesellschaftsordnung aufbauen zu können; die kapitalistische
Bourgeoisie hat ihnen gezeigt, wie sie die Demokratie in ein Werkzeug ihrer Herrschaft zu verwandeln versteht, um schließlich die
Demokratie selbst in die Luft zu sprengen, sobald ihr dieses Herr-
schaftswerkzeug nicht mehr genügt. Die Kommunisten haben geglaubt, die Erschütterung der kapitalistischen Gesellschaft durch
den Krieg überall zur proletarischen Revolution ausnützen zu
können. In Wirklichkeit war der Kapitalismus überall außerhalb
Rußlands mächtig genug, die proletarische Revolution niederzuwerfen. Während Sozialdemokraten und Kommunisten noch
darum kämpften, ob die Krise der ersten Nachkriegsjahre auf den
Bahnen der Demokratie oder auf dem Wege der Revolution zur
289 sozialistischen Gesell- | schaftsordnung führen könne und solle,
hatte schon die sieghafte Gegenoffensive des Kapitals eingesetzt.

Im Jänner und im März 1919 endeten Aufstände der deutschen
Kommunisten mit schweren Niederlagen. Im Mai brach die Mün-
chener, im Juli die ungarische Rätediktatur zusammen. Aber noch
fühlte sich die Arbeiterklasse nicht besiegt. Das Jahr 1920, das
Jahr der Wendung von der Retablierungskonjunktur zur ersten
Nachkriegskrise, brachte eine Reihe von Erhebungen des Proletariats; sie endeten alle mit schweren Niederlagen. Im März
rettete der Generalstreik der deutschen Arbeiter die von dem
konterrevolutionären Kapp-Putsch bedrohte Republik; aber an
der Ruhr, wo die Bergleute über die bürgerliche Republik hinauszustürmen versuchten, wurden sie blutig niedergeworfen, und
in Bayern stabilisierte sich während des Kapp-Putsches eine konterrevolutionäre Diktatur. Im Mai endete der Massenstreik der
französischen Arbeiter mit einer Niederlage. Im August scheiterte der Versuch der Roten Armee, über Polen die Brücke zwischen
der russischen und der deutschen Revolution zu schlagen, vor
den Mauern von Warschau. Im September besetzten 500.000 italienische Arbeiter, viele von ihnen bewaffnet, die Betriebe. Aber
in einer Zeit, in der die italienische Armee schon eng mit dem
Faschismus verknüpft war und aus ihren Arsenalen schon Waffen
den faschistischen Banden geliefert wurden; in einer Zeit, in der

die wilden gewerkschaftlichen Kämpfe der landwirtschaftlichen
Arbeiter schon einen großen Teil nicht nur der Großgrundbesitzer, sondern auch der mittleren und kleineren Landwirte in das
Lager der bürgerlichen Reaktion getrieben hatten; in einer Zeit,
in der ein gutes Drittel der italienischen Arbeiterschaft selbst
nicht unter sozialistischer und nicht unter kommunistischer, sondern unter katholisch-klerikaler Führung stand; in einer Zeit, in
der die liberale Regierung Giolittis jede Provokation der gegen
das kapitalistische Eigentum rebellierenden Arbeiter vermied,
ihre bewaffnete Macht nicht gegen sie einsetzte, ihnen große
Zugeständnisse als Preis für die Räumung der Fabriken in Aus-
sicht stellte, wagten es die Ar- | beiter nicht, von den besetzten   290
Betrieben aus ihrerseits die bewaffnete Macht des Staates anzu-
greifen, steigerte sich die Betriebsbesetzung nicht zum Kampf
um die Staatsmacht selbst und mußte sie daher nach wenigen
Wochen ergebnislos abgebrochen werden. Im Dezember brach
ein Massenstreik in der Tschechoslowakei ergebnislos zusammen. Im Jahre 1921 erlitt die Arbeiterklasse unter dem Druck
der schweren Wirtschaftskrise in vielen Lohnkämpfen, von denen die Aussperrung der britischen Bergarbeiter der größte war,
schwere Niederlagen. In Deutschland brach der kommunistische
Märzputsch zusammen. Die Sowjetregierung mußte nach dem
Kronstädter Aufstande mit der „NEP" einen Rückzug antreten,
dem Kapitalismus wieder einen Teil der russischen Wirtschaft
einräumen. Im Jahre 1922 eroberte der Faschismus, seit der mißglückten Betriebsbesetzung jäh aufsteigend, in Italien schon die
Macht. Zugleich warf sich das österreichische Volk, durch die
schnell fortschreitende Geldentwertung zur Verzweiflung getrieben, der internationalen Finanzkontrolle in die Arme; dank der
Kontrolle der internationalen Hochfinanz einerseits, dank der
Schwächung der Arbeiterklasse durch die nun einsetzende Stabilisierungskrise andererseits begann nun auch die österreichische
Republik zur Bourgeoisrepublik zu werden.

   In diesen Jahren, in denen die Arbeiterklasse eine schwere Niederlage nach der anderen erlitten hat, in der sie überall schon in

die Defensive gedrängt war, stritten die proletarischen Parteien,
als lebten sie noch im Jahre 1918 oder 1919, weiter darüber, ob
das Proletariat mit den demokratischen Kampfmitteln oder mit
der Revolution gegen die Demokratie die Macht erobern, eine
sozialistische Gesellschaftsordnung erkämpfen könne und solle.
Im Juli und August 1920, in dem Jahre, in dem die Arbeiterklasse
schon eine ganze Reihe schwerer, verhängnisvoller Niederlagen
erlitt, erklärte der zweite Weltkongreß der Kommunistischen Internationale den „Zentrismus" für den niederzuringenden Hauptfeind und ging er damit daran, auch diejenigen sozialistischen
Parteien, die den Anschluß an die Kommunistische Internatio-
291 nale suchten, | zu spalten. Er formulierte die verhängnisvollen
„21 Aufnahmebedingungen der Kommunistischen Internationale", die das Mittel waren, die Unabhängige Sozialdemokratie in
Deutschland (Halle, Oktober 1920) und die französische Sozialistische Partei (Tours, Dezember 1920) zu spalten. Die deutsche
Unabhängige Sozialdemokratie, die französische Sozialistische
Partei und die österreichische Sozialdemokratie unternahmen
einen Versuch, eine Brücke zwischen den rechtssozialistischen
und den kommunistischen Parteien zu schlagen; sie schlossen
sich 1921 unter Friedrich Adlers Führung zur „Wiener Arbeitsgemeinschaft", zur „Internationale zweieinhalb" zusammen und
luden im folgenden Jahre die zweite und dritte Internationale
zu gemeinsamer Tagung nach Berlin ein; aber auch dieser Versuch scheiterte an der Illusion der Bolschewiki, daß sie nur im
Kampfe gegen die sozialdemokratischen Parteien die Voraussetzungen der proletarischen Revolution schaffen könnten. Wohl
hatte es 1922, nach den Niederlagen des Proletariats einen Augenblick lang den Anschein, als wollte Moskau selbst die in der Zeit
der revolutionären Offensive zerrissenen proletarischen Kräfte
zur Defensive wieder zusammenführen; der vierte Kongreß der
Kommunistischen Internationale (November, Dezember 1922)
gab die Parole der Einheitsfront des Proletariats aus. Aber sehr
bald wurde die Politik der „Einheitsfront" zum bloßen Mittel,
die Massen der Sozialdemokratie gegen ihre eigenen Parteien

aufzubieten, zum Mittel von Abspaltungs-, nicht von wirklichen Einigungsversuchen. Denn noch war trotz allen Niederlagen des Proletariats der revolutionäre Prozeß, den der Krieg eingeleitet hatte, nicht beendet. Noch stand in dem Lande, auf das der Kommunismus seine nächsten und größten Hoffnungen setzte, in Deutschland, eine schwere revolutionäre Krise bevor. Noch kämpfte der Kommunismus um die Führung der Massen in der nahenden entscheidenden Krise.

Die Krise kam im Gefolge des Ruhrkrieges mit der völligen Vernichtung des Wertes des deutschen Geldes. Hunger, Verzweiflung, Panik schienen Deutschland in | eine revolutionäre Situation zu stürzen. Wie war es in Wirklichkeit? Die konterrevolutionäre Diktatur in Bayern trat als Gegenregierung gegen die Reichsregierung auf. Die bayrische Reichswehr unterstellte sich der bayrischen Regierung und sagte der Reichsregierung den Gehorsam auf. Das Großkapital, auf die konterrevolutionären Kräfte gestützt, war so wenig eingeschüchtert, daß es mitten in der Krise die Durchbrechung des Achtstundentages forderte und durchsetzte. Die Reichsregierung wagte es nicht, der konterrevolutionären bayrischen Fronde entgegenzutreten. Sie übertrug die vollziehende Gewalt im ganzen Reich der Reichswehr, die sich soeben die völkisch-faschistischen Wehrverbände als „Schwarze Reichswehr" angegliedert hatte. Sie setzte rechtswidrig die sozialdemokratisch-kommunistischen Arbeiterregierungen in Sachsen und in Thüringen ab. Die Initiative lag durchwegs in den Händen der Konterrevolution, nicht des Proletariats. Die Arbeiterklasse, durch die von Stunde zu Stunde fortschreitende Entwertung ihrer Lohnmark zur Verzweiflung getrieben, nur noch mit der Sorge um das tägliche Brot befaßt, abgekämpft und eingeschüchtert, leistete keinen Widerstand, als in Sachsen und in Thüringen die Arbeiterregierungen gestürzt wurden. Sie blieb teilnahmslos, als in Hamburg ein paar hundert Kommunisten die Polizeiwachstuben stürmten. Die Krise endete mit einer völligen Niederlage des deutschen Proletariats.

292

Damit war die Periode schwerer sozialer Erschütterungen, die
der Weltkrieg hervorgerufen hatte, vorerst beendet. Sie hatte
nicht, wie die Sozialdemokratie gehofft hatte, der Arbeiterklasse ermöglicht, die Formen der Demokratie mit sozialistischem
Inhalt zu füllen. Sie hatte ebensowenig, wie die Kommunisten
geglaubt hatten, dem Proletariat erlaubt, überall eine revolutionäre Diktatur zu erkämpfen. Mit der Beendigung des Ruhrkrieges, der Stabilisierung der Mark, dem Dawespakt, dem großen
Kapitalzustrom aus Amerika nach Deutschland, der einsetzenden
industriellen Prosperität, begann eine neue Periode. Die Kommunistische Internationale selbst stellte die „relative Stabilisierung
293 des Kapitalismus" fest. |

Die Prosperität bot der Arbeiterklasse wieder reiche Möglichkeiten, erfolgreiche Kämpfe um die Erhöhung der Löhne, um
den Ausbau der sozialen Gesetzgebung und Verwaltung zu führen. Sobald die wirtschaftliche Prosperität der reformistischen
Praxis wieder günstige Möglichkeiten bot, erstarkten die sozialdemokratischen Parteien wieder, erstarkten aber auch ihre
reformistischen Illusionen. Wußte man, daß der Prosperität auch
wieder Krisen folgen würden, so stellte man sich diese Krisen
doch nach der Analogie der verhältnismäßig leichten und kurzen
Vorkriegskrisen vor; eine so allgemeine, so schwere und so folgenschwere Erschütterung der ganzen kapitalistischen Welt, wie
sie seit 1929 begonnen hat, hat niemand von uns vorausgesehen.
So hielt denn die Sozialdemokratie die demokratischen Institutionen für gefestigt. So richtete sie sich auf eine allmähliche,
friedliche Aufwärtsentwicklung der Arbeiterklasse im Rahmen
der bürgerlichen Demokratie, im Rahmen des Kapitalismus ein.

Auch die Kommunisten mußten feststellen, daß die Periode, in
der das Proletariat unmittelbar um die Macht kämpfen konnte,
vorerst abgeschlossen war. Aber welche Lehre zogen sie aus den
Niederlagen der Arbeiterklasse? „Die objektiven Voraussetzungen der siegreichen Revolution waren vorhanden. Es fehlte nur
der subjektive Faktor, es fehlte eine entschlossene, kampfbereite-
te, bewußt revolutionäre Arbeiterpartei. Mit anderen Worten

es fehlte eine wirkliche kommunistische Partei", so glaubte der IV. Kongreß der Kommunistischen Internationale die Niederlagen des Proletariats erklären zu können. Die Kommunisten hatten selbst in Rußland eine Situation, die dem Proletariat erlaubte, seine Diktatur aufzurichten, erlebt, — eine Situation, in der der Krieg die Arbeitermassen vorwärtstrieb, die Arbeiterklasse sich auf den Aufruhr der Bauernschaft stützen konnte, die Armee den herrschenden Klassen jede Unterstützung verweigerte. Welche Selbsttäuschung war es, zu glauben, daß die objektiven Voraussetzungen des Sieges der proletarischen Revolution in Deutschland selbst im Jänner 1919, gar erst im März 1921 oder im Jahre 1923 oder daß sie in Italien während | der Fabriksbesetzung von 1920 ebenso oder auch nur ähnlich gegeben gewesen seien wie in Rußland im Oktober 1917! Und welche Selbsttäuschung, das Ergebnis großer revolutionärer Massenprozesse nicht aus den gesellschaftlichen Entwicklungsbedingungen der Revolution, die den Bewußtseinszustand und das Verhalten der Massen bestimmen, sondern aus dem Fehlen „wirklicher kommunistischer Parteien" zu erklären! Die Kommunisten zogen aus der falschen Erklärung den Schluß, nun erst recht den unversöhnlichen Kampf um die Gewinnung der Massen zu führen, damit die Massen in künftigen revolutionären Zeiten unter ihre Führung kommen. Aber sie haben zugleich auch den Schluß gezogen, sie müßten die kommunistischen Parteien West- und Mitteleuropas „bolschewisieren"; sie haben von Moskau aus ganze Führergarnituren abgesetzt, ganze Reglements proletarischer Taktik den verschiedenen Ländern von Amerika bis China vorgeschrieben und damit ihre eigenen Parteien desorganisiert, gespalten, geschwächt, große Teile der ihnen schon gewonnenen Massen zur Sozialdemokratie zurückgedrängt, den meisten ihrer Parteien das Schicksal ohnmächtiger Sekten auferlegt. Wohl haben sie die Entwicklungstendenzen des Kapitalismus richtiger beurteilt als die Sozialdemokratie, als der VI. Kongreß der Kommunistischen Internationale (Juli bis September 1928) noch mitten in der Prosperität richtig voraussagte, daß „die weitere Entwicklung der Widersprüche der kapitalisti-

294

schen Stabilisierung unvermeidlich zur äußersten Verschärfung
der allgemeinen Krise des Kapitalismus" führen werde; aber sie
haben nicht vorausgesehen, daß die Krise zunächst nicht eine
neue revolutionäre Offensive des Proletariats herbeiführen werde, sondern die konterrevolutionäre Offensive des Faschismus.
Sie betrachteten nicht den Faschismus, sondern die bürgerliche
Demokratie als den Feind, den die Arbeiterklasse in einer neuen
revolutionären Phase niederzukämpfen haben werde, und die
Führung der Arbeiterklasse durch die Sozialdemokratie als das
295   Haupthinder-| nis des Sieges der Arbeiterklasse in den Kämpfen,
die eine neue Krise entfesseln werde.

So ging denn auch in der neuen Periode der Kampf zwischen
der Sozialdemokratie und den Kommunisten weiter. Aber er veränderte nun seinen Charakter. War die revolutionäre Situation
zunächst vorüber, so hatte die Streitfrage, mit welchen Mitteln
die Arbeiterklasse die Macht erobern könne, ihre unmittelbare
Aktualität verloren. Bot dagegen die Prosperität dem Kampf um
höhere Löhne, bessere Arbeitsbedingungen, um soziale Reformen
innerhalb des Kapitalismus günstige Bedingungen, so übertru-
gen die Kommunisten ihren Kampf gegen die Sozialdemokratie
auf dieses eigenste Gebiet der reformistischen Arbeiterparteien.
Bei jedem Lohnkampf und jedem Kampf um soziale Reformen
suchten sie die Forderungen der Gewerkschaften und der Sozialdemokratie zu überbieten. Jede Gelegenheit suchten sie zu
benützen, um, ohne die Aussichten eines Erfolges abzuwägen,
Streiks und blutige Zusammenstöße auf der Straße zu provozie-
ren. Bei jedem Abschluß eines Kampfes beschuldigten sie, wie
groß immer seine Erfolge waren, die Gewerkschaften und die
Sozialdemokratie des Verrates an der Arbeiterklasse. Sie gebärdeten sich, als wären die Ergebnisse der ökonomischen und der
politischen Kämpfe der Arbeiterklasse innerhalb der kapitalistischen Gesellschaft nicht von den jeweiligen Situationen auf dem
Warenmarkt und auf dem Arbeitsmarkt, nicht von den Machtverhältnissen zwischen Kapital und Arbeit bestimmt, sondern
ausschließlich von dem Willen und dem Mut der Gewerkschafts-

und Parteiführung. Sie beschuldigten die Sozialdemokratie des
Verrats an der Arbeiterklasse nicht mehr deshalb, weil sie die
Revolution nicht gewagt, sondern deshalb, weil sie auf ihrem
eigensten Gebiet, auf dem Gebiet ihrer größten Erfolge, auf dem
Gebiet der reformistischen Kämpfe die Arbeiter täglich verrate.
Der Kampf der Kommunisten gegen die Sozialdemokratie, in der
Revolutionszeit nach dem Kriege ein ernster Kampf um die Me-
thoden und Ziele der Ausnützung einer revolutionären Situation,
wurde nun | zu einem mit allen Mitteln der Demagogie geführten 296
Konkurrenzkampfe. Aber die Plumpheit der Demagogie stieß gerade die kulturell höchststehenden, urteilsfähigsten und darum
führenden Schichten der Arbeiterklasse ab; sie reduzierte den
Einfluß der kommunistischen Parteien auf die verelendetsten,
aus den Affekten der Verzweiflung handelnden Schichten des
Proletariats. Die Versuche, die Arbeiterklasse ohne Abwägung
der Erfolgsaussichten in Kämpfe zu verwickeln oder zum Aushar-
ren in aussichtslos gewordenen Kämpfen zu bewegen, führten
zu enttäuschenden Niederlagen, die Arbeiterschichten, welche
dem Kommunismus schon gewonnen gewesen waren, von ihm
wieder abstießen und den Einfluß der kommunistischen Parteien
auf die gewerkschaftlich organisierte Arbeiterschaft zerstörten.
    Der Glaube der Kommunisten, in einer Zeit industrieller Pro-
sperität durch bloße Demagogie, die die Unfähigkeit der verelendetsten Schichten des Proletariats zu nüchterner Einschätzung
ökonomischer und politischer Machtverhältnisse, zu rationaler
Erwägung der Kampfbedingungen und Erfolgsmöglichkeiten auszubeuten suchte, durch eine Taktik „revolutionärer Gymnastik",
die nur zu verhängnisvollen Niederlagen führte, die Massen der
Arbeiter gewinnen zu können, war eine Illusion. Immerhin aber
verlor die Sozialdemokratie in dem Konkurrenzkampfe der beiden Arbeiterparteien gegeneinander wertvolle Elemente der Arbeiterklasse. Sie verlor einerseits begeisterte Sozialisten, die sich,
von dem sozialistischen Ideal erfüllt, mit der bloß reformistischen Arbeit innerhalb der kapitalistischen Gesellschaft nicht
bescheiden wollten; echte Revolutionäre, die das Vorbild der

revolutionären Umwälzung in Rußland anzog. Sie verlor andererseits die verelendetsten Schichten der Arbeiterklasse, die zu
rationaler, nüchterner Abwägung der Kampfbedingungen und
Erfolgsmöglichkeiten am wenigsten fähig, aber von den stärksten
revolutionären Affekten erfüllt, immer ein vorwärtstreibendes,
revolutionierendes Element innerhalb der Arbeiterbewegung
sind. Die Sozialdemokratie entwickelte sich damit immer weiter
297 nach rechts, — viel weiter nach rechts, als der re- | formistische
Sozialismus der Vorkriegszeit je gestanden war.

Der heftige Konkurrenzkampf zwischen Sozialdemokraten und
Kommunisten um die Führung der Arbeiterklasse hat das Gefühl der Klassensolidarität zerstört. Die Sozialdemokratie, die
mit den bürgerlich-demokratischen Parteien die bürgerliche Demokratie gegen den kommunistischen Ansturm verteidigte und
mit den bürgerlichen Parteien in den Parlamenten kooperierte,
um im parlamentarischen Tauschhandel soziale Reformen für
die Arbeiterklasse durchzusetzen, fühlte sich der Bourgeoisdemokratie näher als den kommunistischen Klassengenossen. Wo
sie lange Zeit mit Bourgeoisparteien gemeinsam regierte oder
wo sie Minderheitsregierungen bildete, die von den Stimmen
der Bourgeoisparteien abhängig waren, dort war sie gezwungen,
die Gewaltmittel des kapitalistischen Staates zur Niederhaltung
kommunistischer Proletarier zu handhaben, und dort näherten
sich ihre Führerschichten auch in der Denkweise, der Ideologie,
der Lebensführung den Sitten und Unsitten der bürgerlichen
Demokratie. Die Sozialdemokratie wurde so, wenngleich in den
verschiedenen Ländern in verschiedenem Grade, immer mehr
zur tragenden Stütze der bürgerlichen Demokratie, zu einem wesentlichen Bestandteil ihres politischen und gesellschaftlichen
Systems, zu einer „Systempartei", — eine Entwicklung, deren Folgen sichtbar wurden, als mit der industriellen Prosperität auch
die Möglichkeit, durch die Machtstellung der Sozialdemokratie
innerhalb des bürgerlich-demokratischen Systems positive Erfolge für die Arbeiterklasse zu erringen, zu Ende war und der
Faschismus die antikapitalistischen Stimmungen der durch die

Krise verelendeten Massen gegen die bürgerliche Demokratie
auszubeuten begann.

Die Kommunisten beriefen sich in ihrem Kampfe gegen die
Sozialdemokratie auf das Vorbild Sowjetrußlands. Sie sprachen
nicht von den außerordentlichen Umständen, die in Rußland im
Jahre 1917 dem Proletariat die Eroberung der Diktatur ermöglicht hatten, — sie gebärdeten sich, als könnte das Proletariat
in jedem Lande, in jeder | Zeit seine Diktatur erkämpfen, wenn   298
es sich nur ihrer Führung anvertraute. Sie sprachen nicht von
den ungeheuren Opfern, die der Umwälzungsprozeß in der Sowjetunion erforderte, — auch in der Zeit, in der die Sowjetunion
durch die furchtbarste Not hindurchgehen mußte, stellten sie
Sowjetrußland als das „Paradies der Arbeiter" hin. Sie stellten
die terroristische Dikatur, die allein in Rußland den gewaltigen
Umwandlungsprozeß von der kapitalistischen zur sozialistischen
Gesellschaft vollziehen konnte, nicht als eine notwendige, unvermeidliche Übergangsphase zur Erringung einer Gesellschaft
der vollkommensten Freiheit und Menschlichkeit hin, die Unterdrückung der individuellen, der geistigen Freiheit des Einzelnen
und der Selbstbestimmung der Gesamtheit nicht als ein schwe-
res, aber zeitweilig unvermeidliches Opfer, das die Gesellschaft
der Entwicklung bringen muß, um die vollste individuelle, geistige Freiheit, die wirkliche Selbstbestimmung der Gesamtheit
zu erobern, sie verherrlichten vielmehr, an die Haß-, Gewalt-,
Racheinstinkte der Masse appellierend, Diktatur und Terror, Unterdrückung der individuellen Freiheit und der kollektiven Selbstbestimmung, als wenn sie nicht vorübergehend unvermeidliche
Mittel der sozialen Revolution, nicht ein schwerer Preis, der der
Entwicklung zum Sozialismus bezahlt werden muß, sondern die
Ziele selbst des Sozialismus wären. Sie verhöhnten das Bekenntnis zur Freiheit noch als ein bürgerliches Vorurteil, als es schon
bitter notwendig geworden war, die Freiheit gegen die faschistische Konterrevolution zu verteidigen. Aber gerade daß sich
die Kommunisten täglich auf Sowjetrußland beriefen, setzte die
Sozialdemokratie in Gegensatz zu Sowjetrußland. Die Mehrheit

der sozialdemokratischen Parteien nahm eine völlig verständ-
nislose Haltung zu der großen sozialen Revolution in Rußland
ein. Da die Kommunisten Sowjetrußland als das „Paradies der
Arbeiter" hinstellten, glaubten viele Sozialdemokraten, den Massen nur von den Grausamkeiten der terroristischen Diktatur, nur
von der Not und Unfreiheit der russischen Volksmassen erzählen
zu sollen. Auch als die Sowjetunion schon die Zeit der bittersten
299 | Not überwunden, als sie schon den gewaltigen sozialistischen
Aufbau in Angriff genommen hatte, standen viele Sozialdemokraten dem weltgeschichtlichen Geschehen in der Sowjetunion
noch verständnislos, noch feindlich gegenüber. Sie hatten seit
der Begründung der Sozialdemokratie die Vergesellschaftung der
Produktionsmittel als ihr Ziel bezeichnet; aber sie haßten den
Staat, der die Vergesellschaftung der Produktionsmittel nun wirklich vollzog. Sie hatten Jahrzehnte lang die Überlegenheit der
sozialistischen über die kapitalistische Produktionsweise theoretisch gelehrt; aber sie verzichteten darauf, den Volksmassen diese Überlegenheit nun auch an eindruckvollsten geschichtlichen
Tatsachen zu zeigen, als sie sich in der ungeheuren Wachstumsenergie der sowjetrussischen Wirtschaft praktisch zu erweisen
begann. Da die sozialistische Gesellschaft in Rußland auf anderem
Wege kam, als sie es erwartet und gewollt, stellten sie sich gegen die sozialistische Gesellschaft. Aber indem sie sich gegen den
Sozialismus dort stellten, wo er sich zu verwirklichen begann, ver-
blaßten ihre sozialistische Gesinnung, ihr sozialistisches Wollen
überhaupt.

Die Werbekraft der Ideen des Sozialismus wurde auf diese Weise furchtbar geschwächt. Das Volk sah als Repräsentanten der sozialistischen Idee auf der einen Seite die Sozialdemokratie, die zu
einer „Systempartei" innerhalb des kapitalistischen Systems geworden war, deren Tätigkeit sich auf das Feilschen um Löhne und
Sozialrenten beschränkte. Es sah auf der anderen Seite die Kommunisten, die durch eine auf die Urteilsunfähigkeit verzweifelter
Massen spekulierende Demagogie, durch eine bedenkenlose wirtschaftliche und politische Putschtaktik, welche ohne Abwägung

der Erfolgsaussichten der Proletarierschichten in Niederlagen und schweres Unglück führte, kompromittiert waren. So konnte denn, als 1929 die Krise hereinbrach und die Massen verelendete, nicht der Sozialismus und nicht der Kommunismus die antikapitalistischen Stimmungen der Massen ausnützen, sondern der Faschismus. | 300

Als im Gefolge der Krise der deutsche Nationalfaschismus die bürgerliche Demokratie bedrohte, klammerte sich die Deutsche Sozialdemokratie an die demokratische Legalität. Sie stützte den Regierungsabsolutismus Brünings, dessen Deflationspolitik die Massen dem Nationalfaschismus zutrieb, in der Hoffnung, daß Brüning dem Nationalfaschismus den Weg zur Macht versperren werde. Sie hat erfahren, daß dieselben Klassen, die die Regierung Brünings getragen hatten, über Nacht die Macht an Hitler übergaben. Sie hat sich an die preußische Koalition geklammert, ihr die schwersten Opfer gebracht, in der Hoffnung, die preußische Schutzpolizei, über die sie verfügte, werde die Demokratie gegen den Faschismus schützen; sie erfuhr, daß „ein Leutnant und 10 Mann" genügten, sie aus dieser vermeintlichen Machtstellung hinauszuwerfen.

Die Kommunisten aber gebärdeten sich, als sähen sie die Gefahr des Faschismus überhaupt nicht. In der Zeit, in der der Faschismus die Demokratie ganz unmittelbar bedrohte, hielten sie noch immer nicht den Faschismus, sondern die Demokratie für den niederzuringenden Feind, noch immer die Sozialdemokratie für den „Hauptfeind". Die Taktik der „Volksfront", der Allianz des Proletariats mit der bürgerlichen Demokratie gegen den Faschismus, die die Kommunisten heute in Frankreich üben, um dem Faschismus einen starken Damm entgegen zu setzen, hatten sie damals, als der Faschismus in Deutschland die Demokratie zu vernichten, die Arbeiterklasse niederzuwerfen drohte, noch nicht entdeckt. Sie waren nicht bereit, eine demokratische Regierung zu unterstützen, um dem Faschismus den Weg zu verlegen. Stand im Reichstag ein großer nationalistisch-faschistischer Block rechts, ein großer kommunistischer Block links, verweiger-

ten beide jeder parlamentarisch-demokratischen Regierung die
Unterstützung, so wurde alles parlamentarisch-demokratische
Regieren in Deutschland unmöglich, die Legislative handlungsun-
fähig, alle Macht fiel in die Hände der Exekutive, die Entwicklung
ging zwangsläufig von Brüning über Papen und Schleicher zu
301 Hitler. |

Als aber Hitler kam, waren beide große Arbeiterparteien gleich
kampfunfähig. Beide erlagen, ohne auch nur einen Versuch des
Widerstandes zu wagen, der Konterrevolution. Die kommunistischen Revolutionäre sind in Deutschland dem Faschismus ebenso
widerstandsunfähig, ebenso kampflos erlegen wie die sozialdemokratischen Reformisten. Beiden bereitete der Terror der faschistischen Konterrevolution dasselbe Schicksal. Nichts ist als
Ergebnis des anderthalb Jahrzehnte langen erbitterten Kampfes
zwischen Kommunisten und Sozialdemokraten geblieben als der
Haß sozialdemokratischer und kommunistischer Arbeiter gegen
einander, der noch im Konzentrationslager, noch vor der Peit-
sche des die einen und die anderen mißhandelnden S.A.-Banditen
schmählich fortlebte.

Ist unsere Kritik der Ideologie und der Politik der beiden großen
proletarischen Parteien der Nachkriegszeit zu hart? Wir bekennen, zwar nicht alle, wohl aber manche der hier festgestellten
Irrtümer der internationalen Sozialdemokratie geteilt zu haben.
Solches Bekenntnis kann nur derjenige scheuen, der es für ehren-
haft hält, aus geschichtlichen Erfahrungen größter Dimensionen
nichts zu lernen. Wir wünschten nur, daß auf der anderen Seite,
im Lager der Kommunisten der Mut nicht fehlte, ebenso freimütig die Fehlurteile, die Verirrungen der eigenen Vergangenheit zu
gestehen und zu kritisieren. Denn heute ist die Überwindung der
Verirrungen auf beiden Seiten zu einer möglichen und zu einer
notwendigen Aufgabe geworden. Die Niederwerfung der deutschen Arbeiterklasse, die in der Vorkriegszeit die Lehrmeisterin
der Arbeiter aller Länder gewesen ist und auch nach dem Kriege
der Arbeiterbewegung der kapitalistischen Länder sowohl die
größte sozialdemokratische als auch die größte kommunistische

Partei gestellt hat, hat den internationalen Sozialismus schwer
erschüttert, ihn in eine schwere Krise gestürzt. Die in anderthalb Jahrzehnte langem Bruderkampfe entwickelten, erstarrten,
dogmatisierten Anschauungen auf beiden Seiten gerieten ins
Wanken. Die Zeit ist reif geworden, die Verirrungen auf beiden
Seiten zu überwinden, | um den Sozialismus nach der traurigen   302
Periode des Zwiespalts zu einigen und auf neue Wege zu führen.

Daß die beiden großen Arbeiterparteien Deutschlands dem
Nationalfaschismus kampflos erlegen sind, daß die deutschen
Arbeiter ihre großen Gewerkschaften preisgaben, ohne daß sich
auch nur ein einziger Betrieb zum Widerstand erhoben hätte, daß
die beiden sozialistischen Parteien zertrümmert werden konnten, ohne daß auch nur ein Schuß abgegeben worden wäre, hat
die Konterrevolution in der ganzen Welt ermutigt. In der ganzen
Welt meinte nun die kapitalistische Reaktion: „Keine Angst! Für
den Sozialismus setzt keiner sein Leben mehr ein! Man kann die
sozialistischen Parteien zerschmettern, ohne daß sich die Arbeiterklasse zu ihrem Schutz erhebt!" Damals erkannten auch die
rechtest stehenden, auch die pazifistischesten und reformisti-
schesten Arbeiterparteien: „Der Sozialismus ist in der ganzen
Welt verloren, wenn der Faschismus in einem Lande nach dem
andern die sozialistischen Parteien vernichten kann, ohne daß
sich die Arbeiterklasse, sei es auch unter noch so ungünstigen
Kampfbedingungen zur Wehr setzt." Damals erkannten die fried-
lichsten englischen Gewerkschafter, die rechtest stehenden skandinavischen und holländischen Reformisten: „Lieber einen Ver-
zweiflungskampf unter noch so ungünstigen Kampfbedingungen
wagen, als sich kampflos der Gewalt unterwerfen!"

Aus dieser Überzeugung haben die österreichischen Arbeiter
gehandelt. Als die Regierung Dollfuß daranging, die österreichische Sozialdemokratie zu zerschmettern, hat sich am 12. Februar
1934 der von Sozialdemokraten organisierte und geführte Schutzbund zu einem heroischen Verzweiflungskampfe erhoben.

Die österreichischen Schutzbündler sind besiegt worden. Viele
meinten damals, die österreichische Arbeiterklasse sei unterle-

gen, weil sie den Kampf zu spät aufgenommen hat. In der Tat ist die österreichische Sozialdemokratie im März 1933, als Dollfuß das Parlament ausschaltete und seinen Regierungsabsolutismus aufrichtete, vor dem Kampf zurückgeschreckt. Sie traute den Ver-
303 | sprechungen Dollfuß', daß er nach wenigen Wochen den verfassungsmäßigen Zustand wiederherstellen wolle. Sie glaubte nicht, daß die bloße Ausschaltung des in der Zeit der Wirtschaftskrise höchst unpopulär gewordenen Parlaments genüge, die Massen zu einer Revolution aufzupeitschen. Sie fürchtete, daß eine Erhebung des Proletariats die regierenden Klerikofaschisten und die oppositionellen Nationalfaschisten, die einander damals noch nicht so unversöhnlich feind waren wie später, zusammentreiben, den deutschen Nationalfaschismus in die österreichische Regierung führen und damit Österreich Hitler-Deutschland unterwerfen könnte. So gewann Dollfuß Zeit, seinen Regierungsabsolutismus zu stabilisieren, seinen Gewaltapparat zu verstärken, die Kampfkraft der Arbeitermassen in einer elfmonatigen Unterdrückungsperiode empfindlich zu schwächen. Als sich die Schutzbündler am 12. Februar 1934 erhoben, mußten sie den Kampf unter weit ungünstigeren Bedingungen führen, als sie ihn am 15. März 1933 hätten führen können. Diese Erfahrung machte auf die Sozialisten aller Länder starken Eindruck. Sie zogen aus ihr den Schluß: „Nicht zu spät kämpfen! Wenn gekämpft werden muß, dann den Kampf aufnehmen, ehe noch der Faschismus die Arbeiterschaft zermürben konnte!"

Diese Lehre hat die Ereignisse in Spanien mächtig beeinflußt. Spanien hat 1931 eine typische bürgerliche Revolution erlebt. Die liberale Bourgeoisie und die Arbeiterklasse hatten die Monarchie gestürzt; sie hatten ohne Blutvergießen siegen können, weil sich das Offizierskorps der Armee der liberalen Bourgeoisie zur Verfügung gestellt hatte. Aber auf dem Boden der bürgerlichen Republik hatten sich die Klassengegensätze zwischen der Bourgeoisie und dem Proletariat scharf zugespitzt. Eine bewaffnete Entscheidung zwischen beiden Klassen schien unvermeidlich geworden. Die spanische Arbeiterklasse, von der Lehre des österreichischen Aufstandes beeinflußt, wollte nicht zu spät losschlagen. Im Oktober 1934 erhoben sich die asturischen Bergarbeiter. Aber auch sie wurden geschlagen. Wieder machte die Arbeiterklasse die Erfahrung, daß sie im bewaffneten Kampfe gegen die Staats- | gewalt nicht siegen kann, wenn nicht die bewaffnete Macht der Staatsgewalt selbst im Verlaufe der Kämpfe zersetzt wird, den Gehorsam verweigert oder zu den Aufständischen übergeht.

    In Deutschland hatten nicht nur die Sozialdemokraten, sondern auch die Kommunisten trotz ihrer revolutionären Phraseologie und Ideologie keinen bewaffneten Widerstand gegen den Nationalfaschismus gewagt; die gewaltig anschwellende Massenflut des Nationalfaschismus hatte die ganze Arbeiterklasse dermaßen entmutigt, daß selbst ihre revolutionärsten Schichten kampflos kapitulierten. In Österreich und in Spanien hatten sozialdemokratische Arbeiter unter sozialdemokratischer Führung dem Faschismus mit der Waffe in der Hand heroischen Widerstand geleistet. Das allzu simple Schema von der nichts-als-reformistischen, zu revolutionärem Kampfe unfähigen Sozialdemokratie und des allein zur Führung revolutionärer Kämpfe fähigen Kommunismus war durch die Ereignisse in Österreich und in Spanien auf der einen, in Deutschland auf der anderen Seite widerlegt. Abermals hatte es sich gezeigt, daß nicht so sehr Tradition, Ideologie und Phraseologie als die konkreten geschichtlichen und gesellschaftlichen Umstände das Verhalten der Massen in Augenblicken großer gesellschaftlicher Wendungen, den Ablauf großer geschichtlicher Ereignisse bestimmen. Aber die revolutionären sozialdemokratischen Arbeiter waren sowohl in Österreich als auch in Spanien unterlegen. Es hatte sich gezeigt, daß sich die Arbeiterklasse des Faschismus nicht erwehren kann, wenn der Faschismus erst über die Gewaltmittel des Staates verfügt. Diese Erfahrung stellte den internationalen Sozialismus vor die Aufgabe, vorbeugend zu verhüten, daß die Staatsgewalt dem Faschismus dienstbar werde.

    Vor diese Aufgabe wurden zunächst die proletarischen Parteien Frankreichs gestellt. Am 6. Februar 1934 wurde eine bürgerlich-demokratische Linksregierung auf den Straßen von Paris von den

Faschisten gestürzt. Am 12. Februar, an demselben Tage, an dem
der Aufstand der österreichischen Schutzbündler begann, pro-
305 testierte die | französische Arbeiterklasse mit einem eintägigen
Generalstreik gegen den Gewaltstreich der Faschisten. eine gewaltige Bewegung ging durch das französische Volk. Sozialistische
und kommunistische Arbeiter und demokratische Bürger und
Bauern demonstrierten gegen den Faschismus, schlossen sich in
„Wachsamkeitskomitees" zusammen, die drohende Gefahr abzuwehren. Sozialistische und kommunistische Arbeiter forderten
ein Kampfbündnis ihrer Parteien gegen den Faschismus. Keine
der beiden Parteien konnte sich dieser elementaren Bewegung
der Massen entziehen. Die „Aktionsgemeinschaft" der beiden
französischen Arbeiterparteien wurde gebildet. Organisierte sie
vorerst große Massenkundgebungen gegen den Faschismus, so
mußte sie bald erkennen, daß Massenkundgebungen allein nicht
genügen, dem Faschismus den Weg zu sperren. Sie mußte sich die
Aufgabe setzen, die „Einheitsfront des Proletariats" mit demokratischen Bürgern und Bauern zu einer „Volksfront" zu erweitern,
die gegenseitige Unterstützung der in der „Volksfront" vereinigten Parteien und Organisationen bei den Wahlen zu organisieren,
ihnen die Bildung einer Regierung der „Volksfront" als Ziel zu
setzen, die die faschistischen Ligen auflösen und entwaffnen solle.

Unter dem Eindruck der Vorgänge in Frankreich revidierte
die Kommunistische Internationale ihre ganze Taktik. Sie hatte erlebt, daß die deutsche kommunistische Partei, indem sie
der vom Faschismus bedrohten Demokratie jede Unterstützung
jede Unterstützung verweigert hatte, den Sieg des Faschismus
erleichtert hat, um dann selbst dem triumphierenden Faschismus kampflos zu erliegen und von ihm zersprengt und zerschlagen zu werden; sie hätte es vor den Massen nicht verantworten
können, wenn ihre Sektionen in den anderen Ländern die ver-
hängnisvolle Torheit des deutschen Kommunismus wiederholt
hätten. Sie hatte die bürgerliche Demokratie noch bekämpft, als
die Wahl nur mehr zwischen bürgerlicher Demokratie und Fa-

schismus stand; sie mußte jetzt erkennen, daß, so gewiß auch
die bürgerliche Demokratie eine Form der Klassenherrschaft der
Bourgeoisie ist, es dennoch das Lebensinteresse des | Proletariats 306
erheischt, die „demokratischen Freiheiten" gegen den Faschismus zu verteidigen, der die letzte, brutalste, gewalttätigste Form
der Klassenherrschaft der Bourgeoisie ist. Sie hatte erfahren, daß
der deutsche Nationalfaschismus, nachdem er die deutsche Arbeiterklasse niedergeworfen hatte, die Sowjetunion bedrohte.
Von Hitler-Deutschland und Japan zugleich bedroht, suchte die
Sowjetunion Bundesgenossen gegen den drohenden Angriff faschistischer Mächte, indem sie in den Völkerbund eintrat und
Bündnisverträge mit Frankreich und mit der Tschechoslovakei
schloß; es konnte ihr nicht gleichgültig sein, ob sich in den demokratischen Ländern die Demokratie behauptete, die zur Verteidigung des Friedens im Bunde mit der Sowjetunion bereit ist,
oder ob diese Länder einem Faschismus verfallen, der, von anti-
sozialistischen Leidenschaften beherrscht, Hitler-Deutschland
im Osten freie Hand gäbe. Es konnte der von Deutschland, Polen
und Japan bedrohten Sowjetunion nicht gleichgültig sein, ob ihre
Bundesgenossen im Westen hinreichend gerüstet sind; als im
Mai 1935 der französische Ministerpräsident Laval in Moskau
war, den russisch-französischen Pakt über „gegenseitige Hilfe"
zu unterzeichnen, bestätigte ihm Stalin, daß er „die Politik der
Landesverteidigung, die Frankreich betreibt, um seine bewaffnete Macht auf dem für seine Sicherheit notwendigen Niveau zu
erhalten, vollkommen begreift und billigt".

So hat denn der VII. Kongreß der Kommunistischen Internationale im Sommer 1935 eine völlige Wendung vollzogen. Hatten
die Kommunisten bisher die bürgerliche Demokratie als eine
Organisation feindlicher Klassenmacht bekämpft, so erklärte es
der Kongreß nunmehr für die wichtigste Aufgabe der Kommunisten, „die letzten Reste der bürgerlichen Demokratie" gegen
den Ansturm des Faschismus zu verteidigen. Hatten sie bisher die
Sozialdemokratie als den „Hauptfeind" der Befreiung des Proletariats, als die „Hauptstütze der Bourgeoisie" bekämpft, so boten sie

nun allen sozialdemokratischen Parteien die Einheitsfront zum
Kampfe gegen den Faschismus und gegen den Krieg an. Hatten
307 sie bisher jede Koalition | mit bürgerlichen Parteien als „Verrat"
an dem Klassenkampfe des Proletariats bekämpft, so forderten
sie nun überall die Formierung einer „Volksfront", die mit dem
Proletariat die demokratischen Bürger und Bauern vereinigen
solle, und erklärten sich bereit, Regierungen der „Volksfront" zu
unterstützen.

Hat so die Kommunistische Internationale mit ihrer ganzen
Vergangenheit gebrochen, so wurde gleichzeitig die Sozialistische Arbeiter-Internationale bis zur Beschluß- und Handlungs-
unfähigkeit differenziert.

In den ihr angeschlossenen Parteien der faschistischen Länder entwickelt sich ein neuer revolutionärer Sozialismus, der
die Einheitsfront mit den Kommunisten fordert, die Diktatur
des Proletariats als eine notwendige Etappe auf dem Wege zu
einer sozialistischen Demokratie erkennt, auf die gewaltige soziale Umwälzung in der Sowjetunion seine größten Hoffnungen
setzt. In dem vom Faschismus bedrohten Frankreich ist die sozialistische Partei mit der kommunistischen alliiert und verhan-
deln beide miteinander über die „organische Einheit", über die
Verschmelzung der beiden Parteien auf Grund eines revolutionären Programms. Aber hat sich so innerhalb der Sozialistischen
Arbeiter-Internationale, in ihren Sektionen in den faschistischen
und in den vom Faschismus unmittelbar bedrohten Ländern ein
revolutionärer Linkssozialismus entwickelt, so sind gleichzeitig
die sozialdemokratischen Parteien der demokratischen Länder,
vor allem Englands, der Niederlande, der skandinavischen Länder
um so weiter nach rechts gerückt. Es sind dies Länder, die seit vielen Jahrzehnten keine revolutionäre Erschütterung mehr erlebt
haben; Länder mit alten, tief im Volksbewußtsein verwurzelten liberalen und parlamentarischen Institutionen; die Länder mit den
höchsten Reallöhnen, mit der relativ höchsten Lebenshaltung
der Arbeiterklasse in Europa. Es ist selbstverständlich, daß der
Bewußtseinszustand der Arbeitermassen in diesen Ländern ein

anderer ist als in Frankreich, wo große revolutionäre Traditionen
fortwirken, wo der Faschismus zu einer viel unmittelbareren Ge-
fahr geworden ist und wo die Lebenshaltung der Arbei- | ter weit   308
niedriger ist; ein anderer erst recht als in den mitteleuropäischen
Ländern, in denen die Arbeiterklasse durch die Revolution der
Nachkriegszeit und durch die faschistische Gegenrevolution hindurchgegangen ist. Auch die sozialdemokratischen Parteien jener
Länder haben 1933, nach dem Siege Hitlers nicht verkannt, daß
die staatsmännische Mäßigung der deutschen Sozialdemokratie,
ihre Politik der Koalition mit bürgerlichen Parteien, ihre schroffe
Gegnerschaft gegen den Kommunismus nicht verhindert haben,
daß die deutsche Bourgeoisie die faschistische Konterrevolution
finanziert, unterstützt, zum Siege geführt, die so gemäßigte, so
staatsmännische, dem Staat so treu dienende Sozialdemokratie
niedergeworfen und zersprengt hat. Aber 1934, nach den Niederlagen der bewaffneten Aufstände in Spanien und Österreich,
zogen die rechtssozialistischen Parteien aus der Erfahrung den
Schluß, allzuscharfe Zuspitzung der Klassengegensätze und der
Klassenkämpfe hätten in Österreich und in Spanien die Entscheidung durch die Gewalt herbeigeführt und dadurch die Arbeiterklasse in die Niederlage geführt. Jetzt meinen sie, sie müßten eine
Politik weiser Mäßigung auf der Basis demokratischer Legalität
betreiben, den Weg der Demokratie als den für alle Länder, alle
Zeiten, alle Umstände einzig zulässigen erklären und sich durch
kein Bündnis mit den Kommunisten kompromittieren, um zu
verhüten, daß sich die Bourgeoisie ihrer Länder dem Faschismus
zuwendet.

So offenbart sich die Krise des Sozialismus: Auf der einen Seite
mußte die Kommunistische Internationale einen Bruch mit ihrer
ganzen Vergangenheit vollziehen. Auf der anderen entwickeln
sich die in der Sozialistischen Arbeiter-Internationale vereinigten
Parteien nach entgegengesetzter Richtung, wird die Sozialistische Arbeiter-Internationale immer schärfer differenziert.

Diese Krise des Sozialismus kann nicht mechanisch durch Mehr-
heitsbeschlüsse gelöst werden, die große lebendige Parteien auf

einen Weg, der ihnen lebensgefährlich erschiene, zu zwingen versuchten. Sie kann nur durch die Entwicklung selbst überwunden
309   werden. |

Die Kommunisten haben sich in der revolutionären Periode
1917 bis 1923 ein konkretes politisches Ziel gesetzt, das dem der
Sozialdemokratie entgegengesetzt war; sie glaubten, die Erschütterung des Kapitalismus durch den Krieg überall zur Erkämpfung
der Diktatur des Proletariats ausnützen zu können. Damals stand
zwischen Sozialdemokraten und Kommunisten ein realer politischer Gegensatz. In der nun folgenden Periode 1923 bis 1933
veränderte dieser Gegensatz seinen Charakter. War die revolutionäre Phase vorerst vorüber, so war die Erkämpfung der Diktatur
des Proletariats keine unmittelbare Tagesaufgabe mehr. Während
aber die Sozialdemokratie in dieser Phase ihre Machtstellung innerhalb des kapitalistischen Staates auszunützen versuchte, um
positive Erfolge für die Arbeiterklasse zu erringen, erblickten die
Kommunisten in den kapitalistischen Ländern ihre unmittelbare
Aufgabe ausschließlich in der Agitation gegen die Sozialdemokratie, in dem Bemühen, die Massen der Arbeiter unter ihre Führung
zu bringen. Während die Sozialdemokratie das politische Tagesgeschehen innerhalb des kapitalistischen Staates zu beeinflußen
suchte, setzten sich die Kommunisten nur und ausschließlich
eine agitatorische Aufgabe, die Aufgabe des Konkurrenzkamp-
fes gegen die Sozialdemokratie um die Massenführung. Mit dem
Jahre 1934, mit der Bildung der Aktionsgemeinschaft in Frankreich ist das anders geworden. Die neue Taktik der Kommunistischen Internationale, auf ihrem VII. Kongreß 1935 beschlossen,
beschränkt die Aufgabe der Kommunisten nicht mehr auf die
bloße Agitation, sie stellt ihnen unmittelbare politische Tagesaufgaben; auch sie wollen jetzt das politische Tagesgeschehen
innerhalb des kapitalistischen Staates unmittelbar beeinflußen,
um den Sieg des Faschismus in den demokratischen Ländern
zu verhindern, um den Faschismus dort, wo er gesiegt hat, niederzuringen, um den Krieg zu verhüten. Aber diese politischen
Tagesaufgaben sind dieselben, die auch der Sozialdemokratie

gesetzt sind. Wenn Sozialdemokraten und Kommunisten um dieselben Tagesziele nebeneinander kämpfen, so entwickelt sich,
auch ohne daß eine förmliche | Aktionsgemeinschaft vereinbart 310
worden wäre, doch eine tatsächliche Bundesgenossenschaft der
beiden Parteien.

Und dieser Zustand faktischer Bundesgenossenschaft entwickelt
sich nicht nur innerhalb der einzelnen Staaten, sondern auch im
Bereiche der internationalen Politik. Bis zum Jahre 1933 stand
die Sowjetunion außerhalb des politischen Systems der kapitalistischen Staaten. Seitdem sie aber in den Völkerbund eingetreten
ist und Bündnisverträge mit Frankreich und mit der Tschechoslovakei abgeschlossen hat, lebt der russische Bolschewismus
in derselben Welt der Staatenbeziehungen wie die westeuropäischen Arbeiterparteien. Beide, die westeuropäische Sozialdemokratie und der russische Bolschewismus, kämpfen auf demselben
Boden um dasselbe Ziel: um die Erhaltung des Friedens. Auch
wenn die beiden Internationalen durch keine förmliche Aktionsgemeinschaft miteinander verbunden sind, nehmen sie doch zu
den Tagesproblemen der Weltpolitik dieselbe Stellung ein; werden sie also doch, sei es auch wider ihren Willen, tatsächlich zu
Bundesgenossen.

Diese Lage, in der Sozialdemokraten und Kommunisten in der
nationalen und in der internationalen Politik immer wieder dieselben Tagesforderungen zu stellen, dieselbe Tagesaufgabe zu
bewältigen, um dieselben Tagesziele zu kämpfen haben, muß sie
bei längerer Dauer einander näherbringen, die Hemmungen, die
ihrer Allianz entgegenstehen, abschwächen.

Diese Entwicklung wird aber durch das Konkurrenzverhält-
nis zwischen den beiden großen Parteien der Arbeiterklasse gehemmt und erschwert. Solange die beiden Parteien im Konkurrenzkampf um die Führung der Massen stehen, werden sie immer wieder ihre grundsätzlichen Ideologien einander entgegenstellen. Die Entwicklung der Einheitsfront des Proletariats wird
gehemmt, ihr Bestand wird dort, wo sie erreicht ist, gefährdet
bleiben, wenn es nicht gelingt, die gegensätzlichen Ideologien

des demokratischen Sozialismus und des Bolschewismus in einer
311 höheren Einheit aufzuheben. |

Es genügt nicht, gegensätzliche politische Ideologien miteinander zu alliieren. Es kann sich auch nicht etwa nur darum handeln,
äußerlich zwischen den beiden gegensätzlichen Ideologien der
beiden großen proletarischen Parteien zu vermitteln und Kompromisse zwischen ihnen zu schließen. Die Aufgabe, die die Zeit
selbst dem Sozialismus stellt, ist vielmehr, die sozialdemokratische Thesis und die kommunistische Antithesis in einer neuen,
höheren Synthese zu überwinden und zu vereinigen. So wichtig die Allianz der Sozialdemokratie und des Kommunismus im
Kampfe um die unmittelbaren Tagesaufgaben sein kann, so wird
sie sich doch nicht behaupten können, wenn es nicht gelingt, die
sozialdemokratische und kommunistische Einseitigkeit in einem
sowohl die Sozialdemokratie als auch den Kommunismus in sich
vereinigenden integralen Sozialismus zu überwinden. Hat die Geschichte das Denken des Sozialismus differenziert, so gilt es heute, es zu integrieren. Es gilt, über die erstarrten Anschauungen
des demokratischen Sozialismus und des Kommunismus hinweg-
schreitend, einen integralen Sozialismus zu entwickeln, der die
geschichtlich gewordenen Besonderheiten und Beschränktheiten
beider zu überwinden vermag, um beide in sich aufzunehmen.

3.4 Integraler Sozialismus

S EIT DEM ZUSAMMENBRUCH der Deutschen Sozialdemokratie
sind die britische Labour Party, die bolschewistische Partei
der Sowjetunion und die französische Sozialistische Partei die
drei stärksten Parteien der sozialistischen Arbeiterbewegung in
der Welt. Die britische Labour Party ist die reinste Verkörperung
des Reformismus. Die bolschewistische Partei der Sowjetunion
ist das Haupt des revolutionären Kommunismus. Die französische Sozialistische Partei steht zwischen beiden in der Mitte. Die
französischen Gewerkschaften haben sich vor dem Kriege unter
dem Einfluß des revolutionären Syndikalismus entwickelt. Sie
312 entwickelten sich unabhängig von | der Sozialistischen Partei.

Die französische Sozialistische Partei ist daher niemals zu einer solchen Massenorganisation geworden wie die englische Labour Party und wie die sozialdemokratischen Parteien Mitteleuropas. Ihre Ideologie und ihre Taktik sind niemals in gleichem Maße unter den Einfluß von Massen geraten, die zur sozialistischen Bewegung stoßen, um schnelle Erfolge im Kampfe um ihre Gegenwartsinteressen innerhalb der kapitalistischen Gesellschaftsordnung zu erringen. Sie ist immer eine engere Gesinnungsgemeinschaft zielbewußter Sozialisten geblieben, die innerhalb der Arbeiterklasse wirkt, die Arbeiterklasse zu führen sucht, aber die Massen der Arbeiter nie in ihren Organisationen zu vereinigen vermochte. Gerade deshalb ist sie niemals dem Reformismus so vollständig erlegen wie die eng mit den Gewerkschaften verbundenen Massenorganisationen der mitteleuropäischen Sozialdemokratie oder die auf die Gewerkschaften gestützte Labour Party. Wohl wirken in ihr die Traditionen ihrer Kämpfe auf dem Boden der Demokratie der Dritten Republik fort, aber mit ihnen verbunden die großen revolutionären Traditionen der französischen Nation. Wohl wirkt in ihr der Reformismus Jaurès nach, aber auch der Marxismus Guesdes und Lafargues, der Blanquismus Vaillants. Der Mechanismus der französischen parlamentarischen Demokratie hat von ihr immer wieder reformistische Gruppen nach rechts abgespalten und dadurch die Vorherrschaft revolutionär-sozialistischer Ideologien in ihren Reihen gestärkt. Die Abspaltung der Neosozialisten einerseits, die Aktionsgemeinschaft mit den Kommunisten andererseits hat diese Entwicklung gefördert. In der Ideologie der französischen Sozialistischen Partei gibt es unzweifelhaft starke und entwicklungsfähige Ansätze zu einer Konzeption, die sich über den Gegensatz zwischen Reformismus und Bolschewismus erhebt.

Entwicklungsansätze verwandten Charakters gibt es in den sozialistischen Parteien der faschistischen Länder. Ihre Kaders sind aus den besiegten und zertrümmerten reformistisch-demokratischen Massenparteien hervorgegangen. Aber sie sind durch die Niederlage dieser Par- | teien revolutioniert, unter dem Terror des 313

Faschismus zu revolutionärem Kampf gezwungen. In ihnen ver-
knüpfen sich die Traditionen der demokratisch-reformistischen
Entwicklungsstufe mit neuen revolutionären Methoden und Zielsetzungen.

Endlich stehen zwischen den beiden Internationalen kleine
Gruppen, die sich teils, wie die deutsche Sozialistische Arbeiterpartei, von der Sozialdemokratie nach links, teils von der Kommunistischen Internationale nach rechts abgesplittert haben. Auch
sie ringen um eine Konzeption, die die erstarrten Dogmen der
beiden großen Heerlager des internationalen Sozialismus in sich
überwinden soll.

Diese mannigfachen Ansätze zu einer einheitlichen Theorie
und Politik des Sozialismus zu entwickeln, die integrieren soll,
was der Weltkrieg und seine Wirkungen differenziert haben, ist
die Aufgabe. Ich nenne die einheitliche Konzeption, die die Spaltung des Weltproletariats überwinden soll, die Konzeption des
integralen Sozialismus. Mit dieser Bezeichnung will ich aber keineswegs an jene Richtung des italienischen Sozialismus der vor-
faschistischen Zeit anknüpfen, die sich als integralistisch bezeichnet hat. Der integrale Sozialismus unserer Zeit kann nur aus den
Problemen unserer Zeit entwickelt werden.

Wir sehen auf der einen Seite die großen Massenbewegungen der Arbeiter: die Britische Arbeiterpartei, die erfolgreichen
sozialdemokratischen Parteien und Gewerkschaften der skandinavischen Länder, Belgiens, der Niederlande, die Gewerkschaften
der Vereinigten Staaten, die Arbeiterparteien Australiens, — alle
diese großen Massenbewegungen der Arbeiterklasse sind demokratisch und reformistisch.

Wir sehen auf der anderen Seite zielbewußtes Ringen um eine sozialistische Gesellschaftsordnung, das sich in der Sowjetunion realisiert, das die revolutionären sozialistischen Kaders
in den faschistischen Ländern beherrscht, das in den sozialistischen Massenbewegungen Frankreichs und Spaniens wirkt, das
die revolutionäre Bewegung im Fernen Osten beeinflußt. Das Verhältnis zwischen der reformistischen Klassenbewegung und dem

zielbewußten Sozialismus ist das Problem, von dem | jedes Ringen 314
um die Entwicklung eines integralen internationalen Sozialismus
ausgehen muß.

Marx und Engels haben den Gegensatz zwischen der Arbeiterbewegung und dem Sozialismus, der in der Zeit der bürgerlichen
Revolution bestand, überwunden. Ihre Erkenntnis hat die Arbeiterbewegung gelehrt, daß ihr Ziel die sozialistische Gesellschaftsordnung sein muß. Ihre Lehre hat die Sozialisten gelehrt, daß die
sozialistische Gesellschaftsordnung nur das Ergebnis der Klassenkämpfe der Arbeiterklasse sein kann. Aber der Gegensatz zwischen der Arbeiterbewegung und dem Sozialismus ist damit nicht
ein für allemal überwunden worden. Die besondere Leistung des
Marxismus, die Vereinigung der Bewegung der Arbeiterklasse
mit dem Kampf um eine sozialistische Gesellschaftsordnung, muß
vielmehr immer wieder, in jeder Phase der Entwicklung der Klassenkämpfe von neuem vollbracht werden.

Die Arbeiterklasse kämpft immer und überall zunächst um ihre
unmittelbaren Tagesinteressen innerhalb der kapitalistischen
Gesellschaft. Der zielbewußte Sozialismus kämpft um die sozialistische Gesellschaftsordnung. In allen Phasen der Entwicklung
der Klassenkämpfe der Arbeiterklasse besteht eine Spannung
zwischen den Massen, die um die Befriedigung ihrer unmittelbaren Tagesinteressen kämpfen, und den zielbewußten Sozialisten,
denen der Kampf um die unmittelbaren Tagesinteressen der Arbeiterklasse nicht Selbstzweck, sondern nur eine Phase in dem
Kampf um die sozialistische Gesellschaftsordnung ist. Die Überwindung dieser immer wieder entstehenden Spannung ist die
geschichtliche Funktion des Marxismus, dessen geschichtliche
Leistung und Aufgabe eben die Vereinigung der Arbeiterbewegung mit dem Sozialismus war und ist.

Auf dem Boden der bürgerlichen Demokratie nützt die Arbeiterklasse die demokratischen Rechte und Institutionen aus, um
sich eine höhere Lebenshaltung, mehr sozialen Schutz, mehr Kultur zu erringen. In Perioden großer Erfolge glaubt sie zeitweilig,
sie könne auf die- | sem Wege allmählich den Kapitalismus „aus- 315

höhlen", sich einer sozialistischen Gesellschaftsordnung nähern. Im gewerkschaftlichen und im parlamentarischen Kampfe bringt sie eine Führerschicht hervor, die ganz in den Tagesaufgaben um höhere Löhne, um wirksameren sozialen Schutz aufgeht, die objektiven Schranken, die der Mechanismus der kapitalistischen Produktionsweise den Tageskämpfen der Arbeiterklasse setzt, verkennt und sich eine andere Kampfmethode der Arbeiterklasse als die ihr gewohnte, ihr vertraute, die, der sie selbst angepaßt ist, nicht vorzustellen vermag. Ihr setzen zielbewußte Sozialisten die Erkenntnis entgegen, daß die kapitalistische Gesellschaftsordnung nicht durch die allmähliche Umgestaltung von einer Reform zur anderen überwunden, die sozialistische Gesellschaftsordnung nur durch revolutionären Bruch erobert werden kann. Die Spannung zwischen der Arbeiterbewegung und dem Sozialismus drückt sich in dieser Entwicklungsphase in dem Gegensatz zwischen reformistischem und revolutionärem Sozialismus aus.

Wo der Faschismus gesiegt hat, wo der Arbeiterklasse alle gesetzlichen Kampfmittel entrissen sind und sie darum nur noch mit revolutionären Mitteln kämpfen kann, scheint dieser Gegensatz überwunden zu sein. Aber in Wirklichkeit lebt er unter der Decke der revolutionären Zielsetzung weiter. Dem einen erscheint die Revolution gegen den Faschismus das Mittel, die Macht zu erobern, um die sozialistische Gesellschaftsordnung zu verwirklichen.

Ja, selbst dort, wo das Proletariat schon seine Diktatur aufgerichtet hat und die Gesellschaftsordnung bereits umwälzt, wirkt der alte Gegensatz nach. Den einen handelt es sich darum, die soziale Umwälzung mit möglichst geringen Opfern der Arbeitermassen zu erkaufen und durch sie die Lebenshaltung der Arbeitermassen möglichst schnell zu heben. Den anderen ist es vor allem um die möglichst schnelle und möglichst vollständige Verwirklichung | der sozialistischen Gesellschaftsordnung zu tun, mag sie auch mit noch so schweren Opfern der Arbeiterklasse erkauft werden müssen; erst wenn der soziale Umwälzungsprozeß weit genug gediehen und gegen alle Rückschläge im Innern,

316

gegen alle Angriffe von außen hinreichend gesichert ist, sollen die Arbeitenden seine Früchte ernten. Die Geschichte der Fraktionskämpfe innerhalb des russischen Bolschewismus und die Geschichte der Wandlungen des Verhältnisses der Sowjetdiktatur zu den Arbeitermassen der Sowjetunion sind reich an Beispielen dieser auch noch unter der Diktatur fortbestehenden Spannung.

Die Spannung zwischen der Arbeiterbewegung und dem Sozialismus hat ihre Ursache darin, daß die Arbeiterklasse einerseits eine Klasse der kapitalistischen Gesellschaft ist, die ebensowenig wie alle anderen Klassen der kapitalistischen Gesellschaft darauf verzichten kann, ihre Klasseninteressen innerhalb dieser Gesellschaft zu verfechten, andererseits aber diejenige Klasse der kapitalistischen Gesellschaft ist, deren schließliche Befreiung nur durch die Zertrümmerung der kapitalistischen Gesellschaftsordnung, durch die Eroberung einer sozialistischen Gesellschaftsordnung erkämpft werden kann. Weil die Arbeiterklasse immer darum ringt und ringen muß, ihre Lage innerhalb der kapitalistischen Gesellschaftsordnung zu verbessern, gerät die Arbeiterbewegung in Spannung zu den zielbewußten Sozialisten, denen es nicht um die Einzelkämpfe innerhalb der kapitalistischen Gesellschaftsordnung, sondern um den Gesamtkampf gegen die kapitalistische Gesellschaftsordnung zu tun ist. Weil aber die kapitalistische Gesellschaftsordnung nur durch die kämpfende Arbeiterklasse überwunden, die sozialistische Gesellschaftsordnung nur von ihr erkämpft und aufgebaut werden kann, muß diese Spannung immer wieder überwunden werden.

Der reformistische Sozialismus ist aber nichts anderes als die unvermeidliche Ideologie der Arbeiterbewegung auf einer bestimmten Stufe ihrer Entwicklung; auf jener Entwicklungsstufe, auf der die Arbeiterklasse zwar noch nicht stark genug ist, die kapitalistische Gesell- | schaftsordnung zu stürzen, wohl aber stark genug, die demokratischen Institutionen erfolgreich für ihre Kämpfe um die Hebung ihrer Lebenshaltung innerhalb der kapitalistischen Gesellschaftsordnung auszunützen. Wie die Spannung zwischen der Arbeiterbewegung und dem Sozialismus über-

317

haupt, so muß also auf dieser Entwicklungsstufe auch die Spannung zwischen reformistischem und revolutionärem Sozialismus
unvermeidlich immer wieder erstehen und unvermeidlich immer
wieder überwunden werden.

Wir haben gesehen, wie die Resultate der Weltkrise, die der
Kapitalismus seit dem Jahre 1929 durchgemacht hat, die ökonomischen und die politischen Kampfbedingungen der Arbeiterklasse
differenziert haben. Es gibt Länder, in denen die Möglichkeiten erfolgreichen Kampfes innerhalb der kapitalistischen Gesellschaftsordnung wieder erstehen und damit auch alle reformistischen
Ideologien sich behaupten und erstarken, und andere Länder,
in denen die ökonomische und die politische Unmöglichkeit, erfolgreiche Kämpfe innerhalb der kapitalistischen Gesellschaftsordnung zu führen, die Arbeiterklasse zur Revolution gegen die
herrschende Staats- und Gesellschaftsordnung treibt. Der Gegensatz zwischen der reformistischen Arbeiterbewegung und dem
revolutionären Sozialismus besteht daher fort und wird fortbe-
stehen. Aber die Notwendigkeit, die Kräfte der Arbeiterklasse
zum Kampfe gegen den Faschismus und gegen den Krieg zu vereinigen, die Wahrscheinlichkeit, daß in nicht ferner Zeit ein neuer
Weltkrieg die Weltentscheidung zwischen Kapitalismus und Sozialismus zur unmittelbaren Aufgabe der Geschichte machen
wird, zwingt dazu, alle kampffähigen Kräfte der Arbeiterklasse
trotz diesen Verschiedenheiten ihrer Kampfbedingungen, der
durch diese Kampfbedingungen bestimmten Praxis der Arbeiterbewegung und der aus dieser Praxis hervorgehenden Ideologien
zusammenzuführen und miteinander zu alliieren.

Die Spaltung der Arbeiterklasse durch den Weltkrieg und durch
den gegensätzlichen Verlauf der russischen Revolution und der
318 mitteleuropäischen Revolutionen hat die | reformistische Arbei-
terbewegung und den revolutionären Sozialismus einander als
polare Gegensätze entgegengestellt. Die verhängnisvollen Wirkungen der Spaltung hat die Arbeiterklasse erlebt. Faschismus
und Kriegsgefahr drängen zur Überwindung der Feindschaft zwischen den beiden Heerlagern der Arbeiterklasse. Aber der inte-

grale Sozialismus, der die beiden großen Richtungen der Arbeiterbewegung in sich aufnehmen soll, kann den Gegensatz zwischen
reformistischer Arbeiterbewegung und revolutionärem Sozialismus, der in den Daseinsbedingungen der Arbeiterklasse selbst
begründet ist, nicht aufheben. Er kann nur und er muß den revolutionären Sozialismus in ein anderes Verhältnis zur reformistischen Arbeiterbewegung, die reformistische Arbeiterbewegung
in ein anderes Verhältnis zum revolutionären Sozialismus setzen
als dem des polaren Gegensatzes. In der Veränderung des Verhältnisses zwischen beiden ist heute die Leistung zu vollbringen, die
die ursprüngliche theoretische Leistung des Marxismus gewesen
und die seine ständige praktische Aufgabe geblieben ist.

Der Marxismus hat schon in seinen ersten Anfängen das Problem zu lösen versucht, in welchem Verhältnis zielbewußte revolutionäre Sozialisten zu Arbeiterparteien, die den Klassenkampf
der Arbeiterklasse um ihre Tagesinteressen innerhalb der kapitalistischen Gesellschaft führen, stehen sollen. Das „Kommunistische Manifest" sagt darüber: „Die Kommunisten sind keine besondere Partei gegenüber den anderen Arbeiterparteien.
Sie haben keine von den Interessen des ganzen Proletariats getrennten Interessen. Sie stellen keine besonderen Prinzipien auf,
wonach sie die proletarische Bewegung modeln wollen. Die Kommunisten unterscheiden sich von den übrigen proletarischen
Parteien nur dadurch, daß sie einerseits in den verschiedenen
nationalen Kämpfen der Proletarier die gemeinsamen, von der
Nationalität unabhängigen Interessen des Gesamtproletariats
hervorheben und zur Geltung bringen, andererseits dadurch,
daß sie in den verschiedenen Entwicklungsstufen, welche der
Kampf zwischen Proletariat und Bourgeoisie durchläuft, stets das
| Interesse der Gesamtbewegung vertreten. Die Kommunisten 319
sind also praktisch der entschiedenste, immer weiter treibende
Teil der Arbeiterparteien aller Länder; sie haben theoretisch vor
der übrigen Masse des Proletariats die Einsicht in die Bedingungen, den Gang und die allgemeinen Resultate der proletarischen
Bewegung voraus."

Das Kommunistische Manifest beschreibt in dieser Weise das
Verhältnis, in das sich die zielbewußten revolutionären Sozialisten zu den Arbeiterparteien seiner Zeit setzen sollten; also zu
den Chartisten in England, zu den revolutionären, um die Demokratie kämpfenden Gruppen und Klubs am Vorabend der Februarrevolution in Frankreich, — zu Arbeiterparteien, die noch nicht
um die sozialistische Gesellschaftsordnung, die vorerst nur um
die Demokratie und um soziale Reformen kämpften. Die Taktik,
die das Kommunistische Manifest den revolutionären Sozialisten
empfahl, ist natürlich nur dort anwendbar, wo es schon Arbeiterparteien gibt, die zwar noch nicht revolutionär-sozialistisch sind,
aber innerhalb deren revolutionäre Sozialisten wirken können.

Die bolschewistische Partei ist unter anderen Umständen entstanden. Am Anfang des Jahrhunderts gab es in dem zarischen
Rußland noch keine Arbeiterpartei und konnte es noch keine geben. Die bolschewistische Partei entstand als eine illegale Partei
„professioneller Revolutionäre", gegen die Massen konspirativ
abgedichtet, im Kampfe gegen die zarische Staatsgewalt zentralistisch geführt. Heute entstehen in den faschistischen Ländern
ähnliche Parteigebilde. Es ist dies der spezifische Parteitypus
der Illegalität. Aber der gewaltige geschichtliche Erfolg der bolschewistischen Partei in Rußland hat dazu verleitet, ähnliche
Parteigebilde auch in den demokratischen Ländern zu schaffen,
in denen es große legale, reformistische Arbeiterparteien gibt.
So haben die Kommunisten seit 1918 gerade das getan, was das
Kommunistische Manifest abgelehnt hat: Sie haben besondere
Parteien gegenüber den anderen Arbeiterparteien gebildet. Sie
haben besondere Prinzipien aufgestellt, wonach sie die proletari-
320   sche Bewegung modeln wollen. Sie haben damit | die Arbeiter-
bewegung gespalten. Die verhängnisvollen Folgen der Spaltung
haben wir kennen gelernt.

Die Spaltung kann in den demokratischen Ländern, in denen
legale Massenparteien der Arbeiterklasse bestehen, und sie kann
in der Internationale, die auch die legalen Massenparteien der
demokratischen Länder mit umfassen muß, nicht anders über-

wunden werden als durch die Rückkehr zu dem Parteiprinzip,
zu dem Organisationsgedanken des Kommunistischen Manifests:
zu dem Prinzip, daß sich die revolutionären Sozialisten nicht
als besondere Partei von den Arbeiterparteien trennen, sondern
innerhalb der großen Massenparteien der Arbeiterklasse revolutionäre sozialistische Ideen verfechten, revolutionäre sozialistische Kaders erziehen sollen in der Überzeugung, daß diese
Ideen die großen Massenparteien der Arbeiterklasse erobern,
diese revolutionären Kaders die Führung der ganzen großen Massenparteien der Arbeiterklasse an sich reißen werden können,
sobald erst geschichtliche Ereignisse die Massen der Arbeiterklasse für revolutionäre Ideen empfänglich machen, der Führung
durch revolutionäre Kaders zutreiben werden.

Der Reformismus ist nicht eine bürgerliche Ideologie, nicht
„die ideologische Versklavung der Arbeiter durch die Bourgeoisie". Er ist die Ideologie der Arbeiterklasse auf einer bestimmten
Stufe ihrer Entwicklung. Der Marxist, der begriffen hat, daß die
reformistische Ideologie und Taktik die notwendige, die unvermeidliche Entwicklungsphase des proletarischen Klassenbewußtseins unter bestimmten Entwicklungsbedingungen, auf einer
bestimmten Entwicklungsstufe ist, kann nicht glauben, daß er
die reformistische Ideologie der Massen überwinden, die reformistische Taktik der Massenparteien vereiteln könne, solange
die Entwicklungsbedingungen selbst, aus denen diese Ideologie
quillt und der dieser Taktik entspricht, nicht überwunden sind.
Er wird daher seine Aufgabe innerhalb der großen Arbeiterparteien nicht darin erblicken, Zellen zu bilden, die die Führung
dieser Arbeiterparteien an sich reißen oder diese Arbeiterpartei-
en spalten sollen, nicht darin, sich taktischen Erfordernissen des | 321
Kampfes um die Demokratie oder um soziale Reformen innerhalb
der kapitalistischen Gesellschaft zu widersetzen, nicht darin, die
Arbeiterklasse zu einer Taktik der „revolutionären Gymnastik" zu
verleiten, die zu Niederlagen führt und dadurch die Arbeiterklasse schwächt. Aber er hat „vor der übrigen Masse des Proletariats
die Einsicht in die Bedingungen, den Gang und die allgemeinen

Resultate der proletarischen Bewegung voraus". Das heißt: Er
weiß, daß jeder vorübergehenden ökonomischen Konjunktur, die
den Arbeitern die Möglichkeit erfolgreicher Kämpfe bietet, die
Krise folgt, die die Erfolge dieser Kämpfe wieder zerstört. Er weiß,
daß gerade die Erfolge, die die Arbeiterklasse auf dem Boden der
Demokratie erringt, die Kapitalistenklasse dem Faschismus zutreiben. Er weiß, daß die Demokratie gerade dann, wenn das
Proletariat daran ist, in ihr und durch sie die Macht zu erobern,
in höchste Gefahr gerät, von der kapitalistischen Reaktion gesprengt zu werden. Er weiß, daß der Weg zu einer vollkommenen,
nicht mehr vom Kapital beherrschten, nicht mehr durch durch
die Klassenkämpfe gefährdeten Demokratie durch die Diktatur
des Proletariats hindurchführt, das heißt: durch eine Macht des
Proletariats, die, welche Formen immer sie annehme, stark und
dauerhaft genug sein muß, die Umwandlung der kapitalistischen
Gesellschaftsordnung in die sozialistische zu vollziehen. Er weiß,
daß nur die Diktatur des Proletariats, nicht die Reformarbeit der
bürgerlichen Demokratie die Arbeiterklasse von der Ausbeutung
und der Arbeitslosigkeit, die Gesellschaft von faschistischer Barbarei, die Nation von Fremdherrschaft, die Menschheit vom Krieg
befreien kann. Er teilt also nicht die Illusionen, die in den Massenparteien der Arbeiterklasse aus den Erfolgen ihrer Kämpfe
entstehen. Er hat trotzdem „keine von den Interessen des ganzen Proletariats getrennten Interessen". Das heißt: er kämpft
den Kampf der reformistischen Arbeiterparteien um jede noch so
kleine Reform innerhalb der kapitalistischen Gesellschaft mit Ein-
satz seiner ganzen Kraft mit. Er vermißt sich nicht, „besondere
Prinzipien aufzustellen, die die proletarische Bewegung | modeln
sollen". Das heißt: er erkennt die taktischen Erfordernisse des
Kampfes um die Reformen innerhalb der kapitalistischen Gesellschaft an und widersetzt sich den taktischen Mitteln nicht, die
dieser Kampf erfordert. Aber er vertritt „in den verschiedenen
Entwicklungsstufen, welche der Kampf zwischen Proletariat und
Bourgeoisie durchläuft, stets das Interesse der Gesamtbewegung"
Das heißt: wenn er die Kämpfe der reformistischen Massenpar-

322 (marginal number)

teien mitkämpft und den Notwendigkeiten der reformistischen
Entwicklungsphase sich fügt, so sieht er doch auf dieser Entwicklungsphase schon ihre Begrenzung, sieht er in diesen Ländern
heute schon, in jenen morgen die Entwicklung über diese Stufe
hinausstürmen, die Kampfbedingungen umwälzen, den Bruch
mit den reformistischen Ideologien, Illusionen, Kampfmethoden
erzwingen. Er überwindet die räumliche Begrenzung, indem er
die Arbeiterklasse der demokratischen Länder, in denen die Arbeiterbewegung noch auf der reformistischen Entwicklungsstufe
verharrt, die revolutionären Notwendigkeiten der faschistischen
Länder und die revolutionäre Leistung des Landes der Diktatur
des Proletariats verstehen lehrt. Er überwindet die zeitliche Begrenzung, indem er die Arbeiterklasse dort, wo ihre Daseins- und
Kampfbedingungen noch den Reformismus vorherrschend erhalten, verstehen lehrt, daß morgen oder übermorgen geschichtliche Ereignisse auch sie auf eine andere Bahn, auf die Bahn des
revolutionären Kampfes zwingen werden.

Der Marxismus, der auf diese Weise innerhalb reformistischer
Arbeiterparteien und innerhalb einer von reformistischen Arbeiterparteien geführten Internationale revolutionäre Ideen zu
verfechten und revolutionäre Kaders zu erziehen die Aufgabe
hat, überwindet damit die einseitigen, bornierten, einander un-
dialektisch als unvermittelte, unvereinbare Gegensätze gegen-
übergestellten Auffassungen, die sich im Gefolge der Spaltung in
beiden Heerlagern der Arbeiterklasse entwickelt und einander
entgegengesetzt haben. Er begreift den Reformismus als die Anpassung der Arbeiterbewegung an eine bestimmte Entwicklungs-
stufe, als das Produkt einer bestimmten Ent- | wicklungsstufe, als   323
das notwendige Resultat einer bestimmten Entwicklungsstufe.
Aber gerade weil er ihn als das Resultat einer bestimmten Entwicklungsstufe versteht, versteht er, daß seine Notwendigkeit
nur eine transitorische, nur eine vorübergehende Notwendigkeit
ist, die überwunden werden muß, sobald die Entwicklungsstufe,
der er entspricht, selbst überwunden wird, und setzt er sich die
Aufgabe, auf der reformistischen Entwicklungsstufe selbst schon

die revolutionären Ideen zu entwickeln und zu verbreiten, die revolutionären Kaders zu erziehen, die sie überwinden werden. In
dieser Konzeption erhebt er sich über die Gegensätze der reformistischen Arbeiterbewegung und des revolutionären Sozialismus,
wird er zu einem integralen, die gegensätzlichen Auffassungen in
sich überwindenden Sozialismus und damit zur integrierenden
Kraft innerhalb der gespaltenen Arbeiterbewegung.

Er hat dem revolutionären Sozialismus das große Erbe der
Kämpfe um die Demokratie, das Erbe des demokratischen Sozialis-
mus zu übermitteln: die hohe Schätzung des unersetzlichen Kul-
turwertes der individuellen Rechtssicherheit, der geistigen Freiheit, der kollektiven Selbstbestimmung, der Menschlichkeit; das
Erbe des Bewußtseins der Kulturverantwortung für die Erhaltung,
Wiederherstellung, Rettung dieser durch die Entwicklung der
Klassengegensätze bedrohten und zerstörten Kulturerrungenschaften des bürgerlichen Zeitalters. Er hat dem reformistischen
Sozialismus das große Erbe der proletarischen Revolutionen zu
vermitteln: die Erkenntnis, daß nicht Flickarbeit an der kapitalistischen Gesellschaft, sondern nur ihre Überwindung, nur die
proletarische Revolution und die aus ihr hervorgehende Diktatur
des Proletariats die Menschheit vor Ausbeutung, Arbeitslosigkeit,
Krisen, Faschismus und Krieg befreien können. Er muß darum die
große geschichtliche, soziale, kulturelle Bedeutung der bürgerlichen Demokratie, die das Resultat Jahrzehnte langer sieghafter
Klassenkämpfe der Arbeiterklasse und der fruchtbare Boden ihres wirtschaftlichen, sozialen, geistigen Wachstums gewesen ist,
würdigen. Aber er muß zugleich verstehen, daß die bürgerliche
324 Demokra- | tie trotz alledem immer noch nur eine Form, wenn
auch die höchste Form der Klassenherrschaft der von der Kapitalistenklasse geführten Bourgeoisie ist. Er muß die Arbeitermassen
verstehen lehren, daß nur eine zeitweilige Diktatur des Proletariats die ökonomische Macht und die ideologischen Herrschaftsmittel der kapitalistischen Bourgeoisie endgültig zerstören kann,
um auf der Grundlage einer neuen Gesellschaftsordnung die Demokratie auf höherer Stufe, in vollkommenerer Gestalt wieder

herzustellen und damit jene großen Kulturerrungenschaften des bürgerlichen Zeitalters der Menschheit als unverlierbaren Besitz zu sichern. Er muß in dieser Geschichtskonzeption das Ethos des demokratischen und das Pathos des revolutionären Sozialismus zu höherer Einheit vereinigen.

Er muß praktisch vorerst für die Überwindung der Spaltung des Proletariats wirken. Wo große sozialistische und kommunistische Parteien nebeneinander bestehen, muß er vorerst Aktionsgemeinschaften, Kampfbündnisse zwischen ihnen anstreben. Wo neben großen reformistischen Arbeiterparteien nur kleine kommunistische Sekten bestehen, mag er den Eintritt der Kommunisten in die großen Arbeiterparteien, ihre Aufnahme in die großen Arbeiterparteien fördern. Aber die Einheitsfront darf ihm nicht zum bloßen Schlagwort, die Einheit nicht zum Fetisch werden. Er darf nicht der Illusion verfallen, daß die bloße Addition der gespaltenen Kräfte des Proletariats genügen könnte, die Klassenkraft zu vergrößern; nicht dem gefährlichen Wahn, daß eine organisatorische Vereinigung dauerhaft sein könnte, wenn sie nicht ein Mindestmaß an geistiger Einheit herbeiführt; nicht der Selbsttäuschung darüber, daß die Vereinigung unter Umständen Gegenwirkungen im Lager der Bourgeoisie hervorrufen kann, die breite und starke bürgerliche Massen dem Faschismus in die Arme werfen und dadurch der Arbeiterklasse höchst gefährlich werden können. Er muß der borniertren, in den Gegensatz zwischen den beiden Lagern der Arbeiterklasse verbissenen Ablehnung jeder Einheitsfront auf der einen Seite, der naiven, die realen Gegensätze verkennenden Schwärmerei für die Einheitsfront auf der anderen die | Erkenntnis entgegensetzen, daß die Arbeit an 325 der Einheitsfront vor allem eine ideologische Aufgabe ist: die Aufgabe, jenes Mindestmaß gemeinsamer theoretischer Erkenntnis und gemeinsamer politischer Strategie zu entwickeln, das allein die in fünfzehnjährigem Kampfe entwickelten Gegensätze überwinden und dadurch eine dauerhafte und handlungsfähige Einheitsfront erst möglich machen kann.

Er muß vor allem das wichtigste Faktum der Nachkriegsge-
schichte in das Zentrum der Geschichtskonzeption stellen, die er
der Arbeiterklasse zu vermitteln hat: das Faktum der sieghaften
Entwicklung des Sozialismus in der Sowjetunion.

Er muß die spießbürgerlichen, vulgär-demokratischen Vorurteile gegen die Sowjetunion, die immer noch innerhalb des reformistischen Sozialismus bestehen, bekämpfen. Er muß die von den
reformistischen Arbeiterparteien geführten Arbeitermassen erkennen lehren, daß sich in der Sowjetunion eine sozialistische Gesellschaftsordnung entwickelt, die in gewaltigsten, schnellstem
Wachstum die Überlegenheit des Sozialismus über den Kapitalismus erweist. Er muß alle Erfolge dieser Entwicklung ausnützen
zur Propaganda der sozialistischen Gesellschaftsordnung. Er muß
auch die reformistischen Arbeiterparteien verstehen lehren, daß
die sozialistische Idee in der ganzen Welt unwiderstehliche Kraft
erlangen wird, sobald die Sowjetunion, die jetzt schon durch
die Tat erwiesen hat, daß die sozialistische Gesellschaft die Arbeitslosigkeit nicht kennt, durch die Tat erweisen wird, daß die
sozialistische Gesellschaft das ganze Volk zu höherer Lebenshaltung führen, auf höheres Kulturniveau heben kann als selbst die
höchstentwickelte kapitalistische Gesellschaft. Er muß die Arbeitermassen verstehen lehren, daß der Sieg des Sozialismus in der
Sowjetunion abhängig ist; daß die Verwirklichung der sozialistischen Gesellschaftsordnung in der Sowjetunion den Sozialismus
aus einer abstrakten Idee in ein werbekräftiges konkretes Vor-
326 bild verwandelt; daß darum die Sowjetunion in den nahenden |
sozialen Erschütterungen das Konzentrationszentrum sein muß,
um das sich die Arbeiterklasse der ganzen Welt scharen, das die
Arbeiterklasse der ganzen Welt mit ihrer ganzen Kraft verteidigen, dessen Sieg die Arbeiterklasse der ganzen Welt zum Siege
führen muß. In einer Zeit, in der die Arbeiterklasse der kapitalistischen Länder die schwersten Niederlagen erlitten hat und
von schwersten Gefahren bedroht ist, muß der revolutionäre
Marxismus den Glauben der Massen an die sozialistische Idee,
ihr Vertrauen zu ihrer Kraft, ihre Hoffnung auf ihre Befreiung

stärken, indem er ihnen zeigt: dort, auf dem weiten Gebiete von
der Ostsee und vom Schwarzen Meer bis zum Großen Ozean, wird
eine sozialistische Gesellschaft zur Wirklichkeit! Dort wächst eine
gewaltige sozialistische Macht, im Bunde mit der ihr, die Arbeiter
der Welt, den Kapitalismus zerschlagen, die sozialistische Gesellschaft verwirklichen, die nationalen Grenzen überwinden werdet
in der kommenden internationalen Föderation sozialistischer
Gemeinwesen!

Aber gerade weil in der Geschichtskonzeption eines integralen
Sozialismus unserer Zeit die sieghafte Entwicklung der Sowjetunion eine so bedeutende Stelle einnehmen muß, gerade weil wir
überzeugt sind, daß die Aussichten der Kämpfe der Arbeiterklasse der ganzen Welt durch nichts stärker beeinflußt werden als
durch die innere Entwicklung der Sowjetunion, gerade deshalb
müssen wir nicht nur die Arbeiterklasse der ganzen Welt um die
Sowjetunion zu scharen, sondern auch die innere Entwicklung
der Sowjetunion selbst zu beeinflußen versuchen. Der Prozeß der
Umwandlung der kapitalistischen Gesellschaft in die sozialistische, der sich in der Sowjetunion vollzieht, wird erst vollendet
sein, wenn die Diktatur, die allein diesen Prozeß in Gang setzen
und im Gang erhalten konnte, abgebaut und durch eine sozialistische Demokratie ersetzt sein wird, die die Volksmassen selbst
auf der Basis der wiederhergestellten individuellen Rechtssicherheit, der vollen geistigen Freiheit, der unmittelbaren kollektiven
Selbstbestimmung zu Herren ihres Arbeits-, Lebens- und Kultur-
prozesses machen wird. Wir haben um unseres | Kampfes gegen   327
den Faschismus willen, um der großen Kulturerrungenschaften
der Freiheit willen, die der Faschismus bedroht und die der Sozialismus auf der neuen Basis einer höheren Gesellschaftsordnung
vollkommener als in der bürgerlichen Demokratie wiederherstellen muß, wir haben um des Sozialismus willen die Pflicht, die
Entwicklung zur sozialistischen Demokratie in der Sowjetunion
zu fördern. Wir können uns darum mit der bloßen Apologie der
Sowjetunion gegen ihre kapitalistischen Feinde und mit der Propaganda ihrer Leistung in den Arbeitermassen nicht bescheiden.

Wir können uns des Rechtes freimütiger Kritik an Maßregeln der
Machthaber der Sowjetunion nicht begeben. Die Entwicklung der
Sowjetunion selbst bedarf der Entwicklung einer sozialistischen
öffentlichen Meinung in der Welt, die die ganze weltgeschichtliche Größe ihrer Leistung würdigt, die die geschichtliche Funktion
der Sowjetdiktatur für die Entwicklung des Sozialismus in der
Welt begreift, die die Kräfte der Arbeiterklasse der Welt für die
Sowjetunion zu mobilisieren und um die Sowjetunion zu ralliieren sucht, die aber zugleich, von den jeweiligen Machthabern
der Sowjetunion unabhängig, freimütig ihre Maßregeln kritisiert,
wenn sie im Widerspruch zu der geschichtlichen Aufgabe der fortschreitenden Demokratisierung des Sowjetregimes stehen, und
freundschaftlich zu allen Maßregeln ermutigt und mahnt, die die
fortschreitende Demokratisierung des Sowjetregimes fördern.

Indem der integrale Sozialismus auf diese Weise die Sache der
proletarischen Revolution in der Sowjetunion zur eigensten Sache des internationalen Proletariats zu machen sucht, erzieht
er das Proletariat der kapitalistischen Länder zur Bereitschaft
zur sozialen Revolution, die seine eigene Sache sein wird. Die
ungeheure Steigerung der Staatsmacht, vor allem die ungeheure
Stärkung der bewaffneten Gewalt des Staates durch die Entwicklung der modernen Technik und Ökonomie läßt es unwahrschein-
lich erscheinen, daß das Proletariat in Friedenszeiten in irgend
einem modernen Staat die Kraft erlangen könnte, die Gewaltma-
328 schine des kapitalistischen Staates | zu zerbrechen und auf ihren
Trümmern seine Diktatur aufzurichten. Eine sieghafte proletarische Revolution, welche bis zur Aufrichtung der Diktatur des
Proletariats fortschreiten könnte, wird in modernen kapitalistischen Staaten kaum anders möglich sein als im Gefolge eines
Krieges. So gewiß der Sozialismus alles daransetzen muß, den
Krieg so weit als möglich hinauszuschieben, so gewiß muß er die
Arbeiterklasse zu der Bereitschaft erziehen, die Erschütterung
der kapitalistischen Gesellschaft, des kapitalistischen Staates, des
staatlichen Gewaltapparats durch einen Krieg zur Eroberung der
Staatsmacht und damit zur Befreiung des Proletariats auszunützen.

Im Jahre 1914 haben die Arbeiterparteien der Krieg führenden Staaten mit ihren Regierungen den Burgfrieden geschlossen. Sie haben den revolutionären Befreiungskampf des Proletariats gerade in dem Augenblick eingestellt, in dem die kapitalistische Gesellschaft und die kapitalistischen Staaten durch den Krieg in die schwerste Erschütterung geraten mußten. Es ist zu befürchten, daß sich dieses Schauspiel am Anfang eines neuen großen Krieges wiederholen wird.

Wenn große Nationen in das blutige Ringen gegeneinander eintreten, wenn sie auf den Schlachtfeldern um ihre Existenz ringen, dann erlangen die nationalen Leidenschaften eine Gewalt, der auch breite proletarische Massen keinen Widerstand zu leisten vermögen. Dann werden Nationalbewußtsein und Nationalgefühl stärker als Klassenbewußtsein und Klassengegnerschaft. Dann geraten auch die großen proletarischen Massenparteien unter den Druck der nationalen Massenleidenschaften.

Erst im Verlaufe des Krieges, erst wenn die Leiden und Opfer des Krieges immer schwerer werden, geraten die Massen allmählich in eine dem Kriege feindliche Stimmung. Erst dann werden sie empfänglich für die Mahnung des revolutionären Sozialismus, die Erschütterung der kapitalistischen Gesellschaft durch den Krieg zum Sturze des Kapitalismus auszunützen.

Niemand hat die Entwicklung der Massenstimmungen von den patriotischen Leidenschaften des Kriegsbeginnes | über das allmähliche Erstarken des Widerstandes gegen den Krieg bis zur Revolution gegen die den Krieg führende Staatsgewalt vollkommener erkannt als Lenin. Im Jahre 1922, vor dem Friedenskongreß im Haag hat er „Bemerkungen zur Frage der Aufgaben unserer Delegation im Haag" geschrieben, die viel deutlicher als seine für die Öffentlichkeit bestimmten Schriften diese Entwicklung der Massenstimmungen darlegen. Er lehnte da die Phrase „Wir werden auf den Krieg mit dem Generalstreik oder mit der Revolution antworten", als ein Geschwätze ab, mit dem sich „nur die dümmsten oder hoffnungslos verlogene Leute" bescheiden könnten. Er legte dar, „wie ohnmächtig die gewöhnliche Organisation

329

der Arbeiter, und würde sie sich noch so revolutionär nennen, angesichts des hereinbrechenden Krieges ist". Er erinnerte daran, wie es zu Beginn des Weltkrieges war und „warum es nicht anders sein konnte". Er stellte fest, daß zu Beginn des Krieges „die gewaltige Mehrheit der Werktätigen die Frage der Verteidigung des Vaterlandes unvermeidlich im Interesse der Bourgeoisie ihres Landes beantwortet". Er zog daraus den Schluß, „die einzige mögliche Methode des Kampfes gegen den Krieg" während des Krieges selbst sei „die Erhaltung oder Bildung einer illegalen Organisation zu langdauernder Arbeit gegen den Krieg".[55]

Aber nicht nur die Tatsache, daß die Massen am Anfang des Krieges den nationalen Leidenschaften erliegen, ruft die Gefahr hervor, daß die Arbeiterparteien im Kriege neuerlich den Burgfrieden mit den Regierungen ihrer Länder schließen. Neue politische Tatsachen verstärken diese Gefahr. Wenn der Völkerbund einen Staat als Angreifer brandmarkt und die anderen Staaten zu Sanktionen gegen den Angreifer auffordert oder ermächtigt, so kann der Krieg gegen die angreifende Macht den Arbeiterparteien der Länder, die diesen Krieg führen, als ein heiliger Krieg für die Durchsetzung des Völkerrechtes gegen rechtswidrigen Friedensbruch erscheinen. Dies kann sie dazu verleiten, sich in den Dienst der Kriegführung zu stellen und jeden Kampf gegen die kapitalistischen Regierungen ihrer | Länder während des Krieges einzustellen. Wenn demokratische Länder gegen faschistische Mächte Krieg führen, so kann die Feindschaft des Proletariats gegen den Faschismus die Arbeiterparteien der demokratischen Länder zum Burgfrieden mit ihren Regierungen verleiten. Wenn kapitalistische Staaten im Bunde mit der Sowjetunion in den Krieg gehen, so kann der Burgfrieden in den kapitalistischen Ländern seine Rechtfertigung in dem Interesse des Proletariats an der Verteidigung der Sowjetunion suchen. So ist die Gefahr, daß die großen Arbeiterparteien im Kriege abermals zu Organen der Kriegführung kapitalistischer Regierungen werden, heute nicht kleiner, sondern größer als 1914.

[55] Lenin, Sobranie Sotschinenij. XX, 2. Moskwa 1927, p. 529 ss.

Angesichts dieser Gefahr muß der revolutionäre Sozialismus den Massen verständlich zu machen versuchen, daß sie nach dem Kriege abermals so furchtbare und noch furchtbarere Krisen, so furchtbare und noch furchtbarere Zeiten der Arbeitslosigkeit und der Massenverelendung durchleben, abermals von aus dem Kriege hervorgehenden bestialischen Mächten des Faschismus niedergeschlagen werden, abermals neuen furchtbaren Kriegen entgegengehen werden, wenn sie nicht die Gelegenheit ausnützen, die der Krieg ihnen bietet und wahrscheinlich nur der Krieg bieten kann: die Gelegenheit, die Kapitalsherrschaft zu stürzen.

Ob der revolutionäre Marxismus diese Aufgabe in der Kriegszeit nur mittels illegaler Organisationen erfüllen kann, wie Lenin glaubte, oder ob er sie legal versehen kann, ob er sie innerhalb der legalen Massenparteien versehen kann oder aus ihnen hinausgedrängt wird, in jedem Falle wird sein Wort am Anfang des Krieges nur das Gehör einer Minderheit der Arbeiterklasse, wird es aber im Verlauf des Krieges das Gehör immer breiterer Massen finden. Auf diese Weise wird der revolutionäre Marxismus im Verlaufe des Krieges allmählich zum Führer der durch die Leiden und Opfer des Krieges revolutionierten Massen werden.

Im Weltkrieg haben die „Zimmerwalder", die auf der Zimmerwalder Konferenz vereinigten oppositionellen Min- | derheiten 331 der Arbeiterparteien, gegen die Burgfriedenspolitik ihrer Parteien gekämpft. Aber der Kampf, den der revolutionäre Marxismus in einem neuen Kriege gegen die abermals drohende Burgfriedenspolitik der großen Arbeiterparteien der demokratischen Länder zu führen haben wird, wird nicht ganz identisch sein mit dem Kampfe, den die Zimmerwälder im letzten Kriege zu führen hatten. Denn die Stellung des Sozialismus in einem neuen Kriege wird modifiziert durch zwei geschichtliche Tatsachen: Die eine ist der Sieg des Faschismus in dem großen Deutschen Reich. Die andere ist die sieghafte Entwicklung einer Gesellschaft werdenden Sozialismus in der Sowjetunion.

Demokratische Staaten kämpfen gegen Hitler-Deutschland. Es kann der Arbeiterklasse nicht gleichgültig sein, wer in diesem

Kampfe siegt. Denn Hitler-Deutschlands Sieg würde die Faschisie-
rung Europas bedeuten. Die Bourgeoisie und das Proletariat der
demokratischen Länder haben also zunächst ein gemeinsames Interesse: über Hitler-Deutschland zu siegen. Und dennoch müssen
und werden die Kriegsziele der Bourgeoisie der demokratischen
Länder denen des Proletariats dieser Länder entgegengesetzt
sein. Die Bourgeoisie will Deutschland schlagen, um das Dritte
Reich zu zerstückeln und das deutsche Volk zu knechten und auszubeuten. Aber sie will nicht eine proletarische Revolution, die
ihr selbst gefährlich würde, in Deutschland zum Siege kommen
lassen. Sie wird, wenn der Sieg ihrer Waffen die Revolution in
Deutschland entfesselt, die deutsche Revolution ebenso innerhalb der bürgerlichen Schranken zu halten suchen, wie sie es
1918 und 1919 getan hat, und gegen sie ihre militärischen und
ökonomischen Machtmittel gebrauchen wollen, wenn sie diese
Schranken sprengt, wie sie 1917 bis 1919 ihre Machtmittel gegen
die proletarische Revolution in Rußland und in Ungarn gebraucht
hat. Das Proletariat der demokratischen Länder dagegen wird
Hitler-Deutschland zu schlagen suchen, gerade um die proletarische Revolution in Deutschland zu entfesseln, um ihr sofort
332 einen Frieden ohne alle offenen und versteckten | Annexionen
und Kontributionen zu bewilligen, um sich mit ihr zu alliieren.

Kapitalistische Staaten sind im Krieg der Sowjetunion verbün-
det. Steht die Sowjetunion im Krieg, so hängt das Schicksal des
Sozialismus der Welt davon ab, daß die Sowjetunion siegt. Ihre
Niederlage würde die größten Hoffnungen des Proletariats für
Jahrzehnte zerstören. Ihr Sieg wird den Sozialismus in Europa
und in Asien unwiderstehlich machen. Um sie muß sich daher
das ganze Weltproletariat scharen. Wer sich im Kriege gegen sie
stellt, der besorgt die Geschäfte der kapitalistischen Konterrevolution. Der ist unser Todfeind. Daß kapitalistische Staaten, die
an ihrer Seite, die im Bunde mit ihr kämpfen, im Kriege siegen,
ist ein Interesse des Weltproletariats, weil es ein Interesse der
Sowjetunion ist. So haben Bourgeoisie und Proletariat der mit
der Sowjetunion verbündeten Staaten zunächst ein gemeinsa-

mes Interesse: das Interesse zu siegen. Und dennoch sind ihre
Kriegsziele entgegengesetzt. Denn nichts ist gewisser, als daß sich
die Kapitalistenklasse der mit der Sowjetunion verbündeten Länder am Tage nach dem errungenen Siege gegen die Sowjetunion
wenden muß, weil ihr Sieg zur Lebensgefahr für die Kapitalsherrschaft in der ganzen Welt wird. Nichts ist gewisser, als daß sich
das Proletariat dieser Wendung gegen den Bundesgenossen von
gestern mit seiner ganzen Kraft widersetzen, sich mit der Sowjetunion gegen die Kapitalistenklasse seines Landes wird verbünden
müssen.

So werden im Falle eines neuen großen europäischen Krieges die Kriegsziele der Bourgeoisie den Kriegszielen des Proletariats auch in den kapitalistischen Ländern, die gegen Hitler-
Deutschland, auch in den kapitalistischen Ländern, die im Bunde
mit der Sowjetunion kämpfen, entgegengesetzt sein. Die Arbeiterklasse dieser Länder wird ihre Kriegsziele nur durchsetzen,
wenn es ihr gelingt, im Verlaufe des Krieges selbst die Staatsmacht zu erobern, um dem Krieg ihre Ziele zu setzen, um den
Krieg, den kapitalistische Regierungen dieser Länder als einen
Krieg für imperialistische Ziele führen, in einen Revolutionskrieg
| gegen den Faschismus und für die Verteidigung der Sowjetunion 333
zu verwandeln und damit auf den Schlachtfeldern den Sieg des
Sozialismus zu erkämpfen.

In der Sowjetunion bedingungs- und vorbehaltlose Unterstützung der Verteidigung des revolutionären Staates! In Hitler-
Deutschland und in allen mit Hitler-Deutschland kämpfenden
Staaten Revolution gegen den Krieg! In den gegen Hitler-Deutschland kämpfenden, in den mit der Sowjetunion verbündeten Ländern Unterstützung der Kriegführung, soweit sie notwendig ist,
um die Sowjetunion zu verteidigen und Hitler-Deutschland zu
schlagen, aber diese Unterstützung nicht in der Gefolgschaft der
Bourgeoisie, sondern mit dem entschlossenen Willen, selbst die
Wechselfälle des Krieges auszunützen, um im Verlaufe des Krieges
die Kriegführung der Bourgeoisie zu entreißen, dem Proletariat
die Macht zu erobern, dem Krieg die Ziele des Proletariats zu

setzen! Das sind die Aufgaben, zu denen der revolutionäre Marxismus während des Krieges die Arbeitermassen in der „langdauernden Arbeit", von der Lenin gesprochen hat, wecken, erziehen, mobilisieren muß.

Eine solche revolutionäre Kooperation der Arbeiterparteien auf beiden Seiten der Schützengräben erfordert die Überwindung aller eng nationalen Gesichtspunkte und Wertungen. Sie erheischt internationales Denken, das in der Stunde weltgeschichtlicher Entscheidung alle nationalen Sonderinteressen dem Menschheitsinteresse des Weltsiegs des Sozialismus unterordnet. Solches internationales Denken kann nur entwickelt werden in einer die Arbeiter der Welt umfassenden, sie trotz aller Verschiedenheiten ihrer Daseins-und Kampfesbedingungen, ihrer Traditionen und Ideologien zu zielbewußter Kooperation erziehenden Internationale. Wir haben heute eine solche Internationale nicht. Die Sozialistische Arbeiter-Internationale umfaßt nicht das junge Proletariat der Sowjetunion, das Proletariat der größten revolutionären Tradition und der größten revolutionären Leistung. Die Kommunistische Internationale umfaßt nicht die großen,

334 mäch- | tigen, die Traditionen eines Jahrhunderts proletarischer Kämpfe verkörpernden Massenparteien der Arbeiterklasse Westeuropas. Der integrale Sozialismus kann sich heute nur innerhalb der Sozialistischen Arbeiter-Internationale entwickeln. Denn nur ihr loses Gefüge, das innerhalb ihres Rahmens den verschiedensten sozialistischen Strömungen Freiheit der Werbung und der Aktion gibt, gibt ihm die Möglichkeit, in ihr seine Anschauungen zu verfechten; in der Kommunistischen Internationale, die keine „Abweichung" von ihren Glaubenssätzen duldet, hat eine Anschauung, die die erstarrten Gegensätze zwischen dem Sozialismus und dem Kommunismus zu überwinden sucht, keine Möglichkeit, sich zu verfechten und durchzusetzen. Aber wenn der integrale Sozialismus darum heute nur innerhalb der Sozialistischen Arbeiter-Internationale wirken kann, so muß er doch den Gegensatz zwischen den beiden Internationalen zu überwinden suchen. Er wird überwunden werden, wenn die in der

Sozialistischen Arbeiter-Internationale vereinigten Arbeiterparteien in einem neuen Kriege ihre ganze Kraft für die Verteidigung der Sowjetunion mobil machen, den Krieg zur Eroberung
der Staatsmacht ausnützen und dadurch im Feuer des Krieges
selbst eine unzerstörbare Allianz mit den arbeitenden Massen
der Sowjetunion schließen werden. Hat der letzte große Krieg
das Weltproletariat gespalten, so muß ein neuer Weltkrieg es
einigen und damit den integralen Sozialismus verwirklichen.

Die Einigung wird allerdings nicht am Tage des Kriegsbeginns,
der die Massen mit den stärksten patriotischen Leidenschaften
erfüllt, sie wird erst im Verlaufe der die Massen allmählich re-
volutionierenden Prozesse während des Krieges, sie wird erst
als Resultat der „langdauernden Arbeit", die der revolutionäre
Marxismus während des Krieges zu leisten hat, zur Wirklichkeit
werden. Sie wird zur Wirklichkeit werden nur im Kampfe der
Geister im Verlaufe des Krieges. Es ist wahrscheinlich, daß einzelne Arbeiterschichten und einzelne Führergruppen, die, völlig
der reformistischen Entwicklungsphase angepaßt, sich auf die
durch den Krieg gestellten revolutionären Auf- | gaben nicht um- 335
zustellen vermögen, abseits bleiben werden, wenn der Krieg die
Massen des Proletariats revolutioniert. So kann und wird wahrscheinlich gerade der Krieg zeitweilig neue Abspaltungen oder
gar neue Spaltungen der proletarischen Kräfte hervorrufen. Aber
die Demarkationslinien innerhalb des Proletariats werden dann
ganz anders verlaufen als heute. Das Feuer des Krieges wird aus
dem Lager der Sozialistischen Arbeiter-Internationale und aus
dem Lager der Kommunistischen Internationale, aus den heute noch reformistischen Arbeiterparteien des Westens und aus
den revolutionären werktätigen Massen des Ostens alles zusammenschweißen, was, nicht in den Vorurteilen der Vergangenheit
erstarrt, fähig und entschlossen sein wird, die revolutionären
Aufgaben zu erfüllen, vor die jeder neue Krieg die Menschheit
stellen muß, zusammenschweißen zu einer integralen revolutionären sozialistischen Kraft, die der Menschheit Führerin sein
wird zur Erkämpfung einer integral sozialistischen Gesellschaft.

3.5 Ein Nachwort nach Österreich

ICH HABE DIESES BUCH meinen jungen Freunden, den Revolutionären Sozialisten in Österreich gewidmet. Aber erst an dieser Stelle, auf Grund der in diesem Buche gewonnenen Erkenntnisse kann ich darlegen, was ich gerade den österreichischen Sozialisten mit diesem Buche sagen möchte.

Die österreichische Sozialdemokratie hat sich in der alten Habsburgermonarchie entwickelt. In der österreichischen Reichshälfte entstanden seit den Achtzigerjahren des vorigen Jahrhunderts die deutschösterreichische und die tschechische, die polnische und die ukrainische, die italienische und die jugoslavische Sozialdemokratie. Die soziale Struktur der sechs Nationen des alten Österreich, innerhalb deren sich die Sozialdemokratie entwickelte, war überaus verschieden. Grundverschieden waren daher auch die Daseinsbedingungen der Arbeiterschaft, die Kampfbedingungen der Arbeiterparteien, die Gegner, mit denen | die Arbeiterparteien innerhalb ihrer Nationen zu ringen hatten. Jede der nationalen Sektionen der alten österreichischen Sozialdemokratie stand überdies unter anderen ausländischen Einflüssen; entwickelte sich die deutschösterreichische Sozialdemokratie in enger Beziehung zu der reichsdeutschen, so stand die polnische Sozialdemokratie in enger Beziehung zu der Polnischen Sozialistischen Partei in Russisch-Polen, die italienische zu der Sozialistischen Partei Italiens, die ukrainische zu sozialdemokratischen und sozial-revolutionären Gruppen und Geistesströmungen in der Ukraine und in Rußland. So wurde die Arbeiterbewegung im alten Österreich national differenziert; und dennoch war es notwendig, sie im Kampfe um die Demokratie und um die Lebensinteressen der Arbeiter zu einer einheitlichen wirkenden Kraft zu integrieren. Das Problem einer Internationale, die die Verschiedenheiten der ökonomischen, sozialen und politischen Daseins- und Kampfbedingungen, der Tradition, der geistigen Entwicklung, der politischen Tendenzen, von sechs verschiedenen Arbeiterparteien nicht aufzuheben vermochte, aber diese sechs Arbeiterparteien trotzdem zu enger Kooperation zusam-

menfassen mußte, war das Problem, um das die österreichische
Gesamtpartei in dem Vierteljahrhundert vor dem Kriege täglich
gerungen hat.

Die österreichische Sozialdemokratie entwickelte sich in einer
Zeit, in der die Nationen, die der österreichische Staat zusam-
menfaßte und beherrschte, im heftigsten Kampfe gegeneinander
und gegen den Staat standen. Die Nationen strebten auseinander;
nur die Gewalt der Dynastie hielt sie zusammen. Es war offensichtlich, daß die Nationen in dem ersten Augenblick, in dem die
Gewalt der Dynastie sie nicht mehr niederzuhalten vermöchte,
den alten Staat sprengen und ihre selbständigen Nationalstaaten auf seinem Boden errichten werden; der Oktober 1918 hat
diese Prognose bestätigt. Die österreichische Sozialdemokratie
wußte, daß jeder Krieg, daß jede Revolution den alten Staat sprengen, in seine nationalen Bestandteile zerlegen mußte. Das hatten
schon die Achtund- | vierzieger, schon Marx, Engels, Liebknecht   337
erkannt und diese Erkenntnis uns übermittelt. Die österreichische Sozialdemokratie gab sich keiner Täuschung darüber hin,
daß dieser Staat kein entwicklungsfähiges Gebilde, sondern ein
todgeweihtes Überbleibsel der Vergangenheit war. Sie nannte
sich darum niemals „österreichische Sozialdemokratie", sondern
„Sozialdemokratische Arbeiterpartei in Österreich", um damit
auszudrücken, daß sie den habsburgischen Nationalitätenstaat
nur als den ihr gegebenen Kampfboden betrachtete, aber sich
zu ihm nicht bekannte. Ihre programmatischen Auffassungen
waren daher von aller „Staatsbejahung" weit entfernt. In ihren
Zukunftsperspektiven hat sie immer erwartet, daß dieser Staat
durch revolutionäre Prozesse gesprengt und zerlegt werden werde. Erst aus der außerordentlichen Situation des Wahlrechts-
kampfes 1905 bis 1907, in der vorübergehend die Dynastie auf
der einen, das Proletariat auf der anderen Seite gegen die kämpfenden nationalen Bourgeoisien standen, entstand innerhalb der
Partei eine von Karl Renner repräsentierte Gegenströmung gegen die herrschende Parteiauffassung, — eine Gegenströmung,
die es für die Aufgabe des Proletariats hielt, den „übernationalen

Staat" gegen die ihn zerreissenden nationalen Bourgeoisien zu verteidigen.

Zunächst aber bot dieser Staat der Arbeiterpartei freilich außerordentliche Erfolgsmöglichkeiten. Da die nationalen Kämpfe der Bourgeoisien den Staat zu sprengen drohten, suchte die Dynastie selbst zeitweilig die Arbeiterklasse auszunützen, um durch den Druck der Arbeiterklasse die kämpfenden Bourgeoisien zu zwingen, sich gegen die Arbeiterklasse zu ralliieren; diese Lage gab der Sozialdemokratie die Möglichkeit, das allgemeine und gleiche Wahlrecht zu erkämpfen. Das Parlament des allgemeinen und gleichen Wahlrechts blieb durch die nationalen Kämpfe der Bourgeoisie zerrissen; die nationalen Gegensätze machten die Bildung einer geschlossenen bürgerlichen Mehrheit gegen die Sozialdemokratie unmöglich. In dem ständig von nationalen Kämpfen beherrschten, aus einer Krise in die andere stürzenden

338 Parlament | konnte die Sozialdemokratie die Verlegenheiten der Regierung ausnützen, um ihren Einfluß zu stärken und sozialpolitische Erfolge für die Arbeiterklasse zu erringen. Die günstigen Bedingungen, die diese Lage dem Kampfe um Reformen innerhalb des bestehenden Staates bot, entwickelten in der Partei reformistische Ideologien.

So verknüpfte die Eigenart des Staates, in dem die Sozialdemokratie zu wirken hatte, reformistische Gegenwartsideologien mit revolutionären Zukunftsperspektiven; nationale Differenzierung der Arbeiterparteien mit der täglichen Anstrengung, sie trotz ihrer nationalen Besonderheiten zu einer einheitlich wirkenden internationalen Kraft zu integrieren.

Am Anfang des Weltkrieges erlangten auch in der österreichischen Sozialdemokratie die patriotischen Strömungen die Oberhand. Renners positive Einstellung zum „übernationalen Staat" erlangte in den ersten Kriegsjahren die Führung. Aber die patriotischen Leidenschaften konnten in den Nationalitätenstaat, dessen Nationen auseinanderstrebten, die Arbeitermassen nicht so mächtig packen und nicht so lange festhalten wie in Deutschland und in Westeuropa. Im Verlaufe des Krieges ver-

änderte sich die Massenstimmung sehr schnell und damit auch
unter dem Drucke der Massenstimmung die Haltung der Partei
zum Kriege. Die Partei passte sich im Verlaufe des Krieges den
Forderungen der marxistischen „Linken", die durch das Attentat
Friedrich Adlers auf den Ministerpräsidenten Stürgkh und durch
die Haltung Friedrich Adlers vor Gericht zur Führerin der kriegs-
feindlichen Massenstimmung geworden war, allmählich an und
entging dadurch der drohenden Spaltung.

Zu Kriegsende geschah, was die Sozialdemokratie vorausge-
sagt hatte: sobald sich die kaiserliche Armee auflöste, sobald
ihr Gewaltapparat die auseinanderstrebenden Nationen nicht
mehr zusammenzwingen konnte, zerfiel das Reich. Deutschöster-
reich blieb als ein ohnmächtiger Kleinstaat zurück, nachdem sich
die anderen Nationen losgerissen und verselbständigt hatten. Es
blieb zurück in höchster Not. Es hatte für keine 14 Tage Lebens- | 339
mittel und Kohle, wenn die Siegermächte sie ihm nicht lieferten.
Es war den Siegermächten auf Gnade und Ungnade preisgegeben.
Jeder denkende Arbeiter verstand hier, daß dieser ohnmächtige,
armselige Staat einen ernsten Konflikt mit der herrschenden kapitalistischen Bourgeoisie der Siegermächte nicht wagen konnte.
Jeder denkende Arbeiter erkannte, daß die Ohnmacht gegenüber den kapitalistischen Siegermächten die Revolution in die
Schranken der bürgerlichen Demokratie zwang. Der schnelle Zusammenbruch der ungarischen Rätediktatur verdeutlichte diese
Erkenntnis. So konnte damals in Österreich der Kampf darum, ob
die Arbeiterklasse den Weg der Demokratie oder den der revolutionären Diktatur gehen solle, die Arbeiterklasse nicht spalten.
Sie blieb in den Reihen der Sozialdemokratie geeint; neben der
großen Sozialdemokratie blieben die Kommunisten eine bedeu-
tungslose Sekte.

Die österreichische Industrie hatte mit dem Zerfall des alten
Reiches sechs Siebentel ihrer alten zollgeschützten Absatzgebiete verloren. Nach der Einstellung der Inflation schrumpfte sie
zusammen. Langandauernde Massenarbeitslosigkeit, Lohndruck,
verstärkter Widerstand der Bourgeoisie gegen die Forderungen

der Arbeiterklasse waren die Folgen. Unter diesen Bedingungen konnte die Arbeiterklasse in Österreich, durch die Revolution von 1918 revolutioniert, nicht so völlig reformistischer Denkweise verfallen wie in Ländern mit weit stärkerem, stabilerem, leistungsfähigerem Kapitalismus, in Ländern, die zu Kriegsende keine Revolution durchgemacht hatten, in Ländern wie England, Schweden, Dänemark, Holland. Aber die revolutionären Strömungen innerhalb der Arbeiterklasse sonderten sich hier nicht in einer besonderen kommunistischen Partei abseits der Sozialdemokratie und gegen die Sozialdemokratie ab, wie in Deutschland und in der Tschechoslowakei, sondern sie wirkten hier innerhalb der geeint gebliebenen Partei.

Die Partei kämpfte in der Nachkriegszeit auf dem Boden der Demokratie um Reformen innerhalb der kapitalistischen Gesell-
340 schaft. Dank der Tatsache, daß die Ar- | beiterklasse im Rahmen der Partei einig geblieben war, führte sie diese Kämpfe mit großem Erfolge. Die soziale Gesetzgebung, von ihr durchgesetzt, überholte die der anderen kapitalistischen Länder. Die Wohnungsbauten, die soziale Fürsorge und die Schulreform der Gemeinde Wien warben für die Partei. Diese Erfolge verstärkten auch hier die reformistischen Ideologien. Aber es fehlte hier nicht an revolutionären Gegenwirkungen gegen sie. Der erstarkende Widerstand der Bourgeoisie gegen die Machtstellung, die sich die Arbeiterklasse errungen hatte, zeigte von Jahr zu Jahr mehr, daß die Bourgeoisie die Demokratie zu sprengen drohte, weil ihr die Arbeiterklasse in der Demokratie zu stark geworden war. Aus dieser Erkenntnis zog die Partei ihre Schlüsse. Das Linzer Programm (1926) stellte der Partei die Aufgabe, mit den Mitteln der Demokratie die Staatsmacht zu erobern; aber es fügte hinzu, daß der demokratische Weg zur Macht der Arbeiterklasse nur dann gangbar bleiben werde, wenn die Arbeiterklasse wehrhaft und stark genug bleibt, die Demokratie gegen jede faschistische Konterrevolution zu behüten. Das Programm erklärte, daß die Arbeiterklasse auch nach der Eroberung der Staatsmacht die Macht in den Formen der Demokratie und unter allen Bürgschaften der

Demokratie ausüben solle. Aber es fügte hinzu: wenn sich die im Kampf auf dem demokratischen Boden unterlegene Bourgeoisie der gesellschaftlichen Umwälzung, die die Aufgabe der Staatsmacht der Arbeiterklasse sein wird, widersetzen werde, dann werde die Arbeiterklasse gezwungen sein, den Widerstand der Bourgeoisie mit den Mitteln der Diktatur zu brechen. Und dieser theoretischen Erkenntnis entsprach auch die Praxis der Partei: ging sie den Weg der Demokratie, so stellte sie doch zugleich den wehrhaften Republikanischen Schutzbund auf, um die Entscheidungen der Demokratie gegen faschistischen Angriff oder gegen faschistischen Widerstand zu sichern.

Diesen Auffassungen entsprach auch die internationale Politik der österreichischen Sozialdemokratie. Sie hat sich nach dem Kriege von der Zweiten Internationale getrennt und unter Friedrich Adlers Führung die „Wiener | Arbeitsgemeinschaft" sozialistischer Parteien gegründet, die die Brücke zwischen der Zweiten und der Dritten Internationale schlagen wollte. Nachdem dieser Versuch an der ablehnenden Haltung der Kommunistischen Internationale gescheitert war, hat sie innerhalb der Sozialistischen Arbeiter-Internationale die verständnislose und gehässige Haltung vieler Sozialisten gegen die Sowjetunion bekämpft und die Pflicht des Weltproletariats, die Sowjetunion gegen jeden kapitalistischen Angreifer zu verteidigen und jeden gewaltsamen Aufstand in der Sowjetunion als konterrevolutionär zu bekämpfen, verfochten.

Wer diese ganze Entwicklung der österreichischen Sozialdemokratie von der Verknüpfung reformistischer Gegenwartsideologie mit revolutionärer Zukunftsperspektive in den letzten Jahrzehnten der Monarchie und von den Anstrengungen, die nationalen Sektionen der Gesamtpartei in der Monarchie trotz der Verschiedenheit ihrer Entwicklung zu einer internationalen Gesamtheit zu integrieren, bis zum Linzer Programm, bis zur Verbindung der reformistischen Kämpfe auf dem Boden der Demokratie mit der revolutionären Wehrhaftigkeit des Schutzbundes, bis zur „Wiener Arbeitsgemeinschaft" und zur positiven Stellungnahme zur

Sowjetunion verfolgt, kann nicht verkennen, daß schon diese
Entwicklung wesentliche Elemente jener Konzeption enthielt,
die wir als integralen Sozialismus bezeichnet haben.

Die faschistische Gefahr, die das Linzer Programm vorausgesehen hatte, wurde zur Wirklichkeit nach dem Siege des Faschismus
in Deutschland. Österreich wurde zum Kampfobjekt zweier faschistischer Großmächte: Deutschlands und Italiens. Die österreichische Sozialdemokratie sah sich mit einem Male zwischen zwei
gefährliche Feinde gestellt: zwischen den deutschen Nationalfaschismus, der Österreich zu Hitler-Deutschland hinüberreißen
wollte, und den österreichischen Klerikofaschismus, der mit dem
Staatsstreich Dollfuß' am 7. März 1933 die absolutistische Regierungsgewalt an sich riß, um unter dem Schutze des weltlichen
und des kirchlichen Rom die Nationalsozialisten und die Sozial-
342 demokratie zugleich | niederzuwerfen. Nun zeigte es sich, wie
schwer es ist, eine auf legale Aktion im Rahmen der bürgerlichen
Demokratie eingestellte, ihr angepaßte Partei mit einem Schlage auf eine revolutionäre Aktion umzustellen. Führer, die auf
dem Boden der Demokratie gute Parlamentarier, Gewerkschafter, Organisatoren gewesen waren, schreckten vor den kühnen
Entschlüssen, die der Staatsstreich der Konterrevolution erforderte, zurück. Massen, die sich in der demokratischen Ära aber
und abermals im Kampfe gegen den Faschismus als tapfer und
zäh bewährt hatte, ließen sich, durch Jahre lange Arbeitslosigkeit zermürbt, um ihre Arbeitsstellen zitternd, den Druck einer
feindlichen Staatsgewalt nicht gewöhnt, von dem Regierungsabsolutismus entmutigen und einschüchtern. Aber so gewiß sich
die inneren Schwächen der Partei in dem Kampfjahre vom März
1933 bis zum Februar 1934 gezeigt haben: sie ist dennoch nicht
kampflos und ruhmlos der überlegenen Gewalt des Faschismus
erlegen. Ihr revolutionärer Einschlag offenbarte sich in dem heroischen Verzweiflungskampfe der Schutzbündler im Februar
1934.

Die Sozialdemokratie ist geschlagen und zerschlagen worden.
Aber während noch die Kanonen des Faschismus in Wien donner-

ten, begann schon die neue Sammlung. Junge Genossen begründeten die neue, illegale Partei. Die Revolutionären Sozialisten
sind eine neue Partei, — mit neuer Führung, neuer Organisation, neuer Zielsetzung, neuem Geist. Sie haben sich gegen die
alte Partei scharf abgegrenzt, ihre in ihrem letzten Lebensjahr
offenbar gewordenen Schwächen unbarmherzig kritisiert, ihren
Parteinamen nicht übernommen. Aber ihre Führung und ihre Kaders bestehen durchwegs aus Genossen, die von der alten Partei
erzogen worden waren und in denen bewußt oder unbewußt die
Traditionen der alten Partei nachwirken. Ihre Aufgabe ist es, die
Masse zu führen, die die Mitgliedschaft der alten Partei gebildet
hat und gefühlsmäßig mit der Geschichte, mit den Leistungen,
mit den Organisationsformen der alten Partei verbunden ist.

Der Faschismus hat die österreichischen Sozialisten in die Ille-
galität gedrängt. Aller gesetzlichen Mittel be- | raubt, können sie   343
ihren Kampf nur mir revolutionären Mitteln führen. Sie haben es
erlebt, wie die Bourgeoisie die Demokratie gesprengt hat, sobald
die Demokratie ihr kein handliches Herrschaftsinstrument mehr
gewesen ist; sie haben aus dieser Erfahrung den Schluß gezogen,
daß nur eine revolutionäre Diktatur die gesellschaftlichen Voraussetzungen schaffen kann für eine von der Klassenherrschaft
befreite Demokratie. So sind die Revolutionären Sozialisten in
ihren Methoden und in ihrem Ziel eine revolutionäre Partei. Aber
diese Partei ist zusammengesetzt aus Genossen, die die reformistische Entwicklungsphase der österreichischen Sozialdemokratie
mitgelebt, ihre Kämpfe mitgekämpft, ihre große Leistung für die
physische und geistige Hebung des Proletariats miterfahren haben, aus Genossen, die auf die Kämpfe und auf die Leistungen
der früheren, der reformistischen Phase, die auch ihre Kämpfe
und ihre Leistungen gewesen sind, stolz sind. Aus ihrem eigenen Erlebnis wird ihnen die Erkenntnis, daß der demokratisch-
reformistische und der revolutionäre Sozialismus nicht polare
Gegensätze sind, sondern verschiedene, auseinander hervorgehende Entwicklungsphasen desselben Befreiungskampfes der
Arbeiterklasse.

Die Revolutionären Sozialisten bauen eine illegale revolutionäre Partei auf. Selbstverständlich knüpfen sie dabei an die Erfahrungen, die Lehren, das Vorbild der ruhmreichsten und sieghaftesten unter allen illegalen und revolutionären Parteien, der russischen Bolschewiki an. Die Revolutionären Sozialisten haben im Feuer der Februarkämpfe die Schranken aller bürgerlichen Demokratie, die Funktion der Diktatur in der Entwicklung der Klassenkämpfe verstehen gelernt; von der faschistischen Diktatur verfolgt und gehetzt, schöpfen sie Zuversicht, Hoffnung, Kraft aus den Siegen der proletarischen Diktatur in der Sowjetunion. Aber wenn sie von den Gefühlen der Solidarität mit der proletarischen Revolution in der Sowjetunion erfüllt sind, so sind sie andererseits doch auch den demokratischen Arbeiterparteien des Westens eng verbunden geblieben. Die Solidarität der in 344 der Sozialisti- | schen Arbeiter-Internationale vereinigten Parteien und der im Internationalen Gewerkschaftsbund vereinigten Gewerkschaften ist vor dem Februaraufstande den österreichischen Arbeitern beigestanden, sie hat in den Tagen des Aufstandes Gefangene des Faschismus vor dem Galgen gerettet, sie hat nach dem Aufstand eine großzügige Hilfsaktion für die Opfer des Kampfes organisiert, sie hat schließlich den Kämpfern die Gefängnistore geöffnet. Die Schwäche des österreichischen Staates, seine Abhängigkeit von den Westmächten ermöglicht es den mächtigen Arbeiterparteien des Westens, wirksam zu Gunsten der österreichischen Arbeiterklasse zu intervenieren. Fühlen sich in den Methoden und in der Zielsetzung die Revolutionären Sozialisten dem revolutionären Sozialismus des Ostens verwandt, so erleben sie es doch jeden Tag, daß sie die solidarische Hilfe, den Schutz, die Unterstützung des demokratischen Sozialismus des Westens nicht entbehren können. So erwächst ihnen aus ihren Kampfbedingungen selbst der Wunsch nach der Überbrückung der Gegensätze, die das Weltproletariat zerrissen haben.

Die englischen Arbeiter werden nicht Bolschewiken, die russischen Arbeiter nicht Labouristen werden. Die Überwindung der Gegensätze kann nicht erreicht werden durch einen Siegfrieden einer der beiden großen Richtungen des Weltsozialismus über die andere. Sie kann nur erreicht werden durch eine Synthese, die die geschichtlich gewordenen Gegensätze in sich aufhebt. Nicht indem wir Kommunisten werden, aber auch nicht, indem wir in reformistische Illusionen zurückfallen, sondern nur, indem wir in der Synthese, an der Integration des Weltsozialismus arbeiten, können wir um das Ziel ringen, das unsere Kampfbedingungen in Österreich uns stellen.

So entspricht denn, wie ich glaube, die ganze Konzeption, die ich den integralen Sozialismus nenne und in diesem Buche zu entwickeln versucht habe, der Tradition, der Entstehungsgeschichte und den Kampfbedingungen der Revolutionären Sozialisten in Österreich. Sie ist nicht, um mit Marx zu reden, die „Hirnweberei" eines Einzelnen. Sie ist „nur allgemeiner Ausdruck tatsächlicher Verhält- | nisse eines existierenden Klassenkampfes, einer unter 345 unseren Augen vor sich gehenden geschichtlichen Bewegung."

Jeder konspirativen Bewegung droht die Gefahr, dem Sektierertum zu verfallen. Die Revolutionären Sozialisten müssen sich vor dieser Gefahr hüten. Das stolze Bewußtsein der besonders gefährlichen, besonders opferreichen Funktion, die sie versehen, darf sie nicht verleiten, sich hochmütig über die Masse zu erheben, die an der illegalen Arbeit keinen Teil hat; denn nur wenn sie diese Masse zu führen verstehen, werden sie ihre geschichtliche Funktion erfüllen. Der Organisationspatriotismus, den jede illegale Organisation weit mehr noch als eine legale braucht, darf sie nicht zu verständnisloser Gegnerschaft gegen alle anderen auf demselben Boden wirkenden illegalen Organisationen verführen, am allerwenigsten zu verständnisloser Gegnerschaft gegen jene Genossen aus den Reihen der alten Partei, die nach dem Februaraufstande zu den Kommunisten übergegangen sind und doch, mögen sie sich auch dessen nicht bewußt sein, fast ebensoviel von dem geistigen Erbe, von den Traditionen der alten Partei in sich tragen und ebenso durch die besonderen österreichischen Kampfbedingungen bestimmt und geformt sind wie die Revolutionären Sozialisten selbst. Aber so wenig den Revolutionären

Sozialisten sektiererische Abgrenzung ziemt, die, nach Marxens
Wort, „ihren point d'honneur nicht darin sucht, was sie mit der
Klassenbewegung gemein hat, sondern darin, was sie von der
Klassenbewegung unterscheidet", so gewiß braucht die Bewegung der Revolutionären Sozialisten eine selbständige, in sich
geschlossene Ideologie, die sich über den Gegensatz, über den
Streit zwischen Reformisten und Kommunisten erheben muß,
um an der Überwindung der Spaltung des Proletariats mitzuar-
beiten.

Wer eine solche Ideologie vertritt, muß es ertragen können,
daß ihn die Reformisten als Bolschewiken und die Bolschewiki
als Reformisten bekämpfen. Auf dem VII. Kongreß der Kommunistischen Internationale hat ein österreichischer Sozialdemokrat,
346 der nach den Februar- | kämpfen 1934 Kommunist geworden
ist, gesagt, ihn habe in der Sozialdemokratie die Halbheit, das
verfluchte Einerseits-andererseits, der innere Widerspruch im
Denken bedrückt; jetzt erlebe er das Glück, in einer einheitlichen
Partei mit einheitlichem Denken für ein eindeutig bestimmtes
Ziel kämpfen zu können. So sprechen gläubige Menschen, die
sich glücklich fühlen im Vertrauen auf ein starres Dogma und
auf den Befehl von oben, die ihnen ersparen, selbst zu denken,
selbst um Erkenntnis zu ringen. Friedrich Engels hat einmal geschrieben, nun, da der Sozialismus eine Wissenschaft geworden
ist, wolle er auch wie eine Wissenschaft studiert sein. Was würde
man von dem Physiker denken, der aus der noch unfertigen, sich
noch täglich wandelnden sich noch täglich berichtigenden, noch
widerspruchsvollen Physik unserer Zeit in die klassische Physik
flüchten wollte, nur weil in ihr alles so beglückend einfach, fertig,
widerspruchslos gewesen ist?

Was dem Dogmatiker als Halbheit, als das verfluchte Einerseits-
andererseits, als der innere Widerspruch unseres Denkens erscheint, ist nichts anderes als die dialektische Methode, die freilich so mancher nicht erträgt, der besonders gern vom „dialektischen Materialismus" spricht. In der Entwicklungsphase von
heute den Kern zu entdecken, der, indem er seine Hüllen sprengt,

die Entwicklungsphase von morgen sein wird, in den Gegensätzen von heute die Synthese von morgen aufzufinden, den „zwieschlächtigen Charakter" der sozialen Phänomene zu begreifen,
die die Vergangenheit zunächst in antagonistischer Form überwinden, um, indem sie diese antagonistische Form sprengen, über
die Gegenwart hinauszustürmen, — das ist der Wesenskern der
dialektischen Methode in ihrer Anwendung auf die Gesellschaft.
Es ist keine Halbheit, kein zaghaftes Einerseits-andererseits, kein
innerer Widerspruch, sondern die Anwendung der dialektischen
Methode, wenn wir den „zwieschlächtigen Charakter" der Entwicklungsphasen der bürgerlichen Demokratie, des reformistischen Sozialismus, der Diktatur des Proletariats erkennen und
gerade durch diese Erkenntnis die polaren Gegensätze des re-
formistischen und des bolschewistischen So- | zialismus in der 347
Synthese des integralen Sozialismus aufheben.

Die junge Bewegung der Revolutionären Sozialisten muß sich
diese Synthese selbst erarbeiten. Wir Älteren, deren Denkbah-
nen sich in der Vorkriegszeit, in einer völlig anderen Welt geformt haben, sind nicht berufen, die junge Bewegung, die heute
in Österreich wie in den anderen faschistischen Ländern entsteht,
zu führen; sie, die in einer so ganz anders beschaffenen Welt lebt,
muß sich selbst ihre Ziele setzen, sich selbst ihre Mittel wählen,
sie muß selbst ihre Politik bestimmen und ihre Ideologie gestalten. Wir Älteren können ihr diese Aufgabe nicht abnehmen. Aber
wir haben der jungen Bewegung gegenüber unsere besondere
Aufgabe. Wir haben die Pflicht, ihr die Erfahrung, das Wissen, die
Werte zu übermitteln, die wir in unserer Zeit, in unserer Arbeit,
in unseren Kämpfen erworben haben, — ihr sie zu übermitteln,
damit sie sie vermähle mit den neuen Erfahrungen, dem neuen
Wissen, den neuen Werten, die der neuen, unter dem Druck des
Faschismus entstandenen Bewegung aus ihrem Leben, aus ihren
Kämpfen erwachsen.

Wir können diese Pflicht nur erfüllen, wenn wir aufgeschlossen
sind für das Neue. Wir müssen verstehen, daß die junge Generation, die die ungeheuren Erschütterungen der Nachkriegszeit, die

die gewaltige Wirtschaftskrise seit 1929, die Siege des Faschismus, den Sieg des sozialistischen Aufbaus in der Sowjetunion erlebt hat, anders denkt und anders wertet, als wir Kinder des neunzehnten Jahrhunderts zu denken und zu werten gelernt haben. Aber aufgeschlossen für das Neue, müssen wir doch der jungen Generation das große Erbe der Vergangenheit zu übermitteln streben. Wir Älteren sind herangewachsen in den Kämpfen um die Demokratie; wir haben in diesen Kämpfen den unersetzlichen Kulturwert der Freiheit schätzen gelernt. Wir sind herangewachsen in den Kämpfen der reformistischen Phase der Arbeiterbewegung; wir kennen ihre große Leistung. Wir haben nicht nur, wie unsere jungen Freunde, die Zeit des Niedergangs und der Niederlage der Partei erschüttert erlebt, sondern | auch vordem die Zeit ihres Aufstiegs und ihrer Triumphe; wir sehen sie darum in anderem Lichte. Was uns von unseren jungen Freunden unterscheidet, ist dies: sie kennen nur die wirrenreiche Nachkriegswelt; wir haben auch die ganz anders geartete Welt vor dem Krieg gekannt. Daß wir zwei verschiedene Welten kennen gelernt haben, das erlaubt uns, die Welt von heute anders zu sehen, als unsere jüngeren Freunde sie sehen können, sie im Strome der Entwicklung, als Phase der Entwicklung, sie dialektisch zu sehen. Das ist es, was wir Älteren der jungen Bewegung als das Erbe unserer Zeit zu übermitteln haben. Wir übermitteln es ihr nicht, damit sie es gläubig, unkritisch hinnehme, sondern damit sie es mit ihrem eigenen Denken, das aus ihren Kämpfen erwächst, verschmelze. Nur so kann ein wahrhaft integraler Sozialismus werden, der das Erbe der Vergangenheit mit dem neuen Denken und Wollen der jungen Generation, der jungen Bewegung zu neuer Einheit verknüpft.

Der neue revolutionäre Sozialismus kann nicht und soll nicht die Kontinuität der Entwicklung des sozialistischen Gedankens zerreißen; er muß an die Vergangenheit anknüpfen und sich alles Dauerhafte, sinn- und wertvoll Gebliebene aus ihrem Erbe aneignen. Aber er darf nicht in den Formen, in den Glaubenssätzen, in den Gegensätzen der Vergangenheit hängen bleiben;

er muß sich aus seinem eigenen Erlebnis sein Denken gestalten. Dazu möchte dieses Buch meinen jungen Freunden in Österreich eine Anregung geben. Ich will ihnen nicht eine fix und fertige Ideologie liefern, die sie sich einfach anzueignen hätten. Aber ich will ihnen zeigen, wie einer, dessen theoretisches Denken noch in der Vorkriegszeit in der Schule Marxens und Engels', dessen politisches Wollen und Handeln noch in der Vorkriegszeit in der Schule Viktor Adlers geschult worden ist, mit den Denkmitteln und mit den Wertungen, die er der Vorkriegszeit verdankt, die neuen Tatsachen unserer Zeit, ihre ökonomischen Erschütterungen, ihre politischen Umwälzungen, ihr sozialistisches Werden zu begreifen sucht. Das soll ihnen helfen, sich selbst, aus | ih- 349 rem eigenen Erleben und doch mit der Verwertung dessen, was ihnen meine Generation als Erbe übergeben kann, ihr eigenes sozialistisches Ideengebäude zu bauen.

Wir österreichischen Sozialisten haben der sozialistischen Welt etwas gegeben. Wir haben dem sozialistischen Reformismus die große Leistung des roten Wien, wir haben dem revolutionären Sozialismus die heroische Tat des Februaraufstandes der Schutzbündler gegeben. Ich glaube, daß wir auch heute, besiegt, zersprengt, geächtet und verfolgt, der sozialistischen Welt noch etwas zu geben haben. Die österreichische Stimme darf auch heute nicht fehlen in der großen Menschheitssymphonie des internationalen Sozialismus. Was wir ihr zu geben haben, das quillt aus der ganzen Geschichte des Sozialismus in Österreich. Das ist die Konzeption eines integralen Sozialismus, der sich über die Gegensätze, die das Proletariat der Welt gespalten haben, erhebt, um sie zu überwinden. | 350

Anhang

§ 1. Das Nationaleinkommen oder, wie Marx es nennt, das Wertprodukt der gesellschaftlichen Arbeit, das heißt die Summe der Werte der in einem Zeitabschnitt in der Gesellschaft erzeugten Waren abzüglich der Werte der bei ihrer Erzeugung verbrauchten Produktionsmittel, bezeichnen wir mit w. Ein Teil des Wertproduktes wird akkumuliert, zum Kapital geschlagen, zur Vergrößerung des (in Marxens Sinne) konstanten, d.h. zum Kauf von Produktionsmitteln verwerteten Kapitals verwendet; diesen Teil des gesellschaftlichen Wertproduktes bezeichnen wir mit a. Der andere Teil des Wertproduktes wird konsumiert. Wir bezeichnen ihn mit b. Es ist daher:

$$b = w - a$$

In dem Zeitabschnitt dt wächst die Masse der Werte der konsumierten Waren von b auf $b+db$ Werteinheiten. db ist der Konsumzuwachs in diesem Zeitabschnitt. Zur Erzeugung der Konsumgüter im Werte von db Werteinheiten wird ein konstantes Kapital im Werte von c Werteinheiten gebraucht. c ist das zusätzliche konstante Kapital, das zur Produktion des Konsumzuwachses gebraucht wird. Es sei nun

$$c = T \cdot db$$

Der Koëffizient T hängt von dem jeweiligen Entwicklungsgrad der Technik ab. Wir nennen ihn das technische Produktionsmittelerfordernis. Um unsere Rechnung zu vereinfachen, nehmen wir an, daß er unverändert bleibe.

Steigt der Konsumzuwachs von einem Zeitabschnitt zum anderen, so steigt auch das zur Produktion des Konsumzuwachses erforderliche konstante Kapital. Die Geschwindigkeit seines Steigens ist

$$\frac{dc}{dt} = T \cdot \frac{d^2b}{dt^2}$$

| Zur Vergrößerung des konstanten Kapitals wird der akkumulier-   351
te Teil des Wertprodukts der gesellschaftlichen Arbeit verwendet.
In einem Zeitabschnitt dt steigt der akkumulierte Teil des Wertprodukts von a auf $a+da$. Die Geschwindigkeit seines Steigens ist
also

$$\frac{da}{dt}$$

Ist nun

$$\frac{da}{dt} > \frac{dc}{dt}$$

so wächst das konstante Kapital der Gesellschaft schneller als
der Bedarf an konstantem Kapital zur Produktion des Konsumzuwachses; es tritt daher Überproduktion an Produktionsmitteln
ein. Der Konsum bleibt hinter dem Produktionsvermögen der
Gesellschaft zurück. Dies ist der Fall wenn

$$\frac{da}{dt} > T \cdot \frac{d^2b}{dt^2}$$

Überproduktion an Kapital tritt also jedenfalls ein, sobald das
Verhältnis der Geschwindigkeit der Akkumulation des Kapitals
zur Beschleunigung des Wachstums des Konsums größer ist als
das technische Produktionsmittelerfordernis.

Wächst der Konsum, aber verlangsamt sich sein Wachstum, so
wird

$$\frac{d^2b}{dt^2} < 0$$

Da nun bei steigendem Wertprodukt der gesellschaftlichen Arbeit
und steigender Mehrwertrate

$$\frac{da}{dt} > 0$$

ist in diesem Falle immer

$$\frac{da}{dt} > T \cdot \frac{d^2b}{dt^2}$$

352 | bleibt also in diesem Falle immer der Konsum hinter dem Produktionsvermögen der Gesellschaft zurück. Nun ist

$$\frac{d^2b}{dt^2} = \frac{d^2w}{dt^2} - \frac{d^2a}{dt^2}$$

Sobald

$$\frac{d^2a}{dt^2} > \frac{d^2w}{dt^2}$$

ist

$$\frac{d^2b}{dt^2} < 0$$

Solange die Mehrwertrate unverändert bleibt und die Kapitalisten einen unveränderten Teil des angeeigneten Mehrwertes akkumulieren, wachsen die in jedem Zeitabschnitt akkumulierten Kapitalien ebenso schnell wie das Wertprodukt der gesellschaftlichen Arbeit. Sobald die Mehrwertrate steigt, wächst der Konsum langsamer als das Wertprodukt der gesellschaftlichen Arbeit. Sobald die Mehrwertrate, daher auch die Akkumulation mit größerer Beschleunigung steigt als das Wertprodukt der gesellschaftlichen Arbeit, verlangsamt sich das Wachstum des Konsums und tritt daher Überproduktion an Kapital ein.

Nun ist das Wertprodukt der gesellschaftlichen Arbeit proportional der Zahl der in der Gesellschaft geleisteten Arbeitsstunden; also, unveränderte Arbeitszeit vorausgesetzt, proportional der Zahl der beschäftigten Arbeiter. Überproduktion tritt also, unveränderte Arbeitszeit vorausgesetzt, ein, sobald die Mehrwertrate mit größerer Beschleunigung steigt als die Zahl der beschäftigten Arbeiter.

§ 2. Bezeichnen wir die gesellschaftliche Profitrate mit r, die Jahressumme der Profite in der Gesellschaft mit p, das in der Gesellschaft verwertete Kapital mit k, so ist

$$r = \frac{p}{k}$$

Das Kapital zerfällt in zwei Teile: in das konstante Kapital (c), das zum Kauf von Produktionsmitteln (Ma- | schinen, Werkzeugen, Geräten, Roh- und Hilfsstoffen, Zugvieh, Dünge- und Futtermitteln u.s.w.) und in das Variable Kapital (v), das zum Kauf von Arbeitskräften verwendet wird. Es ist also:

$$k = c + v$$

Das Verhältnis des konstanten zum variablen Kapital nennt Marx die organische Zusammensetzung des Kapitals. Um unsere Rechnung zu vereinfachen, wählen wir als Maß der organisatorischen Zusammensetzung des Kapitals (o) das Verhältnis des gesamten Kapitals zum variablen Kapital. Wir definieren also:

$$o = \frac{k}{v} = \frac{c+v}{v}$$

Daher ist:

$$k = vo$$

$$r = \frac{p}{k} = \frac{p}{vo}$$

Das variable Kapital der Gesellschaft schlägt n-mal im Jahre um. n ist die Umschlagsgeschwindigkeit des variablen Kapitals. Bezeichnen wir die gesellschaftliche Jahreslohnsumme mit l, so ist

$$l = nv$$

$$v = \frac{l}{n}$$

daher:

$$r = \frac{p}{vo} = \frac{pn}{lo}$$

Die Mehrwertrate (m) ist das Verhältnis der gesellschaftlichen Jahresprofitsumme zur gesellschaftlichen Jahreslohnsumme, also

$$m = \frac{p}{l}$$

Daher ist:

$$r = \frac{pn}{lo} = \frac{mn}{o}$$

354 | Die gesellschaftliche Profitrate ist also direkt proportional dem Produkt aus der Mehrwertrate und der Umschlagsgeschwindigkeit des variablen Kapitals und invers proportional der organi-
355 schen Zusammensetzung des Kapitals. |

www.ingramcontent.com/pod-product-compliance
Lightning Source LLC
Chambersburg PA
CBHW031423270326
41930CB00007B/553